高职高专"十三五"规划教材

现代推销技术

陈 辉 蒋俊凯 主编

周 剑 主审

化学工业出版社

·北京·

内 容 提 要

　　本书为高职高专市场营销专业教材。本书吸收了当前国内外商品推销的最新研究成果，论述了商品推销的基本理论，阐述了商品推销的基本实践技能，包括认识商品推销、分析推销环境、寻找目标顾客、约见和接近顾客、推销洽谈、促成交易、推销管理七个项目，项目一至项目二为理论篇，项目三至项目七为实务篇。全书构思新颖、内容简洁、案例丰富，有很强的实用性、实效性。

　　本书既可作为高职高专相关专业的教材，也可作为各类企事业单位市场营销人员的培训教材和参考读物。

图书在版编目（CIP）数据

现代推销技术/陈辉，蒋俊凯主编．—北京：化学工业
出版社，2020.10（2024.7 重印）
ISBN 978-7-122-37535-3

Ⅰ．①现…　Ⅱ．①陈…②蒋…　Ⅲ．①推销-高等职业
教育-教材　Ⅳ．①F713.3

中国版本图书馆 CIP 数据核字（2020）第 150503 号

责任编辑：王　可　蔡洪伟　王　芳　　　　　装帧设计：张　辉
责任校对：宋　夏

出版发行：化学工业出版社（北京市东城区青年湖南街13号　邮政编码100011）
印　　装：北京虎彩文化传播有限公司
787mm×1092mm　1/16　印张15½　字数387千字　2024年7月北京第1版第6次印刷

购书咨询：010-64518888　　　　　　　　售后服务：010-64518899
网　　址：http://www.cip.com.cn
凡购买本书，如有缺损质量问题，本社销售中心负责调换。

定　　价：42.00元　　　　　　　　　　　　　　　　版权所有　违者必究

前　言

推销学是在传统的长期的推销活动中总结而来的，推销技术是一门讨论和阐述推销实践中各类技术性问题的课程。经过国内诸多学者近几十年的消化、吸收与创新，目前现代推销学已基本建成了较为成熟的体系，逐渐发展成为具有中国特色的热门学科。据不完全统计，目前已经出版的相关著作就有几百种，相关论文更是数不胜数，无论是理论研究还是实践应用都呈现出一片繁荣景象，现代推销无论是作为一门学科还是一个职业，其发展前景都十分光明。

本书在《教育部关于加强高职高专教育人才培养工作的意见》等精神的指导下，参考国家市场营销专业人才培养标准、教学标准等编写。本书以推销活动流程为主线，包括认识商品推销、分析推销环境、寻找目标顾客、约见和接近顾客、推销洽谈、促成交易、推销管理等内容。本书充分借鉴国内外相关理论和实践研究成果，在传统推销技术上融入现代新媒体营销技术，是高职高专院校市场营销专业及其他相关专业学生的专业课教材和销售从业人员的指导手册。本书具有以下特点：

第一，潜移默化地融入思政育人。本书与时俱进，在诸多知识环节潜移默化地融入课程思政，尤其是蓄力职场环节，将推销从业人员的职业素养、工匠精神、开拓创新精神、吃苦耐劳的职业操守等较好地融入知识与专业技能的学习。

第二，结构新颖、内容丰富。每个任务都由导入案例开头，激发学生的学习兴趣。正文中穿插案例和资料库，便于学生理解新知。任务实践帮助学生提高运用所学知识与技能去分析和解决问题的能力，进一步巩固新知。本书七个项目内容，理论与实践相结合，学习内容丰富、清晰。

第三，案例新颖且时效性强。为了帮助学生理解、掌握、运用推销学的基本原理和方法，本书引入了丰富的经典、时效性强、新颖的案例，极大地提高了学生口头表达能力、小组协作能力、分析解决问题的能力，而这些能力正是推销从业人员应具备的基本能力。

第四，资源丰富、拓宽视野。每个任务中安插了"案例""资料库"等内容，既有经典案例又有相关知识，极大丰富了学生的专业知识，拓宽了学生的知识视野。

本书由陈辉、蒋俊凯担任主编，周剑担任主审，唐迈、王景、皮菊云、祖帅担任副主编。每个项目任务的教学设计、讲辅资料、微课录制都是团队合作，非常感谢团队成员的鼎力合作与辛勤付出。在编写过程中，本书参考了大量的文献资料，但难免会有疏漏，敬请专家学者们谅解。由于编写时间仓促，编者水平有限，书中若有不足之处，敬请广大读者批评指正。

编　者

2020 年 3 月

目　录

项目一

认识商品推销

【项目目标】

知识目标：

1. 认识推销工作的性质及重要性；

2. 理解推销的概念、流程和功能；

3. 强调推销人员的工作职责，说明对推销人员素质要求。

能力目标：

1. 能运用推销的基本理论结合实际分析推销工作的重要性；

2. 能够对照推销人员的素质和职业能力要求，制订自己的个人推销职业能力提高计划；

3. 能够在推销前设计个人的推销流程。

思政目标：

1. 培养学生爱岗敬业、热爱推销工作精神；

2. 树立工作自信，具备良好的推销人员素养；

3. 培养学生善于思考的学习能力及团结协作的精神；

4. 培养学生诚、敬、静、谨、恒等工作精神。

任务一　分析现代推销的基本流程

【导入案例】

某公司的总经理某一天惊奇地发现，他的某位销售员当天竟然卖了 30 万美元，于是他便去问个究竟。

"是这样的。"这位销售员说，"刚刚一位男士进来买东西，我先卖给他一个小号的鱼钩，然后告诉他小鱼钩是钓不到大鱼的，于是他买了大号的鱼钩。我又提醒他，这样，不大不小的鱼不就跑了吗？于是，他就又买了中号鱼钩。接着，我卖给他小号的渔线、中号的渔线，最后是大号的渔线。接下来我问他上哪儿钓鱼，他说海边，我建议他买条船，所以我带他到卖船的专柜，卖给他长 20 英尺有两个发动机的纵帆船。他告诉我说，他的车可能拖不动这么大的船。于是我又带他去汽车销售区，卖给他一辆丰田新款豪华型'巡洋舰'。"

经理目瞪口呆，难以置信他的员工会如此轻松就卖出这么多商品，他好奇地问道："一个顾客仅仅来买鱼钩，你就能卖给他这么多东西吗？"

"不是的，"这位销售员回答说："他是来给他妻子买针的。我就问他，'你的周末算是毁了，干吗不去钓鱼呢？'"

看似不可能完成的销售奇迹，究竟是如何做到的呢？答案很简单：是通过一次又一次地在客户心目中建立新的意愿图像，帮助客户发掘自己没有意识到的需求来实现成交的。

一、推销的概念和功能

1. 推销的含义

推销是一个古老的名词，是人们所熟悉的一种社会现象，它是伴随着商品交换的产生而产生，伴随着商品交换的发展而发展的。它是现代企业经营活动中的一个重要环节，渗透在人们的日常生活之中。推销就其本质而言，是人人都在做的事情。人类要生存，就要交流，而正是在交流中彼此展示着自身存在的价值。世界首席保险推销员齐藤竹之助在几十年的实践中总结出的经验是，"无论干什么都是一种自我显示，也就是一种自我推销"。但由于历史和现实的原因，有些人对推销有着种种误会和曲解，甚至形成了习惯性的思维，总是把推销与沿街叫卖、上门兜售以及不同形式的减价抛售联系在一起；对于推销人员，则认为他们唯利是图，不择手段。这种错误的认识，使人们忽视了对推销活动规律的探讨和研究，也影响了一支优秀职业推销队伍的建立。因此，正确认识推销，是熟悉推销业务、掌握推销技巧的前提。

广义的推销是指一个活动主体，试图通过一定的方法和技巧，使特定对象接受某种事物和思想的行为过程。但是，这种广义上的推销，并不是本书所要研究的对象。本书所要研究的是一个特定范畴中的推销，即狭义的推销。

狭义的推销是指商品交换范畴的推销，即商品推销。它是指推销人员运用一定的方法和技巧，帮助顾客购买某种商品和劳务，以使双方的需要得到满足的行为过程。

（1）商品推销是一个复杂的行为过程

传统的观念认为推销就是一种说服顾客购买的行为。这种观念导致了在推销过程中过分强调推销行为本身，推销者一味地将自己的推销意志强加给顾客，而不研究顾客对推销行为的反应，只顾及己方利益的实现，而忽略了顾客需求的满足，这种把推销理解为单纯说服行为的观点，是导致目前社会上人们普遍对推销人员抱有成见的主要原因。

从现代推销活动来看，推销应该包含寻找顾客、推销接近、推销洽谈、处理推销障碍、成交五个阶段，如图 1-1 所示。

图 1-1　推销的五个阶段

（2）推销行为的核心在于满足顾客的欲望和需求

从现代市场营销学的观念看，顾客的潜在需求更值得经营者关注。潜在需求是需要启发和激励的，这便是推销的关键所在。推销人员作为推销行为的主动方，必须学会寻找双方利益的共同点，在这利益共同点上说服与帮助顾客，使顾客的购买行为得以实施，从而实现双方的最终目标。

（3）在推销过程中，推销者要运用一定的方法和技巧

由于推销者和推销对象属于不同的利益主体，这就使得推销行为具有相当的难度。深入地分析、了解市场和顾客，灵活、机动地采用相应的方法和技巧，才能促成交易。

2. 推销的要素

任何企业的商品推销活动都少不了推销人员、推销品和顾客，即推销主体、推销客体和推销对象构成了推销活动的三个基本要素，如图1-2所示。商品的推销过程，是推销员运用各种推销技术，说服推销对象接受一定物品的过程。

图 1-2 推销活动的三个基本要素

（1）推销人员（推销主体）

推销人员是指主动向顾客销售商品的推销主体，包括各类推销员。在推销的三个基本要素中，推销人员是最关键的。在销售领域中，有一个最大的迷惑，那就是许多推销员以为他们卖的是产品。其实不然，真正的推销不是推销产品，而是推销自己。推销成功与否，往往取决于你的服务精神和态度，因为你是世界上独一无二的，只有顾客喜欢你的为人、你的个性、你的风格，他才会购买你的产品。尽管说"每个人都是推销员"，但对职业化的推销员来讲，推销具有更丰富的内涵。在观看美国职业男篮NBA球赛时，我们会体会到"什么是真正的篮球运动"，为他们娴熟、高超的技巧赞叹。对于职业推销员来讲也一样，只有以特有的技能赢得客户的信任与赞誉，才能展现其存在的社会价值。

（2）推销品（推销客体）

推销品是指推销人员向顾客推销的各种有形与无形商品的总称，包括商品、服务和观念。推销品是推销活动中的客体，是现代推销学的研究对象之一。因而，商品的推销活动，是对有形商品与无形商品的推广过程，是向顾客推销某种物品的使用价值的过程，是向顾客实施服务的过程，是向顾客宣传、倡议一种新观念的过程。

案例 1.1

对推销品的全面诠释

吉林市某丝绸厂生产的丝绸服装不仅质量上乘，而且花色繁多、款式各异。虽然在电视、广播、报纸上做了大量广告，推销员也花费了很多时间进行推销，但是买者甚少，产品积压越来越严重，以致工厂处于瘫痪状态。

危难之际，公关专家李新应聘上任，组建了公关部，并建起一支颇有水平的舞蹈队。队员穿上本厂生产的丝质西服与丝质旗袍在公共场合进行演出。一时之间，奇迹发生。男士西服的笔挺气派、女士旗袍的风韵神采以及男女服装的相配相宜，为丝绸面料的独特之处和丝绸厂精良的制作工艺做了精彩的说明。与此同时，丝绸厂的宣传车一边广播，一边免费赠送《新款式旗袍、西装裁剪法》和《不同肤色、不同形体选用面料的艺术》等资料。于是形成了一股购买风，市内及外地各服装厂、商场等纷纷来电或来人洽谈订货。许多长期合同被签订，厂内积压的各种丝绸面料很快被抢购一空。

案例分析：舞蹈队救活吉林市一家丝绸厂绝非偶然，它唤起了人们想象中、感觉中需要的东西，即一种美丽的形象，通过购买衣服来增加自己的魅力。当这种丝绸质地的服装穿在训练有素的舞蹈队员身上时，便使人们模模糊糊中想要的东西明确起来、清晰起来，激起了人们的购买欲望。

（3）顾客（推销对象）

依据购买者所购推销品的性质及使用目的，可把推销对象分为个体购买者与组织购买者两个层次。个体购买者购买或接受某种推销品是为了个人或家庭成员消费使用；而组织购买者购买或接受某种推销品，是为了维持日常生产加工、转售或开展业务需要，通常有盈利或维持正常业务活动的动机。由于推销对象的特点不尽相同，因而采取的推销对策也有差异。

现代商品的推销少不了推销人员（推销主体）、推销品（推销客体）及顾客（推销对象）三个基本要素，如何实现其间的协调，保证企业销售任务得以完成，顾客实际需求得以满足，是广大推销员应该把握的问题。

3. 推销的特点

推销是一项专门的艺术，需要推销人员巧妙地集知识、天赋和才干于一身，无论人员推销还是非人员推销，在推销过程中都要灵活运用多种推销技巧。推销活动的主要特点如下。

（1）特定性

推销是企业在特定的市场环境中为特定的产品寻找买主的商业活动，必须先确定谁是需要特定产品的潜在顾客，然后再有针对性地向他们传递信息并进行说服。因此，推销总是有特定对象的。任何一位推销员的任何一次推销活动，都具有这种特定性。他们不可能漫无边际或毫无目的地寻找顾客，也不可能随意地向毫不相干的人推销商品，否则，推销就成为毫无意义的活动。

（2）双向性

推销并非只是由推销员向顾客传递信息的过程，而是信息传递与反馈的双向沟通过程。推销人员一方面向顾客提供有关产品、企业及售后服务等方面的信息，另一方面必须观察顾客的反应，调查了解顾客对企业产品的意见与要求，并及时反馈给企业，为企业领导做出正确的经营决策提供依据。因此，推销是一个信息双向沟通的过程。

（3）互利性

现代推销是一种互惠互利的双赢活动，必须同时满足推销主体与推销对象双方的不同要求。成功的推销需要买与卖双方都有积极性，其结果是"双赢"，不仅推销的一方卖出商品，实现赢利，而且推销对象也感到满足了需求，给自己带来了多方面的利益。这样，既达成了今天的交易，也为将来的交易奠定了基础。

（4）灵活性

虽然推销具有特定性，但影响市场环境和推销对象需求的不确定性因素很多，环境与需求都是千变万化的。推销活动必须适应这种变化，灵活运用推销原理和技巧，恰当地调整推销策略和方法。可以说，灵活机动的战略战术，是推销活动的一个重要特征。

（5）说服性

推销的中心是人不是物，说服是推销的重要手段，也是推销的核心。为了争取顾客的信任，让顾客接受企业的产品，采取购买行动，推销人员必须将商品的特点和优点，耐心地向顾客宣传、介绍，促使顾客接受推销人员的观点、商品或劳务。

4. 推销的功能

商品推销作为一种社会经济活动，是伴随着商品经济一起产生和发展的。可以说，推销是商品经济活动中一个必不可少的组成部分，对推动商品经济的发展起着积极的作用。推销作为一种企业行为，更是决定着企业的生死存亡。这些都是由推销本身所具有的功能决定的。商品推销的功能可以归纳为以下几个方面。

（1）销售商品

销售商品是推销的基本功能。推销是商品由推销主体向推销对象运动的过程。在这个过程中，推销品运动是推销主体与推销对象双方各自需求得以实现的具体方式。通过寻找顾客、接近顾客、推销洽谈，进而达成交易，实际上就是实现商品所有权的转移，完成了商品销售。

就推销过程而言，寻找、接近顾客是销售商品的前提。在正式接近顾客之前，首先要分析潜在顾客的有关资料，了解潜在顾客的需求，掌握顾客未被满足的需求及其购买能力。在充分掌握资料的基础上，有针对性地选用各种接近顾客的方法，并以从容、诚恳、充满自信的态度去面对顾客。使顾客明确推销品能满足他的需要，为他带来利益，并通过推销人员对推销品的介绍，使他感到购买推销品是一种机会，从而引起购买欲望，形成购买决策。其次，推销洽谈是销售商品的关键。在洽谈过程中，一方面，要进一步向顾客提供其所需的信息；另一方面，要有针对性地就商品价格、销售方式等敏感问题进行洽谈，力求找到双方利益的共同点；同时，还要善于处理洽谈过程中的异议和矛盾，及时消除误会，避免冲突。

达成交易是销售商品的手段。推销人员要把握好时机，针对不同的推销对象，灵活地选用不同的成交方法，迅速地达成交易，以达到销售商品的目的。

（2）传递商品信息

由于科学技术的进步和生产的发展，现今市场上的商品种类繁多，新产品更是层出不穷，顾客面对市场，常常眼花缭乱。他们需要得到有关商品的信息，以便比较、评价和选择满意的商品。推销不仅要满足顾客对商品的需要，也要满足顾客对商品信息的需要，及时地向顾客传递真实、有效的信息。

推销人员向顾客传递的商品信息主要有以下几种。

① 商品的一般信息。它是指有关商品的功效、性能、品牌、商标、生产厂家等有关信息，告知顾客某种商品的存在。

② 商品的差别优势。它是指商品在同类中所处的地位及特殊功能。要针对不同顾客的需要，突出宣传所推销商品的某些特征，以便在顾客心目中树立产品形象。

③ 商品的发展信息。它是指有关商品的发展动态，如新材料的运用、新产品的开发以及老产品改进等信息，用以引导顾客接受新产品。

④ 商品的经营信息。它是指有关商品的销售价格、经营方式、服务措施、销售地点等信息，以方便顾客购买。

案例 1.2

刘晓华是某汽车 4S 店的一名推销员，他是一名业务水平颇高、热情聪明的推销员，并且顾客对他的满意度也非常高。销售主管秦璐觉得刘晓华是一个难得的销售人员，对他也充满信心，但他的销售业绩却只能达到中等水平，这让秦璐百思不得其解。秦璐对刘晓华的销售情况进行分析后，发现了一个现象，刘晓华所销售的产品中，S4 这一款车型占到了他的销售量的 80% 以上，而其他车型较少，甚至有一款 H6 的车型是没有销售量的，秦璐找到了刘晓华询问原因，原来刘晓华对 S4 这款车型情有独钟，在给顾客介绍产品时，侃侃而谈，事无巨细地仔细将产品特征讲解给顾客听，并热情邀请顾客试乘试驾，而对于H6这款车型，他却认为外形设计有问题，让他非常讨厌，所以在介绍这个产品时，总是表现得毫无兴趣，无话可说，顾客在听取他的产品介绍时，当然难以产生购买欲望。在了解了这个问题后，秦璐将刘晓华的推销过程用视频记录下来，让他自己观看并发现问题所在，并说服刘晓华要全面了解H6车型资料，告知他不应从自身出发，而应多考虑消费者需求，要相信自己销售的产品。三个月后，刘晓华的业绩逐步上升，最终成了一个优秀的推销员。

（3）提供服务

推销不仅是把商品销售给顾客，而且是通过提供各种服务，帮助顾客解决各种困难和问题，满足顾客多层次、多方面的需求。通过服务，提高了顾客的满意度，从而建立起企业和产品的良好信誉。

在推销过程中，企业和推销人员为顾客提供的服务有包括以下三方面。

① 售前服务。它是指在销售前为顾客提供信息咨询或培训的服务。

② 售中服务。它是指在销售过程中为顾客提供热情接待、介绍商品、包装商品、送货上门、代办运输等服务。

③ 售后服务。它是指为顾客提供售后的安装、维修、包退、包换、提供零配件、处理顾客异议等服务。

企业和推销人员通过提供各种服务，赢得顾客的信赖，提高企业的声誉，有利于进一步巩固市场，为开拓新产品打下基础。

（4）反馈市场信息

现代推销过程是一个供求信息的双向沟通过程。推销人员是企业通往市场的桥梁，是企业联系市场的纽带，是企业获取情报的重要渠道。他们直接与市场、顾客接触，能及时、准确地收集市场信息。推销人员向企业反馈的市场信息主要包括以下三方面。

① 顾客信息。例如，顾客对推销品及其企业的反应，顾客的需求、购买习惯、购买方式及经济状况等。

② 市场需求信息。例如，推销品的市场需求状况及发展趋势，推销品在市场中的优劣态势等。

③ 竞争者信息。例如，竞争者商品的更新状况、销售价格、质量、品种规格以及竞争者促销手段的变化等。

5. 推销的产生和发展

（1）推销的产生

狭义"推销"属于商品经济范畴，它与市场的概念有着密不可分的联系。如果从历史的角度来考察，严格地说，推销活动的产生先于市场的产生，而市场的产生和发展又促进了推销的发展，市场的发展和变化决定了推销活动方式方法的变化。因此，我们要考察推销活动的由来和发展，以及推销的社会意义，就必然要从考察市场做起。

市场是由于社会分工与交换的发展而产生的，社会分工把人类社会生活分割为两部分，即生产和消费。市场的作用在于把这两部分在更高的层次上重新联结起来，从而给生产以消费，给消费以生产，具体完成这个任务的活动就是推销。

如果按传说中的人物来推算，我国推销的鼻祖，应算舜了。他曾做买卖往返于顿丘、贾夏之间，进行频繁的推销活动。我国古代最著名的推销专家非西汉的张骞莫属。正是他以惊人的勇气和毅力，非凡的才华和气概，才开辟了通向欧洲的丝绸之路。

翻开世界古代史，处处都可以看到有关古代各国人民早期推销活动的记载，无论是古希腊、古罗马频繁往来于地中海沿岸的大型贸易商船，还是古埃及、古印度穿梭跋涉于林莽大漠和崇山峻岭中的马帮、驼队，都在史书上留下了古代经济中推销活动的足迹。这些不畏艰险的商人，以他们惊人的勇气、智慧，开创了人类推销的历史。

古代社会中的推销活动，是一种综合性的活动，随着资本主义大工业的发展，商业一改原来的面貌，出现更加细分的趋势，如批发商、零售商及各种代理商、经纪人，等等。在商业出现了各种各样分工的情况下，推销工作职业化了，尤其是企业中的两权分离，促使"推销"这种旧式商人的一种技能、工作内容，进一步演化成为一种职业、专业技术，进而发展成一门学科。

（2）推销的发展

自从推销活动产生以来，我们可以把它的发展过程概括为以下几个阶段。

① 古老的推销技术（19世纪中叶以前）。商品推销和商品生产是一对孪生兄弟。自有商品生产的那天起，商品推销就产生了，并形成了古老的推销技术。这个时期，自给自足的自然经济占主导地位，商品经济还不发达。

这期间由于社会制度的原因而形成的势力割据，使市场小而分散，加上交通不便，市场规模呈现相对稳定的形态。从事推销活动的人主要是个体生产者和商人。个人的素质、技术水平、私人的关系及社会联系等对推销能否成功起到非常重要的作用。并带有很大的偶然性和短期性。即使在今天，我们仍能在一些集市、庙会上看到这种古老的推销技术及它们表现出来的基本特点。

② 生产型推销（19世纪中叶到20世纪20年代）。这一阶段，商品经济已经基本取代了自给自足的自然经济。推销主体由个人转变为企业。在商品经济条件下，如果企业不能把商品卖出去，就不能进行再生产，也就因无法获得利润而导致破产。因此，它要求推销摆脱偶然性。这时，现代推销技术已有了它生存、发展的土壤。但是，由于当时市场处于供不应求的状态下，企业生产的产品都可以卖出去，企业的注意力主要集中于降低成本，充分利用现有的设备、技术、原材料来生产更多的产品，企业以生产为中心，以产定销，并不重视推销活动。所以，它属于传统的、狭义的推销技术范畴。由于市场商品供不应求，推销成功与否的偶然性不很明显；但推销仍具有短期行为的特点。

市场空间的扩大使推销活动范围也随之扩大，这个时期推销在方式和手段上都有所发展。广告已从销售现场广告向非销售现场广告发展，印刷品广告成为非销售现场广告的主要形式。营销推广中的一些方式也已逐步形成。但是，从总体上说，以生产为中心、以产定销的格局，仍使推销技术的发展比较缓慢。

③ 销售型推销（20世纪20年代到50年代）。随着资本主义国家对世界的分割完毕，加之世界范围内越来越频繁的经济危机，企业之间的竞争越来越激烈。特别是市场上出现了商品供过于求的状况，使生产和销售的矛盾日益尖锐起来。许多企业内部开始设立销售部门，销售活动作为一种职能从企业经营活动中分离出来，它推动了推销技术的迅速发展。

企业开始从过去那种坐等顾客上门的消极被动的推销方式，逐步转变为"走出去，说服顾客"式的积极推销方式。

在这个阶段，人员推销和非人员推销的一些基本手段已经形成并逐步完善，企业推销技术和推销观念已开始面临一场新的革命性的转变。

④ 市场型推销（现代推销，20世纪50年代至今）。随着商品生产的进一步发展，商品

和资本的相对过剩在市场上的表现日益明显，逐渐形成了以消费者为主导的买方市场。在这种形式下，新的推销方式便应运而生了。1958年，欧洲著名推销专家海因兹·姆·戈德曼（Heinz M.Goldman）的《推销技巧》问世，宣告了现代推销的产生。在这本书里，海因兹系统地总结了他30多年推销生涯的成功经验，将推销工作程序化、公式化，提出了被誉为推销法则的爱达（AIDA）模式。

市场型推销突出了以消费者为中心的现代推销理念，广泛应用了现代科学技术。如，通信手段、信息处理手段、信贷手段、结算手段和科学的决策等。在策略上，注重开拓新市场，开发新产品，使企业的产品、价格、销售渠道、经营方式和促销手段等方面向科学化迈进。在经营目标上，很多企业从过去只注意利润目标，转化为更重视"创造顾客"的企业目标。在这里，利润目标仅作为一种限制条件，就如同企业的政治、经济、法律环境一样，即在实现一定利润水平的条件下，争取更多的顾客。这样，企业长期、稳定的发展才有保障。

（3）现代推销与市场营销

现代推销学是研究现代推销活动过程及其一般规律的科学。它所研究的对象是推销观念和推销理论、推销技术和推销手段、推销品及其使用价值、推销过程及其规律、推销对象及其特征和购买动机等。其基本理论包括推销观念和推销技术两大部分。

市场营销学所研究的，是在变化的市场环境中满足顾客消费需要、实现企业目标的商务活动过程，主要包括市场营销调研、市场细分、选定目标市场、产品开发、定价、分销、促销以及售后服务等。

从以上定义中，我们知道，推销学与市场营销学既有联系，又有区别。推销学是市场营销学的重要组成部分，又是由市场营销学延伸出来的独立的学科。

在企业经营实践中，营销具有全局性、全过程、战略性的特征，而推销则具有局部性、阶段性、战术性的特征。因此，在具体的营销实践中，推销方案是在营销方案的指导下，根据营销方案的相关规定来制定的。某企业市场营销方案的优劣将在一定程度上影响和制约推销活动能否顺利展开和推销员工作业绩的大小。例如，某企业在确定生产项目之前，进行过详细、客观的市场调查和分析，生产出来的产品具有明确的市场指向（即该产品是满足哪一种人的什么样的需求的），因而，推销员就能较快地确定推销范围，迅速找到目标客户，推销活动由此顺利展开。所以说，一个高明的市场营销方案能使推销员花较少的力气，取得较大的推销成果。而一个蹩脚的市场营销方案将极大地影响和制约推销员创造性和积极性的发挥，推销员花很大的力气，却只能取得微小的成果。例如，某市场营销方案的价格体系设计不合理，出厂价偏高而零售价偏低，表面上看，有利于促进顾客购买，又维护了企业利益，但因批发商、零售商不能得到行业平均的进销差价，挫伤了批发商和零售商的经销积极性。这样的价格体系就给推销员发展客户设置了极大的障碍。如果在价格体系设计合理的前提下，一个推销员每天可发展一个客户，而在价格体系不合理时，可能要花3倍以上的时间才能发展一个客户。推销效率和推销业绩因此而大打折扣。

应当指出的是，现阶段在我国很多中小型企业和新创办的企业中，市场营销人员和推销员的职能界定不十分清楚，在这些企业从事产品销售工作的人，通常具有营销人员和推销员的双重身份。即：名义上的推销员同时要承担部分营销策划工作，而名义上的营销人员同时要做具体的推销工作。

综上所述，作为一个推销员，完全有必要而且必须学习和掌握市场营销学的原理和方法，至少应通读一两本市场营销学的著作。

二、现代推销的基本原则

商品推销的基本原则，是基于对推销规律的认识而概括出来的推销活动的依据和规则。推销人员掌握正确的推销原则，可以使推销活动有所遵从，减少推销失误，提高推销成效，增强推销人员按照客观规律办事的自觉性。

在推销的过程中，推销人员必须坚持以下原则，把握好言行的尺度，建立顾客对推销员及其产品的信心。

1. 满足顾客需求的原则

顾客的需要和欲望是市场营销的出发点，也是推销的出发点。产品是满足人们需要的有形与无形的物质或服务的综合体。顾客之所以购买某种产品或服务，总是为了满足一定的需要。因此，推销人员必须认真了解顾客的需要，把推销品作为满足顾客需要的方案向顾客推荐，让顾客明白它确实能满足其需要。顾客只有产生了需求才可能产生购买动机并导致购买行为。满足需要，是顾客购买的基本动机。一位推销员若不能真切地了解顾客的内在需要，在推销品与顾客需要之间成功地架设起一座桥梁的话，推销是不可能成功的。

需要是指没有得到某些基本满足的感受状态。推销人员不仅要了解推销对象是否具有支付能力，而且要了解推销对象的具体需求是什么，要熟悉自己的顾客，既了解他们的一般需要，又了解他们的特殊需要，把顾客的需要放在第一位，向其推销适当的产品或服务。

资料库

顾客心理需要的类型

顾客的购买需要是多种多样的，其心理需要大致有以下10种。

（1）习俗心理需要。它是由于种族、宗教信仰、文化传统和地理环境的不同带来的思想观念和消费习俗上的差异。

（2）便利心理需求。消费者一般都希望在购买商品时享受热情周到的服务，并能得到购买时间、购买方式和携带、维修等方面的便利。

（3）审美心理需要。随着社会文明的进步和人们生活水准的不断提高，人们的审美要求也在不断地发生变化，许多消费者比以往更强烈地追求美感。

（4）好奇心理需要。许多消费者对一些造型奇特、新颖，刚投入市场的商品和服务，会产生浓厚的兴趣，希望能立即购买。

（5）惠顾心理需要。由于长期的购买习惯或对推销人员的服务态度和方式有好感，形成不假思索，凭经验乐于光顾某一商场或服务场所。

（6）求实心理需要。选购商品时，比较注意经济实惠、价廉物美，尤其追求物超所值。

（7）偏爱心理需要。由于长期使用和比较，对某种品牌的商品或某一商店提供的服务感到适合自身兴趣、爱好或职业特点等，形成明显的消费偏好。

（8）从众心理需要。受舆论、风俗、流行时尚的引导和参考群体的影响，某些消费者会赶时髦、追新潮、迎合时尚，随大流而动。

（9）求名心理需要。不少消费者信任名牌商品和名厂名店，乐意接受名牌厂商宣传，按心目中认定的品牌选购。

（10）特殊心理需要。有的消费者希望通过购买和使用某种商品或服务，显示自己在判断能力、知识层次、经济地位、价值观念等方面高人一等、独树一帜。

2. 互利互惠的原则

推销固然是说服顾客采取购买行动的过程，它使生产经营者获得利润，为再生产顺利进行创造了必要的条件。但对顾客而言，通过购买也必须能满足消费需求和获得利益。推销的实质是交换，其结果要对双方有利，使买卖双方都比没有达成这笔交易前更好。

互利互惠原则是指在推销过程中，推销员要以交易能为双方都带来较大的利益或者能够为双方都减少损失为出发点，不能从事伤害一方或给一方带来损失的推销活动。要知道，顾客之所以进行购买，就在于交易后得到的利益大于或等于他所付出的代价。因此，推销人员在推销活动中要设法满足自己和顾客双方所追逐的目标，实现"双赢"是培养长久顾客之计，是顾客不断购买的基础和条件，也是取得顾客口碑的基础和条件。要成为受欢迎、被期待的推销人员，就必须设法为顾客提供利益，也就是设法使顾客从购买中得到其预期的好处。

推销人员在把握互利互惠原则时，切不可简单地理解为是对顾客的让利或赠奖利诱。实际上，顾客追求的利益也是多方面的，必须将它与顾客所具有的多种需要相适应。推销人员在努力实现互利互惠原则时，必须善于认识顾客的核心利益，并与顾客加强沟通。

正确运用互利互惠原则开展推销活动，必须在推销之前分析交易活动的结果能给顾客带来的利益。顾客追求的利益，既有物质的，也有精神的。不同的顾客对同一商品会产生不同标准的价值判断，需求强烈的商品，价值判断较高；反之则相反。商品不同，带给顾客的利益就会有差异。不同的顾客对商品价值的评判会有高低，要在准确判断推销品给顾客带来的利益的基础上找到双方利益的均衡点，开展"双赢"推销活动。在进行利益判断时，一个优秀的推销人员，不仅要看到当前的推销利益，而且要看到长远的推销利益；不仅要看到直接的推销利益，还要看到间接的推销利益。推销人员要多因素综合评价利益均衡点，不能以某一次交易的成功与否来判断推销的利益，要坚持用能给顾客带来的利益引导顾客成交。充分展示商品或服务能给顾客带来的利益，是引导顾客购买的重要途径。这种展示越充分、越具体，顾客购买的可能性就越大。

掌握互利互惠原则的意义在于：

（1）互利互惠是双方达成交易的基础。在商品交易中，买卖双方的目的是非常明确的。双方共同的利益和好处是交易的支撑点，只有在双方都感受到这种利益时，才有可能自觉地去实现交易。

（2）互利互惠能增强推销人员的工作信心。因为社会的成见，推销人员或多或少地有一种共同的心理障碍，就是对自己的工作信心不足，总是担心顾客可能对他的态度不满意，怕留给顾客唯利是图、欺骗的印象。产生这种心态的重要原因，在他们或者没有遵循互利互惠的原则，或者没有认识到交易的互利互惠性。推销人员应该认识到，由于自己的劳动，当顾客付出金钱时，就获得了一份美好的生活。从这种意义上来说，推销人员是顾客生活的导师。如此有意义的工作，获得利润和报酬是理所当然的。

（3）互利互惠能形成良好的交易气氛。由于买卖双方各自的立场和利益不同，双方的对立情绪总是存在的。其实，顾客对推销人员的敌对情绪，是因为不能确知自己将会获得的利益。所以，推销人员要以稳定、乐观的情绪，耐心、细致的态度，把交易能为顾客带来的利益告知对方。

（4）互利互惠有利于业务的发展。互利互惠的交易，不但能使新顾客发展成为老顾客，长久地保持业务关系，而且顾客还会不断地以自己的影响带来新的顾客，使你的业务日益发展，事业蒸蒸日上。

互利互惠是商品交易的一项基本原则，但在具体执行中没有明确的利益分割点。双方利益的分配，也并非简单的一分为二。优秀的推销人员，总能够使顾客的需求得到最大程度的满足，又能使自己获得最大的利益。因而推销人员和顾客的利益并不是互相矛盾、互相对立的。

资料库

推销工作准则

（1）建立信心。信心是成功的首要任务，没有信心就会一事无成。推销是把产品、服务或构想推介给他人，必须对自己、对自己所服务的公司、对自己所推销的产品、服务或构想都具有信心。

（2）以诚待客。在进行推销时，赢得顾客的信任是很重要的，促成交易之后，仍然要继续保持与顾客的沟通。这不仅是一种工作道德的表现，也是一种负责任的做法。

（3）谨慎承诺。不要承诺自己做不到的事。君子一言既出，驷马难追，顾客不但会记得推销员做出的承诺，同时也会期待他兑现诺言。所以不可承诺自己做不到的事。

（4）追踪反馈。顾客购买你的产品，尚未获得满意之前，推销工作就尚未完成。所以在促成交易之后，尚须进行追踪工作，以确知顾客是否满意。这样做可能会衍生出更多的准顾客。

（5）热情服务。推销员的职责就是提供服务，以热忱的服务赢得顾客的好感，这样才能创造业绩。认真倾听顾客的抱怨，审慎加以处理。抱怨是让推销员了解、消除顾客不满的线索，千万不可忽视。提出合理抱怨的顾客，无疑是再次给你一个服务的机会。

（6）甘心奉献。推销工作是一种奉献的工作，必须抱定奉献的决心，全心投入，才能引起顾客的兴趣，取得好的业绩。

3. 推销使用价值观念的原则

使用价值观念，是顾客对商品有用性的认识。推销人员与其说是在推销商品，不如说是在推销商品的有用性。人们总是基于对商品有用性的认识来实施购买行为。但是面对层出不穷的新产品，顾客对商品有用性的认识是有限的，或者说要有一个过程。又由于生活方式和生活观念的不同，即使对同一种商品的同一种使用价值，人们也会有不同的认识。

推销使用价值观念的原则，就是在推销商品时，要利用或改变顾客原有的观念体系，想方设法地使顾客形成对商品使用价值的正确认识，以达到说明和帮助顾客购买商品的目的。著名的推销专家戈德曼说过这么一句话："你不要单纯地推销具体的商品，更重要的是推销商品的使用价值观念。"就如我们推销洗衣机，重要的是让消费者接受一种省时、省力、舒适、快节奏的现代生活观念，让消费者认识到洗衣机在减轻家务劳动、有效利用闲暇时间、提高生活质量方面所具有的作用。

具体地说，推销使用价值观念原则的意义在于：

（1）具有使用价值观念，才能最终决定购买。决定顾客最终购买的，一是购买力，二是对商品有用性的认识。随着社会的发展，人们收入水平的提高，对商品的购买力越来越强。许多时候，人们对商品持观望态度，迟迟不肯实施其购买行为，就是因为对商品的有用性认识不足，也就是没有形成正确的使用价值观念。所以，推销人员首先应该帮助顾客形成对商品有用性的正确认识，或者缩短这个认识过程。

（2）使用价值观念是购后评价的标准。顾客的购后评价是顾客需求满足程度的反映。对推销人员而言，良好的购后评价能带来回头客及更多的新顾客；不良的购后评价，将使推销人员失去这一顾客，并影响到新客户的发展。例如，空调进入越来越多的家庭，但用户的购后评价却褒贬不一。虽然在炎热的夏季里，空调能使人们享有一份清凉和舒适，但也有人抱怨空调的噪声、费电，还有人认为空调影响家人健康，孩子经常感冒，老人关节痛……这些不良的购后评价，至今影响着许多家庭，他们宁愿苦守酷暑，也不愿成为空调的用户。所以，要使顾客有良好的购后评价，除产品和服务本身的因素外，还必须引导顾客形成正确的使用价值观念。

（3）使用价值观念需要推销。就推销而言，正确的使用价值观念非常重要。但顾客往往由于各种原因不能形成正确的使用价值观念。例如，对大量涌现的新产品不熟悉，不了解；对自己许多方面的需要不了解，或者没有把自己的需要与商品联系起来，这些都导致了顾客不能认识到商品的有用性。这就需要推销人员去帮助顾客正确认识商品的使用价值，认识自己的需要，并把两者密切联系起来。所以说，使用价值观念需要推销。

实践中，有许多成功的推销，总是巧妙地向顾客推销了使用价值观念。例如，"海飞丝"可以帮你去除头屑，温州月兔空调能给你一个"冷静的空间"……正是这些商品使用价值观念的灌输，使得这些商品深入人心，获得消费者的青睐。

4. 人际关系的原则

人际关系的原则，是指推销人员在推销商品时，必须建立和谐的人际关系。

买卖双方的关系是一种经济利益的交换关系，是人际关系的一种。推销人员建立广泛而良好的人际关系，可以为形成更多的买卖关系打下基础。美国的埃尔默·莱特曼是20世纪60年代末世界著名的人寿保险专家，他说过这样的话："我并不销售保险，我建立关系，然后人们就来购买人寿保险。"美国著名的推销员乔·吉拉德也说："生意不是爱情，而是金钱，你不必指望所有的人都爱你，却可以让所有的人都喜欢你。"埃尔默所说的"建立关系"和吉拉德所说的"让所有人都喜欢你"，都是指建立和谐的人际关系。他们取得举世瞩目的推销成绩，与他们善于建立和谐的人际关系是分不开的。推销人员应致力于建立一种真诚的、长期的、富于人情味的人际关系，这种关系能使双方感到满意和愉快，而不使一方的利益受到损害。

推销员要建立良好的人际关系，必须以诚待客，关心顾客，关心他们的事业和生活，并信守各项交易条款，按时、按质、按量兑现自己的承诺，哪怕是一次礼节性的拜访，也要遵守约定的时间。

掌握人际关系原则的意义如下：

（1）和谐的人际关系导致信任和理解。不同的人际关系，联系的疏密程度是不一样的。在推销活动中，推销人员与某一特定顾客的关系是偶然的、临时的、短暂的和不稳定的。这种人际关系的心理相容度较低，一些细枝末节都会导致争执和冲突。和谐的人际关系能缩短推销人员与顾客之间的心理距离，摆脱人们对推销人员不利的心理定式，使推销关系一开始便建立在较为密切的人际关系基础之上，能导致顾客对推销人员的理解和信任。即便出现一些令人尴尬的事，如商品的质量不能尽如人意，或以另外渠道获知更低的价格信息等，顾客也会尽量替自己熟悉的推销人员开脱，避免将责任归咎于推销人员。

（2）和谐的人际关系能促进信息的畅通和业务的发展。推销过程是一个信息沟通过程。信息的畅通，对于业务的发展是非常重要的。人是生活在社会之中的，人的购买行为无一例外地受到家人、亲友、同事、朋友、邻居的影响。一个顾客受到良好的服务，买到称心的商品，必定会将信息传播给他周围的人群。而下一个有着同样感觉的顾客又会将信息传递给他周围的人群。如此生生不息，只要你的服务和商品总是令人满意的，你的业务便会不断地发展。

资料库

乔·吉拉德认为，每一位顾客身后都站着大约 250 个人，这些人是他比较亲近的同事、邻居、亲戚和朋友。如果你赢得了一位顾客的好感，就意味着赢得了 250 个人的好感。反之亦然，如果一个推销员在年初的一个星期里见到 50 个人，其中只要有 2 个人对他的态度感到不愉快，到了年底，就可能有 500 个人不愿意和这个推销员打交道。乔·吉拉德在推销时，总是把顾客放在第一位，尽力赢得每一位顾客的好感，从而使得他的推销工作得心应手、屡创佳绩。

在推销活动中，谁能建立和谐的人际关系，谁能赢得顾客的好感和信任，谁就能吸引住顾客，就能在竞争中立于不败之地。因此，推销员必须认真对待身边的每一个人，因为每一个人的身后，都有一个相对稳定、数量不小的群体。

5. 尊重顾客的原则

尊重顾客的原则，是指推销人员在推销活动中要敬重顾客的人格，重视顾客的利益。

社会发展到今天，人们基本生活需求的满足已不是一件困难的事，需求的层次在不断地提高。人们越来越重视自我价值的实现，希望自己能得到社会的承认和他人的尊重。即使在购买商品的交易中，他首先需要的也是交易对方的尊重。通俗地说，顾客会要求推销人员对自己的人格、身份、地位、能力、权力和成就，以及兴趣、爱好等方面给予尊重。如果你对一个顾客说"没见过你这种斤斤计较的人"或者"你还是买这件衣服吧，那件很贵，你买不起的"，那就大错特错了。

掌握尊重顾客的原则，其意义有以下几点：

（1）有利于建立良好的人际关系，消除隔阂。当顾客在推销人员那里首先获得被尊重的感觉时，通常容易消除对推销人员产生的疑虑和不信任感。由此缩短了双方心理上的距离，形成良好的人际关系，为推销的顺利进行打下良好的基础。

（2）可以优化交易气氛。对顾客不尊重的行为，只会引起顾客为维护自己的尊严而产生激烈的反应，这种情况对推销是极为不利的。而尊重顾客的行为，能够化解顾客原有的疑虑和偏见，优化交易气氛。

（3）可以得到顾客的回报。当顾客受到推销人员的尊重时，其心理需求便得到了满足，他会对推销人员抱有感激之情。这种感激之情会使他以一定的行为来回报，如重复购买商品，推荐、介绍新的顾客等。而这就是我们所需要的。

对推销人员来说，学会赞美，善于换位思考，从顾客的立场、角度出发来考虑问题，充分理解顾客、尊重顾客，是一件非常重要的事。

案例 1.3

什么是好的开场

怀特是一家汽车公司的推销员，有一次他问一位顾客做什么工作时，这位顾客回答说："我在一家螺丝机械厂上班。"

"别开玩笑……那您每天都做些什么？"

"造螺丝钉。"

"真的吗？我还从来没见过怎么造螺丝钉。哪一天方便的话，我真想上你们厂看看，您欢迎吗？"

怀特只想让顾客知道：他很重视顾客的工作，尊重顾客。因为在这之前，可能从未有任何人怀着浓厚的兴趣问过他这些问题。相反，一个糟糕的汽车推销员可能嘲弄他说："你在造螺丝钉？你大概把自己也拧坏了吧，瞧你那身皱皱巴巴的脏衣服。"

等到有一天怀特特意去工厂拜访这位顾客的时候，看得出他真的是喜出望外。他把怀特介绍给年轻的工友们，并且自豪地说："我就是从这位先生那儿买的车。"怀特呢，则趁机送给每人一张名片，正是通过这种策略，怀特获得了更多的生意。

案例分析：推销员应尊重每一位顾客，不管对方的身份、地位、职业如何。尊重顾客，会让顾客感到自信，心里舒服。只有心里舒服了，顾客才会购买商品。

三、推销职业的特点

1. 工作性质的自由性

作为一般的销售人员，在销售目标的引导下，可以自主安排工作进度，自主控制时间、自主把握客户，在权限范围内可以自主决策，有较大的自由空间。销售管理人员一般只对销售人员的工作进行必要指导，而非日常监督，甚至有些销售工作不必每天与领导见面，只需通过手机和一些网络社交软件与领导联系。

2. 工作艰辛

选择了销售就选择了辛苦，且不论销售工作的复杂性对推销员脑力的消耗，仅仅是寻找顾客需要走多少路，与顾客沟通需要说多少话，对于推销员的体力就是不小的消耗。销售工作不是生产流水线，做一件产品就成功一件，面对形形色色的顾客，即便付出最大的努力，也未必换来成功的挫败感，是对推销员体力、脑力和意志的磨炼，其中的艰辛不言而喻。

案例1.4

小王是一家纸尿裤厂家的推销员，当纸尿裤在城市中使用非常普遍的时候，在农村还没有普及开来，小王最开始也在自己销售区域内的乡镇小超市里进行过推销，但几乎没有店主买账，这一部分市场始终没能打开。但他没有轻言放弃，在三年的时间里通过定时给小超市店主发送问候短信、举行小型的试用活动、普及纸尿裤使用知识等方式，最终使其销售区域内的一百多家乡镇小超市向其订购商品，甚至有几个店主直接告诉他，在其他厂家放弃这一部分市场时，仅有他一个推销员坚持不懈地与这些店主保持联系，因此这些店主的手机里也仅有小王这一个纸尿裤推销员的联系方式。

案例分析：小王能够开辟一个新的市场的诀窍在于他的坚持和不被失败吓退的心态，针对这个案例展开讨论，如何看待销售工作的艰辛。

3. 挑战性

销售工作除了艰辛之外，还有它独具魅力的挑战性，这项工作的挑战性有三个层次：第一，胆量，销售人员必须有和陌生人沟通的胆量以及面对艰辛与失败的胆量；第二，变化，销售是一个复杂的工作过程，整个过程需要推销员全权把控，面对不同的顾客要用不同的策略，甚至即使是具有相似特点的顾客，在推销过程中也因其不同的个性而具有不同的应对方式，推销是一个没有剧本的演出，结果如何，全由推销员的能力和经验决定；第三，压力，推销员的工作性质的自由性决定了管理的复杂性，如何能够让推销员能够自主工作，自我管理，一般企业采用设置业绩目标的方式给推销员压力，推销员在一定的时间内需要完成既定的目标，不能完成在收入和晋升上都会有影响，这便是这项工作的另一个挑战性所在。

4.成就感

越是复杂艰辛的工作，完成之后的成就感就越强，综合销售工作前三个特点，其困难程度可见一斑。因此，当推销员完成这项难度极高的工作时，从薪酬的回报到心理成就感的回报也是极大的，看到自己的业绩给企业带来的发展，是成就感的另一个源泉。

【任务实践】

第一阶段，寻访准备。

（1）每位学生选择三名推销从业人员作为自己的寻访对象。

（2）了解你所选中的寻访对象的个人基本情况。

（3）制作寻访卡片。

（4）拟定向寻访对象要提出的几个主要问题。

（5）约定具体的寻访时间。

第二阶段，寻访推销员。

（1）和推销员见面，介绍自己的寻访目的和寻访内容。

（2）向推销员提问，并记录在卡片上。

（3）整理寻访资料，补充完整。

（4）撰写寻访报告（1500字）。

【任务评价表】

评价项目	评价要求	分值	得分
自制卡片	卡片制作规范，内容设计合理、全面	10	
	资料填写翔实、真实	20	
推销工作的重要性	能从推销员的工作中总结出推销工作的重要性及含义并具有特色	20	
推销工作的特点	根据推销工作的特点，对推销工作有一定的了解	20	
推销工作的原则	能举例说明推销员在具体的推销工作中是如何运用推销原则的	20	
综合性	报告文体正确、语言流畅、逻辑性强	10	
合计		100	

任务二　掌握推销员必备的素质

【导入案例】

闻名世界的汽车推销员乔·吉拉德，以15年共推销13000辆小汽车（日均近3辆）的惊人业绩，被《吉尼斯世界纪录大全》收录，并荣获"世界最伟大的推销员"的称号。成功的秘诀何在？乔·吉拉德自我介绍有3点。

（1）树立可靠的形象。乔·吉拉德努力改变推销售货员在公众心目中的精神形象，不但有儒雅得体的言谈举止，而且有对顾客发自内心的真诚和爱心。他总是衣着整洁，朴实谦和，脸上挂着迷人的微笑，出现在顾客的面前；而且对自己所推销的产品的型号、外观、性能、价格、保养期等烂熟于心，保证对顾客有问必答，一清二楚。他乐于做顾客的参谋，根据顾客的财力、气质、爱好、用场，向他们推荐各种适宜的小汽车，并灵活地加以比较，举出令人信服或易于忽略的理由来坚定买主的信心，主动热情、认真地代顾客进行挑选。年复一年，乔·吉拉德就这样用自己老成、持重、温厚、热情的态度，真心实意地为顾客提供周到及时的服务，帮助顾客正确决策，与顾客自然地达成了一种相互信赖、友好合作的气氛。顾客都把他当作一个值得信赖的朋友，戒备心理烟消云散，高兴地接受他的种种建议。

（2）注意感情投入。乔·吉拉德深深懂得顾客的价值，他明白推销工作就是对顾客的竞争，而顾客都是活生生的人，人总是有感情并且重感情的。所以，他标榜自己的工作准则是："服务，服务，再服务！"他豪迈地说："我坚信每个人都可能成为潜在的买主，所以我对我所见到的每一个顾客都热情接待，以期培养他们的购买热情。请相信，热情总是会传染的。"乔·吉拉德感情投入的第一步是以礼貌待客，以情相通。顾客一进门，他就像老朋友一样地迎接，常常不失时机地奉上坐具和饮料；顾客的每一项要求，他总是耐心倾听，尽可能做出详细的解释或者示范；凡是自己能够解决的问题则立即解决，从不拖拉。在这种情况下，绝大多数顾客都不得不对是否买车作出积极的反应；否则，心中就可能产生对不起推销员的内疚感。乔·吉拉德感情投入的第二步是坚持永久服务。他坚信："售给某个人的第一辆汽车就是跟这个人长期关系的开始。"他把建立这种"老主顾"的关系作为自己工作的绝招。他坚持在汽车售出之后的几年中还为顾客提供服务，并决不允许别的竞争对手在自己的老主顾中插进一脚。乔·吉拉德的销售业务额中有80%来自原有的顾客。

（3）重复巧妙的宣传。乔·吉德宣传的办法不但别出心裁，而且令人信服。顾客从把订单交给乔·吉拉德时起，每一年的每一个月都会收到乔·吉拉德的一封信，绝对准确。所用的信封很普通，但其色彩和尺寸都经常变换，以至没有一个人知道信封里是什么内容。这样，它也就不会遭到免费寄赠的宣传达室品的共同厄运——不拆就被收信人扔到一边。乔·吉拉德还特别注意发信的时间，1日、15日不发信，因为那是大多数人结算账单的时候，心情不好；13日不发信，因为日子不吉利……总是选取各种"黄道吉日"，让顾客接到自己联络感情的信件，心情愉悦平静，印象自然是更加深刻。这样挖空心思地劳神费力值得吗？乔·吉拉德的回答是"太值得了"。因为平时"香火"不断，关键时候顾客这个"上帝"会保佑的。想想他，每年近80%的重复销售额，相信此言不虚。

然而这么一位优秀的推销商，却有一次难忘的失败教训。有一次一位顾客来跟乔·吉拉德商谈买车，乔·吉拉德向他推荐了一种新型车，一切进行顺利，眼看就要成交，但对方突然决定不买了。乔·吉拉德百思不得其解，夜深了还忍不住给那位顾客打电话探明原因，谁知顾客回答说："今天下午你为什么不听我说话？就在签字之前，我提到我的儿子将进入密歇根大学就读，我还跟你说他的运动成绩和将来的抱负，我以他为荣，可你根本没有听我说这些话！你宁愿听另一位推销员说笑话，根本不在乎我说什么！我不愿意从一个不尊重我的人手里买东西！"从这件事，乔·吉拉德得到了两条教训：第一，倾听顾客的话实在太重要了，自己就是由于对顾客的话置之不理，因而失去了一笔生意；第二，推销商品之前，要把自己推销出去，顾客虽然喜欢你的产品，但如果不喜欢你的这个推销员，他可能不买你的产品。

思考：试举例说明，做一名超级推销员应具备哪些综合素质和技能？

一、推销人员的职业道德

推销人员的职业道德，是指推销人员在推销活动中所应遵循的道德规范的总和。推销人员应具有良好的职业道德，因为推销活动不仅是一种个人行为，也是一种社会行为，推销人员必须深刻理解自己的工作所具有的社会意义。作为一名推销员应具备以下职业道德。

1. 守信

守信就是要求推销人员在推销过程中要讲究信用。在竞争日益激烈的市场条件下，信誉已成为竞争的一种手段。信誉是指信用和声誉，它是在长时间的商品交换过程中形成的一种信赖关系。它能够综合反映推销人员的道德水准。在市场经济中，"信誉就是金钱"的箴言已为越来越多的人所承认和接受。诚实守信，是做生意之本，也是做人之本。

2. 负责

负责是指要求推销人员在推销过程中对自己的经济行为及其后果承担责任。推销人员大多数情况下是独立从事推销工作，因此要对自己的所有推销活动的后果承担责任。既不能为了个人的私利损害企业的利益，也不能为了企业的一时之利损害顾客和社会的利益。推销人员要以高度负责的精神，坦诚地对待每一位顾客，与顾客建立长期的合作关系，给企业带来真正的经济效益。

3. 公平

公平是指推销人员在推销过程中，应公平地对待顾客、公平地对待竞争对手。公平是社会生活中一种普遍的道德要求，它是以每个社会成员在法律上和人格上人人平等为依据的。在现代推销活动中，推销人员以次充好、缺斤短两、弄虚作假的行为是不道德的，不择手段、诋毁、诽谤竞争对手的产品是违反公平竞争原则的。

二、推销人员的职业素质

在市场竞争日益激烈的今天，企业经营者越来越意识到企业销售优势比企业生产优势更为重要。要取得销售上的优势，企业必须建立一支精干的推销队伍。虽说人人都可以成为推销人员，但要成为一名称职的推销人员，必须具备与之相适应的综合素质。一个企业推销人员的素质与能力关系到企业的生存与发展。到底什么样的人适合做推销工作呢？这是任何一家企业的销售经理在选拔推销人员时都需要考虑的问题。作为一名合格的推销员，主要应该具备以下基本素质。

1. 思想素质

推销工作是一项创造性的、艰苦的脑力和体力劳动，要求推销人员具有强烈的事业心、高度的责任感、坚强的意志和毅力。在推销活动中，任何事情都可能发生，如果一遇到困难就灰心丧气，其推销任务将永远不可能完成。

（1）强烈的事业心。作为推销人员，应该热爱自己所从事的推销事业，奋发向上，百折不挠，有强烈的成就事业之心，才能真正做到干一行、钻一行、爱一行，并力争成为推销队伍中的尖兵；作为推销人员，必须树立正确的推销观念，把满足顾客消费需求作为推销工作的起点，诚心诚意为顾客着想，全心全意为顾客服务，把推销商品与解决顾客的实际问题有机地结合起来。

（2）高度的责任感。推销员是企业的销售代表，是企业的代言人，其一言一行都关系到企业的声誉与形象；同时，推销活动也是企业与顾客进行信息沟通的一种有效方式。因此，推销员首先必须具有高度的责任感，想方设法地完成企业的销售任务，这是推销人员的主要工作，也只有这样，才能算得上是合格的推销员。其次，推销员代表的是一个企业，除完成一定的推销任务外，还需要在推销活动中为企业树立良好的形象，与顾客建立和保持良好的、融洽的关系，不能为了实现推销定额而损害企业的形象和信誉。推销任务即使完不成，还能够依赖其他的促销方式弥补，但企业的良好形象一旦遭到践踏与损害，就不是一朝一夕的工夫可以重新建立起来的。因此，推销员千万不要以牺牲企业形象来换取本期的销售定额。再次，推销员的责任除了表现在完成销售定额与树立企业形象外，也表现在推销员应向顾客负责，推销给顾客的商品应该是真正满足其需求、能够为其排除困难、解决实际问题的产品，而企业销售利润的实现只能作为顾客需求得以满足的"副产品"。

（3）坚强的意志和毅力。推销活动以人为工作对象，而人又是复杂多变的。因此，影响推销成功的不确定性因素很多，这也决定了推销的难度很大。在重重的困难面前，推销员必须具备一往无前，压倒一切困难而不被困难所压倒的勇气，必须具备百折不挠的毅力与韧劲。这种勇气、毅力和韧劲不但要体现在一场场推销的战役、战斗中，更要贯穿于整个推销生涯。

2. 文化与业务素质

推销工作不是一项轻而易举的工作，而是一项极富创造性与挑战性的工作，因此推销员除具备过硬的思想素质外，也要求具有较高的文化素质。推销员在推销过程中，会接触到各种各样的顾客，他必须在较短的时间内迅速做出判断，并确定具体的推销方式与技巧。推销员具备的文化知识越丰富，获取良好推销成果的可能性就越大。

推销员的文化素质，主要表现在对以下几方面知识的掌握。

（1）企业方面的知识。一个成功的推销员，不仅要具备丰富的基础学科知识，而且应熟悉本企业的全部情况。市场上同类产品很多，顾客有着较大的选择余地。这时，对自己企业了解最多的推销员就极有可能取得顾客的信任，从而获得订单。一般地，企业规模、企业声誉、企业产品、企业对顾客的支持、企业财务状况、企业优惠政策等，往往成为客户判断企业是否值得依赖、是否选购该企业产品的重要依据。推销人员是企业的代表，必须十分了解有关企业的一切信息，并保证让顾客能够准确、充分地接收与理解这些信息，才能促使顾客签下订单。具体地说，推销人员应了解有关自己企业的下列信息：

① 企业的历史；

② 企业在同行业中的地位和影响力；

③ 企业的经营理念和特点；

④ 企业的经营范围和产品、服务种类；

⑤ 企业的财务状况；

⑥ 企业的人事结构，特别是总裁和高层管理人员状况；

⑦ 企业的信用政策；

⑧ 企业的订单处理程序；

⑨ 企业的折扣政策和顾客奖励政策；

⑩ 企业对顾客能提供的支持。

（2）产品方面的知识。推销工作本身要求推销员必须向顾客介绍、推荐产品，如果他不懂得所推销产品的知识将是不可想象的。作为称职的推销员，首先应掌握产品的技术性能，包括构成产品的原材料是什么，推销品的性能数据，产品规格、型号、外观，产品的特色，能满足顾客什么样的用途等。其次，应掌握产品使用与维修方面的技术与知识。推销人员在推销一些顾客不常买且价格昂贵的产品时，通常需要亲自示范操作，并经常走访客户以了解其使用情况，对一般性的技术问题应能及时排除。在现代市场营销中，为了赢得竞争，就应特别注意自己的产品与竞争对手的产品之间的差异，有哪些特点和优势，存在哪些不足，以便在推销中扬长避短，利用优势，战胜对手，促成交易。

案例1.5

白色塑料的遗憾

河北省安平县的一家罗网厂，生产罗网之类的产品。该厂一位姓王的推销员，有一次听说河南某地有个塑料厂。他想，制塑料得用过滤筛，于是急忙登上火车，昼夜兼程赶到那里。待他说明来意后，对方厂里的人笑了，说："我们生产的是白色塑料，不用过滤。带颜色的塑料，才需要过滤。"小王只好扫兴而归。时隔不久，小王又到天津某橡胶厂推销罗网。对方厂里的业务负责人问："你厂能生产多大拉力的网？最高含碳量是多少？能经得起多高的温度？"小王愣了，他只知道罗网是过滤用的，不知道还有这么多的讲究。对方说："你连这些都不懂，怎么做推销？又怎么订合同？"小王终于明白，当一个推销员其实并不那么简单。后来，小王下苦功夫学习，掌握了各种金属材料的含碳量、拉力、受压能力、耐酸、耐热性能等科学知识。他所在部门的推销业绩直线上升，他所在工厂也越办越红火。

案例分析：作为一名合格的推销员，对于自己推销的产品知识必须要有全面的了解，并能够根据客户的需要进行推销。

（3）市场方面的知识。推销员应接受一定程度的教育，掌握必要的理论知识与实务技能，包括市场营销理论、市场营销调研方法、推销技巧等方面的知识，熟悉有关市场方面的政策、法令和法规。

（4）顾客方面的知识。推销人员还要懂得消费者心理与购买行为方面的知识，因此应掌握商业心理学、公共关系学、人际关系学、行为科学和社会学等方面的知识，以便分析顾客的购物心理，并据此运用合适的推销手段。心理学家帮助我们将顾客从心理上划分为9种类型，熟悉了解每一类顾客的性格与心理特征，可以使我们的在推销过程中对症下药，因人施计。

资料库

顾客的类型

① 内向型。这类顾客生活比较封闭，对外界事物表现冷淡，和陌生人保持相当距离，对自己的小天地之中的变化异常敏感，在对待推销上他们的反应是不强烈。说服此类顾客对推销员来说难度是相当大的。这类顾客对产品挑剔，对推销员的态度、言行、举止异常敏感，他们大多讨厌推销员过分热情，因为这与他们的性格格格不入。对于这一类顾客，推销员给予他们的第一印象将直接影响着他们的购买决策。另外，对这一类顾客要注意投其所好，则容易谈得投机，否则会难以接近。

② 随和型。这一类顾客总体来看性格开朗，容易相处，内心防线较弱，对陌生人的戒备心理不如第一类顾客强。他们在面对推销员时容易被说服，不令推销员难堪。这一类顾客表面上是不喜欢当面拒绝别人的，所以要耐心地和他们周旋，而这也并不会引起他们太多的反感。对于性格随和的顾客，推销员的幽默、风趣自会起到意想不到的作用。如果他们赏识你，他们会主动帮助你推销。但这一类顾客却有容易忘记自己诺言的缺点。

③ 刚强型。这一类顾客性格坚毅，个性严肃、正直，尤其对待工作认真、严肃，决策谨慎，思维缜密。这一类顾客也是推销员的难点所在，但你一旦征服了他们，他们会对你的

销售额大有益处。总体说来，刚强型的顾客不喜欢推销员随意行动，因此在他们面前应守纪律，显示出严谨的工作作风，时间观念尤其要强。这一类顾客初次见面时往往难以接近，如果在出访前获知某人是这一类型顾客最好经第三者介绍，这样会有利得多。

④ 神经质型。这一类顾客对外界事物、人物反应异常敏感，且耿耿于怀；他们对自己所作的决策容易反悔；情绪不稳定，易激动。对待这一类顾客一定要有耐心，不能急躁，同时要记住言语谨慎，一定要避免推销员之间或是推销员与其他顾客进行私下议论，这样极易引起神经质型顾客的反感。如果你能在推销过程中把握住对方的情绪变动，顺其自然，并且能在合适的时间提出自己的观点，那么成功就会属于你。

⑤ 虚荣型。这一类顾客在与人交往时喜欢表现自己，突出自己，不喜欢听别人劝说，任性且嫉妒心较重。对待这类顾客要熟悉并且感兴趣的话题，为他提供发表高见的机会，不要轻易反驳或打断其谈话。在整个推销过程中推销员不能表现太突出，不要给对方造成对他极力劝说的印象。如果在推销过程中你能使第三者开口附和你的顾客，那么他会在心情愉快的情况下做出令你满意的决策。记住不要轻易托出你的底盘。

⑥ 好斗型。这一类顾客好胜、顽固，同时对事物的判断比较专横，又喜欢将自己的想法强加于别人，征服欲强。他们有事必躬亲的习惯，尤其喜欢在细节上与人争个明白。对待这种顾客一定要做好心理准备，准备好被他步步紧逼，必要时丢点面子也许会使事情好办得多。但是你要记住"争论的胜利者往往是谈判的失败者"，万不可意气用事，贪图一时痛快。准备足够的数据资料、证明材料将会助你取得成功。再有就是要防止对方提出额外要求，不要给对方突破口。

⑦ 顽固型。这类顾客多为老年顾客，是在消费上具有特别偏好的顾客。他们对新产品往往不乐意接受，不愿意轻易改变原有的消费模式与结构。对推销员的态度多半不友好。推销员不要试图在短时间内改变这类顾客，否则容易引起对方反应强烈的抵触情绪和逆反心理，还是让你手中的资料、数据来说服对方比较有把握一些。对这类顾客应该先发制人，不要给他表示拒绝的机会，因为对方一旦明确表态再让他改变则有些难度了。

⑧ 怀疑型。这类顾客对产品和推销员的人格都会提出质疑。面对怀疑型的顾客，推销员的自信心显得更为重要，你一定不要受顾客的影响，一定要对产品充满信心。但不要企图以你的口才取胜，因为顾客对你所言同样持怀疑态度，这时也许某些专业数据、专家评论会对你有帮助。切记不要轻易在价格上让步，因为你的让步也许会使对方对你的产品产生疑虑，从而使交易破裂，建立起顾客对让你的信任至关重要，端庄严肃的外表与谨慎的态度会有助于成功。

⑨ 沉默型。他们在整个推销过程中表现消极，对推销冷淡。我们说顾客陷入沉默的原因是多方面的。推销员不擅辞令会使整个局面僵持，这时推销员可以提出一些简单的问题刺激顾客的谈话欲。顾客对面前的产品缺乏专业知识并且兴趣不高，推销员此时一定要避免提技术性问题出来讨论，而应该就其功能进行解说，打破沉默；顾客由于考虑问题过多而陷入沉默，这时不妨给对方一定的时间去思考，然后提一些诱导性的问题试着让对方将疑虑讲出来大家协商；顾客由于讨厌推销员而沉默，推销员这时最好反省一下自己，找出问题的根源，如能当时解决则迅速调整，如果问题不易解决则先退，以备再试成功。

（5）竞争方面的知识。要成功地实施推销，还必须掌握同行业竞争状况的信息，包括整个行业的产品供求状况、企业处于什么样的竞争地位、竞争品有哪些优点、本企业产品有哪些优点、竞争品的价格、竞争品的销售策略等。

3. 身体素质

推销员的推销工作既是一项复杂的脑力劳动，也是一项艰苦的体力劳动。推销员的工作性质决定了他必须有强健的身体方能胜任，健康的身体是实施推销活动一切策略的物质保证。推销员经常外出推销，在必要时还得携带样品、目录、说明书等，特别是对于工业品的推销，需要推销员进行安装、操作、维修等，劳动时间长，劳动强度大。显然，推销员只具备了过硬的思想素质与文化素质，而没有强健的身体、旺盛的精力、充满活力的朝气，其推销设想与计划只不过是空中楼阁、海市蜃楼，永远都不可能实现，他自己也绝对不会成为出色的推销人员。强健的身体是成功推销的基础与前提。

4. 心理素质

成功的推销员都比较注重培养一种有利于达成交易的个人心理素养。实践证明，有些人比较擅长做社交、公关与产品推销的工作，而有些人则擅长做细致的研究工作。推销活动是一种面向千百万人的工作，因而要求推销人员具有以下几方面的心理素质。

（1）性格外向。一般来说，性格外向的人易于与他人接洽，也擅长辞令，易接受别人，别人也能较快地接受他，这有利于向陌生顾客开展推销工作。而性格内向的人，不善社交与辞令，不容易与顾客接触，掌握的推销对象有限。因此，外向型性格的人比较适合从事推销工作。如果是性格内向，且不打算进行自我调整，最好另谋生计。

（2）自信心强。作为一名推销员，应该有这样一种感觉："不管遇到多么大的困难，我都能解决，我都能对付，我都能完成任务。"一种感觉就是自信心，这种自信心是在不断获取经验的过程中逐步建立起来的。初涉推销业时，由于根基太浅，尚未积累起足够的经验，不会有多少自信心。但在自信心不断树立，才干不断增长的过程中，也必须培养忍耐性和宽容心。如果推销员耐性有限，容不得客户挑剔的眼光，则他的推销经验与自信心可能永远也不会达到极点，自信心将荡然无存。

（3）良好的个性品格。作为推销员应履行自己的承诺，让顾客感觉到你确确实实是一个值得信赖的人。如果出尔反尔，经常违约，不遵守自己的允诺，会使竞争者轻易地从你手中抢走你的客户，也不利于培养和建立长期稳定的关系。做到诚实，言行一致，不说大话，是推销员优良品格的最基本要求。

三、推销人员的职业能力

推销员具备了一定的思想素质、文化素质、心理素质与身体素质，只是具备了当一名好推销员的基本条件，并不一定能成为一名出类拔萃的推销员。一名杰出的推销员除具备上述这些基本素质外，还应有一定的能力。推销人员的能力是其在完成商品推销任务中所必备的实际工作能力。优秀的推销人员应具备较强的观察能力、创造能力、社交能力、语言表达能力及应变能力等。

1. 观察能力

观察能力是指人们对所注意事物的特征具有的分析判断和认识的能力。具有敏锐观察力的人，能透过看起来不重要的表面现象而洞察到事物的本质与客观规律，并从中获得进行决策的依据。新发明、新产品、新广告、新观念、新方法的魅力在于其"新"，推销人员推销时的吸引力也出自"新"。如何在推销过程中创新，有赖于他对新鲜事物的高度敏感性，这就要求推销人员具有超凡的观察能力。

例如，在商业谈判中，推销人员应该从对方的谈话用词、语气、动作、神态等微妙的变化中去洞察对方的心理，这对销售成功至关重要。

推销人员应随时注意周围事物的变化以及一切发生在周围的事情。只有投身于变化的环境中并充满好奇心，细心观察，才能获取瞬息万变的情报信息。

在工作中，推销人员要养成把一切所见、所闻的东西与自己的工作紧密联系起来的习惯。例如，在登门拜访客户时应能做到，眼睛一扫就把房间摆设和人物活动情形尽收眼底，进而总结出这个家庭的特点。

培养和开发观察力应从以下几方面入手。

第一，通过对注意力的开发，使注意力集中到需要观察的推销对象或有关事物上。

第二，调动所有感官，尽可能多地获取观察对象的有关信息。对顾客的观察与了解，可以从以下六个方面入手：

① 顾客的社会背景，如家庭背景、职业、经历、收入水平等；

② 顾客的气质、性格、兴趣爱好；

③ 顾客对社会、对工作、对购物的态度；

④ 顾客在整个购物过程中所担任的角色、所处的地位、所起的作用；

⑤ 顾客在人际关系中的特征，如对自己、他人和人际关系的看法与做法；

⑥ 顾客的体态、服饰和动作姿态等。

第三，学会用全面、系统、联系的观点看事物。例如，通过衣服的颜色看一个人的性格；从人的服饰看人的职业、地位、兴趣与爱好；通过谈论的话题了解人的需求层次与个性特色；通过事物的联系可以使推销人员系统地了解顾客。

第四，对观察的事物，既要定性观察，又要定量分析。在观察时注意动眼、动笔，把观察到的问题分门别类地记录下来。

第五，边观察边思考，以便随时发现关键的事与关键的人，为进一步调查了解做好准备。

资料库

怎样观察人的手

（1）习惯用右手的人，左脑发达，逻辑性强。

（2）习惯用左手的人，右脑发达，具有想象力和创造力。

（3）总是爱紧握拳头的人，被认为缺乏安全感，防御意识较强。

（4）总是把手指扣在一起的人，会经常处于一种非常矛盾的状态。

（5）手指总是动弹表明目前正处在一种非常紧张的状态。

（6）手放在腹部，且无意识地抚摸腹部，有些神经质，并且多疑。

（7）突然两手抱紧胳膊，身体有些后仰或是双手叉腰，身子前探，表示对对方说的话不赞同。

2. 创造能力

推销工作是一种具有综合性、复杂性、体脑结合的创造性的劳动。在推销活动中，推销人员应当注重好奇、敏锐、自信、进取等诸方面创造性素质的培养，不断开拓新市场，结识新顾客，解决新问题。解决问题需要特殊的方法，当面临前所未遇的难题时，杰出的推销人员应充分展开自己的想象力，对以往的经验和概念加以综合，从而构建出全新的解决方法。

对推销人员而言，开拓一个新市场、发掘一个新客户、采用一种别出心裁的推销手段，都必须首先具有开拓创新的精神和能力。推销人员不仅要满足现实的需求，更要创造和发现潜在的需求。

案例 1.6

卖鞋的推销员

位于南太平洋上的一个岛屿，来了两个皮鞋推销员。这两个推销员分别来自 A、B 两个国家。A 国推销员看到该岛居民均光着脚，于是马上给公司拍了电报："本岛无人穿鞋，我决定明天回国。"而 B 国推销员发回公司的是另一张截然不同的电报："好极了！该岛无人穿鞋，是个很好的市场，我将长驻此地工作。"结果，B 国公司开发了一个新的市场，取得了巨大的成功。

案例分析：一个墨守成规、因循守旧的推销人员与一个勇于开拓创新的推销人员，在推销业绩上会有很大的不同。创造能力是推销人员开拓市场必备的职业能力。

3. 社交能力

推销员向客户推销商品的过程，实际上也是一种信息沟通的过程。推销员必须善于与他人交往，有较强的沟通技巧，同时也能维持和发展与顾客之间长期稳定的关系，待人随和，热情诚恳，能设身处地地从顾客的观点出发，为顾客解决实际问题，取得客户的信任、理解与支持。推销员除具备推销领域必须掌握的丰富专业知识外，还应有广泛的兴趣爱好，宽阔的视野，以便能够得心应手、运用自如地应付不同性格、年龄、爱好的顾客。

社交能力不是天生的，是在推销实践中逐步培养的。要培养高超的交往能力，推销人员必须努力拓宽自己的知识面，同时要掌握必要的社交礼仪。推销人员应敢于交往，主动与人交往，不要封闭自己。

4. 语言表达能力

推销员的接洽工作总是以一定的语言开始的，不管是形体语言、物质载体语言还是文字语言，都要求推销员通过语言准确地表达推销品的信息，同时也能使推销对象清楚地理解和明白推销品的方方面面。如果推销员语言贫乏，词不达意，前言不搭后语，逻辑性差，思路不清，拙嘴笨舌，顾客是不可能接受这样的推销员的，也不可能接受他所推销的商品，他也不可能获得订单。优秀的销售人员应该是具有超人天赋的演说家，也是富有鼓动激情的"辩才"，能言善辩，同时又是最忠诚的听众，善于聆听顾客的意见。不要以为日常交际中的谈话与大庭广众中的推销交谈是一样的，即使能说会道的人，如果让他面对很多人讲话，他也可能怯场，可能连平常百分之一的讲话水平都不能发挥出来。因此，推销员应掌握推销交谈中的诀窍。

案例 1.7

不是推销的推销

潘德仁先生在推销中非常善于琢磨客户心理，抓住客户要求，并用娴熟的语言技巧来引导客户做出购买决定。他曾荣获香港第十八届杰出推销员的殊荣。

潘先生曾在一家办公用品公司当推销员。一次，他来到一个客户办公室推销自己公司的碎纸机，客户在听完了产品介绍、弄清了购买细节后，说他愿意买一台，并表示将在第二天到潘先生处订货。

第二天，潘先生左等右等，还不见客户前来。他便登门拜访，却发现客户坐在桌前看另外一家办公用品公司的样本册，而且目光停留在其中一页一动不动。潘先生凭着对本行业产品的全面了解，一眼便知客户正在关注的产品和昨天他所推荐的碎纸机属于同一类型，区别仅仅在于前者有扇清除纸屑的小拉门。

潘先生彬彬有礼地说："打扰您了，我在公司等了好久还不见您来，知道您一定很忙，所以又亲自来您这儿了。"

客户只应了一声"请坐"，又低头去看刚才那一页。潘先生已经猜出客户喜欢碎纸机，成交有门。沉思片刻，找到一把椅子在客户边上坐下，和和气气地说："我们公司的碎纸机上有圆洞，同样可以取出纸屑，而且方便得多。"

客户点点头，想了想又说："圆洞是能取出纸屑，但是未必比拉门来得方便啊。"潘先生不慌不忙地应道："您是搞工程技术的，一定知道废纸被切碎时洞口要承受不小的震击，如果洞口是圆形的，圆上各点的曲率完全相同，整个边受力均匀，不易损坏，反之拉门的洞口是方形的，受力不均，使用寿命要打折扣。"

客户看着潘先生，迟疑了一会儿："您的解释的确有道理，可我虽是技术出身，却很注重美观，圆形难免叫人感到呆头呆脑的。"

"圆是由一组到平面一点距离相等的点组成的，它线条光滑、流畅，一气呵成，多么和谐，多么完整，平时所言'圆满'，就是这个道理啊。您买了以后，包您用了会非常满意。"

这位客户被潘德仁丰富的力学、美学知识所折服，终于微笑着签了订单。

案例分析：一个出色的推销员，除了对产品本身了如指掌外，还需要具有较强的语言表达能力，只有这样才能在跟客户打交道时得心应手，游刃有余。

5. 应变能力

推销员虽然在与顾客接触前，都对推销对象做过一定程度的分析与研究，并进行了接洽前的准备，制订了推销方案，但由于实际推销时面对的顾客太多，无法把所有顾客的可能反应都全部列举出来，必然会出现一些意想不到的情况。对于这样突然的变化，推销员要理智地分析和处理，遇事不惊，随机应变，并立即提出对策，这就是应变能力。世间不可能有一劳永逸的处理应变的方法，任何再好的方法也只是在一定条件、时间和地点下适用。

资料库

推销人员的素质与能力

素质与能力	具体表现
思想道德素质	个人品质：诚实，正直，自信
	良好的职业道德：对企业忠诚，对客户诚实，对竞争、竞标公平
	强烈的事业心：敬业精神和高度的责任感、成就感
业务素质	企业知识，产品知识，客户知识，法律知识，市场知识，推销基本功
	职业地开拓客户，有效地接近客户，准确地判断客户需求，有效地解决客户问题，及时地促成客户交易
文化素质	专业知识，广泛兴趣，语言知识，个性及修养
生理和心理素质	强健的体魄，端庄的外表，平衡的心态
基本能力	注意力与观察力，学习能力，记忆能力，演示能力，社交能力，思维和推理能力，语言表达能力，核算能力，自我调控能力，决策能力，应变能力和适应能力，创新能力

【任务实践】

1. 学生每人独立填写一份素质调查问卷。
2. 注意读清题目，如实填写，保证问卷数据的真实性和完整性。
3. 总结自己的问卷得分。
4. 教师讲解问卷得分情况所表示的含义。
5. 收集全班同学得分情况分布。
6. 教师对学生的能力倾向、素质状况能做出点评，并帮助学生确立自信。

【任务评价表】

填写素质调查问卷后，根据评分标准进行自我打分，查看测验结果

1. 48～60分

你将是一位非常诚实守信的推销员，对人真诚、善良，做事"言必行，行必果"。在当今商业社会，诚信这一优良品质更显得难能可贵，它一定会使你成为一名成功的推销员。如果你的得分在55分以上，那就说明你诚实得有些"憨"，守信得有些"呆"。遇到问题多动脑筋思考，学会灵活地处理问题，相信经过一段时间的锻炼，一定会有进步的。

2. 34～47分

你将是一位基本上诚实守信的推销员。通常情况下，你能够说服自己，用诚信的眼光对待周围的人和事。但在和自身利益有冲突时，往往会采取急功近利的做法。世间许多事情的成败，往往在于能否于紧要处再坚持一下。让自己的眼光更高远些，胸怀更宽广些，你定会在个人修养上步入更高境界，进而使你的推销工作取得新的进展。

3. 20～33分

可以说你将是一位虚伪的推销员，对外界设立了重重防线，为自己套上沉重的铁甲。但是我们不可能靠圆滑去获得朋友，也不可能靠圆滑去赢得成功。改变你的人生航向，做一个诚实守信的人，你才会抵达成功的彼岸。

【项目知识总结】

广义的推销是指一个活动主体，试图通过一定的方法和技巧，使特定对象接受某种事物和思想的行为过程。但是，这种广义上的推销，并不是本书所要研究的对象。本书所要研究的是一个特定范畴中的推销，即狭义的推销。狭义的推销是指商品交换范畴的推销，即商品推销。它是指推销人员运用一定的方法和技巧，帮助顾客购买某种商品和劳务，以使双方的需要得到满足的行为过程。

推销的功能包括销售商品、传递商品信息、提供服务、反馈市场信息等方面。推销的三要素是推销主体、推销客体和推销对象，商品推销的基本原则包括满足顾客需求、互利互惠、推销使用价值观念、人际关系和尊重顾客。推销人员必须具备思想素质、文化与业务素质、身体素质和心理素质。

【项目练习】

一、判断题

1. 推销是一门科学，又是一门艺术。（   ）
2. 推销的科学性在于推销的工作过程有一定的规律可循。（   ）
3. 推销的核心在于寻找顾客。（   ）

4. 推销是一个简单的工作过程。（　　　）

5. 推销过程中，要以推销产品的使用价值为前提。（　　　）

6. 推销人员的决不能忽视给消费者的第一印象。（　　　）

二、单选题

1. 推销的三要素中，最具有能动性的因素为（　　　）。

A. 推销人员　　　　　B. 推销对象　　　　　　C. 推销品　　　　　　D. 使用价值

2. 推销活动的客体是指（　　　）。

A. 推销人员　　　　　B. 推销对象　　　　　　C. 推销品　　　　　　D. 使用价值

3.（　　　）是以消费者需求为中心的，改变了传统推销中成功的偶然性。

A. 古老的推销技术　　　　　　　　　B. 生产型推销

C. 销售型推销　　　　　　　　　　　D. 现代推销

4. 20 世纪 50 年代产生了（　　　）。

A. 古老的推销技术　B. 生产型推销　　　C. 销售型推销　　　　D. 现代推销

三、简答题

1. 推销员需具备的文化素质包括哪些方面？

2. 推销三要素是指什么？

【案例阅读】

机敏的钢化玻璃杯推销员

一名推销员正在向一大群顾客推销一种钢化玻璃杯，他首先是向顾客介绍商品，宣称其钢化玻璃杯掉到地上是不会坏的，接着进行示范表演，可是碰巧拿到一只质量不合格的杯子，只见他猛地往地下一扔，杯子"砰"地一下全碎了，真是出乎意料，他自己也十分吃惊，顾客更是目瞪口呆。面对这样尴尬的局面，假如你是这名推销员，你将如何处理呢？

这名富有创造性的推销员急中生智，首先稳定自己的心境，笑着对顾客说："看见了吧，这样的杯子就是不合格品，我是不会卖给你们的。"接着他又扔了几只杯子，都获得了成功，博得了顾客的信任。

案例分析：这位推销员的杰出之处就在于，他把本来不应该发生的情况转变成一个事先准备好的推销步骤，体现了应变能力在推销过程中的重要作用。优秀的推销员就是能够及时应变推销过程中出现的意外情况，并将其有效转化。

项目二

分析推销环境

【项目目标】

知识目标：

1. 市场营销的政治、经济、人口、技术等宏观环境因素；
2. 市场营销的消费者、公众、供应商等微观环境因素；
3. 市场营销 SWOT 分析法原理。

能力目标：

1. 掌握市场营销环境因素分析的基本方法；
2. 能够运用 SWOT 分析方法进行企业环境分析。

思政目标：

对营销环境的学习，有助于我们在平时的生活工作中正确认识环境，正确处理与环境的关系，学会适应环境，并懂得去利用环境、把握机会。

任务一　分析微观环境因素

【导入案例】

90后成就的美图秀秀

美图公司成立于 2008 年 10 月，以人工智能为驱动，是中国领先的影像处理及社交平台。美图公司以"让每个人都能简单变美"为使命，围绕"美"创造了一系列如美图秀秀、美颜相机、美拍、美图魔镜、美图手机等软硬件产品，改变了用户创造与分享美的方式，也使自拍文化深入人心。截至 2019 年 6 月 30 日，美图公司的影像及社区应用矩阵已在全球超过 16.9 亿台独立设备上激活，月活跃用户超过 3.08 亿。除此之外，美图公司目前在海外已拥有了超过 6.25 亿的用户，在巴西、印度、印度尼西亚、日本、马来西亚、菲律宾、韩国、泰国、美国及越南等 12 个国家拥有超过 1000 万用户，有 56 个国家拥有超过百万用户。

在美图公司的产品中，有一款耳熟能详的应用——美图秀秀。我们每个人的手机，也许都安装了美图秀秀，这款修图软件是上至 70 后、80 后，下至 90 后、00 后手机必备的一款应用，但真正让它得到推广的主力军当属 90 后这个群体，正如美图创始人吴欣鸿所说："90后成就了美图秀秀。"

2007 年春天，吴欣鸿和他的产品团队用了三天时间做了一个应用工具"火星文转换器"（将汉字转换成生僻的文字）。由于这款产品的"萌"特性，满足众多 90 后小朋友的需求，推出后就瞬间引爆 90 后群体。截至 2007 年年底，用户量已经超过 4000 万。用户量还在急剧上升，但这反而让吴欣鸿感到迷茫：这么小的一个展现空间，很难从中找到商业变现的方式。面对规模庞大、特点鲜明的用户群体，吴欣鸿想到了把这群以90后为主的用户转到盈利方向相对清晰的产品上，于是便有了后来的美图秀秀。

2008年10月，美图秀秀正式上线，到年底即突破100万用户量。从2011年开始，吴欣鸿和美图秀秀开始迎来了一系列关键节点：2011年年底，PC端加移动端的用户超过1亿；2012年，PC端的用户量突破1亿，同时PC端加移动端的用户量突破2亿；2013年，移动端用户量超过1亿。到2019年6月，美图秀秀用户每天上传超过78万个图片与视频，比去年底增长超过5.5倍。美图秀秀的日均使用时长也有成倍的增长。同时，吴欣鸿透露，未来，美图秀秀在做好"消费者社区"后，下一步是过渡到"生活方式社区"。

美图秀秀的成功并非偶然，吴欣鸿和他的团队准确地把握了90后的特点，依据他们的生活方式和观念所设计出来的这款修图软件，迎合了90后用户群体的需求。90后绝不是一个简单的代际划分，他们从小就会玩手机，碎片时间基本都会花在移动终端上，他们中的大多数还是学生，相对于工作一族，没有各类公务、应酬、家庭和房贷，会花大量的时间在社交网络、游戏视频、自拍摄影等娱乐方式上。美图秀秀虽不具备专业修图软件的功能，但在设计上简单易学，独有的图片特效、人像美容、拼图场景等功能深受90后的青睐，90后成为当时美图秀秀的主力用户和推广力量。

思考：

（1）美图秀秀在设计之初，为什么要根据90后的特点来进行设计？他们与70后、80后在手机使用方式上有什么不同？

（2）消费者或用户，属于市场营销的微观环境因素吗？

一、微观营销环境概述

图2-1　微观营销环境因素

微观营销环境是指直接影响与制约企业营销活动的组织或个体因素，又称直接营销环境。微观营销环境因素主要包括企业自身、供应商、分销渠道中间商、顾客、公众、竞争者和营销中介组织（图2-1），企业的营销活动受这些微观因素的影响，同时在一定程度上企业也可以对其进行控制或施加影响。妥善处理与微观环境各要素之间的关系，致力于企业与微观环境的"和谐共赢"，是企业顺利开展营销活动和实现企业经营目标的有效保障。

二、微观营销环境因素

（一）企业自身

企业的良好运作需要通过各部门的通力合作才能实现，其经营目标也需要通过企业人员认真执行才能完成，因此，企业除了受到外部环境的影响，也会受到自身内部因素的影响，企业自身也是微观营销环境因素之一。企业的营销活动要想开展得卓有成效，需要各个部门目标一致、相互合作、分工科学、配合默契，只有这样，才能达到预期的效果。

企业内部的微观环境分为以下三个层次。

第一层次是高层管理部门。高层管理人员的管理方式和管理理念，不但在企业文化的形成过程中起着主导作用，还会影响下级部门和企业员工的工作方式。因此，高层管理人员应树立科学的管理理念，建立积极向上的企业文化，协调各个部门的关系，营造和谐的企业氛围。

第二层次是职能部门。例如，财务部门需要分配好实施营销计划所需要的资金，采购部门需要负责好原材料的供给，生产部门要把握好生产关，营销部门在制订和实施营销计划的过程中，必须与其他职能部门相互沟通协调一致，只有各个部门通力合作才能顺利地实现企业目标。

第三层次是企业员工。企业员工的工作方法和业务能力将影响到工作效率，企业应加强对员工的培训，提高员工的业务能力，建立奖励和惩罚机制，加强员工执行力，提高员工工作效率，进而转化为企业效益。

（二）供应商

供应商是指向企业提供生产经营所需资源的组织或个人，包括提供原材料、零配件、能源、劳务或其他资源等。供应商对企业的影响主要有四点：一是供应的稳定性；二是供应的价格；三是所供应物资的质量；四是供应的时间和履约程度。供应商作为上游企业，是企业生产的来源和保障，是企业得以开展经营活动的前提。科学有效地选择和管理供应商，并且与供应商建立沟通、互助、共赢的合作模式，是企业正确处理与供应商关系的基本立足点。

面对供应商，企业需要做到：

（1）建立完善的进入评价体系，对供应商进行实地考察，综合多方面指标对供应商进行等级评分，从中筛选出最符合企业发展模式的供应商。

（2）完善对供应商的监管机制和企业内部的采购流程，成立专门的监督小组，加强对供应商的过程管理，跟踪供应商所供应的物资和服务的质量，确保供货的稳定性，通过有效的激励机制改进供应商绩效。

（3）实施供应链管理，与重要的供应商建立战略合作伙伴关系，建立利益共享机制，及时沟通解决问题，最大限度地减少内耗与浪费，尽力实现供应链整体效益的最优化。

（三）顾客

顾客即市场，是企业的生存之本、利润之源，是企业一切营销活动的出发点和落脚点。顾客决定了企业的生存与发展，是企业最重要的环境因素，企业必须依据顾客的需求生产产品和提供服务，营销人员在营销过程也需提升服务水平，只有赢得顾客，才能赢得市场。企业在生产和经营的过程中，必须始终贯彻"顾客至上"的理念。首先，调查和了解顾客需求，紧紧围绕顾客的需求进行产品生产，严格把控产品质量，对顾客负责。其次，保持与顾客的沟通，了解顾客的想法与需求，及时得到信息反馈，改进营销中的不足。再次，尽可能为顾客创造价值，提供一些增值服务，做好售后服务，赢得顾客的信赖。另外，企业在开展营销活动或与顾客进行沟通的时候，要持有真诚之心，耐心为顾客解答问题，不虚假不掩藏，打消顾客的疑虑。

（四）公众

公众是指对企业的营销活动有实际或潜在利害关系的团体或个人，如财务公众、政府机关、社团组织、媒体公众、社区公众、一般公众等。企业必须密切关注广大公众的态度，主动及时地去了解公众对企业的看法，采取积极措施，做好公共关系工作，树立企业的良好形象，获得公众的正面评价和支持。

（1）财务公众，指影响公司获得资金能力的机构。包括银行、投资公司和股东等。

（2）政府机关，指负责管理企业营销业务的有关政府机构。企业应时常关注最新政策，发展战略和营销计划必须与政府机关的法律法规、发展计划、产业政策保持一致，营销行为不得违反相关法律法规，遵纪守法，不偷税漏税。

（3）社团组织，指为一定的目的由一定数量的人员组成的群众性组织，如消费者协会、华侨联合会、环保组织等。企业营销活动关系到社会各方面的切身利益，必须密切注意来自社团组织的批评和意见，并及时进行沟通和处理。

（4）媒体公众，指专门从事信息传播服务的机构，主要包括报社、杂志社、电台、电视台等机构。媒体报道速度快，传播面广，对企业的形象树立会产生重大的影响。企业必须与传媒机构建立友善关系，争取有更多有利于本企业的新闻报道。

（5）社区公众，指企业所在地邻近的居民和社区组织。企业应积极支持社区的重大活动，为社区的发展贡献力量，争取社区公众的理解与支持。

（6）一般公众，泛指广大的社会公众。企业在生产和经营过程中，应树立社会责任感，开展一些公益服务，树立企业在社会公众中的良好形象。

（五）竞争者

竞争者是指那些与本企业提供的产品或服务相似，并且所服务目标顾客也相似的其他企业。竞争者的存在，是企业产生危机感的压力来源，是驱动企业不断改进产品、提高服务质量的重要因素。面对竞争日益激烈的市场，企业必须高度重视所处的竞争环境，对竞争者进行分析，识别竞争对手，并将自己与竞争对手进行比较，做到知己知彼，改进自身不足，有针对性地建立竞争优势和制定竞争战略，只有这样，才能在市场竞争中站稳脚跟。竞争者的类型，可以从不同的三个角度进行划分。

1. 从行业状况的角度分类

（1）现有竞争者，指已进入市场，生产与企业相似或同类产品，并拥有一定市场份额的竞争者。

（2）潜在竞争者，指即将或可能进入市场的企业，它们可能会对行业内已有的企业构成威胁，此类企业可视为潜在竞争者。

（3）替代产品竞争者，当一种产品或服务代替另一种产品或服务时，从现有的产品中夺取市场份额，从而对被替代产品生产企业带来威胁，这些企业就是替代产品竞争者。

2. 从企业所处的竞争地位分类

（1）市场领先者，指在某一行业的产品占最大市场份额的企业。市场领先者一方面会不断创新，采取措施防备进攻对手的进攻和挑战，保护企业现有的市场；另一方面会想方设法提高市场总需求量，以高市场占有率从中获得高收益。

（2）市场挑战者，指敢于积极向行业领先者发起挑战的企业。这些企业可能是仅次于市场领先者的大公司，也可能是不起眼的小公司。它们的特点是以积极的态度，提高现有的市场占有率。

（3）市场追随者，指安于次要地位，不热衷于挑战的企业。它们不会采取措施积极发起挑战，不愿意扰乱当前市场形势，害怕在混乱的市场损失更大，其目标是盈利而非市场份额。这类企业可能是小企业，也可能是大企业。

（4）市场补缺者。这类企业大多是行业中较为弱小的中小企业，它们专注于市场上被大企业忽略的细小部分，致力于在这些小市场获得最大限度的收益，在大企业夹缝中求得生存与发展。

3. 从消费者的角度分类

从消费者需求的角度，竞争者可以划分为欲望竞争者、属类竞争者、产品竞争者和品牌竞争者，如图 2-2 所示。

（1）欲望竞争者。提供不同产品，满足消费者不同消费欲望的企业就是本企业的欲望竞争者。某一时刻，消费者的消费欲望不会是单一存在的，而是多种欲望并存的。例如，当消费者走进商场，总会产生多种不同的消费欲望，既想购买衣服，又想购买护肤用品，或者购买电子产品等。如何才能吸引到消费者，促使消费者首先购买自己的产品，这些商家就存在着一种竞争关系。

图 2-2　竞争者类型

（2）属类竞争者。满足同一消费欲望的可替代的不同类产品的企业，是本企业的属类竞争者。这种竞争关系是不同类别产品间的竞争，例如，外出旅游，在交通工具的选择上，可以选择坐飞机，也可以选择坐高铁，或者搭乘长途汽车等。

（3）产品竞争者。满足同一消费欲望，提供同类产品但产品形式、规格、品种不相同的企业，是本企业的产品竞争者。例如，同是汽车，但各有优点；同是衣服，但款式不一；同是手机，但功能各异。企业只有根据目标顾客群体的特点和需求设计产品，分析竞争对手产品，合理定价，才能在与其他同行企业的竞争中获胜。

（4）品牌竞争者。满足同一消费欲望，提供同类产品但品牌不同的企业，是本企业的品牌竞争者。例如，华为手机与苹果手机、腾讯微博与新浪微博、金山毒霸与 360 杀毒软件、蒙牛乳制品与伊利乳制品等都形成了品牌竞争。

（六）营销中介组织

营销中介组织指在企业营销过程中，为企业提供相关服务以保障企业营销活动顺利进行的组织。由于资金、人力、技术等各种资源有限，企业没办法独自揽下营销活动所涉及的所有业务，必须借助其他企业的专业化服务来完成整个营销过程。营销中介是市场营销不可缺少的环节，企业的营销活动必须通过相关机构的协助才能顺利进行。营销中介组织主要包括分销渠道中间商、物流储运公司、营销服务代理商以及金融中介等。

1. 分销渠道中间商

分销渠道中间商是指产品从生产者向消费者转移的过程中，取得产品所有权进行产品销售或未取得产品所有权但帮助企业销售或推销其产品给最终用户的组织或个人。分销渠道中间商主要有批发商、零售商和代理商三类。

（1）批发商，指取得企业产品所有权后再批发出售给零售商的企业组织。

（2）零售商，指取得企业产品所有权后再将产品销售给最终客户的中间商。

（3）代理商，指虽没取得企业产品所有权，但会帮助企业销售或推销产品给最终用户的中间商。

分销渠道中间商帮助企业将产品销售出去，大大减少了企业的库存风险，给企业带来了丰厚的利润，但是如果中间商没有管理好，则很容易引发渠道利益冲突、账款拖欠、窜货、乱价、市场秩序混乱等问题。企业必须加强对中间商的有效管理。

（1）不能将中间商视为赚钱的工具，必须以"合作共赢"的战略思考与中间商建立良好的合作关系，加强沟通，对中间商进行培训，提供产品服务支持，妥善处理好销售过程中出现的产品质量损坏、顾客投诉、顾客退货等问题。

（2）对中间商进行评估和甄选，建立中间商档案，实行动态管理，制定奖惩措施提高中间商的积极性和约束其行为，加强对中间商的跟踪监管，防止窜货、价格混乱、利益冲突、销路不畅等问题发生。

（3）加强对分销渠道的创新，建立多元化的分销模式，优化分销结构，适当调整分销重心，将有形的分销网络拓展到无形的互联网络当中。

案例 2.1

劲酒：渠道炼金术

目标消费者定位为 30～40 岁男士的劲酒，在渠道选择上主要集中于商务酒店，以及食杂店和中小超市。与此同时，一直以来，劲酒始终坚持市场以厂家控制为主、经销商配合为辅，厂家办事处深入二级市场的深度分销策略。

在经销商的开发管理上，劲酒采取了与不少酒类企业完全不一样的模式。劲酒取消了逐级代理的分销模式，对经销商不分大小户，实行平行管理。劲酒对遍布全国的 370 多家经销商实行一致的经销政策，让经销商公平地赚取利润。年终时，劲酒会对终端做评估，主要考核终端陈列有无占据最有利位置、是否遵守渠道秩序等。如果在合作期内不遵守渠道和价格秩序者，不管经销商的销量有多大，劲酒都会撤柜。

在选择经销商时，劲酒也有自己的一套方案，并非找当地最大的，而是找最强的。而"强"表现在有一定的经济实力，更重要的是经营思路超前，终端客情良好，注重可持续发展而非一时的利润，并能契合劲酒的企业文化。

因为劲酒能与各地经销商共享渠道利益，所以它的销售渠道一直稳定高效。

案例分析：劲酒在选择和管理经销商时，注重哪些方面？

2. 物流储运公司

物流储运公司是指帮助企业进行物资保管、储存和运输的公司。物流服务实现了企业产品在空间上的转移，通过专业化、合理化的管理方法大大降低了企业的物流成本，提高了企业的经营效率。

3. 营销服务代理商

营销服务代理商主要包括营销调研公司、广告公司、媒体公司和营销咨询公司。它们帮助企业锁定正确的目标市场并将产品促销到正确的市场。例如，广告媒体公司是指帮助企业进行产品宣传和推广的公司。其主要负责为企业产品量身定制推广方案，通过一定的媒介将企业及其产品信息传递给消费者，从而使企业产品和品牌在消费者中留下观感和认识。

4. 金融中介

金融中介包括银行、信贷公司、保险公司和其他帮助公司进行财务交易或为公司买卖商品的风险进行保险的企业。大多数公司和消费者都依赖于财务中介进行财务交易。

随着市场经济的发展，社会分工越来越细，营销中介对企业营销活动的影响和作用就愈来愈大。因此，企业在市场营销过程中，必须充分重视中介组织对企业营销活动的影响作用，并处理好和它们的合作关系。

案例 2.2

红牛的物流外包

红牛自 1997 年就开始与宝供合作，物流的外包是红牛迅速占领中国市场的推手之一。

红牛刚进入中国时是自己做物流，但随着市场规模越来越大，遍布全国的分销仓库控制便成为难题。这些仓库由各个分公司来管理，库内的货物和财产的安全根本无法保证，而且时常有异常出库的情况发生。刚开始，宝供做红牛的业务是亏损的，而且由于红牛的市场还没有完全铺开，资金流不是很充裕，需要宝供先垫资去做再结款。随着宝供的电子数据交换系统的全面对接，红牛可以根据宝供提供的数据和信息分析更有针对性地解决库存问题，减少物流费用。

随着红牛在中国的市场份额一骑绝尘，有很多外资物流供应商来寻求合作，但是红牛始终认为，宝供仍是那个最适合、最默契、最可托付的合作伙伴。

案例分析：为什么红牛与宝供能够保持长期的合作关系？

【任务实践】

竞争环境对于企业的生存与发展是非常重要的影响因素，企业只有对竞争环境进行分析和评估，才能制定更适合的营销策略。竞争环境的分析，首先是要确定和识别竞争对手。以 4 ～ 6 人为一小组，模拟经营一款产品（由小组讨论确定），分别从行业状况的角度和消费者需求的角度列举企业的竞争对手（表 2-1 和表 2-2）。

表 2-1　实训记录表（从行业状况的角度分析）

选定的产品	竞争者类型	举例
	现有竞争者	
	潜在竞争者	
	替代产品竞争者	

表 2-2　实训记录表（从消费者需求的角度分析）

选定的产品	竞争者类型	举例
	欲望竞争者	
	属类竞争者	
	产品竞争者	
	品牌竞争者	

任务二　分析宏观环境因素

【导入案例】

星巴克的营销创新

科技的发展、人类的进步在不断地淘汰着过时产品，不管它以前是多么风光的产品，也会走到穷途末路的一天。磁带式录像机、软盘、CRT显示器，不胜枚举，一批批产品退出了或即将退出历史舞台。面对日新月异的科技环境，企业或创业者只有顺应潮流，积极创新，开发新产品，改变营销模式，进行企业改革，才能在科技浪潮中站稳脚跟。

星巴克是善于进行营销创新走在科技前沿的典型例子。微信自2011年年初推出之后，就吸引了大量用户，不到两年时间就达到2亿用户量。智能手机的发展、手机使用的便利也在逐渐改变着人们的生活模式和消费习惯。在这种形势下，星巴克与微信合作，推出特惠二维码：在星巴克全国门店（江浙沪除外），只要用户用微信的"扫描二维码"功能扫描星巴克咖啡杯上的二维码，就有机会获得星巴克全国门店优惠券，成为星巴克VIP会员。同时，创建微信公众号"星巴克中国"，先是从门店消费者开始，让进店消费的顾客扫码成为粉丝，再利用活动的方式让这些粉丝把公众号推荐给自己的朋友，使星巴克微信公众平台的粉丝短时间内暴增。星巴克通过微信公众平台，与粉丝进行互动沟通，用户发送一个表情符号，就可以享有星巴克《自然醒》音乐专辑，获得专为个人心情调配的曲目。

星巴克通过这种营销创新，破除了传统商业模式用户辐射面窄的缺点，打通了用户与企业之间的关系通道，帮助企业建立了泛用户体系，同时也顺应了当时的环境形势。

思考：

（1）科技的发展会给企业带来哪些影响？企业应如何应对？

（2）除了科技环境之外，宏观营销环境还包括哪些内容？

一、宏观营销环境概述

宏观营销环境又称间接营销环境，是指给企业的营销活动带来市场机会或造成环境威胁的力量因素。宏观营销环境主要包括自然环境、人口环境、经济环境、科学技术环境、社会文化环境、政治法律环境等（图2-3），它们是整个社会或一个地区的某种存在状况，一般以微观环境因素作为媒介去影响和制约企业的营销活动。宏观营销环境和微观营销环境是一种主从关系，微观营销环境因素都处于宏观环境的影响之中。企业可以采取措施在一定程度上影响和控制微观营销环境，但企业的力量通常无法去改变宏观营销环境，只能去适应或利用宏观营销环境。对于企业来说，分析宏观营销环境的现状和预测未来的发展变化，充分利用有利于企业发展的机会，及时避开不利因素，对企业的生存发展至关重要。

图2-3　宏观营销环境

二、宏观营销环境因素

（一）人口环境

市场是由人、购买力及需求三要素构成的，人口的数量将直接影响市场的规模以及市场的潜在需求，而人口的结构是企业进行市场细分必须考虑的因素，因此，企业在选址或确定目标市场之前，必须对该地区的人口环境进行研究分析。人口环境分析主要是对人口总量、人口分布、人口结构和家庭组成等的分析。

1. 人口总量

人口总量是指一个地区的总人口数量，包括常住居民和流动人口。人口数量直接决定了市场的规模和潜力，近年来，越来越多的国外企业将资源投入中国市场，无不与我国幅员辽阔、人口众多有密切关系。目标市场的人口总量与企业的营销活动联系最为密切，企业必须明确自己的目标市场在哪儿，目标顾客群是谁。市场规模除了与人口数量有关，还与消费者的购买能力和需求相关，所以，人口总量与需求量没有绝对的正向关系。因此，人口总量是企业确定目标市场必须考虑的重要因素，但不是唯一的因素。

2. 人口分布

人口分布是指人口在不同地区的密集程度。由于受到自然地理条件、地区经济发展程度、风俗习惯、历史原因等多方面因素的影响，中国的人口分布是极不平衡的。中国的人口分布总体呈现出东部多西部少、平原地区多高原地区少、城市人口密集农村人口散落分布的特点。随着经济和旅游业的发展，人们的经济收入和业余时间增加，人口的流动性变得越来越大。人口的流动带来的是市场需求的变化，对于人口流入较多的地方，人口的增多使当地的基本需求增加，继而给企业带来了市场机会，因此，人口的流向应是企业密切关注的因素。

3. 人口结构

人口结构指一个地区人口的年龄、性别、民族、职业、身份等的构成情况。人口结构是企业进行市场细分的重要依据，因为同一层次的消费者在购买偏好上有一定的共性，而不同层次消费者的需求和消费特点是有所差别的。例如，老年人对医疗保健产品有需求，而年轻人追求新奇时尚的电子产品；高社会阶层的群体注重质量和品牌，较低社会阶层的群体看重的是物美价廉。企业应按一定的特征对人口加以分类，找出他们在需求上的共同点，进行市场细分并制定目标市场战略。

4. 家庭组成

家庭组成指一个地区的家庭成员的组成情况，这是影响消费需求和消费结构的重要因素。过去，由于计划生育的倡导和实施，很多家庭只有一个小孩，自2015年全面二孩政策实施以后，很多家庭增添了新生儿，伴随而来的就是婴儿产品的需求扩大和家庭消费结构的变化。家庭是社会的细胞，也是商品采购和消费的基本单位，了解家庭的需求，将有助于企业的营销活动。

（二）经济环境

经济环境是指企业营销活动所面临的外部社会经济因素，主要包括社会经济发展状况、消费者的收入水平、消费者的支出变化和消费者的储蓄信贷情况。

1. 社会经济发展状况

企业的市场营销活动受到一个国家或地区经济发展状况的影响和制约。经济发展的不同时期，居民的收入水平不同，社会对产品的需求也不一样，从而会在很大程度上制约企业的营销活动，企业的营销活动必须适应整个社会的经济发展状况，如在经济不景气的时候，企业生产大量产品则很容易造成产品过剩。企业应根据经济形势的变化来调整营销战略，在经济低迷时，企业应以价格优势为主要营销手段；而在经济高度发展阶段，企业应注意采用一些非价格的市场营销手段。新的经济形势，既给企业带来新的市场机会，又给企业带来新的挑战，企业必须更新营销观念，创新营销模式，进行转型升级，以适应社会经济的发展变化。

2. 消费者的收入水平

市场的一个重要构成因素是购买力，消费者的购买能力取决于消费者的收入水平，因此，消费者的收入水平基本决定了消费的规模和档次。在研究消费者的收入时，需要区分个人收入、可支配收入和可任意支配收入这三个概念。

（1）个人收入，是指个人从各种来源所得到的总收入。

（2）可支配收入，是指从个人收入中除去所得税、社保费用、公积金或其他必须缴纳的费用之后所剩的那部分收入。

（3）可任意支配收入，是指从个人可支配收入中除去维持生活的必需开支或其他必需开支之后所剩下来的部分。它是影响消费者购买能力最活跃的因素。

3. 消费者的支出变化

消费者的支出变化是随着收入的变化而变化的，主要体现在消费结构上的变化。消费结构是人们所消费的各种不同类型的消费资料在消费总体中所占的比例。一个家庭的食物支出占总支出的比例，称为恩格尔系数。用公式表示为

$$恩格尔系数 = 食物支出 / 总支出 \times 100\%$$

恩格尔系数是衡量一个家庭生活水平高低的重要参数。通常，食物支出占总支出的比重越小，即恩格尔系数越小，生活水平就越高；相反，食物支出占总支出的比重越大，即恩格尔系数越大，生活水平就越低。

4. 消费者的储蓄信贷情况

消费者的购买力还受到储蓄和信贷的影响。当收入一定时，储蓄越多，表明现实消费量就越小，但潜在消费量越大；相反，储蓄越少，现实消费量就越大，但潜在消费量越小。信贷是金融机构向有一定支付能力的消费者给予的资金融通，它在短时间内一定程度上提升了消费者的购买能力。

（三）科学技术环境

科学技术被誉为第一生产力，是社会生产力中最活跃的因素，它改变了我们的生活方式，影响着人类社会的历史进程。作为宏观环境因素，科学技术对企业市场营销的影响也是非常显著的：它大大缩短了产品的生命周期，改变了人们的生活方式和消费模式，迫使很多企业增加技术开发投入；科学技术的应用使一些新的行业诞生，同时使旧的行业走向衰落，使企业间的竞争变得愈加激烈；科技发展日新月异，给企业带来极大的挑战，要求企业必须保持学习，掌握科技前沿信息，提高技术创新能力。

科学技术一方面给企业的发展带来了机遇，另一方面也对企业的生存形成威胁，企业必须重视科技环境因素，采取措施应对科技环境的变化。第一，观察和预测科技发展变化的趋势，分析其变化将对企业产生的影响，提前做好准备。第二，通过改进和升级企业技术设备，创造新的生产工艺，提高企业生产效率。第三，增加技术投入，研发更适合消费者需要的新产品，改进营销模式以适应消费者新的消费模式。第四，必须加强技术创新能力，提升企业的核心竞争力，不断去适应科技环境的发展变化。

（四）社会文化环境

社会文化是指某一特定人类社会的价值观念、生活方式、语言文字、教育水平、风俗习

惯、伦理道德、宗教信仰等的总和。它影响和制约着人们的消费观念、需求欲望和购买行为方式，通过影响消费者的思想观念来影响企业的市场营销活动，社会文化环境是影响企业营销行为诸多变量中最为复杂的变量。

企业的营销活动应去适应当地的文化，不要试图去做与消费者价值观念相冲突的事，这必然会导致营销的失败。企业必须去充分了解和掌握不同市场消费者的社会文化背景，了解消费者的心理特征、思维模式和行为准则，根据不同的社会文化背景制定不同的营销策略，组织不同的营销活动。

（五）政治法律环境

1. 政治环境

政治环境指企业市场营销活动的外部政治局势和状况，以及国家方针政策的变化对市场营销活动带来的或可能带来的影响。政治环境主要包括政治局势和方针政策。

政治局势是指企业所在的国家或地区的政治稳定状况。一个国家的政局稳定与否会给企业的营销活动带来重大的影响。如果政局稳定，当地经济健康发展，人民安居乐业，就会给企业带来良好的市场营销环境。相反，如果政局动荡，社会矛盾尖锐，秩序混乱，不仅会影响经济的发展和居民的购买能力，而且对企业的营销活动造成重大影响。

方针政策是国家所制定的引导社会前进的战略和政策。企业的营销决策在很大程度上受到方针政策的制约和影响，一个国家制定出来的各种经济政策和社会发展战略，企业都是要执行的，企业必须按照国家的规定，生产和经营国家允许的产品，企业的发展战略也应围绕国家的经济发展方向来制定。

2. 法律环境

法律环境是指国家或地方政府颁布的各项法规、法令、条例等。从当前企业市场营销活动法律环境的情况来看，有两个明显的特点：一是管制企业的立法增多，法律体系越来越完善；二是政府机构的执法越来越严。企业必须认真学习法律条文，遵章守法，不违法，研究并熟悉法律环境，保证自身严格依法经营，运用法律手段来保护自身的合法权益。

（六）自然环境

自然环境是指影响企业营销活动的自然条件和资源状况。自然环境是人类最基本的生存条件和活动空间，也是人类生活所必需的物质来源。可以说，人类发展的历史就是人与自然关系发展的历史，自然环境的变化与人类活动休戚相关。自然环境也是企业生存发展的基础，自然环境的变化对企业营销的影响表现在以下几个方面。

（1）企业的经营成本增加。自然资源的日趋枯竭和人们环保观念的增强，导致生产原材料的成本不断升高。另外，企业对环保生产技术的投入，也大大增加了企业的生产成本。

（2）企业营销模式的转变。随着自然环境的日益恶化，政府对企业的环保监管加强，消费者也越来越关注企业的生产经营过程，要求企业必须树立社会市场营销观念，转变生产经营模式，增强社会责任感，实行生态营销、绿色营销，致力于人与企业、社会的和谐发展。

（3）企业的新的市场机会增加。人类发展与自然环境的矛盾，为企业提供了新的产业市场机会。企业一方面可以寻找新的替代能源来应对自然资源的短缺，另一方面应研发生产更为环保安全的产品来适应消费者不断增强的环保观念。

案例 2.3

睡衣风波

美国和加拿大之间围绕"古巴睡衣"问题发生了一场政治纷争，而夹在两者之间的是一家百货业的跨国公司——沃尔玛公司。当时，争执的激烈程度从下面的报纸新闻标题中可见一斑："将古巴睡衣从加拿大货架撤下：沃尔玛引起纷争""古巴问题：沃尔玛因撤下睡衣而陷入困境""睡衣暗局：加拿大与美国赌外交""沃尔玛将古巴睡衣放回货架"。

这一争端是由美国对古巴的禁运引起的。美国禁止其公司与古巴进行贸易往来，但在加拿大的美国公司是否也应执行禁运呢？当时，沃尔玛加拿大分公司采购了一批古巴生产的睡衣，美国总部的官员意识到此批睡衣的原产地是古巴后，便发出指令要求撤下所有古巴生产的睡衣，因为那样做违反了美国《赫尔姆斯—伯顿法》。这一法律禁止美国公司及其在国外的子公司与古巴通商。而加拿大则是因美国法律对其主权的侵犯而恼怒，他们认为加拿大人有权决定是否购买古巴生产的睡衣。这样，沃尔玛公司便成了加拿大、美国对外政策冲突的牺牲品。沃尔玛在加拿大的公司如果继续销售那些睡衣，则会因违反美国法律而被处以 100万美元的罚款，而且还可能会因此而被判刑。但是，如果将加拿大商场的睡衣撤回，按加拿大的法律，会被处以 120 万美元的罚款。

案例分析：

（1）造成沃尔玛公司困难处境的原因是什么？

（2）结合案例说明政治环境与法律环境的关系。

【任务实践】

请以房地产行业为例，查找资料，列举一些有关房地产行业的方针政策和与房地产行业相关的法律法规，填入表 2-3 中。

表 2-3　实训记录表

序号	相关方针政策	相关法律法规
1		
2		
3		
4		
5		
6		

任务三　SWOT 分析在推销环境分析中的应用

【导入案例】

贝贝儿童摄影工作室环境分析

小丽和朋友一起经营的贝贝儿童摄影工作室（以下简称"贝贝工作室"）最近碰到了经营瓶颈，难有突破。为此，小丽对工作室所处的经营环境作了以下分析。

现在二孩政策开放，很多家庭生了第二胎。随着城市生活水平和家庭经济收入的提高，越来越多的家庭愿意每年花钱给小孩拍摄写真集或亲子照，定格幸福美丽的瞬间。贝贝工作室的地理位置很好，有专业的工作团队，但是工作室的面积不够大，虽然创立一年多来，积累了不少客户，市场口碑也很好，但依然面临着该区域几家影楼的竞争，最大的竞争对手是纱纱影楼，一家有十余年经营历史的品牌影楼，最近还在不断革新升级当中。贝贝工作室受到顾客青睐的原因是：独具创意的拍摄方式、轻松愉快的拍摄氛围、人性化的服务方式、特色化的后期制作等。但由于是刚起步不久的工作室，加上在门店面积、人员规模、经营资金等方面的限制，也存在自身不足：整体店面的软硬件配备不足，人员分工不明确，往往是一人多职，与影楼相比，服务的项目不具备优势等。

思考：

（1）从外部环境看，贝贝工作室存在哪些市场机会，又面临什么环境威胁？

（2）从内部条件看，贝贝工作室具备哪些优势，又存在哪些劣势？

一、市场营销环境的特征

市场营销环境对企业的影响是无处不在的，企业在制订市场营销计划和管理营销活动的过程中都离不开对市场营销环境的分析。作为营销人员，必须了解市场营销环境的特征，对市场营销环境有基本的认识，只有这样，才能更全面地分析环境。市场营销环境具有客观性、差异性、动态性和相关性的特征。

（一）客观性

市场营销环境的客观性是指它不以企业或营销者的意志为转移和改变，是企业不可控制的。尤其是宏观环境，难以按企业的要求和意愿随意改变，如企业无法去改变天气状况、无法去修改法律法规、无法去调整人口结构、无法去阻止科技前进的脚步等。任何企业都处在一定环境的影响之下，无论企业有没有察觉，环境的影响都是客观存在的。环境的客观性要求企业必须去适应环境，树立"适者生存"的发展观念，以环境为依据，努力地去适应环境，并且在此基础上通过市场营销努力影响环境向有利于企业生存和发展的方向转变。

（二）差异性

任何环境要素，无论是宏观环境要素，还是微观环境要素，都有其特点，就算是同一类的环境要素，也会有千差万别的表现。例如，同为供应商，它们所提供的服务或与企业的合作模式也不尽相同。另外，环境的差异性还表现为同一环境的变化对不同企业的影响是不同的，如2020年中国以及世界部分国家和地区爆发新型冠状病毒性肺炎，很多国家和地区关闭工厂、商业场所、公园和学校，波及各行各业，很多企业受其影响而倒闭，但也有很多行业例如线上教育等企业得到了快速发展。正因为营销环境的差异性，所以企业必须依据不同的环境及其变化采取相应的营销策略，对企业只造成轻微影响的环境因素，企业可以暂时持观望态度，但如果是对企业生存和发展可能构成重大影响的环境因素，企业必须高度的重视，准备应对之策。

（三）动态性

市场营销环境的诸要素不是固定不变的，而是随着人类社会的发展而在不断变化着，市场营销环境是一个动态系统。营销环境的动态性要求企业具备一定的预见未来环境变化的能力，提前做些努力去适应环境的变化，如果只是按现在的环境组织营销活动，当营销环境发生重大变化时，企业很可能没有能力及时作出调整而被环境淘汰。环境的变化可能给企业带来机会也可能会带来威胁，当企业能准确地预测环境变化，并且调整营销策略去适应这种变化，企业就可能会迎来新的市场机会。

（四）相关性

市场营销环境诸要素不是独立存在的，而是相互影响、相互制约的，其中一个因素的变化，会引起其他因素的变化。例如，随着智能手机的普及和移动互联网的发展，很多企业纷纷将销售渠道转移到线上，越来越多的消费者也开始用手机终端进行购物。随着科技的进步，现代技术和智能化管理在物流领域的应用越来越广，导致很多仓储物流作业人员失业，物流行业在技术设备上的竞争也随之加大。企业应从一个环境要素的变化中尽可能去预见与之关联的其他环境要素的可能性变化趋势。

二、SWOT 分析方法

（一）SWOT 分析法的含义

SWOT 分析法，即态势分析，就是将与研究对象密切相关的各种内部优势和劣势以及外部的机会和威胁等，通过调查罗列出来，并依照矩阵形式排列，然后用系统分析的方法，把各种因素相互匹配起来加以分析，从而得出一系列相应的结论，而结论通常带有一定的决策性。企业营销 SWOT 分析法，就是要分析企业在营销过程中自身的优势（strength）和劣势（weakness），以及外部环境带给企业的机会（opportunity）和威胁（threat），并结合这四点进行研究分析，权衡之后制定相应的营销战略、计划及对策等，力求内部条件与外部环境协调平衡，扬长避短，趋利避害，牢牢把握对企业发展最有利的市场机会。

（二）企业优势和劣势分析

企业的优势与劣势分析主要是着眼于企业自身的实力和竞争对手的情况。当两个企业处在同一市场或者它们都有能力向同一顾客群体提供产品或服务时，如果其中一个企业有更高的盈利率或盈利潜力，说明这个企业比另外一个企业更有竞争优势。

1. 企业优势

企业优势是指企业自身特有的、有利于成长和发展或竞争制胜的因素，包括企业内容存在的有利于促进企业生产经营发展的优势资源、技术、产品及其他方面的特殊能力。充足的资金来源、良好的企业形象、高明的经营技巧、先进的工艺设备、较低的生产成本、与供应商长期稳定的关系、良好的雇员关系等，都可以形成企业优势。

2. 企业劣势

企业劣势是企业在生产经营过程中所形成的、对自身生产经营活动具有不利影响的因素。一个企业的劣势主要表现在：缺乏明确的战略导向、缺乏专业的企业管理知识、缺乏某些关键技能或能力、企业形象较差、缺乏专业人才、与供应商关系不稳定、生产成本过高等。

（三）市场机会与环境威胁

1. 市场机会分析

市场机会是指对企业市场营销管理富有吸引力的领域。企业在每一个特定机会中成功的概率，取决于其业务实力是否与该行业所需要的成功条件相符。并不是每一个市场营销因素带给企业的机会都是一样大的，机会分析可以从其潜在吸引力和企业成功的可能性两个方面进行综合分析，其机会分析矩阵图如图2-4所示。

图 2-4 机会分析矩阵图

在图2-4中，处于区域1的市场机会，对企业有很大的潜在利益，而且企业获得成功的可能性也很大，这极有可能为企业带来丰厚的利润，企业应把握时机，投入资源，全力发展；处于区域2的市场机会，虽然潜在的吸引力较大，但是企业成功的可能性较小，企业应尽快找出成功可能性较低的原因，改善自身条件，设法化解不利因素；而处于区域3的市场机会，潜在利益和成功概率都较小，企业应慎重对待这些市场机会，审慎地开展营销活动；处于区域4的市场机会，虽然潜在吸引力较小，但是成功的可能性较大，企业应密切关注市场趋势的变化，及时采取有效措施。

2. 环境威胁分析

环境威胁是指环境中不利于企业发展可能会给企业造成经济损失，甚至可能会对企业的市场地位构成威胁的因素。不同的环境对企业的影响程度是不同的，有些会对企业构成严重的威胁，有些影响比较轻微。企业对环境威胁的评估，可以从它对企业的影响程度和出现的概率两个方面着手，其威胁分析矩阵图如图2-5所示。

图 2-5 威胁分析矩阵图

在图2-5中，处于区域1的环境威胁，对企业的影响很大，而且出现的概率也较大，企业应特别重视，并制定应对之策；处于区域2的环境威胁，虽然出现的概率较小，但是对企业的影响程度却很大，企业也应高度重视，密切监视它的发展变化；而处于区域3的环境威胁，出现的概率和对企业的影响程度都较小，企业可以暂且不用理会，但是要留意他的发展变化；处于区域4的环境威胁，虽然对企业的影响程度较小，但是出现的概率较大，企业应采取些措施，预防演变为严重的环境威胁。

三、SWOT 分析模型

SWOT 分析方法的应用是非常广泛的，它在企业营销中的应用意义在于分析企业经营环境当中存在的市场机会和环境威胁，再根据企业自身的优势和劣势制定相应战略和对策。下面以案例导入的贝贝工作室为例来建构它的 SWOT 分析模型。首先，罗列出贝贝工作室的自身的优势和劣势以及市场机会和环境威胁。

自身优势：地理位置好、专业的工作团队、一定的客户积累、市场口碑好、拍摄方式和服务方式等受客户青睐。

劣势：门店面积不够大、经营资金不充裕、软硬件配备不足、人员分工不明确、服务的项目不具备优势。

市场机会：二孩政策实施、城市生活水平提高、家庭消费观念的变化。

威胁：存在同行业强大的竞争对手。

然后，构建贝贝工作室的 SWOT 象限图，如图2-6所示。

在确定了企业内部的优势和劣势、外部的市场机会和环境威胁之后，就可以立足于内部的条件去应对外部的环境，如企业利用自身优势（S）去把握市场机会（O）时就可以采取 SO 战略，利用优势（S）去应对环境威胁（T）时可以采取 ST 战略；同理，企业在存在自身某些劣势（W）的条件下，去应对市场机会（O）和环境威胁（T）时可以采取的两种战略是 WO 战略和 WT 战略。这四种战略的基本思路如下。

SO 战略：利用自身优势，把握市场机会。

ST 战略：利用自身优势，规避环境威胁。

WO 战略：弥补自身劣势，争取市场机会。

WT 战略：弥补自身劣势，规避环境威胁。

基于这四种战略思路，贝贝工作室可以采取的应对之策如表 2-4 所示。

优势(S)：   市场机会(O)：
   地理位置好
  专业的工作团队   二孩政策实施
  一定的客户积累   城市生活水平提高
  市场口碑好   家庭消费观念的变化
 拍摄和服务方式受青睐

劣势(W)：   威胁(T)：
  门店面积不够大
  经营资金不充裕
  软硬件配备不足   存在同行业强大的竞争对手
  人员分工不明确
 服务项目不具备优势

图 2-6　贝贝工作室的 SWOT 象限图

表 2-4　贝贝工作室的 SWOT 对策

项目	O	T
S	SO： ① 利用团队的专业和创新能力满足家庭拍照需求的变化 ② 建立客户档案，做好后期服务；进行口碑营销，形成品牌效应	ST： 继续创新经营模式，采取差异化的竞争战略，规避与竞争对手的直接碰撞
W	WO： ① 经营过程中慢慢去解决门店、人员等问题 ② 开拓网络市场，开发潜在顾客	WT： 通过高质量的服务弥补服务项目少的缺点，稳定当前的市场地位

通过分析，最后形成贝贝工作室的 SWOT 分析模型，如表 2-5 所示。

表 2-5　贝贝工作室的 SWOT 分析模型

外部因素 内部能力	市场机会（O） 二孩政策实施； 城市生活水平提高； 家庭消费观念的变化	威胁（T） 存在同行业强大的竞争对手
优势（S）	SO	ST
地理位置好； 专业的工作团队； 一定的客户积累； 市场口碑好； 拍摄和服务方式受青睐	① 利用团队的专业和创新能力满足家庭拍照需求的变化； ② 建立客户档案，做好后期服务；进行口碑营销，形成品牌效应	继续创新经营模式，采取差异化的竞争战略，规避与竞争对手的直接碰撞
劣势（W）	WO	WT
门店面积不够大； 经营资金不充裕； 软硬件配备不足； 人员分工不明确； 服务项目不具备优势	① 经营过程中慢慢去解决门店、人员等问题； ② 开拓网络市场，开发潜在顾客	通过高质量的服务弥补服务项目少的缺点，稳定当前的市场地位

【任务实践】

1.请选择市场上的某一产品，结合我国当前市场情况，分别列举它的优势（S）、劣势（W）、市场机会（O）、环境威胁（T）（表2-6）。

表2-6　实训记录表

内容		分析结论
S	S1	
	S2	
W	W1	
	W2	
O	O1	
	O2	
T	T1	
	T2	

2.运用 SWOT 分析方法针对上述产品给企业提一些经营对策。

【项目知识总结】

推销微观营销环境是指直接影响与制约企业营销活动的组织或个体因素，又称直接营销环境。微观营销环境因素主要包括企业自身、供应商、顾客、公众、竞争者和营销中介组织等。推销宏观环境因素包括政治、经济、技术、自然等因素。

企业营销 SWOT 分析法，就是要分析企业在营销过程中自身的优势（strength）和劣势（weakness），以及外部环境带给企业的机会（opportunity）和威胁（threat），并结合这四点进行研究分析，权衡之后制定相应的营销战略、计划及对策等，力求内部条件与外部环境协调平衡，扬长避短，趋利避害，牢牢把握对企业发展最有利的市场机会。

【项目练习】

一、判断题

1.代理商是指取得企业产品所有权，协助企业进行买卖成交的中间商。　　　　（　　）

2.顾客是企业一切营销活动的出发点和落脚点。　　　　（　　）

3.微观营销环境又称直接营销环境。　　　　（　　）

4.市场挑战者就是指行业市场份额第二大的企业。　　　　（　　）

5.产品竞争者生产的产品与本企业的产品不是同类产品。　　　　（　　）

6.人口属于企业的微观环境因素。　　　　（　　）

7.某个地区的风俗习惯属于企业的宏观环境因素。　　　　（　　）

8.政治环境包括政治局势和方针政策。　　　　（　　）

9.个人收入高的一定比收入较低的有更强的购买能力。　　　　（　　）

10.一般来说，恩格尔系数越小，反映的生活水平就越高。　　　　（　　）

二、单项选择题

1.（　　）属于企业的宏观营销环境因素。

A. 顾客　　　　　　B. 竞争对手　　　　　　C. 自然环境　　　　　　D. 供应商

2. SWOT 分析的 S 表示的是（   ）。

A. 优势   B. 劣势   C. 机会   D. 威胁

3. SWOT 分析的威胁因素用英文表示是（   ）。

A. opportunity   B. threat   C. strength   D. weakness

4. （   ）是影响消费者购买能力最活跃的因素。

A. 个人收入   B. 可支配收入   C. 可任意支配收入   D. 个人储蓄

5. SWOT 分析模型中，ST 战略的基本思路是（   ）。

A. 利用自身优势，把握市场机会   B. 利用自身优势，规避环境威胁

C. 弥补自身不足，争取市场机会   D. 弥补自身不足，规避环境威胁

6. SWOT 分析模型中，"弥补自身不足，争取市场机会"是指（   ）。

A. SO 战略   B. ST 战略   C. WO 战略   D. WT 战略

7. 专注于市场上被大企业忽略的细小部分的中小企业属于（   ）。

A. 市场领先者   B. 市场挑战者   C. 市场补缺者   D. 市场追随者

8. 语言文字、风俗习惯、宗教信仰、价值观念属于（   ）。

A. 人口环境   B. 经济环境   C. 社会文化环境   D. 科学技术环境

9. （   ）不属于企业的分销渠道中间商。

A. 零售商   B. 代理商   C. 批发商   D. 供应商

10. 由于银行储蓄利率的提高，很多居民纷纷将钱存进银行，这将导致社会的现实消费量（   ）。

A. 变大   B. 变小   C. 不变   D. 说不准

三、多项选择题

1. 从消费者需求的角度，竞争者类型可以划分为（   ）。

A. 欲望竞争者   B. 属类竞争者

C. 产品竞争者   D. 品牌竞争者

E. 潜在竞争者

2. 从行业状况的角度，竞争者的类型可以划分为（   ）。

A. 市场领先者   B. 现有竞争者

C. 潜在竞争者   D. 替代产品竞争者

E. 市场追随者

3. （   ）属于市场追随者的特点。

A. 安于次要地位   B. 不热衷于挑战

C. 不愿扰乱市场秩序   D. 积极挑战抢占市场

E. 只专注于被大企业忽略的细小市场

4. （   ）是市场营销的宏观环境因素。

A. 经济形势   B. 科学技术

C. 公众   D. 政治局势

E. 社会文化

5. 市场营销环境的特征包括（   ）。

A. 客观性   B. 差异性

C. 动态性   D. 稳定性

E. 相关性

四、案例分析

刘华在旅游公司已有多年的工作经验，熟悉旅游业务流程，了解行业发展状况，最近计划在你所在的城市和朋友合伙开一间旅游公司。他的朋友对电子商务运营和新媒体营销方面比较了解。刘华已经积攒了前期的启动资金，但是对于流动性大的旅游行业，人员的招聘和培训是一个难题。虽然他在业务方面比较熟悉，但是对于如何管理一个公司，他没有任何经验。

根据你对你所在城市旅游市场的了解，请你运用 SWOT 分析方法帮助刘华分析市场机会、环境威胁以及他拥有的优势和劣势，并提出一些建议。

【案例阅读】

淘宝网的SWOT分析

随着互联网的发展，电子商务平台已日益成为购物的重要平台，下面用 SWOT 分析方法对中国最受欢迎的电商平台淘宝进行优势、劣势、机会和威胁的分析。

（1）优势（S）：在淘宝开店，程序简单，店租低，只要实名制即可，店铺装扮也可采用淘宝提供的装扮模块，无须花费巨资购买真材实料，成本可谓低廉。开淘宝店只要有一定的计算机常识皆可完成，受众很广。淘宝网的交易主要通过第三方支付平台支付宝，支付便捷安全，同时保证了客户和商家的利益。

（2）劣势（W）：淘宝准入门槛低，卖家良莠不齐导致商业信用出现问题。客户无法直接接触商品，导致淘宝网上出现一些假冒伪劣产品。评价体系不完善，淘宝现有的评价体系给消费者太多自由评价的空间，买家素质良莠不齐，卖家时常遭受恶意评价。同时也存在有些卖家雇人刷信用的行为，导致信誉不实。这些使交易的公平公正缺乏保障。

（3）市场机会（O）：近年来，政府工作报告指出，要积极发展电子商务，以互联网、物联网为基础，发展物物交换。国家的政策支持为电子商务的发展提供了有力保障。同时，随着互联网的飞速发展，软硬件技术和网购平台的日渐成熟，大大降低了网络营销的运营风险，网络购物环境越来越成熟。

（4）环境威胁（T）：电子商务利用互联网和现代电子信息技术进行商务活动，谈判信息、订单信息、支付信息等大量商务信息在计算机系统存放和处理，而黑客攻击、计算机病毒将会给信息安全带来巨大隐患。

（5）策略选择：在网络竞争日趋激烈的今天，淘宝若要在众多网络商城中保持领先地位，则在保持自身优势的同时，仍需要引导和挖掘客户的深度需求，加快产品创新，提供多元化服务，应对多变的市场机制，同时要加快解决自身经营管理方面存在的问题。建立健全评价体系，将评价系统从抽象到具体、定性到定量转变，从而杜绝一些消费者恶意评价的空间。加强淘宝内部监管，严查刷信誉行为，对于该行为淘宝应进行惩罚，以净化市场环境，避免不良风气蔓延。淘宝可以提供一个投诉平台，并及时有效处理此类问题即可。这样既不用淘宝大量劳动力支出，又可以减少市场中商铺的不诚信行为。

寻找目标顾客

【项目目标】

知识目标:

1. 了解推销员拜访客户和接待客户的礼仪;

2. 认识准顾客的含义、满足条件和基本原则;

3. 了解顾客的基本需求和挖掘顾客潜在需求的方法;

4. 识别各种寻找顾客的方法、优缺点和应注意的问题;

5. 明确顾客资格审查的内容。

能力目标:

1. 能准确地完成名片、介绍、接待与送客和握手等商务活动礼仪;

2. 能够运用"望闻问切"方法,挖掘潜在顾客需求,有针对性进行推销;

3. 能够根据不同行业、不同产品选择寻找顾客的方法;

4. 能对顾客信息进行筛选和分析,对顾客需求状况、支付能力、购买资格进行全面审查。

思政目标:

1. 培养学生营销员基本礼仪素养,打造大方得体形象;

2. 培养服务意识,应用科学方法寻找顾客;

3. 培养团队合作意识。

任务一　推销会面礼仪的应用

【导入案例】

某照明器材厂的业务员金先生按原计划,手拿企业新设计的照明器材样品,兴冲冲地登上六楼,脸上的汗珠未及擦一下,便直接走进了业务部张经理的办公室,正在处理业务的张经理被吓了一跳。

"对不起,这是我们企业设计的新产品,请您过目。"金先生说。

张经理停下手中的工作,接过金先生递过的照明器,随口赞道:"好漂亮啊!"并请金先生坐下,倒上一杯茶递给他,然后拿起照明器仔细研究起来。

金先生看到张经理对新产品如此感兴趣,如释重负,便往沙发上一靠,跷起二郎腿,一边吸烟一边悠闲地环视着张经理的办公室。

当张经理问他电源开关为什么装在这个位置时,金先生习惯性地用手搔了搔头皮。

虽然金先生作了较详尽的解释,张经理还是有点半信半疑。谈到价格时,张经理强调:"这个价格比我们预算高出较多,能否再降低一些?"

金先生回答："我们经理说了，这是最低价格，一分也不能再降了。"

张经理沉默了半天没有开口。

金先生却有点沉不住气，不由自主地拉松领带，眼睛盯着张经理，张经理皱了皱眉。

"这种照明器的性能先进在什么地方？"金先生又搔了搔头皮，反反复复地说："造型新、寿命长、节电。"

张经理托词离开了办公室，只剩下金先生一个人。金先生等了一会，感到无聊，便非常随便地抄起办公桌上的电话，同一个朋友闲谈起来。这时，门被推开，进来的却不是张经理，而是办公室秘书。

思考： 请结合案例分析，金先生的生意没有谈成的礼仪缺陷有哪些？

推销员是企业的外交官，是企业与顾客沟通的友好使者，他们所代表的不仅仅是他们自己，他们的一言一行、一举一动都代表着企业的形象。为了树立良好的企业形象，以使推销工作顺利开展，推销人员应注重推销的基本礼仪，在推销商品之前，先把自己推销给顾客，顾客接受了你这个人，才可能接受你所推销的商品。推销自己，就是要推销自己的言谈举止、仪表风度、个性品质、处事原则和价值观念等。推销员的礼仪主要包括以下几个方面。

一、推销人员个人礼仪

1. 仪表礼仪

推销员要保持面部清洁，男士不留胡须，女士面容要素雅明快；不允许留怪异发型；手和指甲保持干净，不蓄长指甲，且修剪整齐。

2. 服饰礼仪

（1）着装朴素大方。推销员的着装是仪表美的一种形式，凡公司要求统一着装的，一定按要求去做；不统一着装的，最好入乡随俗，颜色、式样不浓艳、不华丽。穿西装制服者必须配衬衣和领带。

（2）鞋袜搭配合理。穿西装制服者要穿皮鞋。皮鞋以黑色为主，一定要擦亮，不带污垢。女士穿皮鞋应以中跟或平跟为宜。

资料库

推销员着装的参考标准

（1）一定要身着西装或者轻便西装，不可买品质低劣的衣服，因为穿这种衣服时，会被人视为是推销失败的象征。

（2）衣着的式样和颜色应该尽量保持大方、稳重。

（3）参加正式的商业洽谈或较严肃的销售会议，应穿深色的服装，越是严肃的场合，越需要注意服饰。

（4）浅色的衣服看起来较亲切，不会让人感到有压迫感，但只适合较轻松的商业会议或一般推销。

（5）不可以穿着代表个人身份或有宗教信仰标记的服饰。

（6）不要佩戴太多的饰品。

（7）不要穿流行服装，因为这些服饰经常变化，会给客户以不稳定、不成熟和不可靠的感觉。

（8）不要穿双层针织裤和衬衫，因为双层针织款式感觉不专业，也会将缺点显露出来。

（9）可以佩戴某种能代表本公司的标志，或者穿上与产品形象相符合的衣服，以便使客户相信你的言行。

（10）绝对不要戴太阳镜或变色镜，否则会让客户看不到你的眼睛，这样很难赢得客户对你的信任。

3. 化妆礼仪

饰品和化妆要适当。女性推销员在推销工作中，可以根据自己的情况适当化妆和佩戴饰品。切不可浓妆艳抹，也不宜佩戴贵重或过于花哨的饰品。

总之，精干的外表、匀称的体型、得体的服饰会在顾客心目中形成一个良好的整体印象，它将对推销活动产生重大影响。

案例 3.1

刘桓是某服装厂的业务员，论口才和业务能力，都让老板"一百个放心"。可没想到，在一次国际性的订货会上，当他风尘仆仆找到一家商场后，接待人员看他胡子拉碴，且衣冠又不整，看也不看他带的样品，就把他给打发走了。因为这家商场认为："就这样一副尊荣，厂里能生产出高档服装？"刘桓好窝火，这不是以貌取人吗？可连续跑了好几家商场，费劲口舌也没有如愿。一气之下，他来到美容院做了美容，然后换上了本厂生产的名牌服装，气宇轩昂地找到一家商场的总经理。对方见到刘桓气度不凡，且其产品质量上乘，当即签订了60万元的合同。

二、推销人员交往礼仪

除了仪表和服饰之外，推销礼仪还包括推销员的言谈举止和习惯。如果说仪表是取得与顾客交谈的钥匙，那么言谈举止是征服顾客心灵并取得其信任的推进器。透过一个人的言谈举止，可以看出这个人的自我修养水平。客户对推销员的良好印象，不但来自推销员亮丽、和谐的外表，更要靠推销员高雅不凡的谈吐举止。

1. 敲门礼仪

推销员到达拜访对象门前时，无论门是关闭的还是开着的，都应轻重适度地敲门。如果门是关闭的，敲门后，推销员应退后一步，等待客户开门。如果门是开启或虚掩的，应得到客户的同意后，方可进入室内。雨天拜访客户时，雨具不应带入室内而应放在室外或指定的地方。

看见客户时，应该点头微笑，表示友好。自此，微笑的表情应一直保持到拜访完毕离开客户时为止。

小知识

微笑的魅力

微笑能促进人与人之间进行友善的沟通与了解，微笑是上帝赐给人们的一项专利，也是人类美化生活、美化自己的一剂神秘配方。学会微笑，对推销员的工作大有裨益，以一种轻松愉悦的心情与客户谈话，即便是过去棘手的问题，现在也可以变得容易很多。如果一个人善于用微笑来面对顾客，他将会获得更多的商机。对于一个推销员来说，笑容是一条铺在他与客户之间的康庄大道。

2. 自我介绍和递（接）名片的礼仪

自我介绍是推销员表明身份的常见方式。自我介绍时，要简单明了。一般情况下，推销员可先说声"您好"，然后报上自己的身份和姓名。如果有同行者，首先自我介绍，接着介绍同行者的身份和姓名。推销员可以在问候客户或自我介绍时递上自己的名片。

名片的正确递法：当双手均空时，以双手的食指弯曲与大拇指一起分别夹住名片的两只角，名片上的字体反向对己，正向朝对方，使对方接过名片就可正读。在一只手有空的情况下，应把右手的手指并拢，将名片放在掌上，以食指的根部与拇指夹住名片，恭敬地送向对方，字体朝向同上。

接受对方名片时应注意，必须双手去接，接过对方名片后，一定要专心地看一遍，切不可漫不经心地往口袋一塞了事。遇有冷僻字时，可向对方请教，这是谦虚有礼貌的表现，表示你很重视、很认真。不可将其他东西放在名片上，或下意识地摆弄名片，这是对对方不尊重的表现。有时候推销员想得到对方的名片，在对方忙于说话未主动给你时，你可主动要求，一般对方不会拒绝。

案例 3.2

小王刚从大学毕业，现在因为业务需要，去拜访一位日本教授，但小王在许多细小礼节上的反差，令人汗颜。小王见到那位教授后用左手递出名片，教授双手接过名片，端详一刻，口中念念有词，然后微笑着放入公文包，再致谢。教授回赠名片时，小王单手接过名片，随即放入口袋，然后就与教授谈起了业务，可是教授确是一脸的不高兴，拒绝谈业务，最终这次拜访以失败而告终。

3. 称呼礼仪

无论是面见客户，还是打电话、写信给客户，总少不了称呼对方。恰如其分地称呼对方是推销礼仪的内容之一，称呼对方要考虑场合、与对方的熟悉程度、对方的年龄、性别、职务等因素。

在比较正式的场合，一般用"姓"加"职务"称呼对方。如果推销员与客户很熟悉，且关系极好，自己的年龄、职务均低于对方，可称对方为"张大哥""李大姐"；如果自己的年龄、职务均高于对方，可直呼其名或"小张""小李"等。

通常情况下，也可称男性为"先生"，青年女性客户为"小姐"，中老年女性客户为"女士"。可在称谓前冠以对方的姓，对教育、新闻、出版、文艺界人士不论职务、职位可统称为"老师"，对蓝领工人可称为"师傅"。

4. 问候礼仪

问候客户是推销礼仪的内容之一。打招呼时，一定要亲切、热情，应是发自内心的问候，而不只是一种表面的形式，要真正从情感上打动顾客。推销员应因人、因时、因地选择一个合适的话题与客户打招呼，而寒暄或问候客户是从相识、相见（老客户）到正式会谈的必要的过渡环节。它能起到缩短推销员与客户的感情距离，自然进入正式会谈的作用。

（1）新、老客户都适用的话题：关于时间的问候，即根据见面的时间特征问候客户，如"早晨好""下午好"等。关于天气的问候，即以见面时的天气情况为话题与客户寒暄，如"早上还下雨，这会儿出太阳了，真好""南方的空气湿润，感觉真好"。寒暄时以赞美为主，不要抱怨，以免破坏会谈气氛。

（2）仅对老客户适用的话题：关于客户兴趣爱好的问候，如"最近又有大作发表吧？""最近股票炒得还好吧？"等。关于客户行动的问候，即根据客户最近的活动情况，找出适当的话题问候客户，如"北京之行收获大吗？""去上海出差还顺利吧？"等。关于客户健康、容貌问题的问候，如"嗬！一年不见，您依然光彩照人"等。

5. 握手礼仪

握手是现代人相互致意的最常见的礼仪，在推销活动中，推销员与客户见面或告别时应当握手。

握手时，双方应正视对方的脸和眼睛，面带微笑，双脚不能分得太开。推销员为了表示对客户的尊敬可稍稍欠身或双手握住对方。推销员与客户均为男性时，手应握满，并稍加用力地抖动一两下。握手时，如果手疲软无力，会给对方不够真诚热情、敷衍了事的印象；加力太大，则又有热情过度、鲁莽之嫌。所以，握手时，推销员应根据对方的个头、体质，适当把握加力程度。

女推销员与客户见面时，应主动伸手以示友好。男推销员面见女性客户时，应等女客户伸手时，才能伸出手去。男性与女性握手，通常只握一下女性手指部分，动作应轻柔。

握手的时间以两三秒为宜。

资料库

人们所在空间一般分为4个层次

（1）亲密空间，15～46厘米，一般在最亲的人之间，如父母、子女、爱人。

（2）个人空间，46～120厘米，一般在亲朋好友之间，促膝谈心，聊家常。

（3）社交空间，120～360厘米，一般社交场合与人接触，上下级之间。保持此距离，会产生威严感、庄重感。

（4）公众空间，大于360厘米。

6. 面谈中的礼节

一般情况下，在客户未坐定之前，推销员不应该首先坐下。

面见新客户时，椅子或沙发不要坐得太满，背部与椅子或沙发的靠背自然贴靠，上身不宜大角度后仰，身体应尽量端正，两脚成平行放好。将腿向前直伸或向后弯曲，都会使人反感。

正确的站姿是两脚着地，两脚呈45度，腰背挺直，自然挺胸，脖颈伸直，两臂自然下垂。

对客户提供的任何帮助或服务，如帮着提行李、敬茶等，均应随口而出地说"谢谢！"绝对不可任意取用或玩弄客户室内、桌上的东西，如确实需要使用，应先取得客户的同意。

以积极的心态认真听客户讲话，眼神注视对方，如果你赞同客户陈述的观点，应以欠身、点头或以语言"对，是这样""是的，您说得很对"等，表示同意和鼓励。如因对方语速快、声音小或其他原因没听清楚对方的意思，可以说："对不起，我没听清楚，请再说一遍。"

推销员在陈述推销意见和进行现场示范表演时，态度要热情，语气要平和，动作要沉稳、有序，不要紧张、忙乱，否则会给人留下信心不足、业务不熟、缺少训练、不成熟的印象。

交谈结束时，要细心收拾在谈话中出示的文件资料和示范用品。如果是留给客户的文件资料、示范用品，要理在一起，明确告诉客户。如果确实占用了客户不少时间，告别前应该说："对不起，今天占用了您那么多宝贵的时间。"然后握手告别。

推销员在面见客户时，除了遵守一些基本的推销礼节外，还应该尽量避免各种不礼貌或不文雅的习惯。例如，心不在焉，东张西望，不认真听客户讲话，脚不停地颤抖或用脚敲击地板发出响声，不停地看表，神不守舍，慌慌张张，把物品碰落在地上等。

资料库

交谈中有失礼仪的十种情况

（1）"闭嘴"：交谈之中的"闭嘴"，就是不说话，导致冷场。

（2）"插嘴"：在别人讲话过程中，突然插话打断对方。

（3）"杂嘴"：使用语言不规范、不标准。

（4）"脏嘴"：说话不文明，出言不逊。

（5）"荤嘴"：交谈时经常谈及丑闻、艳事。

（6）"油嘴"：说话油腔滑调，不分场合的幽默。

（7）"贫嘴"：废话多，乱开玩笑。

（8）"犟嘴"：强词夺理，好与人争辩。

（9）"刀子嘴"：说话尖酸刻薄，恶语伤人。

（10）"电报嘴"：整天叨叨没停，喜欢传闲话，搬弄是非。

7. 电话礼仪

电话已经成为推销员常用的一种推销工具。推销员可以通过电话进行市场调查、约见客户、直接进行电话推销或商谈具体的业务事项。可见，推销员也应注意一些使用电话方面的礼节。例如，应主动说明自己的身份、目的；讲话应层次清楚、逻辑性强，音量适度；通话过程中应使用"请""谢谢"等礼貌用语；打完电话应等对方挂断后，再轻轻地挂上电话；打错电话，应表示歉意。如果是接电话，应及时拿起听筒，无论是找自己还是别人，都应态度热情，不要冷冰冰的或冷嘲热讽。

8. 吸烟礼仪

推销员最好不要吸烟，因为吸烟有害身心健康，也容易分散自己与顾客的注意力，而且有些不吸烟的顾客（特别是女顾客）对吸烟者有厌恶情绪，从而影响产品的推销。当推销员自己吸烟，而你的客户不吸烟时，就不要在交谈时吸烟，以免因为吸烟而断送了本可达成的交易；如果推销员吸烟，你要走访的客户也吸烟，可以主动地递上一支烟，要是客户首先拿香烟招待，推销员应该赶快取出自己的香烟递给顾客，并说"先抽我的"，要是已经来不及，应起身双手接烟并致谢。在吸烟时，要讲究卫生，注意安全。吸烟时，要注意烟灰一定要弹入烟灰缸，烟头要掐灭，放入烟灰缸内，不要随意乱弹烟灰、乱扔烟头，要注意安全，不要烧坏客户的桌面、沙发、地毯等用具。

9. 进餐礼仪

在推销工作中，可能少不了必要的招待与应酬，但推销员在进餐时不要铺张浪费、大肆挥霍，要注意进餐礼仪，摒弃坏习惯。请客户进餐时，应注意以下几点。

（1）宴请地点要考虑顾客心理。

（2）菜肴要适合顾客的胃口，最好由顾客点菜。

（3）陪客人数要适度，一般不能超过顾客人数。

（4）不能醉酒，劝酒要适度，以客户酒量为限，要打破一些陈规陋习。

（5）最好自己单独去结账。

（6）宴毕应请顾客先走。

案例 3.3

无声的介绍信

一位先生在报纸上登了一则广告，要雇一名勤杂工到他的办公室做事。大约有 50 多人前来应聘，但这位先生却选中了一个男孩。他的一位朋友问道："为什么选中了那个男孩？他既没有介绍信也没有人引荐。"这位先生说："他带来了许多'介绍信'。他在门口蹭掉了脚上的泥土，进门后随手关上了门，说明他做事小心、仔细。当看到那位残疾老人时，他立即起身让座，表明他心地善良、体贴别人。进了办公室他先脱去帽子，回答我提出的问题干脆果断，证明他既懂礼貌又有教养。其他所有人都从我故意放在地板上的那本书上迈了过去，只有他俯身捡起那本书，并放回桌上。当我和他交谈时，我发现他衣着整洁，头发梳得整整齐齐，指甲修剪得干干净净。难道这不是最好的介绍信吗？"

案例分析：礼仪成就大事，细节成就完美。推销人员应注重推销的基本礼仪，不仅推销商品，还要推销自己。

【任务实践】

第一阶段，任务准备和学习。

（1）将学生随机分组，每组学生8～10人，男女同学均分，每组内选出一名组长，负责本组工作。

（2）选择某一特定的工作场景（如：化妆品推销、礼品推销、儿童用品推销、办公用品推销等）。

（3）确定工作场景的特点，明确推销工作的重点内容和重点对象。

（4）了解推销员着装的基本要求和仪表规范的主要内容。

（5）根据工作场景确定推销员个人形象设计应突出的特点。

（6）学习女士套裙，男士西装穿着要点。

第二阶段，推销员服饰设计。

（1）选择设计服装款式、颜色，并搭配鞋袜的颜色和款式。

（2）画出服装设计图，总结设计思路和设计亮点。

（3）试穿服装，征求其他同学的意见。

第三阶段，推销工作模拟。

（1）根据礼仪要求，每组针对拜访工作（或接待工作）设计相应的推销工作过程。

（2）小组讨论，由组长负责组织，成员可以对本组的设计充分发表自己的意见。

（3）组长组织分角色进行模拟演练。每组分出接待方和拜访方两部分成员，对推销工作进行模拟。

（4）通过模拟练习，总结优缺点，并对设计方案进行改进。

【任务评价表】

女推销员服饰设计评分表

评价项目		评价要求	分值	得分
女士套裙的穿着	女士套裙的选择	（1）上衣与裙子要选择适当	5	
		（2）衬衫及内衣的选择也很重要	5	
		（3）衬裙的选择	5	
		（4）鞋袜要与套裙相配	5	
	女士套裙的穿着规范	（1）套裙穿着要符合规范	10	
		（2）衬衫的穿着要符合规范	5	
		（3）衬裙的穿着要符合规范	5	
		（4）鞋袜要穿好	10	
合计			50	

男推销员服饰设计评分表

评价项目		评价要求	分值	得分
男士西装的穿着	男士西装的选择	（1）西装的外套必须合体	10	
		（2）西裤要合体	5	
		（3）衬衫要合适	5	
		（4）领带要与西装相协调	5	
		（5）鞋与袜要与西装相配	5	
	男士西装的穿着要领	（1）西装的穿着要符合规范要求，服务人员切忌触犯禁忌	10	
		（2）领带的系法符合规范	10	
	合计		50	

办公室拜访礼仪评分表

评价项目	评价要求	分值	得分
办公室拜访礼仪	（1）提前预约	15	
	（2）拜访有礼	20	
	（3）适时告退	15	
合计		50	

办公室接待礼仪评分表

评价项目	评价要求	分值	得分
办公室接待礼仪	（1）问候	10	
	（2）引见	10	
	（3）上茶	10	
	（4）交谈	10	
	（5）送客	10	
合计		50	

任务二 挖掘顾客潜在需求

【导入案例】

上海大众汽车全国各个4S店销售人员在进行入职培训时，在顾客需求分析环节，都会拿到一份提问清单，帮助新的销售员尽快了解消费者需求。

有关现用车	你目前开的是什么车，使用了多长时间了？
	你想换一辆比你目前车辆大一些还是小一些的车？
	为什么你想更换车辆？
	你最喜欢你目前车辆的哪一点？
	你最不喜欢你目前车辆的哪一点？

续表

	你有特别中意的车吗?
	你将购买的新车是商用还是个人使用?请说明你将如何使用你的新车。
有关新购车	用车频率如何?什么时候需要?
	你认为新车应当最具备你目前车辆的什么特性?
	对于你的购买决定来说,有什么其他重要因素吗?
	你目前的车是租借的,还是贷款购买的?
	你买车是分期付款吗?金额是多少?
关于购车过程	你购买现有车辆时是新车还是二手车?
	你是想留下目前的车,还是想以旧换新?
	你考虑的是哪个价格档次?付款方式?
	你家里还有什么人会用车吗?(家庭情况)
	你平时有什么兴趣爱好?要用到车吗?(业务爱好)
有关客户背景	你平时住在哪里?离我们远不远?
	你是如何了解我们经销商的信息的?
	什么时间比较适合跟您联系?

一、顾客选择概述

进行顾客的寻找工作是推销实践的开始,在推销活动中占有重要的位置。刚从事推销工作的销售人员,80%的失败来自对"消费群体"的定位和对潜在客户的搜索不到位。对客户的定位不准确,目标消费群体不明确,成功机会就很小。也就是常说的"选择不对,努力白费"。推销员要找的不仅仅是客户名单、联系方式、家庭地址等简单的客户信息,更多的是搜索到合格的潜在客户。

寻找潜在顾客使推销活动有了开始工作的对象,掌握与潜在顾客进行联系的方法与渠道,就使以后的推销活动有了限定的范围与明确的目标,避免推销工作的盲目性。寻找顾客的工作是推销事业不断取得成绩的源远流长的源泉,是推销人员保持不间断的产品销售与不断扩大市场的保证。日本"推销冠军"——汽车推销大王奥诚良治曾反复强调:客户就是我最宝贵的财富。可见寻找顾客的重要性。但是,如何在成千上万的企业和人海茫茫的消费者中找到准顾客,又是推销活动的难点。因此,每个推销人员都应学习掌握一些寻找顾客的技巧与方法,苦练基本功,才能突破这个难点,获得丰富的顾客资源。

案例 3.4

成功的秘密

乔治·吉拉德是吉尼斯世界纪录里最顶尖的业务人员,他连续11年在吉尼斯世界纪录里被排名为世界上最伟大的推销员,其辉煌的业绩至今仍是许多推销员所望尘莫及的。

当记者访问乔治·吉拉德为什么能出色的连续11年获得世界上最伟大推销员的头衔时,乔治·吉拉德笑着说,其实业务工作非常简单,只要每天比别人多努力一点点儿就可以了。记者追问,那怎样才能比别人多努力一点点儿呢?乔治·吉拉德说,方法很简单,每天比别人早一个小时出来做事情,永远比公司里的同事每天多打通一个电话,每天多拜访一位顾客。乔治·吉拉德总结道，成功非常简单，没有窍门，每天早一个小时出门，每天多打通一个电话，每天多拜访一位顾客就可以获得成功。

乔治·吉拉德认为销售非常简单而又容易，只要销售人员肯比别人更努力，就一定会取得好的业绩，获得丰富的收入。

天道酬勤，多一分耕耘也势必多一分收获。以乔治·吉拉德为榜样，只要销售人员肯付出，努力的工作一定会带来相应的报酬，业绩也会越来越优秀、越来越卓越。

案例分析：一个成功的推销员只有努力地去寻找自己的顾客，才有可能取得推销的成功。

顾客，即推销对象，是推销三要素的重要因素之一。在竞争激烈的现代市场环境中，谁拥有的顾客越多，谁的推销规模和业绩就越大。但顾客又不是轻易能获得和保持的。要保持和发展自己的推销业务，就要不断地进行顾客开发与管理。推销人员的主要任务之一就是采用各种有效的方法与途径来寻找与识别目标顾客，并实施成功的推销。可以说，有效地寻找与识别顾客是成功推销的基本前提。从上述案例中可以看出：重视并科学地寻找、识别顾客对推销工作的成功至关重要。

在现代市场营销理念指导下，顾客始终是任何营销和推销活动的中心。对于企业来说，顾客就是衣食父母，没有顾客的购买就没有企业的利润，企业就无法生存；对于推销人员来说，其工资是由顾客发的。没有顾客的认可，推销员的工作就无法顺利开展，也就无法取得事业的成功。

1. 准顾客

寻找顾客是指寻找潜在可能的准顾客。准顾客是指既有购买所推销的商品或服务的欲望，又有支付能力的个人或组织。

有可能成为准顾客的个人或组织则称为"线索"或"引子"。在推销活动中，推销人员面临的主要问题之一就是把产品卖给谁，即谁是自己的推销目标。推销人员在取得引子之后，要对其进行鉴定，看其是否具备准顾客的资格和条件。如果具备，就可以列入正式的准顾客名单中，并建立相应的档案，作为推销对象。如果不具备资格，就不能算一个合格的准顾客，也不能将其列为推销对象。一个尚未找到目标顾客的企业或推销员，就开始进行狂轰滥炸式的推销，其结果只能是大炮打蚊子似的悲哀。所以，寻找顾客是推销工作的重要步骤，也是推销成败的关键性工作。

现代推销学认为，"引子"要成为准顾客，应具备下列三个条件：

① 有购买某种产品或服务的需要；

② 有购买能力；

③ 有购买决定权。

推销人员按照以上条件可对"引子"进行资格鉴定，把不符合上述三个条件的"引子"予以剔除，筛选出真正的准顾客，既可避免不必要的时间与精力的浪费，又可以集中精力重点拜访真正的、有潜力的准顾客，以减少推销活动的盲目性，降低推销费用，提高交易的成功率，从而大大地提高推销工作的效率和效益。

推销人员拥有顾客的多少，直接关系到其推销业绩的大小。在当今的市场环境中，想要获得并保持稳定的顾客群并非易事。这是因为：第一，在同类产品的目标市场区域中，同行业的竞争者采取各种营销策略，千方百计地争夺顾客，顾客的"忠诚度"日益降低；第二，随着顾客消费知识的日渐丰富与市场法律环境的完善，顾客越来越懂得怎样更好地满足自己的各种需求和维护自己的合法权益，变得越来越精明，越来越理性；第三，因推销品生命周期的改变，顾客收入、地位的变化，企业的关、停、并、转等，多年老顾客的流失是经常的、不可避免的。由此可见，推销人员既要稳定老顾客，更要不断地开发新顾客，以壮大自己的顾客队伍。

寻找潜在顾客，推销员首先必须根据自己所推销的产品特征，提出一些可能成为潜在顾客的基本条件，再根据潜在顾客的基本条件，通过各种可能的线索和渠道，拟出一份准顾客的名单，采取科学适当的方法进行顾客资格审查，确定入选的合格准顾客，并做出顾客分类，建立顾客档案，妥善保管。

小知识

不愿访问顾客的代价

《行为科学研究》的一个研究表明，销售人员中不愿访问顾客的现象总是非常普遍的，其代价也是很高的。下面是达拉斯研究和销售培训公司的一些研究成果。

（1）第一年从事销售工作的人员中，80%失败的人是因为寻找潜在顾客的活动不到位。

（2）40%的老推销员都有一段或数段受不愿访问情绪困扰的经历，严重到威胁他们能否在推销中继续干下去的程度。这种困扰可能随时发生。

（3）不愿访问的推销员每月要丢给竞争者15个以上的新客户。

（4）在有些情况下，不愿访问顾客的推销员每月在总销售额中丧失10800美元。

（5）在另一些情况下，不愿访问顾客使推销员每年损失10000美元的佣金。

2. 准顾客类型

在推销活动中，一般可将准顾客分为以下三种类型。

（1）新开发的准顾客。推销人员必须经常不断地寻找新的准顾客。一般来讲，开发的准顾客数量越多，完成推销任务的概率就越大。根据公式（掌握的准顾客数量 / 推销区域内的顾客总数量 ×100%），可以知道自己所掌握的潜在顾客数量在推销区域内所占的比例。推销人员手上的准顾客不论是属于哪种类型的企业、组织和个人，都有可能成为自己的新客户，所以平时要在这些新开发的准客户身上多下功夫。

（2）现有客户。无论哪一种类型的企业，一般均有数百家甚至上千家现有小客户，推销人员应该时常关注这些客户并请他们再度惠顾。利用这些既有的老客户，可实现企业一半以上产品的销售目标。在这些老客户中，有一些客户由于业务量小而被企业忽视了，推销人员应该多拜访这些顾客，调查过去发生的业务量、顾客对产品使用情况以及对售后服务的满意状况、新的成交机会等。一旦发现问题，就要设法解决，尽量捕捉产品销售的机会。一般来说，现有客户是新产品最好的潜在客户。

（3）中止往来的老客户。以往的客户由于种种原因没有继续购买本企业产品，但仍是推销人员重要的潜在顾客。事实上，许多老顾客都在期待推销人员的再度拜访，推销人员必须鼓起勇气再次拜访他们，并从中探究他们不再购买本企业产品的真正原因，制定满足他们需求的对策。

3. 寻找顾客的基本准则

客户无处不在，潜在客户来自人群，始终维持一定量的、有价值的潜在客户，方能保证长时间获得确实的收益。寻找顾客看似简单，其实并非易事。在整个推销过程中，寻找顾客是最具有挑战性、开拓性和艰巨性的工作。推销人员需遵循一定的规律，把握科学的准则，使寻找顾客的工作科学化、高效化。

（1）准确定位推销对象的范围。在寻找顾客之前，首先要确定准顾客的范围，使寻找顾客的范围相对集中，提高寻找效率，避免盲目性。准顾客的范围包括以下两个方面：

一是地理范围，即确定推销品的推销区域。推销人员在推销的过程中，需要将该区域的政治、经济、法律、科学技术及社会文化环境等宏观因素与推销品结合起来，考虑该区域的宏观环境是否适合该产品的销售，以便有针对性、有效地开展推销工作。在人均收入低的地区就不适宜推销像豪华家具、高档家电之类的产品。

二是交易对象的范围，即确定准顾客群体的范围。这要根据推销品的特点（性能、用途、价格等）来确定。不同的产品，由于在特征方面的差异，其推销对象的群体范围也就不同。例如，如果推销品是老年保健食品、滋补品，老年医疗卫生用品（如药物、眼镜、助听器等），老年健身运动器材，老年服装，老年娱乐用品和老年社区（敬老院、养老院）服务等，则推销的对象应是老年人这一顾客群体；而药品、医疗器械等产品，其准顾客的群体范围应为各类医疗机构以及经营该产品的经销商。

例如，2006年台湾地区开放大陆赴台游三试点城市，北京、上海及广东作为首批开放的试点地区，一至两年后再考虑更大范围的开放。中国台湾当局仅对上述三地开放，除了政治因素以外，也是考虑了这三个地区的民众对台湾游的需求旺盛、经济发达等原因。

（2）树立随时随地寻找顾客的强烈意识。作为推销人员，要想在激烈的市场竞争中不断发展壮大自己的顾客队伍，提升推销业绩，就要在平时（特别是在"业余时间"）养成一种随时随地搜寻准顾客的习惯，牢固树立随时随地寻找顾客的强烈意识。推销人员要相信顾客无处不在，无时不有，顾客就在你身边，不放过任何一丝捕捉顾客的机会，也决不错过任何一个能扩大销售，为顾客提供更多服务的机会。这样，你就会寻找到更多的准顾客，推销业绩也会随之攀升。机会总是为那些有准备的人提供的。

我们常说："机会总是为有准备的人提供的"，看到苹果落地的人不计其数，但是只有牛顿从中悟到了真理，最终发现了万有引力定律；炉子上的水壶盖子被蒸汽顶起，大家都熟视无睹，而瓦特却从中找到了运用蒸汽力量的方法，最终发明了蒸汽机。推销员每天都面对许多人，好的推销员可以从中找到大量的、合格的顾客，而有的推销员却为没有顾客而烦恼。优秀的推销员一定要时刻保持一种像饥饿的人寻找面包一样的意识寻找顾客，才可能取得成功。

小知识

机会

当问及日本三菱财阀的创始人岩崎弥太郎事业成功的秘诀时，他是这样回答的："临渊羡鱼，鱼儿永远也不会跑到你的手中。尽管有时鱼儿成群游来，但若没有准备，赤手空拳是捕不到鱼的。鱼儿不是能够应招即来的，什么时候出现是由鱼的本身习性所决定的。因此，要想捕鱼，平时就必须准备好渔网。可以说，这与人们在一生中捕捉良机完全是一码事。"

案例3.5

抓住机会寻找顾客

弗兰克·贝特格，20世纪最伟大的推销大师、美国人寿保险创始人、著名演讲家。他赤手空拳、毫无经验地踏入保险业，凭着一股激情，凭着一种执着，开创出人寿保险业的一片新天地，成为万人瞩目的骄子。他每年承接的保单都在100万美元以上，曾经创下了15分钟签下了25万美元的最短签单纪录，在20世纪保险行业初创期创造出了令人瞠目的奇迹。

他60岁高龄还在美国各地进行演讲，因鼓舞人心和大受启迪而深受欢迎，连戴尔·卡耐基先生都为之惊叹，多次在其著作和演讲中作为经典案例加以介绍，并鼓励他著书立说，流传后世。

案例分析：弗兰克·贝特格成功的秘密，除对保险推销事业的激情和执着外，另一个主要原因是他善于把握每一个机会，具有随时随地寻找顾客的强烈意识。

作为推销员要向出租车司机学习，出租车司机大多是开车到处跑寻找顾客。推销员要时刻留意接触的人，从中发现和找到目标顾客。在目前买方市场的情况下，顾客一般不会主动找上门来的。

（3）多途径寻找顾客。对于大多数商品而言，寻找推销对象的途径或渠道不止一条，究竟选择何种途径、采用哪些方法更为合适，还应将推销品的特点、推销对象的范围及产品的推销区域结合起来综合考虑。例如，对于使用面极为广泛的生活消费品来说，运用广告这一方法来寻找顾客就比较适宜；而对于使用面较窄的生产资料而言，则宜采用市场咨询法或资料查阅法。因此，在实际推销工作中，采用多种方法并用的方式来寻找顾客，往往比仅用一种方法或途径的收效要好。这就要求推销人员在寻找顾客的过程中，应根据实际情况，善于发现，善于创新并善于运用各种途径与方法，以提高寻找顾客的效率。

案例 3.6

小火柴大功效

被誉为丰田汽车"推销大王"的椎名保久，从生意场上人们常用火柴为对方点烟得到启发，在自制的火柴盒上印上自己的名字、公司名称、电话号码和交通线路图等，并投入使用。椎名保久认为，一盒20根装的火柴，每吸一次烟，名字、电话和交通图就出现一次，而且一般情况下，吸烟者在吸烟间隙习惯摆弄火柴盒，这种"无意识的注意"往往成为推销人员寻找顾客的机会。椎名保久正是巧妙地利用了这小小的火柴，寻找到了众多的顾客，推销出了大量的丰田汽车。其中许多购买丰田汽车的用户，正是通过火柴盒这一线索实现购买行为的。

案例分析：推销员不仅要把握好现有的销售渠道，也要发挥创新能力多途径寻找顾客，增加客源，提高销售业绩。

（4）重视老顾客。对于商家而言，想方设法开发新客户固然重要，但更应采取积极有效的措施留住老客户，只有在留住老客户的基础上，再发展新客户才是企业发展壮大之道。国外客户服务方面的研究表明：开发一个新客户的费用（主要是广告费用和产品推销费）是留住一个现有老客户费用（主要是支付退款、提供样品、更换商品等）的6倍。

美国可口可乐公司称，一听可口可乐卖0.25美元，而锁定1个顾客买1年（假定该顾客平均每天消费3听可口可乐），则一个顾客1年的销售额约为300美元。

有的推销员也许会说："我今天不必再浪费时间去看李先生了，他在以后5年中不会再买我们的产品。"但是如果你真正想为客户服务，那么你仍须前往访问，以便随时处理售后服务等问题。虽然这种工作是相当繁重的，但要记住，你的竞争者是不会怕繁重的，他们仍会不断地前往访问。全世界的推销经验都证明，新生意的来源几乎全来自老顾客。几乎每一种类型的生意都是如此。假如顾客买了一部新车，他会觉得自己是"次"代理商。由于对新车的热情，他会跟邻居、朋友及相关的人不断提及买车的事，结果成了车商的最佳发言人，他们就是推销人员的最佳公关。再度拜访是很重要的工作，即使不做售后服务，打一个友谊性的问候电话也可以，养成再度回去探望顾客的习惯，就会拥有无尽的"人脉链"。

资料库

利用"有望客户"（PROSPECT）"寻找有望客户"（PROSPECTING）的英文字母，来说明如何开发潜在的客户：

P：Provide，"提供"自己一份客户名单；

R：Record，"记录"每日新增的客户；

O：Organize，"组织"客户资料；

S：Select，"选择"真正准客户；

P：Plan，"计划"客户来源及访问对策；

E：Exercise，"运用"想象力；

C：Collect，"收集"转手资料；

T：Train，"训练"自己挑客户的能力；

P：Personal，"个人"观察所得；

R：Record，"记录"资料；

O：Occupation，"职业"上来往的资料；

S：Spouse，"配偶"方面的协助；

P：Public，"公开"展示或说明；

E：Enchain，"连锁"式发展关系；

C：Cold，"冷淡"的拜访；

T：Through，"透过"别人协助；

I：Influence，"影响"人士的介绍；

N：Name，"名录"上查得的资料；

G：Group，"团体"的销售。

二、顾客的基本条件

决定推销活动能否成功的因素很多，但最根本的一点，是要看推销的产品能否与顾客建立起现实的关系。这种现实的关系表现在三个基本方面，即顾客是否有购买力（Money），是否有购买决策权（Authority），是否有需求（Need），这也是衡量潜在客户的"MAN法则"。只有三要素均具备者才是合格的顾客。顾客资格鉴定是顾客研究的关键，鉴定的目的在于发现真正的推销对象，避免徒劳无功的推销活动，确保推销工作做到实处。通过顾客资格鉴定，把不具备条件的对象予以除名，既避免了推销时间的浪费，又可以提高顾客的订（购）货率和订（购）货量，从而提高整个推销工作效率。

1. 购买力

顾客的购买力是指顾客是否有钱，是否具有购买此推销品的经济能力（现在或将来），亦即审核顾客有没有支付能力或筹措资金的能力。

支付能力是判断一个潜在顾客是否能成为目标顾客的重要条件。单纯从对商品的需求角度来看，人们几乎无所不需。但是，任何潜在的需求，只有具备了支付能力之后，才能成为现实的需求。因此，支付能力是大众能否成为顾客的重要条件。

顾客支付能力可分为现有支付能力和潜在支付能力两类。具有购买需求及现有支付能力的人，才是企业的顾客，是最理想的推销对象。其次是具有潜在支付能力的顾客，一味强调现有支付能力，顾客群就会变小，不利于推销局面的开拓，掌握顾客的潜在支付能力，可以为推销提供更为广阔的市场。当准顾客值得信任并具有潜在支付能力时，推销人员应主动协助准顾客解决支付能力问题，建议顾客利用银行贷款或其他信用方式购买推销产品，或对其实行赊销（偿还货款的时间不宜过长），使其成为企业的顾客。

总而言之，没有支付能力的潜在顾客，不可能转化为目标顾客。对推销人员来说，这是一个需要慎重对待的问题。例如，在我国的消费市场上，轿车推销人员不会把低收入家庭作为推销的对象。

案例3.7

来自销售员的观察

一位房地产推销员去访问一位顾客。顾客对他说："我先生忙于事业，无暇顾及家务，让我做主用几十万元购买一套别墅。"推销员一听非常高兴，便三番五次到她家拜访。有一次，他们正在谈话，有人敲门要购废品，这位太太马上搬出一堆空酒瓶与收购者讨价还价，推销员留心一看，这些酒多是一些低档酒，很少有超过10元钱的，推销员立即起身告辞，从此便不再登门。

猜一猜，推销员从中发现了什么？

2. 购买决策权

潜在的顾客能否成为顾客，还要看其是否具有购买决策权。潜在的顾客或许对推销的产品具有某种需求，也有支付能力，但他若没有购买决策权，就不是真正的顾客。了解谁有购买决策权无疑能节省推销人员确定目标顾客的时间。推销要注重推销效率，向一个家庭或一个团体进行推销，实际上应是向该家庭或团体的购买决策人进行推销。因此，购买决策权是衡量潜在顾客能否成为顾客的一项重要内容。若事先不对潜在顾客的购买决策状况进行了解，不分青红皂白，见到谁就向谁推销，很可能事倍功半，甚至一事无成。例如，人们感冒的时候，很多人去药店自己购买感冒药，但是人们只能购买OTC（非处方药），而对于处方药，则必须凭医生的处方才有购买资格。

案例3.8

手机引起的故事

北京市一位正在读初三的15岁女生用积攒下来的压岁钱给自己购买了一部手机。家长知道后，认为孩子还未成年，购买手机的行为没有经过家长同意，因此这位女生的母亲将销售商北京某通信设备销售有限公司告上法庭，要求双倍返还货款2400元，并赔偿经济损失。最后法院依法一审判决确认未成年人购买手机买卖合同无效，被告返还原告货款1200元。

案例分析：推销人员必须了解顾客的权限，向具有决策权或对购买决策具有一定影响力的当事人进行推销。推销给正确的人才能够推销成功。

在消费者市场中，消费一般以家庭为单位，而决策者常常是其中的一两位成员。而不同的家庭、不同的文化背景、不同的社会环境，使各个家庭的购买决策状况不尽相同。除一些大件商品或高档商品购买决策权比较集中外，一般商品购买决策权呈逐渐分散趋势。尽管如此，正确分析准顾客家庭里的各种微妙关系，认真进行购买决策权分析，仍是非常必要的。

美国社会学家按家庭权威中心的不同，把家庭分为四类：丈夫决定型、妻子决定型、共同决定型、各自做主型。根据消费品在家庭中的购买决策重心不同，可将其分为三类：丈夫对购买决策有较大影响力的商品，如汽车、摩托车、烟酒等；妻子对购买决策有较大影响力的商品，如服饰、饰品、家具、化妆品、洗衣机、吸尘器、餐具等；夫妻共同决策的商品，如住房、旅游等。

对生产者市场或政府市场来说，购买决策权尤为重要。若不然，潜在顾客范围太大，势必造成推销的盲目性。一般而言，企业都有严格的购买决策分级审批制度，不同级别的管理者往往有不同的购买决策权限。例如，部门经理、副总经理和总经理就有着不同的购买权限。推销人员必须了解团体顾客内部组织结构、人际关系、决策系统和决策方式，掌握其内部主管人员之间的相对权限，向具有决策权或对购买决策具有一定影响力的当事人进行推销。唯有如此，才能形成有效的推销。

3. 购买需求

推销成功与否还要看大众到底对推销产品是否有购买需求。如果人们对推销产品没有需求，即便是有钱有权，也不会购买，也就不是顾客。推销是建立在满足顾客某种需求的基础上的，所以推销人员必须首先了解所推销的产品是否能真正满足潜在顾客的需求。推销人员应该记住这样一句古老的经商格言：不要货回头，但要客回头。是否存在需求，是推销能否成功的关键，是潜在顾客能否成为顾客的重要条件。显然，如果推销对象根本就不需要推销人员所推销的产品或服务，那么对其推销只会是徒劳无功。不可否认，实际生活中存在通过不正当方式推销，把产品卖给了无实际需要的顾客。这种做法不是真正意义上的推销，任何带有欺骗性的硬性或软性推销方式，强加于人的推销，不符合推销人员的职业道德规范，违背推销的基本原则。它只会损害推销人员的推销人格，败坏推销人员的推销信誉，最终堵死推销之路。

案例 3.9

买箱子的顾客

有一天，某百货商店箱包柜进来一位年轻顾客买箱子。一会儿看牛皮箱，一会儿又挑人造革箱，跳来跳去拿不定主意。这时，营业员小戚上前招呼，并了解到该顾客是为出国所用，便马上把106厘米牛津滑轮箱介绍给顾客，并说明了飞机持箱的规定，最大不超过106厘米。牛津箱体轻，又有滑轮，携带较方便，价格比牛皮箱便宜得多。年轻人听了觉得他讲得头头是道、合情合理，而且丝丝入扣、正中下怀，于是就选定了滑轮箱高兴而去了。

顾客的购买需求，既多种多样又千变万化。同时，需求又是一个极富弹性的东西。因此，要想准确把握潜在顾客的购买需求，并非轻而易举之事，需要推销人员凭借丰富的推销经验和运用有关的知识，进行大量的调查研究。如果推销人员确认某潜在顾客不具有购买需求，或者所推销的产品或服务无益于某潜在顾客，不能适应其实际需要，不能帮助其解决任何实际问题，他就不是推销目标，就不应该向其进行推销。一旦确信潜在顾客存在需要且存在购买的可能性，而自己所推销的产品或服务有益于顾客，有助于解决他的某种实际问题，他就具备顾客资格，就应该信心百倍地去推销，而不应该有丝毫犹豫和等待，以免坐失良机。

需要说明的是，需求是可以培育和创造的。推销工作的实质，就是要探求和创造需求。随着科学技术的发展和新产品的大量问世，使得潜在顾客中存在大量尚未被认识的需求。此外，潜在顾客中往往也存在出于某种原因暂时不准备购买的情况。对属于这样两类情况的潜在顾客，推销人员不应将其作为不合格顾客而草率除名。正是由于存在尚未被顾客所认识的需求，才为推销人员去大胆探求和创造顾客需求提供了用武之地；也正是由于潜在顾客中存在某种困难，才有赖于推销人员去帮助顾客改善生产和生活条件并解决其潜在的问题。推销人员应勇于开拓、善于开拓，透过现象看实质，去发掘顾客的潜在需求。

当某一潜在顾客存在购买需求时，推销人员还必须进一步了解其购买时间和购买需求量，以便从推销时间和费用等多方面进行权衡，合理安排推销计划。

案例 3.10

"宝洁"也有教训

世界各地基本消费需求——例如诱人的肤色、干爽的婴儿，或者牙齿防蛀等，很少会有不同。但是消费者认知的独特性与当地市场的特殊性，将会左右不同的营销策略。宝洁在美国以外的市场推销其产品失败的一些教训便是很好的说明。

第二次世界大战之后，宝洁不顾当地消费者的习惯与口味，采取直接引进产品的做法，迅速地向国际市场扩张。例如，宝洁在英国引进一种香料油味道的牙膏，但并不受欢迎。因为英国人很讨厌香料油的味道。香料油在当地被用作药膏，而不被用于食物或牙膏。宝洁在英国推出"杜恩"洗发精后的冬天，使用者开始接连不断地抱怨在洗发精瓶中发现有结晶的情形。宝洁忽略了英国家庭的浴室温度通常低于结晶温度。

数年后，宝洁进入日本市场将过去的教训抛在脑后。"起儿"洗衣剂是宝洁打入日本市场的第一个产品。这个产品直接从美国进口。它拥有一项产品优势，即可依据各式洗涤温度，即热洗、温洗或冷洗等来清洗衣物。但是日本妇女一向用自来水洗涤衣服，三种温度的洗衣方法对于她们毫无意义。因此，产品销售量不佳。

案例分析：企业和推销人员要充分考虑顾客的不同需求，有针对性地满足顾客的需求，才能使推销品有用武之地。

潜在顾客只有满足上述三个条件才能成为合格顾客。选择顾客虽然始于推销工作正式开始之前，但必须在寻找顾客、获得准顾客名单之后才能进行。同时，顾客选择不仅要事先研究，而且是贯穿于整个推销过程中的一项重要工作，这是此项研究的特殊之处。推销人员应根据自己的实际情况，制定一些具体的鉴定标准，随时根据所定标准对推销对象进行全面的鉴别，一旦发现问题，立即采取措施或停止推销。对于合格的顾客，推销人员应尽一切努力，消除推销障碍，帮助顾客解决实际问题，促成交易。

【任务实践】

1. 根据本地的经济发展特点，选择一个产品作为推销品。

2. 选择有网络资源条件的场所，要求学生对推销品资料进行收集。

（1）推销品的基本情况，如产地、品牌、主要功能、主要特点或优点。

（2）推销品的主要顾客群体情况。

（3）推销品的主要销售渠道和价格。

（4）推销品在本地区的市场占有情况和主要竞争对手。

（5）了解一些竞争对手的情况。

（6）其他资料。

3. 整理记录的网络资料，总结客户需求总体情况。

4. 同学之间互相交流，取长补短。

【任务评价表】

评价项目	评价要求	分值	得分
推销品	选择恰当，所在地域有一定的代表性，熟悉推销品情况	20	
准顾客选择	准顾客选择准确，具备准顾客的三个条件	30	
竞争对手	竞争对手分析准确，能全面了解产品的优势和劣势	10	
需求情况	掌握准顾客的需求特点、采购周期或采购数量	40	
合计		100	

任务三　寻找精准客户

【导入案例】

最快与最短

一位乘客上了出租车，并说出自己的目的地。司机问："先生，是走最短的路，还是走最快的路？"

乘客不解："最短的路，难道不是最快的路？"

司机回答："当然不是，现在是车流高峰，最短的路交通拥挤，弄不好还要堵车，所以用的时间肯定要长。你要有急事，不妨多走点路，反而会早到。"

其实，现在企业中的员工在推销过程中往往扮演了乘客的角色，例如，在制订推销计划时，他们往往忽视了寻找推销对象时有可能正处于"车流高峰"或"堵车"状态，而在寻找顾客时，甚至总是异想天开地想走"最短的路线"。

案例分析：推销员在寻找顾客时，应运用一定的方法，知道什么时候走"最短的路"，什么时候不该走"最短的路"，以提高寻找顾客的效率。

不同行业的推销人员寻找潜在顾客的方法有所不同。例如，寻找房地产、汽车、机械设备等产品的顾客，显然要比寻找冰激凌、服装、食品的顾客困难得多。在表3-1中，我们列举了计算机行业推销人员获得潜在顾客的基本渠道，从表中发现，寻找潜在顾客的方法非常多。实际上，没有任何一种方法能够普遍适用，只有通过不断总结，推销人员才能摸索出一套适合自己的方法。

表3-1　计算机推销人员寻找顾客的方法

寻找顾客的方法	经常或偶尔使用此法的推销员 /%	认为此法十分有效的推销员 /%
从企业内部销售其他产品的推销员处获得信息	93	48
老顾客的介绍	91	50
从企业内部销售同类产品的推销员处获得信息	88	24
与潜在顾客生产部门的人员联系	85	21
从亲朋好友等个人渠道获得信息	63	25
看到广告后顾客主动求购	59	4
通过展销会发现潜在顾客	57	8

寻找顾客的方法	经常或偶尔使用此法的推销员 /%	认为此法十分有效的推销员 /%
在各种社交场合认识潜在顾客	49	2
与潜在顾客采购部门的人员联系	48	3
查阅公司内部的潜在顾客档案	48	12
查阅企业名录	45	8
阅读报刊	31	1
代理商提供的线索	27	0
顾客所在行业协会或商会提供的线索	21	3
非竞争性企业推销员提供的线索	9	1

一、"卷地毯"寻找法

"卷地毯"寻找法也称"地毯式"访问法、普访法、贸然访问法或逐户寻找法,在企业实践中,也有人称之为"扫街"。其方法的要点是推销人员在特定的市场区域范围内,针对特定的群体,用上门、邮件或者电话、电子邮件等方式对该范围内的组织、家庭或者个人无遗漏地进行寻找与确认的方法。比如,将某市某个居民新村的所有家庭作为普遍寻找对象,将上海地区所有的宾馆、饭店作为"地毯式"寻找对象等。

这一方法的理论依据是"销售平均法则",即认为在被访问的所有对象中,必定有推销人员所要寻找的潜在顾客,给它的定义是"拜访的客户越多,成交的比率越大"。根据一位销售人员电话拜访的实际记录,电话拜访 100 位顾客时,他获取顾客约为 36 人,即成功率为 36%;电话拜访 200 位顾客时,他获取顾客约为 89 人,即成功率为 44.5%;电话拜访 500 位顾客时,他获取顾客约为 285 人,即成功率为 57%。你会发现,同样一个人,销售成功率却能提升。反过来,"拜访的客户越少,成交的比率越小",同样是你,销售成交的比率却在降低。

平均法则还说明一个道理,那就是销售中的非平均概率。例如:你拜访 100 位顾客时,成交 10 位顾客,成交率为 10%,表示 10 个顾客中有 1 位成交顾客。但你只访问 10 位顾客,就一定有 1 位成交吗?答案是不可能的。

小知识

平均法则

平均法则掌控着我们生活中每件事情的成功,平均率的意思是:在相同的条件下,用同样的方法反复做同一件事情,所产生的是一组同样的结果。

比如保险营销的平均率是 20:1,就是说如果你向 20 个人讲保险,就会有一个人投保,那么,如果你向 40 个人讲,就会签到 2 份保单。

如果你上门推销商品(每件可赚 10 元钱),你的平均率为 10:7:4:2,就是说你每敲响 10 户门,7 户会有人打开,4 户会听你讲解,2 户会购买你的商品,于是你就赚了 20元钱。如果你敲响更多的门,就会赚到更多的钱,这就是平均率的效用。所以你不用担心有几户不开门,几户不听你的讲解,几户不买商品。你只要记住,每敲响 10 户门,就会赚到 20 元钱,所以即使有人不愿意开门,不愿意听你讲解,不愿意购买,对此,你不要在意,只要你敲响了很多户门，尽力讲解，你就成功了。记录自己的平均率，就能保持积极的心态，这是获得持续动力、应对拒绝的关键所在，当你的关注点是平均率时，你就不会受其他事情的干扰，你就会积极应对，尽快约见下一位客户，如果不了解平均率，你就担心接下来将发生什么事情，并且被这个问题困扰，碰到有人拒绝，你就会万分沮丧，门没有打开，你就会意志消沉。当你领悟了平均法则后，这些就会变得无足轻重了。

1. 方法

按照"平均法则"，在用"卷地毯"寻找法寻找潜在顾客时，推销人员首先要根据推销商品的特性和用途，进行推销区域可行性研究，确定一个大致的推销地理范围或者推销对象范围，选择一块合适的"地毯"，就像清洗地毯和扫街一样，对区域范围内的所有人员进行调查、访问、推销。如果我是一个洗涤用品的推销员，可以将某市某个居民小区的所有家庭作为普遍寻找对象，也可以将该地区所有的宾馆、饭店等作为"地毯式"寻找对象，这个范围应尽可能与目标市场一致。例如，国外某企业发明了一种试纸，能在10分钟内检测出患者血液中的毒品含量。推销初期，销售人员把准顾客范围确定为医院的所有医生，结果销售效率很不理想。后来经过对产品特性的再研究，发现该试纸的主要特点是能快速得出检测结果，特别适合紧急诊断的需要，因此推销人员把准顾客的范围缩小到急诊科的医生，结果大大提高了销售效率。

2. 优点

"卷地毯"寻找法是一种古老的顾客寻找方法，对新推销员来说，是一种最常用的顾客寻找方法，这一方法具有以下优点。

（1）用"卷地毯"寻找法寻找顾客，不会遗漏任何潜在顾客，有利于争取更多的顾客。

（2）能够全面、客观地反映顾客的需求情况。推销人员原来不认识顾客，顾客可以坦诚地表明自己的真实看法，而且在这种寻找顾客的过程中，由于接触面广、信息量大，各种意见、需求和客户反应都可能收集到，是分析市场的一种方法。

（3）有利于扩大推销品的影响，由于区域内的每个人都接受过推销，即使没有成为顾客，也会使大家形成共同的商品印象，让更多的人了解自己的产品和企业。

（4）可以锻炼和培养推销人员，积累产品推销工作经验。

在外国的市场中，"卷地毯"寻找法被广泛地应用于各行各业。例如，比较固定范围的推销活动，各种家庭用品的推销，带有普遍适用性的产品的推销，如洗涤用品、服务保险业务、书籍等。

3. 缺点和注意事项

"卷地毯"寻找法虽然具有上述许多优点，但是，其缺点也是很明显的。

（1）成本高，费时费力。"卷地毯"寻找法要访问目标范围内的所有人，比较费时费力。寻找顾客的盲目性比较大，效率很低。

（2）容易导致顾客的抵触情绪。由于难以进行充分的推销准备，以及有些顾客只与比较熟悉的人进行交易，像一些咨询服务业等，推销成功率比较低，常会受到顾客的拒绝，给推销工作带来阻力。因此，如果活动可能会对客户的工作、生活造成不良的干扰，一定要谨慎进行。

（3）这种方式的访问对象之间有较紧密的联系，应尽量减少盲目性，即首先应该选定合适的区域和范围进行寻找；否则，一旦失误，就会影响整个推销计划的进行。

"卷地毯"寻找法要做好普访的准备工作，以减少被拒之门外的可能性；可以采用业务员亲自上门、邮件发送、电话或与其他促销活动结合进行的方式展开。

案例 3.11

海拉尔啤酒

海拉尔啤酒是内蒙古自治区的一个地方名牌产品，2006年春天开始进入黑龙江省的齐齐哈尔市场，但是，一年多过去了，其市场占有率还是很低，消费者的认可程度不高。2007年春天，海拉尔啤酒集团齐齐哈尔销售处的陈经理主动找到了齐齐哈尔大学应用技术学院市场营销专业的教师，想通过市场营销专业同学的推销课程实习，帮助他们扩大产品的知名度，提高销售量。

负责推销教学和实习指导的教师们经过对市场的调查研究，制订了海拉尔啤酒的推销计划和实习方案。把2005级市场营销专业2个班的学生分为4个大组，第1组负责饭店，第2组负责商场、超市，第3组负责歌厅、洗浴等夜场，第4组负责重点居民小区，每组又分为若干二三人的小组。实施为期2周的"地毯式"推销，要求每个大组对所负责地域的所有顾客进行访问调查和推销，做好记录，不能有任何的遗漏。经过同学们认真努力的工作，海拉尔啤酒的知名度迅速提高。

后来，又通过其他年级学生的推销课程实习，在短短一年时间内，海拉尔啤酒在齐齐哈尔市场的销售终端由不到100家猛增到1200多家，销售量提高了近20倍。利用普通寻找法，海拉尔啤酒的市场营销获得了成功。

案例分析：这种方法能够比较全面地找到顾客，有利于新品牌植入人心，增加顾客对产品的认知度。

二、介绍寻找法

销售行业有句名言："每个顾客背后都隐藏着49个顾客。"在寻找新顾客时，可以从现有的顾客开始：完成每一单销售或接触潜在顾客后，询问他们的亲朋好友是否对公司产品感兴趣，由此产生一批潜在顾客。因为现有顾客感受到了产品给他带来的好处，对推销员和产品都产生了信赖，一般很乐意与自己的亲友分享。

介绍寻找法也称无限连锁介绍法、链式引荐法，是指推销人员在访问现有顾客时，请求顾客为自己推荐、介绍可能购买同种推销商品或服务的其他潜在顾客的方法。

介绍寻找法源于链传动原理，齿链之间是一环紧扣一环的啮合状态，以此带动物体的移动。作为推销人员，就必须从现有顾客这一环去联系潜在顾客的下一环，不断延伸，以至无穷，形成无限长的顾客链，扩大推销员与准顾客之间的联系面，使推销人员所掌握的准顾客源无限发展下去。

1. 方法

介绍寻找法的应用方式主要有以下两种：

（1）间接介绍。所谓间接介绍，就是推销人员在现有顾客的交际范围内寻找新的顾客。推销人员应主动加入介绍人的社交圈，同一社交圈的人可能都有某种共同的需求，可能是一类顾客，如果推销人员能成为他们的朋友、熟人，就能消除陌生拜访带来的困难。

（2）直接介绍。所谓直接介绍，就是通过现有熟人直接介绍与其有联系的新客户，即由介绍人把自己的熟人或可能的用户介绍给推销人员作为潜在顾客。请赵顾客介绍钱顾客和孙顾客，然后再请钱顾客介绍李顾客和周、吴、郑、王等顾客。介绍的内容主要有名单、联系线索、需求、顾客的其他具体特点，介绍的内容越具体、越详细越好。

例如，阿凯是一个保险推销人员，他卖了5万元的人寿保险给艾尔工程师；然后，他请艾尔介绍几名可能需要保险的亲朋好友，艾尔向阿凯提供了 3 个人，只有比尔愿意购买 4 万元的保险；然后，阿凯又请比尔介绍几名潜在顾客……通过这一方式，阿凯最终完成了价值 47.5 万元的人寿保险。

案例 3.12

寿险推销大王贝吉尔讲的故事

美国寿险推销大王贝吉尔曾经讲了这样一个故事。

一个意志消沉的年轻人，向他请教，他说自己搞寿险推销已经十四个月了，刚开始做得还不错，但后来就不行了，感觉到没有市场了。贝吉尔向他提了几个问题，发现年轻人对许多准客户都浅尝辄止，浪费了许多"资源"。贝吉尔告诉他："你只做到了事情的一半，回去找那些买过你保险的客户，由每个客户那里至少得到两个介绍名单。"

"记住，在你卖给一个人保险之后，再没有比请求他介绍几个人更重要的事，此外，不管你和准客户面谈结果如何，你都可以请他们给你介绍几个朋友或亲戚。"年轻人高兴地告辞了。六个月后，他又来到贝吉尔的办公室，他热切地告诉贝吉尔说："这些日子，我紧紧把握一个原则——不管面谈结果如何，我一定从每个拜访对象那里至少得到两个介绍名单，现在，我已得到五百个以上的好名单，这比我自己四处去闯所得的客户要多出许多。"

"你的业绩如何？"

"今年六个月我完成 23.8 万元的任务，以目前我手中的保单来推算，今年我的业绩应该会超出 50 万元。"

案例分析：介绍具有无限极倍增的魔力，可以改变你的行销模式。

2. 优点

（1）利用介绍寻找法寻找新顾客，可降低推销人员的盲目性。一般情况下，由于顾客之间的共同特点与相互之间的联系，介绍人了解潜在顾客的情况，所获得的信息准确、详细，使销售更具有针对性，因此，寻找顾客与推销的成功率很高。

（2）利用介绍寻找法寻找顾客，容易取得被介绍顾客或新顾客的信任。经过熟人介绍所接触的新顾客，不易产生对推销人员的排斥心理，容易消除心理上的戒备，既是推销人员了解潜在顾客情况的好方法，又是推销人员接近新顾客的好途径。

（3）利用介绍寻找法寻找新顾客，可以降低费用、时间等推销成本。例如，我们现在只有 10 个客户，如果请求每个现有客户为自己推荐 2 个可能的客户的话，客户马上就增至 30 个了，这新增的 20 位客户每人再为我们介绍 2 个客户呢？这样发展下去的结果就是 10、10+20、30+40……那么，到了第二轮推荐时我们就有 70 位客户了。

因此，介绍寻找法几乎被推销界认为是寻找无形产品（旅游、教育、金融和保险等）潜在顾客的最好方法。

3. 缺点和注意事项

（1）采用介绍寻找法寻找顾客，事先难以制订完整的推销访问计划。每个推销员都希望像上述所讲那样，请求每个现有客户推荐 2 名或者更多的可能客户，但事实上，顾客能够推荐几个顾客是不确定的，我们的推销访问计划可能只是一厢情愿。

（2）采用介绍寻找法寻找顾客，现有顾客的心理因素左右其成功。推销人员不能完全寄希望于现有顾客，因为介绍新顾客不是他的义务，是否介绍要受很多其他因素的影响。有的现有顾客不太愿意增加麻烦，更不愿意因介绍不当而给朋友或熟人带去麻烦，所以是否愿意介绍或是否尽全力介绍是此法能否取得良好作用的关键。有的现有顾客顾及情面给销售人员介绍了顾客，但对销售人员的评价并不太理想。如果访问失败，给顾客留下不好的印象，不但会牵连现有顾客，还有可能失去许多客户。

（3）采用介绍寻找法寻找顾客，要建立良好的信誉和人际关系。人们一般愿意给信誉良好的推销人员介绍新客户，而信誉不好的推销人员则难以取得顾客的合作。同时要感谢或回报介绍人。推销人员应该随时向原介绍者汇报介绍推销的结果，一方面表示谢意，另一方面可引起介绍者的关心，继续进行连锁介绍，尤其是介绍人的帮助产生了销售额时，最好能给予介绍人意想不到的回报，这样介绍人会很乐意继续为推销人员介绍顾客。

如遇顾客较忙，或者不适合当时打电话介绍其他顾客时，推销员可以制作一个介绍卡片，如图 3-1 所示，请客户签字后，为寻找其他客户做铺路石。

```
客户介绍卡

  兹介绍_____(先生/女士)(业务员姓名)前
往先生/女士(准客户姓名)处推销××产品，请予接
待，谢谢!

  祝好!

          _____(介绍人签字)
```

图 3-1 客户介绍卡

三、中心开花寻找法

中心开花寻找法又称名人介绍法、中心人物法、中心辐射法，就是指推销人员在某一特定的推销范围内，发掘一些具有影响力和号召力的名人、核心人物，并且在这些中心人物的影响和协助下，把该范围内的个人或组织发展成为推销人员的准顾客的方法。

一般来说，这些中心人物可能是推销人员的顾客，也可能是推销人员的朋友，前提是这些中心人物愿意合作。实际上，中心开花寻找法也是介绍寻找法的一种推广运用，推销人员通过所谓"中心人物"的连锁介绍，开拓其周围的潜在顾客。

中心开花寻找法所依据的理论是心理学的名人效应法则。名人所达成的引人注意、强化事物、扩大影响的效应，或人们模仿名人的心理现象统称为名人效应。名人一般都具有较高的知名度和相当的美誉度，以及特定的人格魅力，借此参与推销活动特别是直接代言产品，更具有吸引力、感染力和说服力，有助于引起顾客的注意、兴趣和购买欲望。

1. 方法

利用中心开花寻找法寻找顾客，关键是取得"中心人物"的信任和合作。一般来说，核心人物或组织往往在公众中具有很大的影响力和很高的社会地位，他们常常是消费者领袖，如政界要人、企业界名人、文体界巨星、知名学者、资深的专家教授、名牌大学、星级酒店、知名企业等。篮球飞人迈克尔·乔丹是 NBA 历史上最耀眼的明星之一，他在美国拥有的崇拜者是任何一位明星都无法比拟的，凡印有乔丹肖像的产品销路极好，所有与之合作的公司无不赚取数亿美元的利润。

再如，有些学术会议，组织者往往都会邀请诺贝尔奖得主以及政界、商界的名流到会，实际上就是利用"中心人物"的吸引力。

2. 优点

利用中心开花寻找法寻找顾客，首先推销人员可以集中精力向少数中心人物做细致的说服工作，避免推销人员重复、单调地向每一个潜在顾客进行宣传与推销，节省了时间与精力；其次，它既能通过中心人物的联系了解大批新顾客，还可借助中心人物的社会地位来扩大商品的影响；最后，它可以提高销售人员、推销品和企业的知名度、美誉度。人们并不愿意在各方面花很多精力去研究，一般大家都愿意听从专家的意见，专家寻找到的客户，可能

更利于成交。名人效应相当于一种品牌效应，可以带动人群。

3. 缺点和注意事项

中心人物往往较难接近和说服。许多中心人物事务繁忙、难以接近，每个推销人员所认识的中心人物有限，若完全依赖此法，容易限制潜在顾客发展的数量；另外，一定领域内的中心人物是谁有时难以确定。如果选择的中心人物在消费者心目中有不良印象，就有可能弄巧成拙，难以获得预期的销售效果。

例如，一保健品企业邀请某影视明星作为代言人，广告刚一播出，此明星由于偷税漏税被公安机关审查，结果便可想而知了。

中心开花寻找法主要适用于金融服务、旅游、保险等无形商品和时尚性较强的有形商品的准顾客的寻找。

案例 3.13

山田肉店的宣传员

山田先生是日本一家肉店的老板，一次出席朋友举办的一个宴会，当服务员来问喝什么酒时，素不相识的同座中，有位提议"喝啤酒"，结果大家都没意见，一致同意喝啤酒。这一偶然事件使 山田先生受到启发，于是他开始在顾客中物色中心人物，有意拉拢那些交际广、知识丰富又爱讲话的人，给他们以各种优惠和周到的服务，使他们对肉店产生好感。很快，这些人就成了山田肉店的义务宣传员，逢人就讲山田肉店的肉新鲜，斤两足，价钱公道，态度好，于是带动了一大批顾客到店里来买肉，山田先生用这种方法使周围的一大批居民成了自己的顾客。

四、广告寻找法

广告寻找法又称广告拉引法、广告开拓法、广告吸引法，是指推销人员利用各种广告媒体来发布产品信息，并对产品进行宣传，由推销人员对被广告吸引来的顾客进行推销。

通常，推销主体与推销对象之间存在交易信息方面的阻隔，广告拉引法运用现代化的传播手段，使推销人员与准顾客之间的信息沟通在短时间内得以完成，并且使信息的传递面大大拓宽，缩短了推销时间，拓展了市场，从而大大提高了推销效率。如果一则推销广告被100万人看到或听到，就等于推销人员对100万人进行了"地毯式"的访问，这是其他任何推销手段所无法比拟的。因此，广告被喻为"印在纸上的推销术"。

1. 方法

广告的方法与策略很多，常用的广告方式有广播、电视等声像广告；印刷广告，如单页广告、小册子、说明书、信函贺卡、报纸杂志等。推销广告多属告知广告，主要内容是说明推销产品内容，约见时间、地点和联系人姓名，以及联系方式等。

在西方国家，推销人员用来寻找顾客的主要广告媒介是直接邮寄广告和电话广告。例如，一位女性推销员认为潜在的准顾客太多，她希望把自己宝贵的时间花在一些最佳的准顾客身上，于是她向所辖推销区域内的每一个人都寄去推销信，然后首先拜访那些邀请她的顾客。再如，一位房地产经纪人，定期向所辖推销区里每一个居民寄去一封推销信，打听是否有人准备出售自己的房屋，每一次邮寄都会发现新的准顾客。除了邮寄广告之外，西方推销人员还普遍利用电话广告寻找顾客。推销人员每天出门访问之前，先给所辖推销区里的每一个可能的顾客打电话，询问当天有谁需要推销品。西方推销员的这些做法，不一定完全符合我国的国情，但是作为一种推销技术，我们可以借鉴。

利用广告寻找法寻找顾客，关键在于正确地选择广告媒介，以比较少的广告费用恰到好处地发挥广告效果。选择广告媒介的基本原则是因时、因地，对不同的推销对象推销不同的产品，最大限度地影响潜在的顾客。例如，若推销人员决定利用报纸广告来寻找顾客，就应该根据所推销产品的特性做出选择，既要考虑各种报纸的发行地区和发行量，又要考虑各种报纸读者对象类型。若决定选用直接邮寄方式来寻找顾客，最好是先弄到一份邮寄名册。

小知识

总统与书商

一出版商有一批滞销书久久不能脱手，他忽然想出了一个非常妙的主意：给总统送去一本书，并三番五次去征求意见。忙于政务的总统不愿与他多纠缠，便回了一句："这本书不错。"出版商便大做广告，"现有总统喜爱的书出售"。于是，这些书被一抢而空。不久，这个出版商又有书卖不出去，又送了一本给总统。总统上了一回当，想奚落他，就说："这本书糟透了。"出版商脑子一转，又做广告，"现有总统讨厌的书出售"。又有不少人出于好奇争相购买，书又售尽。第三次，出版商将书送给总统，总统接受了前两次教训，便不作任何答复。出版商又大做广告，"现有令总统难以下结论的书，欲购从速。"居然又被一抢而空。总统哭笑不得，商人大发其财。

2. 优点

广告寻找法的优点：可以借助各种现代化手段大规模地传播推销信息；推销员可以坐在家里推销各种商品；广告媒介的信息量之大、传递速度之快、接触顾客面之广，是其他推销方式所无法比拟的；广告不仅可以寻找顾客，还具有推销说服的功能，说服顾客购买；能够使推销人员从落后的推销方式中解放出来，节省推销时间和费用，提高推销效率。

3. 缺点和注意事项

广告寻找法的缺点，是推销对象的选择不易掌握，广告费用日益昂贵。现代广告媒介种类很多，各种媒介影响的对象都有所不同。如果媒介选择失误，就会造成极大的浪费；有些产品不宜或不准使用广告开拓法寻找顾客；在大多数情况下，利用广告开拓法寻找顾客，难以测定实际效果。

利用广告寻找法寻找顾客，关键在于正确地选择广告媒介。现代广告媒介形式多样，如印刷媒介、电子媒介、户外媒介、展示媒介等。在具体运用时，推销人员要根据推销品、推销对象、推销区域、广告媒介等情况，合适地选择广告媒介，恰到好处地发挥广告宣传的效果。如推销生活消费品、营养保健品等，选择老少皆宜的电视、广播和通俗性报纸杂志作为广告媒介，而对于生产资料、机器设备等工业品，则选择报刊目录、专业杂志等广告手段。

五、资料查阅寻找法

资料查阅寻找法又称文案调查法，是指推销人员通过收集、整理、查阅各种现有文献资料，获取潜在顾客线索，以寻找可能的买主的方法。这种寻找准顾客的方法，实际上是一种市场调查的方法，它着重于现成资料（或称为第二手信息资料）的收集、整理和分析，以确定准顾客。第二手信息资料来源于历史的或现有的各种参考文献，可分为内部资料与外部资料两部分。内部资料是指企业内部报告系统所提供的反映企业内部情况的资料；外部资料是指由企业外部有关机构所保存的全部资料、年鉴、报纸杂志、电话簿，以及信息中心、行业协会、调研机构的资料等。总之，企业应建立数据库或市场营销信息系统，不断输入和更新内、外部资料，以供包括推销人员在内的企业各类人员查询，寻找顾客"引子"。

1. 方法

运用资料查询法寻找顾客，应把握以下资料。

（1）企业内部资料，主要包括以下内容。

① 企业财务账目表；

② 服务部门的维修记录；

③ 销售部门的销售记录。

从以上资料中可以查询相关行业或企业的情况，如名称、地址、经营范围、通信方式等，然后通过合适的途径进行联系和追踪。

（2）企业外部资料，主要包括以下内容。

① 互联网的搜索引擎；

② 电话号码簿；

③ 通信录；

④ 产品目录；

⑤ 工商企业名录；

⑥ 各类统计资料；

⑦ 信息书报杂志；

⑧ 各类广告及公告；

⑨ 年鉴及定期发布的经济资料；

⑩ 各种专业性团体的成员名册；

⑪ 政府及各级主管部门可供查阅的资料；

⑫ 各类信息咨询部门、行业协会、调研机构的资料；

⑬ 各种大众传媒公布或报道的财经信息、市场信息等。

2. 优点

（1）资料查阅法可减少推销工作的盲目性。针对推销产品的特点和用途，寻找相应的资料，每个单位的名称、地址、销售和服务电话、经营范围等资料，在其网站、宣传资料等材料上都是公开的，根据这些公开资料所提供的线索去寻找顾客，一般都比较可靠，可以减少寻访顾客的盲目性。

（2）资料查阅法可以降低信息获取的成本。随着互联网的普及，资料的查询变得非常便捷，可以节省寻找顾客的时间，一经查阅，可以直接进行推销访问，节省推销费用。

3. 缺点和注意事项

（1）采用资料查阅法时要注重时效性。由于现代市场瞬息万变，供求关系十分复杂，加上各种现代化的情报传递和处理手段普遍运用，使得大量情报资料的有效时限日益缩短。推销员要尽可能收集时效性强的资料。

（2）采用资料查阅法时要注重收集内容的容量。有些公开发布的资料，资料内容简略，信息容量小，使这种寻找顾客的方法具有一定的局限性。有时因为商业或其他方面因素的限制，推销员无法查阅许多重要的情报资料，包括各种统计资料、人事档案、企业档案等，或者信息量大而且杂乱，使相当一部分推销人员不会或不方便查阅。

（3）采用资料查阅法时要注重资料收集的手段。推销人员不应该仅仅满足于纸质材料的查询，更要充分利用现代化的资料查寻技术，尽可能利用计算机、网络进行资料查寻，对查寻到的资料，要进行分类、组织、鉴定和甄别，以保证资料的准确性和时效性。

小知识

在互联网上寻找顾客

据中国信息产业部的数字显示，2005年，中国互联网用户数量比上一年可能增长近三成，达到1.2亿户。种种迹象表明，企业发展电子商务的潜力巨大，中国网上前景不可限量。商务电子网络所载信息的广泛性和传递的快捷性，为推销员寻找顾客提供了新的方法与途径。

（1）与以往寻找顾客的方法相比，网上寻找顾客具有以下特点。

① 成本低，速度快。企业在网上为广大用户提供大量的信息在线服务，不仅大大节省了推销员的差旅费和时间，而且当潜在客户看到自己需求的产品时，在几分钟内就可以做出反应。利用网上寻找顾客，具有经济和快速的优势。

② 双向、互动的信息交流方式。网络信息的提供者在发布信息的同时，可以及时收集信息获取者的反馈信息；信息获取者在收集信息时可对众多的信息进行选择接收。企业推销员就可以根据潜在客户的反馈信息寻找自己的推销目标。

③ 更大范围地寻找顾客。通过国际互联网，推销员可以发现世界各地的潜在用户，尤其对一些顾客较分散的产品，更加体现出网上寻找顾客的优势，这是以往寻找顾客的方法所无法比拟的。

④ 产品介绍生动形象，增强吸引力。利用互联网来介绍推销品，集图、文、声、像、虚拟效果等于一身，增加潜在客户的好奇心与注意力，使企业的广告宣传达到更好的效果。

（2）网上寻找顾客的方式。

① "推"的方式。利用这种方式寻找顾客，一是根据已掌握的潜在客户的E-mail地址，及时传递产品信息；二是利用搜索引擎（如一搜、Google、网易、中经网等）查询经济或商业类别的信息。

② "拉"的方式。在这种方式下，企业可以通过设置自己的网站或主页，及时发布产品信息，以吸引广大潜在客户访问自己的网站，及时了解消费者的购买意向。

六、寻找顾客的其他方法

随着企业推销事业的发展，高素质推销人才的大量涌现，除了上述常见的几种方法外，还产生了很多关于寻找顾客的其他方法。

1. 电信寻找法

电信寻找法是指从电话簿、电子邮件列表中选出自己商品最易于销售的人员范围，然后一个接一个地依次使用电话、传真、手机短信和电子邮件进行访问。这一方法是电信技术发展的结果。例如，从电话簿的单位、职业分类中，找出特定行业、职业的人，然后通过电信手段来销售某类商品。电话推销在西方发达国家已成为一种主要的推销方法，随着因特网技术和电子商务的迅猛发展，越来越多的公司利用因特网寻找潜在客户并推销产品，其推销成交率正在逐年增加。

（1）优点：一是节省时间，二是成本较低。电话、手机和电子邮件作为一种现代化的沟通、通信手段，逐渐被人们所广泛使用。因此利用它们进行推销，也成为工作中快捷、廉价的推销方式之一。

（2）缺点：一是易遭拒绝。因不了解潜在客户的情况，遭到拒绝的可能性较大。二是推销形式受限制，只能使用对话或网上文字来推销，无法在关键的时候利用其他方式来协助推销活动。

（3）注意事项：采用该方法时一定要注意谈话技巧，应该讲究打电话的礼仪与效果。要能抓住对方注意力并引发其兴趣，否则极易遭到拒绝。注意通话的时机和时间长短也非常重要。要避开使用电话的高峰期，避免顾客因为忙碌而不能很好地沟通。

案例 3.14

群发一万人，网住七八人

"本公司常年代办驾驶证、身份证、学历证书等一切证件，联系人×××，电话×××……"曾几何时，我们大家都收到过诸如此类的"垃圾短信"。

"垃圾短信"被央视"3·15"晚会曝光后，分众、中国移动、中国联通均设立了免费举报热线及免费短信平台，接收垃圾短信投诉。

在短信发出后，骗子们就开始等待"自愿"上钩者。据介绍，随着大众对短信诈骗认识越来越多，短信诈骗生意也是越来越难做，但是，即使这样，在发出一万条短信后，仍有七八人上当。

随着通信技术的发展，利用短信、电信手段发布广告，寻找顾客的方法曾一度十分流行，其效果也很好。但是随着消费者权益保护意识的增加，在利用电信手段寻找顾客时，一定要严格遵守法律、法规的相关规定。

案例分析： 本案例通过电信寻找法的方法寻找顾客，低成本广撒网，其中有少数顾客购买便能收回成本。

2. 个人观察法

个人观察法也称现场观察法，是指推销人员在可能存在潜在顾客的现场，通过对在场人员的直接观察和判断，寻找潜在的顾客。个人观察法是依据推销人员个人的职业素质和观察能力，通过察言观色，运用逻辑判断和推理来确定准顾客。这是一种古老且基本的方法。

利用个人观察法寻找准顾客，关键在于培养推销员的职业素质。潜在的顾客无处不在，有心的推销人员随时随地都可找到自己的顾客。例如，汽车推销员整天开着新汽车在住宅区街道上转来转去，寻找旧汽车。当他发现一辆旧汽车时，就通过电话和该汽车的主人交谈，并把旧汽车的主人看成一位准顾客。在利用个人观察法寻找顾客时，推销人员要积极主动，既要用眼，又要用耳，更要用心。在观察的同时，运用逻辑推理。

（1）优点：它可以使推销人员直接面对现实，面对市场，排除一些中间干扰；可以使推销人员扩大视野，跳出原有推销区域，发现新顾客，创造新的推销业绩；可以培养推销人员的观察能力，积累推销经验，提高推销能力。

（2）缺点：推销仅凭推销人员的直觉、视觉和经验进行观察和判断，受推销人员个人素质和能力的影响；由于事先完全不了解顾客对象，失败率比较高。

案例 3.15

水泥大王

故事发生在日本。一个23岁的小伙子赤手空拳和同伴们一起到东京闯天下。到了东京后他们惊讶地发现：人们在水龙头上接凉水喝都必须付钱。同伴们失望地感叹道："天哪！这个鬼地方连喝冷水都要钱，简直没办法待下去了。"言罢都纷纷返回故乡了。

这个小伙子也看到了这幕情景，但他却想：这地方连冷水都能够卖钱，一定是挣钱的好地方嘛！于是他留在东京，开始了创业生涯。后来，他成为日本著名的水泥大王，他的名字叫浅田一郎。

案例分析：通过不同人对于同一事物的不同看法来获取销售机会。

3. 委托助手法

委托助手法，就是推销人员委托有关人员寻找顾客的方法。推销人员雇用有关人员寻找准顾客，自己集中精力从事具体的推销活动。一旦发现潜在的准顾客，立即通知推销人员安排推销访问。这些受雇人员被称为推销助手。

如果推销助手帮助推销人员做成了一笔生意，推销人员要立即向推销助手支付报酬，而且要感谢推销助手的友好合作。当推销助手提供一位准顾客的信息时，推销人员应该立即告诉推销助手，这位顾客是否已经列在自己的顾客名册上，尤其要告诉他是否已经被其他推销人员所掌握。为了寻找准顾客，拓展市场，企业可以以各种形式招聘推销业余信息员、兼职信息员等。由于这些业余推销员分布面广，并且熟悉本地本行业情况，了解当地顾客消费需求和市场行情，所以他们往往能找到大批顾客，开辟新的市场。

（1）优点：此方法可以使推销人员把时间和精力用于有效的推销工作；可以节省推销费用；可以使专业推销员获得更多的推销信息，有助于开拓新的推销区域。专业推销员可以利用分布在全国各地的推销助手传递市场信息，发现原有推销区域里的新顾客；可以借助推销助手的力量，扩大产品的知名度。如果选择某一个特定领域的行家里手或名人作为推销助手，不仅可以找到大批新顾客，而且可以发挥中心人物的影响作用来推销产品。

（2）缺点：推销助手的人选难以确定。推销助手必须热心于推销工作，积极负责，善于交际，信息灵通，而实际工作中，理想的推销助手难寻。推销人员往往处于被动状态，其推销绩效在很大程度上取决于推销助手的合作，不利于市场竞争。如果推销员与推销助手配合不够默契，或者推销助手同时兼任几家同类公司的信息员，都会给本公司产品带来不利的竞争因素。另外，推销人员必须给推销助手提供必备的推销用具和必要的推销训练，如果推销助手更换频繁，就会增加培训费用。

案例 3.16

猎犬计划

乔·吉拉德认为，干推销这一行，无论你干得多好，别人的帮助都是有用的。乔的很多生意都是"猎犬"（那些会让别人到他那里买东西的顾客）帮助的结果。乔的一句名言就是"买过我汽车的顾客都会帮我推销"。

在生意成交之后，乔总是把一叠名片和猎犬计划的说明书交给顾客，如果他介绍别人来买车，成交之后，每辆车他会得到 25 美元的酬劳。几天之后，乔会寄给顾客感谢卡和一叠名片，以后至少每年他会收到乔的一封附有猎犬计划的信件，提醒他乔的承诺仍然有效。如果乔发现顾客是一位领导人物，其他人会听他的话，那么，乔会更加努力促成交易并设法让其成为猎犬。

实施猎犬计划的关键是守信用——一定要付给顾客 25 美元。乔的原则是：宁可错付 50个人，也不要漏掉一个该付的人。

猎犬计划使乔的收益很大。1976 年，猎犬计划为乔带来了 150 笔生意，约占总交易额的三分之一。乔付出了 140 美元的猎犬费用，收获了 7500 美元的佣金。

4. 市场咨询法

市场咨询法，是指推销人员利用市场信息服务机构所提供的有偿咨询服务来寻找顾客的方法，或者利用国家行政管理部门所提供的咨询信息来寻找顾客的一种方法。使用该法的前提是存在发达的信息咨询行业，目前中国市场的信息咨询业正处于发展阶段。

这些市场信息咨询服务公司，专门从事市场调查和市场预测工作，收集各方面的市场供求信息，为社会上各行各业的推销员提供市场咨询服务，便于推销员利用咨询信息寻找顾客。推销人员可以通过咨询公司来寻找准顾客，只需花费少量的咨询费，即可得到许多有价值的信息资料。例如，服装推销员可以通过咨询业者来寻找顾客，婴儿用品推销员可以通过育儿咨询业者寻找顾客等。此外，国家有关行政管理部门，如工商局、统计局及各行业协会或商会等，也是理想的信息咨询单位。

（1）优点：方便迅速，费用低廉，信息可靠。专业咨询人员拥有丰富的经验和知识，能够提供较可靠的准顾客名单，收取的咨询信息服务费比较低，与推销人员自己寻找顾客所需费用相比较，可以节省推销费用开支；可以节省推销时间，使推销人员全力以赴进行实际推销。

（2）缺点：推销人员处于被动地位。若推销人员过分依靠咨询人员提供信息，则容易丧失开拓精神，失掉许多推销机会。咨询人员所提供的信息具有间接性，其中有的信息是第二手资料，会存在许多主观片面的因素，甚至出现一些与实际情况大相径庭的错误信息。再者，有许多重要的市场信息是咨询人员无法提供的。因此，市场咨询法的适用范围有一定局限性，它主要适用于寻找某些选择性较强的准顾客。

5. 交易会寻找法

国内外每年都有很多交易会，如广交会、高交会、中小企业博览会等，这是一个绝好的商机，要充分利用，交易会不仅能实现交易，更重要的是寻找客户、联络感情、沟通了解。

除以上方法外，还有展示寻找顾客法、有奖游戏收集法、喜庆填单寻找法等。

案例 3.17

找马

从前，有个秀才去应试。途中，在一小店投宿，将马套在门口的木桩上，天亮准备上路时，马却不知去向。从此，秀才开始四处找马。

他找了一整天也没见着马的踪影。第二天，他远远看见前面好像有一匹马，但走近一看，却是一头驴，他失望地摇了摇头，继续往前走。

第三天，他又见到前面有匹马，心中暗喜："这回该是我的那匹马了吧。"但走进一看，还是一头驴。他又继续走，仍然每天都能看见一头驴。但他一直没有理睬这些驴，只是在寻找自己的马。考试的时间一天天临近，而这位秀才终因精疲力竭而死在找马的路上。

案例分析：寻找顾客是每个推销员每天所做的首要工作，但是每天做这项工作时，首先应思考这一问题：顾客可以为我们带来什么？我们需要的是什么顾客？怎样找到顾客？因循守旧、缺乏权变思维的推销员是不会找到自己的顾客的。

资料库

顾客资料卡

顾客资料卡是用于记录顾客基本情况和公司业务往来情况的，是推销人员对客户进行管理的重要工具。推销人员要为每一位顾客建立一个独立的顾客资料卡，用于分析和掌握顾客与公司业务发展情况。资料卡可以是纸质卡或是电子卡。

1.顾客资料卡的内容

（1）基础资料。基础资料包括客户名称、地址、电话、联系人、账号、税号、法人代表、经营状况、结算规定等，同时也可记录客户个人的性格、爱好、学历、年龄、家庭、与本公司的起始交易时间、企业组织形式、业种、资产等。

（2）业务状况。业务状况主要包括经营管理者和销售人员的素质，销售业绩，与本公司的业务关系及合作态度等。

（3）交易现状。交易现状主要包括在对顾客进行销售时出现的状况、问题、优势以及未来销售对策、声誉、信用交易条件等方面。

（4）评价栏。对客户在信用保证、发展潜力、销售能力、对公司支持度等方面进行综合评价，有的公司还定期对客户进行评级。

2.顾客资料卡的作用

通过客观、准确地填写及有效地管理顾客资料卡，推销人员能够进一步了解目前市场的业务发展状况，发掘市场中的潜力客户，并对优质客户进行重点关注，从而提高公司的销售业绩。与此同时，对于问题客户及时进行处理，以规避销售中的风险，减少公司不必要的损失。

所以，客户资料卡的建立和管理是企业提高经营业绩的一项重要工作，对发现并解决问题、总结业绩成果、发展良好的客户关系、保证货款回收等都具有重要意义。

【任务实践】

1.将全体学生分成若干小组，每组4～6人，选出一名同学担任组长。

2.每个小组选择一种产品作为推销品。

3.确定寻找顾客的方法，寻找方法应在3种以上。

4.小组讨论。

5.应用每种方法寻找顾客，并记录工作日志。

6.总结工作日志内容，提出对各种方法的使用情况评价。

7.对找到的顾客信息进行筛选和分析。

8.由组长收齐每人的工作日志，交给实训指导教师。

【任务评价表】

评价项目	评价要求	分值	得分
项目执行	团队分工合理，执行进度合理	20	
寻找方法	方法运用得当，能根据推销品的特点，确定相应的目标顾客	30	
工作日志	内容记载全面、认真	20	
顾客资料卡	设计精美、项目齐全、资料真实有效	30	
	合计	100	

任务四　顾客资格审查

【导入案例】

河北省某县某爆竹厂与哈尔滨市某工业总厂签订爆竹购销合同，合同规定：哈尔滨市某工业总购买河北省某县某爆竹厂双响炮五千万支，每支五分五厘，总价款27500元。交货日期为同年12月份，收货付款。

合同签订后，爆竹厂按合同规定，于同年12月15日将货物用汽车送到工业总厂。工业总厂以其业务员胡某超越代理权限签订爆竹合同为由，拒绝收货付款，同时报告公安机关，公安机关以爆竹厂爆竹运来哈尔滨市，违反了该市烟花爆竹管理规定为由，将爆竹扣押，河北省某县某爆竹以按合同规定的条款及时履行合同，并持有当地工商、公安机关批准的合法手续和证件，进行生产、销售和运输爆竹为由，诉讼法院，要求被告履行合同并赔偿由此造成的经济损失。

经法院查明：（1）被告单位无权经营烟花爆竹。（2）被告派业务员胡某外出，给其带单位介绍信一张，内容写的是"业务员""联系业务"，带盖好公章的空白合同用纸四份，其主要业务是联系加工苫布，以解决单位的生产问题。胡某擅自作主签订了双响爆竹的购销合同，因此，业务员胡某确实超越了代理权限。（3）根据国家关于爆炸物品管理规则的规定，公安机关扣押爆竹是正确的。

思考：爆竹厂之所以遭受重大损失，其主要原因是忽视了什么？

在产品推销实践中，并非每一位准顾客都能成为推销人员的目标顾客。从准顾客到目标顾客还需要对其资格进行鉴定、选择，分析其是否具备成为目标顾客的条件。只有准顾客具备了一定的资格条件，才能正式将其列入目标顾客的名单中，建立客户资料卡，作为产品的推销对象。

在对潜在顾客进行评估审查时，必须明确三个问题：第一，目标顾客是否具有能够被你满足的需求；第二，在你满足了其需求之后，他们是否具有提供适当回报的能力；第三，本公司是否具有或是能够培养比其他公司更能满足其顾客需求的能力。

顾客资格审查是推销人员开展市场调研的重要内容之一，审查鉴定的目的在于发现真正的产品推销对象，避免徒劳无功的推销活动，确保将推销工作落到实处。通过顾客资格审查，可以使推销人员节约大量宝贵的时间，也可以提高顾客的订货率和增加顾客的订货量，提高推销人员的工作绩效。通过顾客资格审查鉴定，可以规避推销风险，提高推销活动的安全性。

顾客资格审查通常包括顾客购买需求审查、顾客支付能力审查和顾客购买资格审查等三个方面。

一、顾客购买需求审查

人类的需求可以概括为三大类，即生存消费需求、享受消费需求和发展消费需求。推销人员要充分认识顾客的需求内容与具体形式，将顾客需求和推销形式紧密联系起来，奉行以顾客需求为中心的指导原则，对顾客现实的、潜在的需求进行审查。顾客需求审查是指对潜在顾客是否存在对推销产品的真实需求做出审查与结论，从而确定具体推销对象的过程。在某种意义上说，顾客需求审查就是寻找现实顾客的过程。现代推销学始终坚持应该向顾客推销他们需要的而不是不需要的产品。因此，推销活动开始前，推销人员首先要把对产品没有需求的顾客从准顾客的名单中排除。顾客购买商品的主要原因在于推销品能够给购买它、拥有它、消费它的顾客带来某种益处，解决某种问题或困难，从而满足某种需求。正如IBM公司前营销副总裁巴克·罗杰斯所说："人们购买某种产品，是因为产品能够解决问题，而不是因为产品本身。IBM不出售产品，它只出售解决问题的办法。"

1. 对现实需求的审查

所谓现实需求，是指消费者对现实生活中已经存在的产品的需求。例如，下雨天消费者会有购买雨伞的需求。实际上，很多消费者往往是"口是心非"，他们所称的需求，可能不是实际的现实需求，有时候顾客对他们的需求是比较模糊和不准确的，有可能他们认为自己需要的某些产品或服务并不一定适合他们，而有时他们先前不看好的产品或服务才真正可以满足其需要。

企业的经营活动被看成是一个不断满足市场需求的过程，而不仅仅是一个纯粹的产品生产过程。作为推销人员，在推销的过程中，首先要弄清楚顾客的真正需求是什么，弄清楚自己所推销的产品能否满足顾客的这种需求，这是推销活动得以顺利进行的前提。一般说来，没有驾驶执照的人是不会去购买新车的。在表 3-2 中，列出了几种产品形式及其可以满足的顾客需求。

表 3-2 产品形式及其可以满足的顾客需求

产品形式	顾客需求
买保险	免遭经济损失
看电影	休闲娱乐
复印机	改进办公效率
空调器	提供舒适的环境
海飞丝洗发水	去头皮屑

当然，需求常常具有很大的弹性，也就是说，在一定的条件下，需求能够被创造。推销工作的实质，就是探求需求和制造需求。

2. 对需求特点和预测购买数量的审查

顾客需求审查不仅包括对顾客需求可能性的审查，还应包括对顾客的需求量进行评价。因为有些顾客虽然对推销品的需求可能性较大，但需求数量很少且只是一次性购买，前去推销得不偿失，不能给公司带来利润，甚至会导致负效益，这些顾客便不能成为合格的目标顾客。而那些对推销品需求数量大，又是长期需求的顾客，则是推销人员首选的并应将其列为重点的目标顾客。按照"ABC 顾客管理法"的要求，应将顾客分为主次优劣、重轻急缓的不同级别的顾客群。

所谓 ABC 顾客管理法，是指推销人员根据一定的具体标准对顾客进行分级管理和重点推销的科学方法。这些具体的标准可以根据不同行业的具体情况来制定，如顾客的规模大小、需求量大小、购买能力大小、顾客商誉高低、购买概率大小以及距离远近、可能长期合作关系等标准。根据标准得到不同级别（A 级、B 级、C 级）的顾客之后，推销人员可以按照级别的先后顺序制订推销计划。采用 ABC 顾客管理法，可以使日常推销工作计划化、程序化、条理化、系统化，有助于推销人员开展重点推销和目标管理，保证以较小的推销投入量取得较大的推销业绩。

3. 对潜在需求的审查

潜在需求又称隐性需求，就是指客户对某类产品或服务因为产品或市场的某些因素，会随时拒绝或使用别的替代品的情况下产生的需求行为。现实需求指的是已经体现出的需求，潜在需求则是指尚未表现出来的、将来的需求，它需要通过一些市场行为进行引导才会体现出来，进而向现实需求转化。

住校大学生对商品房的需求就是潜在需求，虽然现在可能没有现实需求，但是存在着未来的需求或引致需求，所以大学生也是商品房的潜在顾客，如"把梳子卖给和尚的故事"。推销人员，连同社会上的其他因素，只是影响了人们的欲望，并试图向人们指出何种特定产品可以满足其特定需要，进而通过使产品富有吸引力、适应消费者的支付能力且使之容易得到，来影响和创造需求。推销员应该加强"创造需求"方面的训练，通过创造需求来促进销售；强化顾客的潜在需求，使顾客了解潜在需求的必要性和迫切性，促进潜在需求向现实需求转化，变潜在顾客为现实顾客。目前，有轿车的大学生不多，但是有驾驶执照的却大有人在，这些人中就有大量的轿车潜在顾客。

二、顾客支付能力审查

支付能力是指偿还债务、支付应交款项的能力，即居民现有资金加上所能获得的贷款及今后若干年内能否偿还的能力。客户支付能力可分为现有支付能力和潜在支付能力两种。支付能力审查是了解对方当事人的注册资金、资金来源、银行存款数量、能否交付贷款等情况。

1. 审查的目的

（1）寻找合格的顾客。如果客户仅仅具有购买的需要，而支付能力不足，潜在的风险就很大。无论某些单位或个人得到某种产品的心情多么迫切，也不管这些产品将能为其带来多大的利益，只要他们无足够的财力购买，就不能被称为客户，因此，推销人员绝不能在此类客户身上浪费时间。

（2）能更好地满足顾客需求，提高推销效率。影响需求的因素是多方面的，除了消费者的收入、偏好，相关商品的价格，消费者对商品价格的预期等因素外，商品本身价格是最重要的。具有不同支付能力的顾客，其需求也不同。收入高、支付能力强的顾客，对商品价格的敏感性相对较低，他们更注重品牌、质量；收入低、支付能力差的顾客，对商品价格更为关注，他们往往喜欢物美价廉的产品。针对不同支付能力的顾客，应采取不同的商品组合，不仅可以更好地满足顾客需求，而且能够提高推销效率。

（3）防止与避免货款损失。当前我国的市场经济还处在发展阶段，诚信的缺失导致商业欺诈行为时有发生。推销人员对推销对象的支付能力审查不够，对没有足够支付能力的顾客进行赊销，往往会造成货款损失。

客户支付能力审查的目的在于开展有针对性的推销活动，提高推销工作的实际效果，可以打击商业诈骗活动，防止欠账、货款无法收回现象的发生。

2. 支付能力审查内容和方法

进行支付能力审查时，首先是鉴定客户现有支付能力，具有购买需求及现有支付能力的客户，是推销员在推销时的最佳选择。其次，应注意对客户潜在支付能力的鉴定。一味强调现有支付能力，容易使市场拓展工作受到阻碍；掌握客户潜在支付能力，可以为推销提供更为广阔的市场。当客户可以信任并具有潜在支付能力时，你应尽可能地协助客户解决支付能力的问题，建议客户利用银行贷款或其他信用方式购买推销品，或对其实行赊销。

如果推销对象是企业，那么对顾客实际支付能力的审查通常要考虑三个方面：第一，企业的经营状况，尤其是财务状况和产品销售状况；第二，企业支付能力的周期变化；第三，企业的信誉。在实际的鉴定过程中，要准确地确定客户的支付能力并非易事，绝大多数客户不愿向别人透露自己的财力状况，很多企业内部财务资料对外保密，在实际操作上是一件比较困难的事情。无论国内还是国外，美国的安然事件、世通丑闻，中国的蓝田股份、银广夏、东方电子等造假事件说明了企业有意隐瞒真实财务状况的现象。因此，要做好客户支付能力分析，也需要推销员做大量的调查工作，以便从各方面的资料中对客户的支付能力做出推算。例如，通过对客户收入水平、家庭人口、生产规模、经营状况等情况的调查去推断其支付能力，就是一条有效的途径；另外，还可以通过统计部门、一级单位或内部成员等得到真实资料。

3. 个体顾客购买能力的审查

个体顾客的购买能力审查主要是从影响消费者购买力的各种因素，如实际收入、购买支出、消费储蓄与信贷等几个方面进行审查。

消费者收入主要指的是消费者的实际收入。消费者收入的多少决定消费者市场购买水平的高低。消费者收入的可任意支配部分是影响消费需求构成最活跃的经济因素，也是影响高档耐用消费品、旅游等商品销售的主要因素。这部分收入越多，人们的购买力就越强，人们的消费水平也越高，企业的营销机会也就越多。

顾客的购买力除了受消费者收入的影响外，还要受消费者储蓄和信贷因素的直接影响。居民个人收入在一定时期内不可能全部花费掉，总有一部分以银行存款、公债、股票和不动产等其他形式储蓄起来，这是一种推迟了的潜在的购买力。当消费者的收入一定时，储蓄数量与现实支出数量是呈反比关系的。推销人员必须了解影响居民储蓄的诸多因素和储蓄目的的差异，以便准确地预测消费需求的发展趋势和发展水平，寻找市场机会。

消费信贷对顾客的购买力影响也很大。有些经济学家认为，各种形式的赊销、分期付款、延期付款是经济增长的主要动力之一，因为它允许人们购买超过自己现实购买力的商品，可以创造更多的就业机会、更多的收入和更多的需求，为企业创造更多的营销机会，从而刺激经济增长。

另外，也可以运用恩格尔系数来衡量居民家庭的贫富程度，进而评价和衡量顾客的购买能力。

小知识

恩格尔系数

20世纪以来，经济学家们常常运用恩格尔定律来分析消费模式和消费结构。德国统计学家E.恩格尔在1875年研究劳工家庭支出构成时指出：当家庭收入增加时，多种消费品的比例也会相应地增加，但用于购买食物支出的比例会下降，而用于服装、交通、保健、文娱、教育的开支及储蓄的比例将上升，这种趋势被称为"恩格尔定律"。恩格尔系数的计算公式如下：

$$恩格尔系数=食物支出变动的百分比/收入变动的百分比$$

这个公式通常称为食物支出的收入弹性，它反映了人们收入增加时支出变化的一般趋势，已成为衡量家庭、地区以及国家贫富强度的重要参数。恩格尔系数大体可进行以下的划分：59%以上，称为绝对贫困；50%～59%，称为勉强度日；40%～50%，称为小康水平；20%～40%，称为富裕；20%以下，称为最富。

4. 团体顾客的购买力审查

推销人员对团体顾客购买力的审查，主要涉及团体顾客的生产状况、经营状况、资金状况、财务状况、信用状况等方面。这里主要介绍团体顾客短期偿债能力和营运能力的分析，借以评价其财务状况和经营成果，预测未来的经营报酬和风险，为推销人员审查团体顾客购买力提供帮助。

（1）短期偿债能力分析。短期偿债能力又称支付能力，是企业以其流动资产偿还流动负债的能力。它反映了企业偿付日常到期债务的实力。企业能否及时偿还到期的流动负债，是反映企业财务状况好坏的重要标志。企业如果短期偿债能力较弱，供应商将很难甚至无法收回货款。

反映企业短期偿债能力的财务指标主要有以下几种。

① 流动比率——企业流动资产与流动负债的比率，即：

$$流动比率 = 流动资产 \div 流动负债$$

流动比率表明企业每一元流动负债有多少流动资产作为偿还的担保，反映企业用可在短期内转变为现金的流动资产偿还到期流动负债的能力。一般情况下，流动比率越高，说明企业短期偿债能力越强，债权人的权益有很好的保证，遭受损失的风险小；反之，如果流动比率过低，则企业短期偿债能力弱，难以偿还到期债务。一般认为 2：1 的比例是比较理想的标准。

② 速动比率——企业速动资产与流动负债的比率，即：

$$速动比率 = 速动资产 \div 流动负债$$

速动比率是衡量企业流动资产中可以立即用于偿付流动负债的重要指标，它比流动比率更能准确地反映企业的短期偿债能力。一般来说，速动比率越高，企业的短期偿债能力就越强；反之，就越弱。根据经验，一般认为速动比率 1：1 较为合适，企业债务偿还具有安全性。速动比率小于 1：1，表明企业支付能力不足，面临较大的偿债风险；速动比率大于 1：1，说明企业的债务偿还的安全性较高。

③ 现金比率——又称即付比率，是企业现金类资产与流动负债的比率，即：

$$现金比率 = 现金类资产 \div 流动负债$$

现金比率是衡量企业即时偿付债务能力的比率，在反映企业短期变现能力方面，可以弥补以上两个指标的不足，能更为稳健地衡量企业的短期偿债能力。一般说来，现金比率在 20% 以上为好。现金比率越高，说明现金类资产在流动资产中所占比例较大，企业应急能力较强，举债能力则较大。

上述三个指标，都能反映企业短期偿债能力。但企业的经营状况总是在不断变化的，要科学、合理、准确地评价企业的短期偿债能力，必须将上述三个指标结合起来加以综合考察。

（2）营运能力分析。营运能力通过企业生产经营资金周转速度的有关指标反映企业资金利用的效率。企业生产经营资金周转的速度越快，表明企业利用资金的效果越好，效率越高，企业短期偿债能力越强。反映企业营运能力的主要指标如下。

① 应收账款周转率——企业赊销收入净额与应收账款平均余额之比，即

$$应收账款周转率 = 赊销收入净额 \div 应收账款平均余额$$

这一指标用以测定企业在一定时期内收回赊销账款的能力，反映企业应收账款变现速度的快慢。该比率高，表明收账迅速，账龄较短，收账费用少且坏账损失小，资产流动性强，企业短期偿债能力强。

② 存货周转率——一定时期企业的销货成本与存货平均占用额之比，即

$$存货周转率 = 销货成本 \div 存货平均占用额$$

这一指标用以衡量企业存货资金占用情况，并可测定企业的销售状况。在正常情况下，存货周转率越高，相应的周转天数就越少，存货资金周转越快，资金利用效率越高。

5. 审查支付能力时应注意的事项

在对顾客进行支付能力审查时，应避免因为审查错误而失去顾客，更应该避免因为疏忽而遭受损失。一些推销人员由于对顾客支付能力的审查工作做得不细，造成大量货款不能按时归还的现象时有发生。其根本原因，一是个人收入减少，企业经营状况变坏，资金紧张，支付能力不足；二是推销人员的问题，如不及时回收货款等；三是顾客的恶意欺诈。

有些推销人员由于种种原因，存在着不重视顾客支付能力审查的做法。正是由于推销人员放松了应有的警觉性，疏于对顾客支付能力进行审查，致使企业遭受各种各样拖欠与丢失货款的损失，甚至上当受骗。

（1）忽视对老客户的审查。根据"二八"定律，企业80%的利润来源于20%的忠实顾客。推销人员由于种种原因往往忽视对老顾客的支付能力的审查；有的骗子惯于用"放长线钓大鱼"的伎俩，在开始进行小额交易时，按时付款，等双方熟悉后，推销人员放松警惕，便骗取一笔大的货物或货款逃跑。所以，当老顾客购买数量或价值出现重大变化时，一定要谨慎审查。

（2）对有"来头"的顾客不审查。对于不认识的持有某大公司、某领导介绍信的人员，不要轻易相信。推销人员不要盲目乐观，认为钓着了大鱼，要多问几个为什么，事实上一些骗子正是利用人们对所谓有"来头"的人的信任进行欺骗。

（3）忽视程序。推销人员一定要严格按照公司制度和推销程序进行工作，不能因为怕麻烦、不好意思等，不按程序办事，允许顾客不在收货单上签字、盖章等，这样一旦出现货款纠纷，就很难主张自己的权利。

资料库

电路城破产　供货商的灾难

21世纪初，美国第二大电器产品零售连锁企业——电路城（Circuit City），根据破产法第11章，向其总部所在地弗吉尼亚州里士满法庭申请破产保护。在向法院提交的破产申请中，该公司首席财务官布鲁斯·贝赞可承认，供货商信心衰减、流动性问题及全球金融危机是导致公司破产的主要原因。

电路城是全球500强成员企业，是北美地区最大的电器与数码产品专业店零售商之一，旗下拥有3C店、专业数码连锁、通信连锁及音像制品连锁等多种业态。1999年之前，电路城一直是美国第一大家电连锁零售商，此后被百思买公司（BestBuy）超越；它在美国及加拿大分别有721家和770家门市，主营家用电器、家庭及办公产品、娱乐软件及相关服务，其分布在世界各地为顾客提供服务的员工超过40000名。

由于电路城在全球15个国家拥有7500个电子产品供货商，这一破产保护消息让许多企业措手不及。国外媒体称，电路城目前积欠供货商应收账款合计高达6.5亿美元，供应商包括惠普、三星、索尼、东芝等巨头。

三、顾客购买资格审查

对推销品具有购买需求和支付能力的顾客，如果不具备购买资格，也不是合格的目标顾客。因此，推销人员要对潜在顾客的购买资格进行审查，审查购买人是否具有作为市场经营主体的行为能力以及对推销品的购买是否有某些限制。

市场经营主体的行为能力是由国家法律赋予的，这种行为能力是通过有无国家行政机关颁发的相关证照来体现的。一切从事经营活动的个人、组织、法人，都需持有国家工商部门颁发的营业执照，无照经营便是非法经营。持照人在营业执照规定的经营范围内从事经营活动，是国家法律赋予持照人的权利能力和行为能力，超越规定的经营范围的经营行为是无效的、非法的，且不受国家法律的保护。某些特殊行业还必须持有特殊行业经营许可证照或专营证照，一般称为许可证。例如，食品行业需有卫生主管部门颁发的"卫生许可证"，生产药品的行业要有"药品生产许可证"，卷烟行业必须有"烟草专卖许可证"，等等。国家对一些行业还进行了等级划分和资质规定，如建筑企业、设计企业分为甲级、乙级、丙级等。不同等级的企业从事经营活动的资质是不同的。例如，按国家规定要求，属于丙级的设计单位，只能承担 1 万平方米以下的建筑设计任务，不能越级，否则将视为设计资质不合格而带来不良后果。

推销人员在审查市场经营主体的各种证照时，还要注意其时间效力，过期失效、吊销、撤销的证照更要引起重视，以免发生问题。

由于购买者主要有个体购买者和组织购买者，所以购买人资格审查的主要内容，是审查以家庭为主和以法人资格进行购买的购买者的角色和影响因素。

1. 家庭和个人的购买人资格审查

（1）家庭购买决策类型。家庭是一个社会的经济细胞，它与消费的关系极为密切。据统计，家庭消费几乎控制了 80% 的消费者行为。家庭不仅对其子女的价值观、行为取向、生活方式、消费习惯的形成产生重要影响，同时，它还影响着家庭成员的购买决策与购买投向。购买一件商品可能是根据家庭中某一成员的提议或是根据共同的决断，反之也可能因家庭成员反对而终止某项购买活动。

消费者的购买活动一般以家庭为单位，尤其在我国这样一个受传统家庭伦理观念影响较深的国家更是如此。但是购买的决策者，通常不是家庭的全体成员，而是家庭中的某一个成员或几个成员。

根据我国的传统习惯，一般家庭的角色分工是男主外、女主内。但在消费上，不同家庭成员对购买决策的影响却不能这样简单地划分，它要受到家庭类型，所购商品类型、特点，商品价值与购买风险大小等因素的影响。购买不同的商品，每个家庭成员所起的作用是不一样的。家庭购买决策类型有丈夫做主型、妻子做主型、各自做主型和共同协商决定型四大类。

除此之外，还有很多因素决定了家庭购买决策类型，如文化水平、居住地、信仰、价值观念、性格等。

（2）购买角色。在家庭或者个人的购买行为决策过程中共有五个角色参与其中，即购买行为的提议者、影响者、决策者、购买者和使用者。

提议者是最先提出要购买某种商品的人。由于他的提议引起家里其他人对这一商品的注意与兴趣，而这个人可以是父母双方中的某一人，也可以是家庭中的其他人。影响者是提供商品信息或购买建议的人。虽然他并不一定是最终决策人，但却可以影响人们对商品的评价和看法以及对具体商品的选择，如购买的品牌、型号、性能等。决策者是有权独立或与家庭其他成员共同做出买与不买决策的人，他通常是家庭中的权威人物或掌管着家庭经济大权。购买者是负责到商店完成购买任务的人，他也会影响对具体商品的选择。使用者是商品的最终受益者，它可能是家庭中的某一位成员，也可能是全体成员。

日本的一项研究表明：购买汽车时，由丈夫决定的占 56.1%，主要由丈夫决定的占 29.9%，合计 86% 由丈夫参与决策；购买电冰箱时，由妻子决定的占 38.9%，主要由妻子决定的占 43.3%，合计 82.2% 由妻子参与决策；购买电子微波炉时，由妻子决定购买的占 43.1%，主要由妻子决定购买的占 40%，合计 83.1% 由妻子参与决策；购买吹风机时，由妻子决定购买的占 51.5%，由丈夫决定购买的占 22.2%，妻子在购买决策上起主要作用。

小知识

购买权限

消费者有权利购买和消费所需的商品，但是并非所有的商品都是可以不受限制地自由买卖的，例如下列这些情况。

所有处方药必须凭医师处方才能购买，销售处方药的药店必须配备执业药师或经过资格认定的药学技术人员。2005 年年底之前，我国所有县级和县级以上城市药店必须达到上述要求。

北京对限价房的购买资格做出了限制：具有本市（北京）常住户口；本市中低收入家庭优先；解危排险、环境整治、文保危改、城中村整治及其配套设施等重点项目的本市被征地、拆迁家庭优先。已经取得经济适用住房购买资格的家庭如放弃经济适用房购买资格，可以申请购买。

瑞士法律规定，18 周岁以下不能购买强酒精饮料，而啤酒、葡萄酒和苹果酒不能卖给 16 周岁以下的少年；英国法律规定，18 周岁以下者不得在公众场合饮用酒精饮料；等等。

推销员在向顾客推销有限制性要求的商品时，要对顾客的购买资格进行认真的审核，以防止发生违法行为。

2. 法人购买的决策者资格审查

在对法人的法律资格、营业执照、许可证、资质等级等审查通过后，大量的审查工作是对顾客内部各种"购买决策角色扮演者"的资格审查。

不同企业的规模大小差异很大，小企业购买中心的成员可能只有一两个人，大企业则可能由一位高级主管率领一大批人组成采购部门。另外，根据所购产品的不同，购买部门的人员组成也不同。例如，购买低值易耗品，即便是一家大企业，购买中心也只要一个人就够了；如果购买的是生产装备，涉及技术问题和大笔投资，那么，除专业的采购人员之外，购买中心成员还应包括技术员、工程师，甚至最高主管，以做出投资上的重大决策。

（1）法人购买决策特点。与家庭购买决策者相比，法人购买决策具有两个特点：

① 参与购买的决策者众多，有技术专家、高级管理人员、采购专家、财务主管，有时还有最高管理者或产品的实际操作使用者。

② 采购人员多经过专业训练，对所购产品的技术细节有充分的了解。因此，法人用户的购买更容易做到理智、科学、经济。

（2）购买角色。参加采购中心的所有人员具有同一采购目标，并分担决策的风险，但其中每种角色又不同，这些角色可概括为以下几种：

① 实际使用者。通常首先由他们提出购买建议，如一线工人对生产工具的需求。

② 影响者。企业内外一切对最后购买决策有影响的人，如使用者、技术人员、推销员均可能是影响者。

③ 决策者。拥有决定权的人，一般情况下，决策者就是采购者，但在交易大而复杂的情况下，决策者可能是企业主管，由他批准采购人员的采购方案。

④ 采购者。被企业正式授权具体执行采购任务的人。

⑤ 控制者。能阻止卖方推销人员与企业采购中心成员接触，或控制外界与采购有关的

信息流入企业的人，如采购代理人、接待员、电话员、秘书等。

针对上述情况，推销人员应具体了解在法人用户中，谁是购买决策的主要参与者，他们各自的影响程度如何，他们的评价标准是什么，等等，然后才能制定出有效的推销对策。

小知识

寻找顾客就像钓鱼

有过钓鱼经验的人都知道，要想钓到鱼，光有渔线和钓竿还不行，还得知道哪里有鱼，得准备鱼儿喜欢吃的饵。怎样找到鱼？什么饵才是合适的？美国《创业家》杂志发表的文章《发现顾客的简易方法》（Smart，Easy Ways to Find Customers），介绍了几种帮助推销员找到顾客的方法。

找到鱼多的地方。在寻找顾客前先回答一个问题：理想的顾客是什么样子的？至少要列出理想顾客的五个特征，比如：年龄25到35岁之间；是否已婚；居住的地方在什么区域；孩子是否已经上学；每周至少开车走30英里（1英里=1.6093千米）；等等。

如果连五个特征都列不出来，那么企业就不可能发展得很快，走得很远。为了回答这个问题，想想你的三个比较优质的顾客，他们有什么共同特征。然后开始描绘你的顾客，想想他们属于哪个群体，是老年人呢，还是年轻人？如果产品是针对小孩子的，那么付钱的是谁？奶奶、妈妈还是爸爸？为此，你可能需要制定几个市场寻找战略。

给顾客合适的优惠待遇。接着，你需要知道在哪里可以接触到这些人。如果你的顾客是喜爱足球的妈妈们，那么除了足球场，还可以到哪里找到她们？零售店、加油站还是体育用品店？你可以在零售店外竖广告牌，但更好的地方是在足球场附近。

你也可以问问你的顾客："是否有其他的足球妈妈需要这种产品？"或者，用折扣或奖励的手段，鼓励顾客将产品推荐给其他人。有的推销员承诺，如果顾客带来了三个新顾客，那么他将享受10%的折扣或免费接送的优惠。当然，你还可以使用更省钱的方法。和附近的商家合作，由他们提供优惠券，你则负责将优惠券派给顾客。其他的商家都会比较愿意接受这种互惠互利的合作。关键是，你提供的优惠一定要让顾客觉得有价值。

【任务实践】

1. 将全体学生分成若干小组，每组4～6人，选出一名同学担任组长。
2. 收集整理顾客基本资料。
3. 根据顾客资格审查要求，分析整理顾客的支付能力、需求状况、购买资格等信息。
4. 确定推销品的目标顾客。
5. 撰写500字左右的顾客资格审查报告。
6. 提交报告，教师对学生进行评价。

【任务评价表】

评价项目	评价要求	分值	得分
项目执行	团队分工合理，执行进度合理	20	
顾客资格审查报告	顾客需求表述清晰	30	
	在报告中充分体现顾客购买能力	20	
	购买决策权判断正确	30	
合计		100	

【项目知识总结】

商品推销是指推销人员运用一定的方法和技巧，帮助顾客购买某种商品和劳务，以使双方的需要都能得到满足的行为过程。这一过程包括寻找顾客、推销接近、推销洽谈、处理推销障碍、成交五个阶段。推销行为的核心在于满足顾客的欲望和需求。在推销过程中，推销人员要运用一定的方法和技巧。

商品推销的功能可以概括为销售商品、传递商品信息、提供服务、反馈市场信息四个方面。

商品推销的基本原则：满足顾客需求的原则、互利互惠的原则、推销使用价值观念的原则、人际关系原则、尊重顾客的原则。

作为一名推销员，在思想素质上应具备强烈的事业心，高度的责任感，坚强的意志和毅力；在文化素质上，应掌握有关企业、产品、市场、顾客及竞争方面的知识；在身体素质上，应具有强健的体魄；在心理素质上，应了解自身的性格特征，增强推销的自信心，养成良好的个性品格。

从职业能力方面讲，推销人员还应具有敏锐的观察能力、较强的创造能力、良好的语言表达能力、较强的社交能力和快捷的应变能力等。

在推销过程中，推销人员所代表的不仅仅是自己，也代表着企业。为了树立良好的企业形象，以使推销工作顺利开展，推销人员应注重推销的基本礼仪，如自身的仪表与服饰，说话语气与交谈习惯，打招呼，吸烟，打电话，招待客户进餐，递（接）名片等方面。

寻找顾客是推销工作的第一个步骤和基础性工作，有利于保障基本顾客队伍的稳定和发展，有利于明确推销活动的目标，提高推销效率。寻找顾客要坚持对推销对象的范围进行准确定位，多途径寻找顾客，以及养成随时随地寻找顾客的习惯等原则。常见的寻找顾客的方法有"卷地毯"寻找法、介绍寻找法、中心开花寻找法、广告寻找法、资料查阅寻找法等。

顾客资格审查贯穿于寻找顾客的全过程，顾客资格审查包括顾客需求审查、顾客支付能力审查、顾客购买资格审查等方面的内容。

【项目练习】

一、判断题（正确的打"√"，错误的打"×"）

1. 推销是一门科学，又是一门艺术。　　　　　　　　　　　　　　　　　（　　）
2. 推销的科学性在于推销的工作过程有一定的规律可循。　　　　　　　　（　　）
3. 推销的核心在于寻找顾客。　　　　　　　　　　　　　　　　　　　　（　　）
4. 推销是一个简单的工作过程。　　　　　　　　　　　　　　　　　　　（　　）
5. 推销人员决不能忽视给消费者的第一印象。　　　　　　　　　　　　　（　　）
6. 推销人员衣着的样式和颜色可以随个人喜好选择。　　　　　　　　　　（　　）
7. 女性推销人员不可以佩戴太多饰品。　　　　　　　　　　　　　　　　（　　）
8. 为了拉近与消费者的距离，推销人员可以选择时尚感较强的衣物，给消费者良好的第一印象。　　　　　　　　　　　　　　　　　　　　　　　　　　　　　　（　　）
9. 在寻找顾客之前，首先要确定准顾客的范围，使寻找顾客的范围相对集中，提高寻找效率，避免盲目性。　　　　　　　　　　　　　　　　　　　　　　　　　　　（　　）
10. 没有支付能力的潜在顾客，不可能转化为目标顾客。　　　　　　　　　（　　）

11. 介绍寻找法比较费时费力，寻找工作的效率比较低。（　　）

12. 中心开花寻找法是一种比较普遍的寻找顾客的方法，它可以大大地避免推销人员的盲目性。（　　）

13. 购买力审查的重点对象是组织与企业购买者。（　　）

二、单项选择题

1. 既有购买所推销的商品或服务的欲望，又有支付能力的个人或组织，被称为（　　）。

A. 线索　　　　　　B. 准顾客　　　　　　C. 顾客　　　　　　D. 推销对象

2. （　　）主要适用于金融服务、旅游、保险等无形商品和时尚性较强的有形商品的准顾客的寻找。

A. 介绍寻找法　　　　　　　　　　B. 中心开花寻找法
C. 广告寻找法　　　　　　　　　　D. 资料查阅寻找法

3. 向目标顾客群发送广告，这是（　　）运用的步骤。

A. 介绍寻找法　　　　　　　　　　B. 中心开花寻找法
C. 广告寻找法　　　　　　　　　　D. 资料查阅寻找法

4. 推销的三要素中，最具有能动性的因素为（　　）。

A. 推销员　　　　　B. 顾客　　　　　　C. 推销品　　　　　D. 使用价值

5. 推销活动的客体是指（　　）。

A. 推销员　　　　　B. 顾客　　　　　　C. 推销品　　　　　D. 使用价值

6. 在商务活动中，与多人交换名片，应讲究先后次序，正确的次序包括（　　）。

A. 由内到外　　　　　　　　　　　B. 由远到近
C. 左右开弓　　　　　　　　　　　D. 有职务高的到职务低的

7. 与西方人交谈时可以（　　）。

A. 询问对方年龄　　B. 关心对方婚姻　　C. 闲聊天气情况　　D. 赞美对方美丽

8. 在商务场合下，下列介绍顺序，哪个是正确的（　　）。

A. 将男性介绍给女性　　　　　　　B. 将年轻的介绍给年长的
C. 将客人介绍给自己的同事　　　　D. 将级别低的介绍给级别高的

三、多项选择题

1. 推销的功能主要有（　　）。

A. 销售产品　　　　B. 传递产品信息　　C. 提供服务　　　　D. 反馈市场信息

2. 下面对握手礼节解释正确的是（　　）。

A. 时间以三秒为宜　　　　　　　　B. 男推销人员见女顾客时，要主动握手
C. 握手时应正视对方　　　　　　　D. 握手的用力不宜过大

3. 招待顾客进餐的礼节解释正确的是（　　）。

A. 宴请地点要考虑顾客的心理　　　B. 最好由顾客点菜
C. 最好自己单独去结账　　　　　　D. 宴毕推销人员应先走，为顾客带路

4. 准顾客应具备（　　）。

A. 购买需求　　　　　　　　　　　B. 购买力
C. 人际关系好　　　　　　　　　　D. 具有购买决策权

5. 顾客资格审查的方法有（　　）。

A. 市场调查法　　　　　　　　　　B. 资料查询法

C. 集体访谈法　　　　　　　　　　　　D. 推销人员同行调查法

四、自我测验

回答下列问题，测试自己在哪个环节还需要改进。

1. 在推销过程中，你有明确的推销目标吗？　　　　　　　　　有□　没有□

2. 在推销过程中，你总是充满活力吗？　　　　　　　　　　　是□　否□

3. 在推销过程中，你开发顾客的能力强吗？　　　　　　　　　是□　否□

4. 在推销过程中，你自信能说服顾客吗？　　　　　　　　　　是□　否□

5. 在推销过程中，你曾经回答不出顾客所提出的问题吗？　　　是□　否□

6. 在推销过程中，你善于找出顾客的需求吗？　　　　　　　　是□　否□

7. 在推销过程中，你能言简意赅地进行产品说明吗？　　　　　是□　否□

8. 在推销过程中，你擅长处理顾客的反对意见吗？　　　　　　是□　否□

9. 你经常与老客户保持联系吗？　　　　　　　　　　　　　　是□　否□

10. 你能否顺利收到货款？　　　　　　　　　　　　　　　　 是□　否□

【案例阅读】

有一次，原一平和一位资深的同事一起去拜访客户。在访问一家百货店之后，那位同事觉得很累，好在预定的访问任务完成得不错，只剩下有限的几处。原一平决定自己单独前往，那位同事留在百货店休息。

完成了剩下的几处访谈之后，原一平已累得东倒西歪，连步子都迈不稳了。那天恰巧又比较热，原一平不由自主地放松了自己，帽子歪斜着，衣扣不整，敞着领口。他匆匆忙忙赶回那家百货店与同事会合，推开玻璃门，一边喊一边闯了进去。在原一平心里，和百货店的老板已经是很熟了，便把应该有的礼貌仪容全都抛在了一边。

那位同事已经先走了，百货店的小老板见了原一平的模样大为不满，愤怒地说："早知道你是这副模样，我压根儿不会投你们明治的保险。我是信任明治保险，没想到你们这些员工却是这么无礼、随便……"

一席话把原一平骂醒了，他完全没有料到自己一时的不修边幅，竟然会带来这么严重的后果，不仅损害了公司的信誉，没准还会使已经达成的协议前功尽弃，甚至还会影响附近其他的准客户。

想到这里，原一平大汗淋漓。他急中生智，立即跪倒在小老板面前，伏地向他道歉。

这个动作有些夸张，百货店的小老板愣住了，但这最彻底地表达了原一平的诚意。

这件事的结果终于发生改变，原一平和小老板消除了不愉快，更加亲近了。小老板主动提出把保险金额提高，比已商定的数额高了好几倍。

虽然最终原一平通过了自己的诚意挽回了败局，而且还取得了出乎意料的结果，但原一平的心里并不轻松，好多天都被自责和羞愧缠绕着，这是根本不该发生的事！那一刻，原一平的自制力、人格修养、事业心都到哪去了！跪下道歉是万不得已的举动，他已感到无路可走。可无论怎么说，那对人的自尊仍然是一种伤害。从此以后，原一平时刻注意保持自己的风度和礼仪，再也不敢有一丝懈怠。

项目四

约见和接近顾客

【项目目标】

知识目标：

1. 认识约见个人顾客应准备的内容；
2. 认识约见法人顾客应准备的内容；
3. 运用约见和接近顾客的方法。

能力目标：

1. 能够做好约见个人顾客、法人顾客的准备；
2. 能运用约见顾客的方法顺利的约见顾客；
3. 能运用接近顾客的方法接近顾客。

思政目标：

1. 能尽快与顾客沟通，建立合作关系；
2. 团队合作互助、爱岗敬业精神。

任务一 约见顾客

【导入案例】

一位计算机销售代表在参加他们部门的销售会议时，他的主管通知他开始负责《上海晨报》。《上海晨报》是华东地区最有影响的报社之一。会议后，销售代表开始做销售的计划和准备。谁负责计算机的采购？应该与谁联系？最近有采购吗？什么时间？谁做决定？他首先必须知道这些最基本的客户资料后，才能与客户接触。但是《上海晨报》是一个全新的客户，应该怎样收集这些资料呢？

首先，销售代表来到《上海晨报》的网页上，了解报社的组织结构、经营理念、通信地址和电话，然后销售代表把这些资料记录到客户资料中。他还有一些报社的老客户，所以打了一个电话给另一家上海报社的信息中心主任，了解到报业的计算机系统主要应用于编辑排版系统和记者采编系统。接着，销售代表向行业界的朋友打听了关于《上海晨报》的资料，他们告诉销售代表《上海晨报》信息中心有一位工程师叫做达美，经常与厂家联系，最近达美一直在了解 Internet 数据中心方面的进展。最后，销售代表从邮件中找到了市场部的定期发送给每个销售代表关于最近市场活动的时间表，发现两周以后将会有一个新产品发布会在上海商城举行。所有的准备工作结束后，销售代表拨通了达美的电话：

"您好，请问达工在吗？"

"我是。"

"达工，您好。我是××公司的销售代表。我们公司即将在上海商城举办一个新产品展会，时间是5月16日，请问您可以参加吗？"

"我现在还不能确定。"

"我们所有的产品都有展示，而且我们请来了我们公司电子商务的专家，他对互联网的数据中心很有经验，您一定会感兴趣。"

"有数据中心的讲座？如果有时间我一定去。"

"我马上寄请柬给您并会提前打电话与您确认。另外，达工，我可以了解一下《上海晨报》的情况吗？"

"我一会儿要去开会。"

"那好，我抓紧时间。《上海晨报》发展很快，上一周我在厦门出差时，厦门的报摊上也可以买到《上海晨报》了。报社高速发展依赖于信息系统的支持。《上海晨报》的信息系统主要有哪些部分？"

"我们主要有编辑系统、记者采编系统、办公系统和我们的网站。"

"您现在的主要工作重点是什么呢？"

"我们现在正在研究报社的Internet数据中心。我们刚刚在厦门开了一个这方面的研讨会。"

"是吗？我也常去厦门，您喜欢厦门吗？"

"厦门很好，风景和气候都很好。"

"饮食呢？您喜欢厦门的小吃吗？"

"不错，鼓浪屿馅饼很有特点。"

"哦，您的会议开的怎么样？"

"很好，所以我对你们的会议有一些兴趣。对不起，我要去开会了。"

"好吧，我现在就将请柬寄给您，我们上海商城见。"

一周以后，达奚收到了请柬。与请柬一起，有几盒各种味道的鼓浪屿馅饼。

思考：你认为达奚是否会参加研讨会？为什么？

一、推销约见的意义

资料库

美国推销员协会针对推销员的拜访进行了一项长期的调查研究，结果发现：48%的推销员，在第一次拜访遭遇挫折之后，就退却了；25%的推销员，在第二次遭受挫折之后，也退却了；12%的推销员，在第三次拜访遭到挫折之后，也放弃了；5%的推销员，在第四次拜访碰到挫折之后，也打退堂鼓了；只剩下10%的推销员锲而不舍，毫不气馁，继续拜访下去。结果80%推销成功的个案，都是这10%的推销员连续拜访5次以上所达成的。通常推销员效率不佳，多半是由于一种共同的毛病，就是惧怕客户的拒绝。心里虽想推销却又裹足不前，所以纵有满腹知识与技巧也无从发挥。真正的推销家则有顽强的耐心，有"精诚所至，金石为开"的态度，视拒绝为常事，且不影响自身的情绪。

1. 有利于营造推销人员与顾客的信任氛围

推销产品实际是在推销自己，为了在第一次接触顾客时赢得顾客好感，初步建立信任氛围，做好接触前的准备工作至关重要。如果事前不做准备而贸然拜访客户，不但浪费了顾客的时间，也使顾客产生一种被轻视的感觉，这会损害彼此之间的关系。很多推销员在去见顾客之前常常会出现一种莫名的恐慌感，原因在于他不了解对方，常常因为一个不经意的错误，如顾客的忌讳、客户讨厌的习惯等，而增加推销阻力。所以，为了提升推销效率要做好顾客资料的整理工作。

2. 有利于进一步审核顾客资格，补充顾客资料

顾客约见是进一步确定客户是否具备购买需求、购买能力及购买决策权的行为。这样可以避免接近顾客的盲目性，降低推销成本。同时在约见过程中，可以通过面谈获得更多的顾客资料。

3. 有利于推销人员制订具有针对性的面谈计划，提高推销效率

推销约见能够再次了解顾客的需求特点及性格特点，推销人员在介绍商品时，可以根据顾客的资料，采取恰当的切入话题，建立和谐融洽的推销环境，并根据消费者的性格特点，选择恰当的推销方法，从而做到有侧重、有针对性的推销活动。

二、约见个人顾客前的准备工作

小知识

美国大西洋石油公司的一份调查资料显示：在交通、时间等条件相同的情况下，业绩优秀的推销人员用于接近准备的时间占全部推销活动时间的21%，而表现一般的推销人员用于接近准备的时间只占全部推销时间的13%，两者相差8%。这说明准备工作与推销业绩是有关联性的。因此，应当避免对约见前准备工作重要性认识的不足。

1. 个人基本情况

个人的基本情况包括姓名、年龄、性别、兴趣爱好、人生经历、籍贯、职业、学历、居住地、邮编、联系方式、宗教信仰等。

如果能在一见面时就准确地叫出其姓名称谓的话，会缩短推销人员与顾客之间的距离感，产生一见如故的感觉。而年龄能够体现出不同的性格特点和需求特点。其他的基本资料，主要是建立轻松、愉快的谈话氛围，找到推销人员和顾客的共同话题。

2. 家庭及成员情况

家庭及成员情况包括家庭主要成员及其成员所属单位、职业、职务、收入情况，以及家庭成员的价值观念、生活方式、兴趣爱好、购物习惯等。另外，还要认真分析家庭生命周期阶段及配偶、子女在家庭购物活动中各自所起的作用。

资料库

家庭生命周期

序号	时期	描述	消费重点
1	青年单身期	参加工作——结婚	休闲、娱乐、住房等
2	家庭形成期	结婚——新生儿诞生	休闲、娱乐、家庭高档用品等
3	家庭成长期	新生儿诞生——子女上大学之前	保健医疗、学前教育、幼儿保险等，财务负担重
4	子女教育期	子女上大学期间	子女教育费

3. 个人需求情况

这是顾客资格审查的重要内容之一，也是顾客接近前必须要掌握的内容。推销人员应尽量了解顾客购买的主要动机、需求的详细信息、对商品需求的排列顺序，可能支付的价格、是否具有购买决策权，购买的时间、地点和方式等，便于有针对性地做好推销工作。

案例 4.1

一位推销人员急匆匆地走进一家公司，找到经理室敲门后进入。

推销员："您好，李先生。我叫李明，是美佳公司的推销员。"

曲经理："我姓曲，不姓李。"

推销员："噢，对不起。我没听清楚您的秘书说您姓曲还是姓李。我想向您介绍一下我们公司的彩色复印机……"

曲经理："我们现在还用不着彩色复印机。即使买了，可能一年也用不上几次。"

推销员："是这样……不过，我们还有别的型号的复印机。这是产品介绍资料。"（将印刷品放到桌上，然后掏出烟与打火机）"您来一支？"

曲经理："我不吸烟，我讨厌烟味。而且，这个办公室里不能吸烟。"

案例分析：在推销约见前，要熟悉推销对象的基本信息，如姓名、职务、年龄、需求特点等。这样才能与消费者建立信任的推销氛围，展开有针对性的面谈。

三、约见法人购买者前的准备工作

法人购买者，也称团体购买者，包括工商企业、政府行政机关、事业社团等。对于团体购买者，推销人员面临的难度会更大，所以，准备的资料应比个体准顾客更充分。

1. 基本情况

基本情况包括法人购买者机构的全称及简称、所属行业、所有制形式、注册资金、隶属关系、所处地点及运输条件、联系方式、拥有的职工人数。同时还要了解公司的成立时间、演变经历；更为重要的是要记住团体顾客企业曾经获得的引人注目的成绩；以及公司目前的法人代表。

2. 生产经营情况

团体顾客的生产经营情况对其购买行为有着较为直接的影响。因此，在接近团体顾客之前，推销人员应全面了解该企业的生产经营情况，包括产品类型、品种与产品项目；生产能力；设备技术水平及技术改造方向；产品主要的目标市场；目标顾客及其市场情况；市场占有率及利润情况；管理风格与水平及企业的公众形象；组织的经营战略及营销策略；等等。

3. 采购惯例

采购惯例，包括采购对象的选择标准及购买途径、购买周期、购买批量、结算方式等方面的内容。在做准备工作的过程中，推销人员要对团体顾客的采购惯例进行认真、全面、细致的分析，再结合推销品的特征和性能，确定法人采购推销品的可能性。

4. 组织人事情况

推销人员不仅要了解法人顾客的近、远期目标，组织结构，组织规章制度及职权范围和人事状况。尤其要了解购买决策人是谁，重要决策影响人是谁，从而提升推销效率。

5. 机构联系方式

应了解法人顾客所在地及各分支机构所在地详细地址、邮政编码、联系电话、传真机号码、公司网址，以及法人顾客主要决策人的手机号码，以及前往约见与接近时可以利用的交通路线及交通工具，进入的条件和手续等情况。

6. 其他情况

对影响顾客购买的其他情况也要了解。例如，了解法人团体顾客的购买决策影响因素、目前供应商的情况、目前主要竞争对手的情况，等等。

四、约见熟人前的准备工作

案例 4.2

推销人员小马给从前的老顾客某医院郝院长打电话，内容如下。

小马："郝院长您好！好长时间没见了，今晚有空吗？我请您吃饭。"

郝院长："不，谢谢。"

小马："我们公司从国外刚进口一种新的心脏起搏器，我想向您介绍一下。"

郝院长："有业务想起找我啦？"

小马："当然，我们是老朋友了嘛。"

郝院长："我恐怕让你失望了。"

小马："为什么？"

郝院长："一年前我就改任书记，从事党务工作了。"

案例分析：小马的推销一定是不成功的，虽然郝院长是熟人，但他长时间没有与客户保持联系，对老顾客的变动情况也不了解，容易产生老顾客的流失。因此在推销约见老客户前，要及时补充和调整其已经发生变化的资料。

老顾客又称熟人、熟客、常客，是推销人员熟悉的、比较固定的买主。保持与老顾客的密切联系，是推销人员保证顾客队伍的稳定，取得良好推销业绩的重要条件。

对熟悉顾客的接近准备工作，不同于对新寻找的目标顾客的准备工作，因为推销人员对原有顾客已经掌握了一定的情况，主要是对原有资料的补充和调整，是对原有资料错漏、不清楚、不确切等方面进行的及时修订和补充，是对原有客户关系管理工作的延续。

1. 重温熟人的基本情况

在与老顾客见面之前，应该对其原有的情况进行温习与准备。通过充分的准备，在与老顾客见面时，可以准确地叫出对方的名字或非常清楚对方的爱好，等等，这样会让顾客感到很亲切，进一步密切与顾客的关系。

2. 变动情况

由于顾客的资料可能会发生某些变化，因此，在拜访前应对原来档案中顾客的资料进行审查，并加以核对，看是否发生变化。审核的重点是经营与财务状况有无变化，主要领导人员有无变化，最近有无涉嫌诉讼案件、经济案件等。

3. 顾客反映的情况

对于熟人而言，在推销人员再一次拜访接近之前，应该了解老顾客（无论是个体顾客还是团体顾客）上一次成交之后所反映的情况。顾客反映的内容是多方面的，主要包括产品质量、使用效果、供货时间、产品价格、售后服务等。重新检查上次成交后有无需要订正的地方、有无需要加以处理和补充的事情，等等。

五、约见顾客前的准备工作

案例 4.3

电话响起。

顾客："喂，您好！"

销售人员："您好，麻烦您，能请尤根·克拉莫布先生亲自接电话吗？"

顾客："我就是！您有什么事吗？"

销售人员："您好，克拉莫布先生！我叫格拉索，海尔曼·格拉索！是宝卡公司的专业咨询师，我们的公司位于富里达，是专门从事办公室以及仓库资源合理化业务的。克拉莫布先生，有关您扩大卡塞尔仓库面积的计划，我们宝卡公司早有耳闻。所以我想给您看一些东西，这也许能够帮助您在新仓库里节省空间和人力消耗！您觉得咱们的这次见面安排在什么时候最合适？是下周二上午好，还是周三下午好？"

顾客："那好吧，您星期二上午过来吧！"

销售人员："我记一下时间，克拉莫布先生。您记住我的名字了吗？我叫格拉索（Glasow）！拼写是 G—L—A—S—O—W！那咱们下星期二上午见。克拉莫布先生，真高兴能有机会和您见面！"

案例分析： 成功的电话约见，确定约见对象之后，要进行自我介绍及公司介绍，介绍完成后，指明能引起顾客兴趣的约见事由，主动提出约见时间。

约见是整个推销过程中的一个环节，推销人员如忽视了约见这一必要环节，直接拜访，会让顾客感觉自己不被尊重，推销人员会成为被拒之门外的不速之客。同时推销约见又能掌握顾客对此次购买及推销人员的态度，从而提高推销效率。

在约见顾客的过程中要讲究约见的内容和约见的方法，即推销人员应采用恰当的方法，对推销对象讲明约见的时间、地点和约见事由，使该推销环节能够顺利进行。

约见作为推销接近的前期准备工作，它的内容取决于接近和面谈的需要。在推销中，根据推销人员与顾客之间关系的不同，约见的内容会有所差异，老顾客可能随意些，而新顾客就要考虑他的性格、职位以及采购的目的等。在约见过程中要充分考虑顾客各方面的情况，它具有一定的规律，一般来说，约见的主要内容有以下几项。

1. 明确约见对象

进行推销约见，首先要明确具体的约见对象。约见对象应该是对购买行为具有决策权或对购买活动具有重大影响的人。一般来说，推销人员在开始约见之前就已经选定了约见对象。但在实际推销工作中，推销人员往往发现自己无法直接约见这些大人物，而需要事先和他们的下属或接待人员接触。

确定访问对象时应注意以下几点。

（1）设法直接约见决策人及其他对购买决策具有重大影响的人，避免在无权或无关人员身上浪费时间。

（2）尊重接待人员，尤其在约见法人顾客时。无论约见何人，推销人员都应该一视同仁，不可厚此薄彼。有些要人将接待来访人员的任务全盘交给下属，他将按照下属的安排会见来宾，有时难以分清谁是真正的"要人"。因此，为了顺利地约见主要顾客，推销人员必须争取接待人员的支持与合作，使他们乐于帮助推销人员约见其领导或购买决策人，而不是为难或阻挠。

（3）做好约见的准备工作。推销人员应准备好必要的推销工具和推销辅助用品，如样品、照片、鉴定书、光盘以及必要的企业合法证件或其复印件、介绍信、名片、身份证等，约见前要调整好自己的情绪及态度。

案例 4.4

一名推销员与四川某电机公司的购货代理商接洽了半年多的时间，但一直未能达成交易，这位推销员感到很纳闷，不知问题出在哪里。反复思忖之后，他怀疑自己是否与一个没有决定权的人打交道。为了证实自己的猜疑，他打了一个电话给这家机电公司的总机，询问公司哪位负责机电订货事宜，最后了解到进货决定权在公司总工程师，而不是那个同自己交往多次的购货代理商。

案例分析：约见对象应该是具备购买决策权或者对购买具有重要影响的人。约见对象找错了，不仅浪费推销人员的时间，而且直接降低推销效率。

2. 选择约见地点

拜访地点的确定，应与被访顾客、访问目的、访问时间相适应。选择约见地点的基本原则是方便顾客，有利于推销。

通常下述地点可供推销人员在选择访问地点时参考。

（1）工作地点。若目标顾客是企业，最佳访问地点一般是目标顾客的工作地点。在约见顾客之前，推销人员必须彻底调查企业相关情况，了解顾客所在的工作地点、工作环境、岗位职责与兴趣爱好等。

（2）居住地点。若推销对象为个体顾客，则最佳的访问地点是居住地点。在此处面谈，可缩短双方的距离，显得亲切和自然。在实际推销工作中，以居住地点为约见地点，一般应由顾客主动提出邀请，或者在顾客乐于接受的情况下由推销人员提出约请。如果顾客不同意或不乐意，则应更改约会地点，绝对不可强求。

（3）社交场合。美国著名的营销学家斯科特·卡特利普曾说过："最好的推销场所，也许不在顾客的家里或办公室里。午餐会上、网球场边或高尔夫球场上，对方可能更容易接受你的建议，而且戒备心理也比平时要淡薄得多。"因此，推销人员不仅是一个推销员，还必须成为一个社交活动家，要和顾客交朋友，做顾客的知心人。推销人员要谨记：八小时工作时间是推销时间，八小时之外也是推销时间。

（4）公共场所。对于有些顾客来说，工作地点和居住地点都不便于会见推销人员，又不愿意出现在社交场合。那么，推销人员就可以考虑把一般的公共场所作为约见地点。

3. 设计约见时间

约见准顾客的一项内容就是与其约定一个见面的时间。选择一个对推销人员和准顾客都合适的访问时间，直接关系到整个推销的成败。因此，推销人员在确定访问时间时，应注意以下事项。

（1）根据访问顾客的特点选择最佳访问时间，尽量考虑顾客的职业特点、作息时间和活动规律，设身处地地为顾客着想，共同商定约会时间。

（2）根据访问目的选择最佳访问时间。尽量使访问时间有利于达到访问目的。不同的访问对象，应该约定不同的访问时间。即使是访问同一个对象，访问的目的不同，访问的时间也有所不同。如访问目的是推销产品，就应选择顾客对推销产品有需求时进行约见；如访问目的是市场调查，则应选择市场行情变动较大时约见顾客。

（3）根据访问地点和路线选择最佳访问时间。推销人员在约见顾客时，应该使访问时间与访问地点和访问路线保持一致，要充分考虑访问地点、路线以及交通工具、气候等因素的影响，保证约见时间准确可靠，尽量使双方都方便、满意。

资料库

推销员拜访约见客户的最佳时间

下面几种情况，可能是推销人员最佳拜访约见客户的时间：

（1）客户刚开张营业，正需要产品或服务的时候；

（2）对方遇到喜事吉庆的时候，如晋升提拔、获得某种奖励等；

（3）顾客刚领到工资，或增加工资级别，心情愉快的时候；

（4）节日、假日之际，或者碰上对方厂庆纪念、大楼奠基、工程竣工之时；

（5）客户遇到暂时困难，急需帮助的时候；

（6）顾客对原先的产品有意见，对你的竞争对手最不满意的时候；

（7）下雨、下雪的时候。

通常情况下，人们不愿在暴雨、严寒、酷暑等气候恶劣的时候前往拜访，但许多经验表明，这些时间正是推销人员上门访问的绝佳时机，因为在这样的环境下前往推销访问，往往会感动顾客。

会计师：切勿在月初和月尾，最好是月中。

医生：上午 11 时后和下午 2 时前，最好的日子是雨天。

推销员：上午 10 时前后或下午 4 时后，最热、最冷或雨天会更好。

行政人员：上午 10 时前后到下午 3 时止。

股票行业：避免在开市后，最好在收市后。

银行家：上午 10 时前或下午 4 时后。

公务员：工作时间内，切勿在午饭前或下班前。

饮食业：避免在用餐时间，最好是下午 3 时至 4 时。

建筑业：早晨或收工后。

律师：上午 10 时前或下午 4 时后。

教师：大约在下午 4 时后，放学的时候。

零售商：避开周一或周末，其他时间最好是下午 2 时至 3 时。

（4）尊重访问对象的意愿，充分留有余地。在约定访问时间后，推销人员应把困难留给自己，把方便让给顾客。除非有十足的把握和周密的安排，推销人员不应该连续约定几个不同的访问顾客，以免一旦前面的会谈延长使后面的约会落空。

总之，推销人员应选择有利时机约见顾客，讲究推销信用，准时赴约，合理安排推销访问时间，提高推销访问的效率。

4.确定约见事由

确定了访问对象，接着就要向对方说明访问事由。任何推销访问的目的只有一个，就是向顾客推销产品或服务。但是，具体到每次访问的目的却因推销的进展、难度和具体情况不同而有所不同。推销人员约见顾客，总要有充分的理由，使准顾客感到有会见推销人员的必要。一般说来，约见顾客的目的和事由不外乎以下几种。

（1）推销产品。推销访问的主要目的是直接向顾客推销产品。在约见顾客时，推销人员应该向顾客说明访问的真实意图，要设法引起准顾客的注意和重视，着重说明所推销产品能给准顾客带来的好处。

（2）市场调查。市场调查是推销人员职责之一。推销人员既要为直接推销进行准备，又要为企业经营活动提供制定决策的情报依据。推销人员把市场调查作为访问事由来约见顾客，比较容易被准顾客所接受，这既有利于收集有关资料和信息，为进一步推销做好准备，又可以避免强行推销，甚至由市场调查转变为正式推销产品，以至当面成交。

（3）提供服务。各种推销服务与推销活动密切相关，顾客十分关注，服务亦成为推销的保证。服务在市场竞争中起着越来越重要的作用，所以各企业和推销人员都应重视为顾客提供服务。利用提供服务作为访问事由来约见顾客，比较受顾客欢迎。既可完成推销任务，又可扩大企业影响，树立企业和推销人员的信誉。

（4）签订合同。在实际推销活动中，有时当面成交，当面签约，当面交货，当面付款。

六、推销约见的方法

案例 4.5

XF 冰箱销售代表小陈坐在刚入住的 S 市宾馆的沙发上，心里犹如打翻了五味瓶。自己几乎在每个片区都和客户搞不好关系。领导为了照顾他，又给他换了个区域。

小陈想："自己说什么也要给领导争个面子，不能再犯同样的错误。"

想着想着，小陈浑身热血沸腾，干脆先给 S 市最大的客户周总打个电话，一来表示尊重；二来争取给他留个好印象，有利于今后工作的开展；三来可以显示自己的专业。

小陈拿出手机："您好，周总，我是 XF 电器新调来的区域经理小陈，公司最近人事调整，我现在负责管理 S 区域的业务。我现在已经到达 S 市，能否约您下午 3 点钟见个面呢？主要谈一下本月的产品订货、回款工作、库存处理以及您卖场促销问题。您看怎么样？周总！"

周总："噢，你是新来的陈经理啊，真不好意思，我这两天有几个会议要开，事情特别多，你看改天吧！"

小陈："怎么会这样呢？那您说个具体时间吧！"

周总："这样吧，你没事就到我办公室门口来看看，如果我在你就进来和我谈谈吧！"

小陈一听就火上心头，心中暗骂："刚来就给我个下马威，看我以后怎么整你。"但又怕和周总因"话不投机半句多"，影响以后的相处。小陈强忍不满说："好的，周总，谢谢你，那我准备三顾茅庐了，呵呵。"

小陈在随后两天在周总的卖场、办公室附近溜达，希望来个"瓮中捉鳖"。可是总看不到周总的身影，心中不免急躁。

他又给周总打了电话："周总啊，真不好意思，又打扰您了，会开得怎么样啦？"

周总："陈经理啊，恐怕还要开一天。"

小陈："哎呀，周总啊！您总不能让我天天等您吧！这怎么行呢？您得抽个时间，我刚来这里也有很多的事情要做，这已经是月中了，您的货款如果再不办出来，这个月的促销政策可能真没什么指望啦，我也要考虑一下您的忠诚度了！"

案例分析：销售人员与客户的沟通不仅仅局限在死板的例行公事上。首先，应先和客户做朋友，后谈业务。在这里，小陈在周总根本不了解他的情况下，采用一种专业的、例行公事的语气和客户沟通，结果遭遇了"闭门羹"。其次，话不要说得太过。第三，把握客户感兴趣的话题。销售人员同客户沟通的时候，能够激起他兴趣的最好办法莫过于谈论他最感兴趣、最在意的事情。

1. 电话约见法

电话是人与人必不可少的沟通工具，用电话与准客户进行约谈，既可以省时省力，又可以免去不必要的尴尬。但电话约见准顾客，因为顾客接触不到产品或正在忙于自己的工作以及对推销人员的不信任，电话约谈极易遭到客户的拒绝，因此，如何正确、有效地利用电话进行约谈，是推销人员必修的科目。

资料库

电话约见礼节

（1）推销人员要保持轻松愉快的心情。推销人员的情绪状态和声音能感染和影响准顾客的情绪，让推销人员更容易接近顾客。推销人员要具备微笑的声音。当你微笑时，你的声音也是微笑的，美国数据公司曾用"微笑的声音"来做广告。

（2）推销人员在前期约访量要大且有持续性。

（3）推销人员要找到合理便于顾客接受的约见事由，并用简短直接的方式确定约见的时间、地点。

（4）电话约见中，推销人员要进行亲切的问候与自我介绍。你必须让准客户感到友善、有礼貌、尊重与诚心。

（5）引起准客户的兴趣。诱之以"利"，必须提到对准客户有利的事情。

（6）做出适度的反馈。不要一味地诉说或倾听。

（7）3分钟内结束约访。结束时，等对方先挂断电话。要愉快地结束对话。例如："很高兴与您通话，再见。"

案例 4.6

例1："您好，×先生，我是××，是××公司的，我们想了解一下贵公司的保险情况，不知您今天是不是方便……那么明天上午还是下午？我下午3点钟准时到，不见不散。"

例2："您好，×先生，我是××公司的××。我们这里有些不错的理财规划，希望能为您服务。只需要您30分钟时间，不知您明天上午还是下午有时间？"

案例分析：电话约见时，为了增加顾客约见的效率，可以根据顾客的职业特点，推销人员直接给出两个时间让其选择。

2. 信函约见法

信函约见法是指推销人员通过信函或电子邮件来约见顾客。多数人认为信函比电话更显得尊重他人。常见的约见顾客的信函方式主要有个人信件、单位公函、会议通知、请帖、便条、电子邮件等。另外，使用信函约见还可将广告、商品目录、广告小册子等一起寄上，以增加对顾客的关心。但这种方式也有一定的局限性，如：信函约见不适于快速约见；许多顾客对推销约见信函不感兴趣，不去拆阅，约见效率低。

一般而言，推销约见信的写作和设计原则是简洁扼要、重点突出、内容准确。语气应中肯、可信、文笔流畅。约见信的主要目的在于引起顾客的注意和兴趣，必要时可以在信里留下一些悬念，让顾客去体会言外之意，但不可故弄玄虚，以免弄巧成拙，贻误大事。

在信函发出一段时间后，要打电话联系，询问顾客的想法与意见，把电话约见与信函约见结合起来使用，可大大提高约见效率。

案例 4.7

某补钙保健品的经销商给某一小区的居民每户送了一封信，其内容如下。

尊敬的女士/先生：

我公司为答谢贵小区居民多年来对我公司的支持，特邀请著名健康专家王教授于本月18日上午9:00在10号楼老年活动中心举办健康知识讲座，现场免费提供健康咨询，测量血压、血糖，并对60岁以上的老人免费赠送我公司的××牌老来乐强力钙一瓶。

欢迎您届时光临！祝您健康、快乐！

联系电话：×××××××××　　联系人：李大夫

×××保健品公司

××××年×月×日

案例分析： 在信函约见中，要注意书写格式，在信函中写明约见的时间、地点、人物和事由，以及联系方式，以方便客户咨询。

3. 当面约见法

当面约见法是推销人员对顾客进行当面联系拜访的方法。这种约见简便易行，极为常见，是一种较为理想的约见方式。推销人员通过这一约见方式不仅能对顾客有所了解，而且便于双向沟通，缩短彼此的距离，易就有关约见的时间、地点等事宜达成一致。

小知识

要懂得抓住当面约见的机会。主要包括：在展销会或订货会上遇见；在社交场所不期而遇；在推销旅途中偶然相遇；其他见面的场合等。

案例 4.8

在订货会上，质量控制仪业务员小张，碰到了某丝绸有限公司的王工程师。王工程师主要负责该公司质量控制仪的采购，小张了解到这个情况后，认为王工程师可以成为本企业的准顾客，于是走到王工程师的面前，说："王工程师，我是南京仪器仪表公司的推销员。今年，我们公司开发试制了一种质量控制仪，专供丝绸纺织行业使用。目前，全国已有多省市的 100 多个企业采用，使用后反馈效果都很好，可以有效地减少次品率，而且安装简单，使用方便。因此，我很想把这种质量控制仪推荐给你们厂，现在您能否抽出半小时时间，让我给您详细介绍一下？如果今天没有时间，明天下午 4：00 我可以去您的办公室，给您做一次详细的介绍。"

案例分析： 当面约见时，注意自我介绍的方式，主要是讲出能引起顾客兴趣的约见理由，为了提高工作效率，不要在约见环节做过多的产品介绍。

4. 委托约见法

委托约见法是指推销人员委托第三者约见顾客的方式，也称托约。委托约见可以借助第三者与推销对象的特殊关系，克服目标顾客对陌生推销人员的戒备心理，取得目标顾客的信任，有利于进一步的推销接近与洽谈。

小知识

（1）委托的第三者，可以是推销员的同学、老师、同事、亲戚、朋友、上司、同行、秘书、邻居等，也可以是各种中介机构。

（2）要拓展自己的委托范围以及交往范围，提高中间人的数量，从而提高推销效率。

（3）要注意与中间人的交往与沟通，这样，中间人愿意把推销人员引荐给他所熟识的人。

（4）不可频繁请中间人介绍熟人进行推销，以免引起反感。

案例 4.9

小王是丰田 4S 店的一名员工，负责售后服务及汽车销售。小王在进行汽车售后服务时非常注意与车主的交往和沟通，为其提供贴心服务的同时，会在顾客特殊的日子里送一些精致的小礼物。当从顾客的口中得知有朋友或同事想买车的时候，就会请老顾客进行介绍。应用此种方法，小王赢得了不少客户，销售业绩不断提高。

案例分析：委托约见法的使用应注意，只有推销人员和顾客比较熟悉时，才可让其引荐他人，以免引起顾客的反感。

5. 广告约见法

广告约见法是指推销员利用各种广告媒体约见顾客的方式。常见的广告媒体有广播、电视、报纸、杂志、路牌、网络等。利用广告进行约见可以把约见的目的、对象、内容、时间、地点等准确地告诉广告受众。在约见对象不具体、不明确或者约见顾客太多的情况下，采用这一方式来广泛地约见顾客比较有效。也可在约见对象十分明确的情况下，进行集体约见。

案例 4.10

某市教育局利用广播、电视和手机短信发布如下信息，约见考生和家长。

各位考生和家长大家好：市教育局组织招生办、部分高校、初高中老师，于5月最后一个星期日（×月×日）8：00至12：00，在市第一中学操场举行中高考现场咨询会，欢迎广大考生和家长届时光临。

案例分析：广告约见是集体约见的一种形式，因此在使用过程中，只需简明指出约见的时间、地点、人物和事由即可。

6. 网上约见法

网上约见法是推销人员利用互联网与顾客在网上进行约见和商谈的一种方式。网络业的迅速发展，为网上交谈、约见、联络情感提供了便捷的条件。使用网络约见法，应注意邮件的投递应该具有针对性。

除以上介绍的几种基本方法外，还有其他的约见方法，如登门约见、名片约见等。各种约见方法各有所长，又各有所短。推销约见的方法应因人而异，因事而异。推销人员应根据具体情况确定具体的约见方法，可以单一使用某一方法，也可几种方法同时并用，以弥补其相互间不足之处。

【任务实践】

1. 将全体学生分成若干小组，每组4～6人，选出一名同学担任组长。
2. 小组讨论，撰写约见个人顾客的备忘录。
3. 小组讨论，撰写约见法人顾客的备忘录。
4. 备忘录记录的内容要完整。
5. 分小组练习，由组长分配角色，设计电话约见场景。
6. 由教师和同学评价电话约见情况。

【任务评价表】

评价项目	评价要求	分值	得分
备忘录	时间安排合理、工作程序流畅完整，资料齐备。能够根据顾客情况，确定有针对性的约见内容	50	
约见表述	电话中约见表述清晰完整、言简意赅	30	
约见礼仪	正确使用电话约见礼仪	20	
合计		100	

任务二 接近顾客

【导入案例】

杜先生经营着一家高级面包公司，他一直想把面包推销给某市的一家大饭店，但是他一无所获。"我已经没有信心了。"杜先生说，"可是有人提醒了我，使我下决心改变策略，于是，我打听那个人最感兴趣的是什么，他所热衷的又是什么事物。"杜先生终于发现那位经理是一个叫做"爱心协会"组织的成员。不只是成员，由于他的热心，最近还被选为了主席。于是杜先生再去见那位经理时，一开始就谈论他的组织。得到的反应真是令人吃惊，那位经理跟杜先生谈了半个小时，关于他的组织、他的计划，语调充满热情。告别时，他还"买"了那个组织的一张会员证给他的"客人"。几天之后，这家大饭店的大厨师突然打电话，要杜先生立即把面包样品和价格表送去。那位大厨师见到他的时候，迷惑不解地说："我真不知道你对那位老先生做了什么手脚？他居然被你打动了。"

思考： 那家大饭店的经理为什么被杜先生打动了？

小知识

"接近客户的三十秒，决定了销售的成败"。这是成功销售人共同的体验。接近顾客在专业销售技巧上，可以看作"由接触潜在客户，到切入主题的阶段"。

一、接近顾客的目的

作为整个推销过程的一个阶段，接近顾客有其特定的目的或任务。它的目的主要有四个：一是验证事先所获取的信息；二是引起顾客的注意；三是培养顾客的兴趣；四是顺利转入实质性洽谈。

1. 验证事先所获取的信息

经过寻找顾客与顾客资格审查阶段，推销人员掌握了一些有关顾客的各种信息，并据此准备了相应的推销方法。但是，信息是否全面、准确、有效，还是未知数。推销人员应利用实际接触顾客最初的时间，运用观察、提问、倾听等方法，验证事先收集的信息是否准确。如果发现原有的信息错误，应迅速加以改正。更重要的是，要及时修正根据原有信息所确定的推销方法，这一点非常重要，许多推销人员很容易忽视这一点。

2. 引起顾客的注意

在接近阶段，许多顾客的注意力由于种种原因往往分散于不同事物之中。对于这类顾客，是很难开展有效的说服工作的。因此，推销人员必须在洽谈一开始就设法使其注意力集中于洽谈过程，能否吸引顾客的注意力，是决定推销洽谈能否深入进行下去的关键所在。成功地吸引顾客的注意力，可以使顾客更快地了解产品的特征与利益，可以使顾客更好地理解推销人员的陈述，为激发顾客的购买欲望奠定基础。

3. 培养顾客的兴趣

在实际推销工作中，有些推销人员善于引起顾客的注意，但不善于培养顾客的兴趣。其实从某种角度看，兴趣更重要。如果在引起顾客的注意之后，不能很快使顾客对产品产生兴趣，不仅会使顾客的注意力重新分散，更难以激发顾客的购买欲望。因此，在接近过程中，必须设法尽快培养顾客的兴趣。

4. 顺利转入实质性洽谈

引起顾客的注意和兴趣，并不是接近的最终目标。从推销过程的发展来看，接近主要的任务是引导顾客自然而然地转入实质性洽谈阶段，以便促成交易。但如果话题的转换过于突然，可能引起顾客的不安，给实质性洽谈制造障碍，因此应该注意自然而然地转换话题。

二、接近顾客的策略

推销人员给人的第一印象是推销成功的关键，如何使接近更有效，是推销人员必须关注的问题。设计和运用正确的接近策略是推销洽谈顺利进行的保证。

1. 迎合顾客策略

推销人员应以不同的方式、身份去接近不同类型的顾客。依据事先获得的信息或接触瞬间的判断，选择合适的接近方法。推销人员应该改变自己的外在特征和内在特征，扮演顾客乐意接受的角色。推销人员的语言风格、服装仪表、情绪都应随之做出一定的改变。例如，玩具推销员针对孩子推销时可以用各种戏剧性的方式接近顾客，有的推销员甚至带上小猴去推销。但如果推销员去找某大型百货公司的总经理推销，则应该换一套正式的职业装，带齐所有的销售资料。

2. 调整心态策略

在与陌生顾客接近过程中，推销人员以各种形式表现出的紧张是很普遍的。许多人害怕接近，以种种借口避免接近，这种现象被称为"推销恐惧症"。其实有时候顾客的冷漠和拒绝是多方面原因造成的，应该对顾客充分理解并坦然接受。成功的推销人员应学会放松和专注的技巧，它能让自己设法克服压力。推销人员应想象可能发生的最坏情况，然后做好如何反应的准备，如果必要的话甚至接受它，积极的态度能够带来成功。

3. 减轻压力策略

推销人员必须尽快减轻顾客的心理压力。在接近过程中，有一种独特的心理现象，即当推销人员接近时，顾客会产生一种无形的压力，似乎一旦接受推销人员就承担了购买的义务。正是这种心理压力，使一般顾客害怕接近推销人员，冷淡对待或拒绝推销人员的接近。这种心理压力实际上是推销人员接近顾客的阻力。推销人员只要能够减轻或消除顾客的心理压力，就可以减小接近的困难，顺利转入后面的洽谈。许多推销人员经常利用其他理由去接近顾客也就是为了减轻顾客的心理压力。

4. 控制时间策略

推销人员必须善于控制接近时间，不失时机地转入正式洽谈。接近的最终目的是为了进一步的洽谈，而不仅仅是引起顾客的注意和兴趣。有些缺乏经验的推销人员，总不好意思谈论自己的推销话题，到顾客要走了，还没开始谈论正题，这种接近效果是不理想的。如何把握时间的长短，推销人员应视具体情况而定。

三、接近顾客的方法

对于刚入职的推销人员来说，第一次成功接近顾客是比较困难的。最容易被客户拒绝也是在这个时候，没有一定的接近方法，刚入职的推销人员很难获得与顾客交谈的机会。一方面顾客对推销人员陌生，产生自我保护意识和排斥心理，另一方面，销售工作被很多人误解，被一些不良的推销人员做坏了名声，一般人对销售人员都有拒绝的心态。

推销人员除了需要在接近顾客前做好顾客资料分析、进行推销约见、熟悉产品知识外，还要决定使用什么方法接近客户。

1. 介绍接近法

介绍接近法是指推销人员通过自我介绍或他人介绍的方式来接近准顾客的方法。介绍的形式可以是口头介绍或者书面介绍。这一方法的背后是社会学中的熟识与喜爱原理，这个原理的意思是说，人们总是愿意答应自己熟识与喜爱的人提出的要求。

（1）自我介绍法。在一般情况下，推销人员应采用自我介绍法接近顾客。除了进行必要的口头自我介绍之外，推销人员还应主动出示介绍信、名片、身份证及其他有关证件。现在最常用的做法是赠送名片，便于今后联系。出于礼节，顾客回赠名片，由此又获得了顾客本人及企业的一些资料，取得了今后进一步联系的机会。

（2）间接介绍法。推销人员也可以通过第三者的介绍而接近准顾客。这些第三者一般都是推销人员或顾客接近圈的成员。这个方法分为他人亲自引荐和他人间接引荐两种。他人间接引荐主要包括电话、名片、信函、便条等形式。介绍人与顾客之间的关系越密切，介绍的作用就越大，推销人员也就越容易达到接近顾客的目的，很可能从顾客那里得到新顾客的信息。

间接介绍法有一定的局限性，有时顾客迫于人情而接近推销人员，不一定有购买诚意，只是应付。有的顾客还会忌讳熟人的介绍，因为不愿意别人利用友谊和感情做交易。

小知识

推销员拿着他人的间接介绍信物接近新客户时，需要注意谦虚，不要居高临下，也不要炫耀与介绍人之间的关系。可以以真诚的称赞客户本身的语言引出他人的介绍。

案例 4.11

自我介绍法：

"王经理您好，我叫张三，在 IBM 公司任职，我想向您介绍一下有关我公司最新生产的笔记本电脑的情况。"

间接介绍法：

"你好，我是李四，在宏达商贸公司任职，××（引荐人）说您是一个非常关心职工福利的领导，他介绍我来拜访您，这里有他给您的一个便条。"

案例分析：使用介绍法时要注意，首先要标明自己的身份，讲出顾客感兴趣的话题，把顾客顺利引入推销情境中。

2. 产品接近法

产品接近法又称实物接近法，是指推销人员直接利用所推销的产品引起顾客的注意和兴趣，从而顺利转入推销洽谈的接近方法。这一方法主要是通过产品自身的魅力与特性来刺激顾客的感官，如视觉、听觉、嗅觉、触觉等，通过产品无声的自我推销来吸引顾客，引起顾客的兴趣，以达到接近顾客的目的。

小知识

使用这种方法接近顾客，对产品的要求比较高。要求产品易于携带，要求产品是有形的实物产品，顾客能在简单的参与、接触、使用过程中发掘产品的优势，从而引导顾客的购买兴趣。

案例 4.12

我是常州刺绣有限公司的销售人员，2012 年 2 月 23 日当天我通过预约进行上门推销，具体在 12 栋某宿舍，我先轻敲了三下门，等到客户说请进我才进去。进门后，我问她们想要什么规格的，客户说要 11CT 的，于是我将带的 5 幅产品以及一个半成品一一向她们展示，先是给她们看了一个"家和万事兴"的，那位客户说已经绣过了，第二个是"幸福万年长"，客户说全是牡丹太难绣了，于是我选了一个好绣的玫瑰花，客户又说花太小了不好看，我拿出了第四幅"新郎和新娘"的，这次她终于满意了。然后客户问价钱，我们公司的十字绣价钱当然公道，只卖 30 元，客户也很爽快的买了，我发现还有另外一位客户一直在看我们的十字绣，但是她说她不会绣，我说可以教她，然后我就用半成品绣给她看，但是她说没有她喜欢的样式，我要了她号码，我说以后有新的样式会打电话给她，我之所以选择她们两位推销还有一个原因，我是根据课桌识别法识别她们到底会不会买十字绣的，她们的课桌摆放整齐，并且放有照片，说明她们做事谨慎有耐心、重感情，她们应该会买十字绣绣了送给亲戚朋友。这次推销的结果是有个女生选择了一幅新郎和新娘的十字绣，另外一位女生成为我们公司的潜在客户。

3. 接近圈接近法

接近圈接近法是指推销人员扮演顾客所属社会阶层与接近圈的人，去参加顾客的社交活动，从而与顾客接近的方法。同一接近圈的人，以满足各自的需求为出发点建立起互相联系的关系，如不同品牌的汽车会有自己的车友会。

小知识

推销人员所推销的产品，必须是与该接近圈有一定关联的，是该接近圈所需要的。使用此法的关键就是找出彼此间的"共同点"，如性格特性、生活习惯、穿着谈吐、兴趣爱好等。越和我们相似的人，彼此之间的亲和力就越强。

案例 4.13

有一个鼓风机企业的推销员到沈阳一家工厂去推销产品，推销员几次约见该厂的厂长都未果，始终没有机会和厂长接触。后来，推销员通过厂长的一个钓友得知该厂长喜欢钓鱼，他便买来渔具学习钓鱼。之后，通过钓鱼，推销员成了该厂长钓鱼圈里的一员，接触的次数多了，很快就和这位厂长成了朋友。后来，这位厂长一次就购买了该企业近 50 万元的鼓风机。

案例分析：推销接近应从顾客兴趣开始，形成共同爱好，才能顺利方便地与顾客建立信任和谐的推销氛围。

4. 好奇接近法

推销人员利用准顾客的好奇心理达到接近顾客的目的，这种方法就是好奇接近法。在实际推销工作中，在与准顾客见面之初，推销人员可通过各种巧妙的方法来唤起顾客的好奇心，引起其注意和兴趣，然后从中说出推销产品的利益，转入推销洽谈。应用此种方法，必须贴合顾客性格使用，不是对所有的顾客都适用。

小知识

使用好奇接近法时应注意：第一，必须与此次推销有关；第二，应根据顾客兴趣，引起顾客的好奇心理，做到出奇制胜；第三，所引事例应合情合理，奇妙而不荒诞。

案例 4.14

彭尼是美国一零售店的老板，商店的生意很不景气，仓库里堆满了积压的货品，成了老鼠栖身的场所。彭尼不得不经常到仓库里灭老鼠。这使他发现了一种奇特的现象：往往在一个老鼠洞里能掏出一窝老鼠，很少发现有老鼠单独居住的。彭尼是精明的生意人，善于把发现的奇特现象运用到经营中。

他在一块木板上凿了几个洞。洞边分别编上10%、20%、30%、40%的号码。再在木板后面安上一排瓶子，瓶子里装着他从仓库里捕捉的老鼠。当他把这些放到柜台上时，吸引了很多顾客看热闹。彭尼对围观的顾客说：他把瓶子里的老鼠放出来，老鼠钻进哪个洞，便按洞边标明的折扣出售商品。

围观的顾客感到非常有趣，都纷纷要求购货。彭尼便一次次放出老鼠。它们分别钻进了一个个洞里。但奇怪的是，这些老鼠钻进的都是标明降价10%或20%的洞，从不去钻30%和40%的洞。

顾客们纷纷议论："难道这些老鼠经过特殊训练吗？"彭尼笑容满面地说："这一点请放心，我也没有那么大的本领来训练老鼠。"原来，彭尼利用并非人所共知的老鼠喜欢群居的特性，在需要它们钻的洞里涂上些老鼠的粪便，老鼠就自然而然钻进洞里了。顾客是流动的，他们谁也没有对彭尼的办法进行深入研究。他们每次购货，能看到老鼠钻洞的表演，还能得到10%或20%的优惠，就心满意足了。不久，彭尼的库存货物销售一空。

案例分析：利用顾客的好奇心，即顾客的猎奇心理，引起顾客对所销售商品的注意，再注意使用恰当的打折方法，引起顾客的购买兴趣，彭尼顺利地把积压货品销售一空。

5. 利益接近法

利益接近法是指推销人员利用顾客求利的心理，强调推销品能给顾客带来的实质性利益而引起顾客的注意和兴趣，以达到接近顾客的一种方法。

小知识

推销人员要实事求是地阐述推销品的功能，不可夸大其词，欺骗顾客，否则会失去顾客的信任，带来不良的后果。另外，推销品的利益要具有可比性，最好能用直观的数字或者使用效果对比，让顾客认识到它比市场上同类产品具有明显的优势，能给自己带来更多的利益。

案例 4.15

有顾客要购买空调。空调销售人员说："这是我们新研发的节能型产品，一晚只需一度电！不仅如此，我们的空调还具有制冷快、静音、送风柔和等特点，不会影响您的睡眠。"

案例分析：使用此种方法应注意将产品的优点充分展示给消费者，不仅考虑空调的舒适度，还指出空调的节能效果极佳，借此引起顾客的购买兴趣。

6. 赞美接近法

卡耐基在《人性的弱点》一书中指出："每个人的天性都是喜欢别人的赞美的。"现实的确如此，赞美接近法是指推销人员利用顾客的虚荣心理，通过赞美顾客而接近顾客的方法。

小知识

赞美应该是非清楚，爱憎分明；推销人员应细心观察顾客，找到赞美点；赞美应在实事求是的基础上，尽量切合实际，过度赞美会引发顾客反感；赞美时应态度诚恳，语气真挚，使顾客感到愉快。

案例 4.16

有一次，一个推销员向一位律师推销保险。律师很年轻，对保险没有兴趣。但推销员离开时的一句话却引起了他的兴趣。

推销员说："安德森先生，如果允许的话，我愿继续与您保持联络，我深信您前程远大。"

"前程远大，何以见得？"听口气，好像是怀疑推销员在讨好他。

"几周前，我听了您在州长会议上的演讲，那是我听过最好的一次演讲。这不是我一个人的意见，很多人都这么说。"

听了这番话，他竟有点喜形于色了。推销员请教他如何学会当众演讲的，他的话匣子就打开了，说得眉飞色舞。临别时，他说："欢迎您随时来访。"

没过几年，他就成为当地非常成功的一位律师。推销员和他保持联系，最后成了好朋友，保险生意自然也越来越多。

案例分析：使用赞美接近法时，要善于观察，及时发现顾客的闪光点，为成功推销奠定良好基础。巧妙地运用赞美术，能有效消除顾客的抗拒防范心理，使顾客在愉悦轻松的气氛中接受推销。

7. 调查接近法

所谓调查接近法，是指推销人员利用调查机会接近顾客的一种接近方法。在许多情况下，无论推销人员事先如何进行准备，总有一些无法弄清的问题。因此，在正式洽谈之前，推销人员必须进行接近调查，以确定顾客是否可以真正受益于推销品。

小知识

推销人员可以依据事先设计好的调查问卷，征询顾客的意见，调查了解顾客的真实需求，再从问卷比较自然、巧妙地转为推销。调查内容选择有一定的要求：调查内容简单明了，不会给顾客带来负担；问题选择应与顾客需求、推销商品产生联系。

案例 4.17

"张厂长，听说贵厂准备利用电子计算机进行科学管理，这是企业管理现代化的必然趋势，您可是领先一步了！我公司经营各类电子计算机，品种多，性能好，但不知贵厂适用哪一种型号的？您知道，如果不适用，再好的设备也是废物。为了提供最佳服务，我想先做一些实际调查，您看怎样？"

案例分析：调查接近法使顾客看到推销人员认真负责的工作态度，看到推销人员热忱为顾客服务的精神，因而较易获得顾客的信任与支持，能成功地接近顾客。

8. 求教接近法

求教接近法是指推销人员依据客户的兴趣爱好和专长，提出相关的问题向顾客请教，以便引起对方的话题，借机接近顾客的方法。此种方法的使用基于顾客"好为人师"的心理。

小知识

赞美顾客在先、求教在后。为了满足顾客"好为人师"的心理，应该求教在前、推销在后。应用此法应注意推销心态，要做到：洗耳恭听，态度诚恳。

案例 4.18

有一次，原一平经人介绍去拜访一位建筑公司的老总。可是那位老总并不买账，一开始就对原一平下逐客令。原一平并没有就此打退堂鼓，而是问："××先生，我们的年龄差不多，你能告诉我你为什么这么成功吗？"

原一平很有诚意的语调和发自内心的求知渴望，让这位老总不好意思回绝他。然后就把他的经历告诉他。不想，这一说就是三个小时，原一平始终在认真地听着。

最后，原一平并没有提到保险方面的事，而是说想要为他的公司写一份计划书。这份计划书的内容非常丰富，资料详尽，而且他的建议也非常有价值，他整整花了三天三夜的时间才做出来。

这位建筑公司老总依照原一平的计划书，结合实际情况，具体地操作起来，效果非常好，业绩在第三个月后提高了30%。老总非常高兴，把原一平当作最好的朋友。结果原一平与这家建筑公司签订了100万日元的保险合同。

案例分析： 这种方法是以敬重顾客、满足顾客自尊的心理需求为原则的推销思想，在实际应用中，尤其是对那些个性较强、有学识、身份和地位较高的专家型顾客，这种方法更为奏效。

9. 馈赠接近法

利用产品附赠的礼品来吸引购买者的购物兴趣。推销人员利用赠品来引起顾客的注意，进而和顾客认识与接近，并由此转入推销面谈的方法。

小知识

慎重选择馈赠礼品。在进行接近准备时应做好调查，要了解顾客对礼品的价值观念，以确定送礼的方式；了解顾客的爱好和需求，尽量投其所好。礼品只能当作接近顾客的见面礼与媒介，而绝不能当作恩赐顾客的手段。同时，礼品应尽量与所推销的产品有某种联系。

10. 其他方法

除了上述所列的接近法之外，还有搭讪与聊天接近法、讨论接近法和震惊接近法等。

搭讪与聊天接近法就是指利用搭讪与聊天的形式接近陌生顾客的方法。搭讪与聊天接近法不会很快进入推销程序，有时要用很长时间追踪与寻找机会。所以，应用时应该注意：一是要选准顾客和时机；二是要积极主动。

讨论接近法是推销人员直接向顾客提出问题，利用所提的问题引起顾客的注意和兴趣，并引发讨论来吸引顾客注意的接近方法，故又称问题接近法。这种方法的使用能帮助顾客找出问题、分析问题和解决问题。

震惊接近法，就是推销人员利用某种令人吃惊或震撼人心的事物来引起顾客的注意和兴趣，进而转入面谈的接近方法。

案例 4.19

一个推销瓷器的女推销员，把一套餐具中的一个盘子递给瓷器经销商时，故意把盘子掉到地上，但盘子却完好无损。她捡起来后说道："这是引导瓷器革命的新技术成果，您的顾客特别是家里有小孩的顾客肯定会喜欢这样的产品，难道您不这样想吗？"结果，这位经销商一周后就与她签订了经销合同。

小知识

在推销接近时应注意以下问题：

（1）对不同的顾客要用不同的推销接近方法。推销人员在推销接近前，要收集准顾客的有关资料，做到因人而异，有针对性地灵活采用不同的推销接近方法。

（2）各种推销接近方法适当地结合运用，可以相得益彰，取得较好的推销效果。

（3）接近顾客时应注意减轻顾客的心理压力，以免顾客产生抗拒心理。

（4）接近顾客时，推销人员尤其应注意自己的言行举止，给顾客留下良好的印象，使顾客对推销人员形成心理上的认可。

（5）接近程序只是推销洽谈的序幕，应节省时间，把握时机。

（6）接近前要明确接近对象，掌握顾客的个人资料。防止搞错对象而耽误时机，甚至怠慢顾客。

【任务实践】

1. 将全体学生分成若干小组，每组 4 ~ 6 人，选出一名同学担任组长。

2. 小组讨论，列出准备接近的客户名单，并整理客户的资料。

3. 了解客户的背景资料，总结出客户的类型和主要特点。

4. 小组讨论，根据客户类型准备见面语。

5. 每位学生设计 10 句接近顾客的语句。

6. 小组讨论，修改接近顾客的语句。

7. 请若干学生展示设计的 10 句接近顾客的语句，同学互相评议。

【任务评价表】

评价项目	评价要求	分值	得分
客户资料	完整、条理清晰	20	
接近顾客语言设计	有针对性，能根据顾客性格特点，选择顾客感兴趣的话题	40	
PPT 展示	表述清晰，PPT 制作、表达明确	15	
课堂互动	积极参与互评	25	
合计		100	

【项目知识总结】

推销接近是推销人员正式开展推销面谈的前奏，是整个推销过程的一个重要环节。推销接近分为推销约见与推销接近两个主要环节。在约见顾客与接近顾客前都要做好推销的准备工作。

推销约见前的准备是为了取得顾客好感，了解顾客需求，增加推销信心。针对不同的顾客，准备可分为约见个人顾客的准备、约见法人购买者的准备。

推销约见既是接近准备的延续，又是接近过程的开始。约见的基本内容是要明确约见对象、设计约见时间、选择约见地点和确定约见事由。约见顾客的方式有电话约见法、信函约见法、当面约见法、委托约见法、广告约见法、网上约见法等。

约见顾客后，推销活动便进入了接近顾客的阶段。接近顾客有以下几种方法：介绍接近法、产品接近法、接近圈接近法、好奇接近法、利益接近法、赞美接近法、调查接近法、求教接近法、馈赠接近法、搭讪与聊天接近法、讨论接近法、震惊接近法等。

【项目练习】

一、判断题（正确的打"√"，错误的打"×"并改正）

1. 利益接近法是指推销人员以一些小巧精致的礼品赠送给顾客，进而和顾客认识并接近，借以达到接近顾客目的的一种方法。　　　　　　　　　　　　　　　　　　（　　　）

2. 推销人员约见顾客的内容要根据推销人员与顾客关系的密切程度、推销面谈需要等具体情况来定。 （　　）

3. 约见顾客的时间安排是否适宜，不会影响到约见顾客的效率，与推销洽谈的成败也没有关系。 （　　）

4. 推销人员约见顾客之前要做好充足的准备。 （　　）

5. 约见企业用户要比约见个人用户准备的内容要复杂。 （　　）

二、单项选择题

1. 快捷、便利、费用低、范围广，不仅可以非常容易地约见国内顾客，还为约见国外顾客提供了非常有效的途径。这种约见方式是（　　）。

A. 电话约见　　　　B. 网上约见　　　　C. 信函约见　　　　D. 委托约见

2. 推销员直接把产品、样品、模型摆在顾客面前，以引起顾客对其推销的产品足够的注意与兴趣，进而导入面谈的接近法是（　　）。

A. 赞美接近法　　B. 介绍接近法　　C. 问题接近法　　D. 产品接近法

3. "张先生你好，我是李丽，在东阳公司任职，我想向您介绍一下我们公司最近新生产的笔记本电脑的情况。"这种接近方法是（　　）。

A. 赞美接近法　　B. 介绍接近法　　C. 问题接近法　　D. 产品接近法

4. 当面约见的最大优点是（　　）。

A. 节约成本　　　　　　　　　　B. 较少受地域限制

C. 节约时间　　　　　　　　　　D. 易于消除隔阂

5. 一位销售人员问："李教授，您是资深业内人士，您认为我们的产品有哪些主要优势？"这位销售人员接近顾客的方法是（　　）。

A. 求教接近法　　B. 利益接近法　　C. 社交接近法　　D. 商品接近法

三、多项选择题

1. 约见法人购买者要准备好（　　）。

A. 企业的基本情况　　　　　　　B. 企业的生产经营情况

C. 采购管理　　　　　　　　　　D. 组织人事关系

2. （　　）是推销接近的前期准备工作。

A. 明确约见对象　　B. 设计约见时间　　C. 确定约见事由　　D. 选择约见地点

四、自我测验

"凡事预则立，不预则废"。如果没有必要的事前准备，就急于开展销售活动，往往会欲速则不达，使销售效果大打折扣。请认真做以下选择题，看看你在销售前的准备是否充足。

1. 你是否对所销售产品的特性和功能都非常了解？

A. 都很了解　　　　B. 了解部分产品　　　C. 知道大概情况

2. 你是否了解市场上的同类产品情况？

A. 非常清楚　　　　B. 了解一点　　　　C. 一无所知

3. 你是否亲自使用过你所销售的产品？

A. 经常使用　　　　B. 偶尔用　　　　　C. 从来不用

4. 你在拜访顾客前是否了解顾客的基本情况？

A. 是，一定要了解清楚　　　　　B. 偶尔会了解　　　　C. 从不了解

5. 你是否能从顾客信息中，了解和发现顾客潜在的需求？

A. 经常能了解　　　B. 有时可以发现　　　C. 总是发现不了

6. 你对自己的推销工作是否做了详细的计划？

A. 有详细的计划　　B. 有时有，有时没有　　C. 从不做计划

7. 在拜访顾客前你是否做销售演练？

A. 我会先练习一下　B. 偶尔会练习一下　　C. 从不练习

8. 在介绍产品时，你是否会向顾客做演示和示范？

A. 一般都做　　　　B. 偶尔做　　　　　　C. 从不演示

9. 你是否熟悉产品示范的流程？

A. 非常熟悉　　　　B. 部分熟悉　　　　　C. 不熟悉

10. 为了使产品示范更加有效，你是否充分准备产品示范的工具？

A. 是的，每次都要事先准备好　　　　　B. 想起来就准备　　　C. 从不准备

在做完以上测试题后，请根据评分说明为自己评分。A—5分，B—3分，C—0分。如果总分超过45分，说明你销售前的准备工作做得比较好，请继续坚持；如果总分在30～45分之间，说明你销售前的准备工作存在某些方面的不足，请检查弥补；如果总分在30分以下，说明你销售前的准备工作有很大的问题，需要认真学习本项目内容。

【案例阅读】

引起顾客兴趣

麦克："比尔，你早。我是温彻斯特公司的麦克·贝柯。真高兴见到你！"

麦克诚恳地介绍自己以及自己的公司，然后上前和顾客握手，表现得很稳重。

比尔："麦克，我也很高兴认识你。"

麦克："你的办公室真气派。比尔，我们坐下来，好好谈一谈，我有好些东西想给你看看并和你讨论讨论。"

麦克向比尔做了一个简洁但很诚恳的寒暄以后，立刻把话题带入正轨。为了保持主动的地位，麦克建议"坐下来，好好谈一谈"，接着，不顾比尔是否愿意，麦克直接走入接待区坐下来，并随手将公文包放在椅子旁边。随后，比尔跟着进来，在麦克的对面坐了下来。

麦克："比尔，在你看过我寄给你的公司简介以后，相信你已经了解温彻斯特公司是一家专门定做服饰的公司。我公司服务的对象是企业界的高级主管，他们都很忙，不随便浪费一分一秒。我公司有24年的历史，一直有着很好的口碑，公司成功的主要原因是独特的市场定位，在国内专门为企业界高级主管定做服饰的公司，只有我公司一家。公司在美国和加拿大有41个分支机构，去年的营业额是1.1亿美元，今年有望达到1.55亿元销售额。"

麦克在一开头就假定比尔已经看过温彻斯特公司的简介，所以没有问比尔是否看过简介。麦克希望彼此的谈话能够很快进入主题，他先介绍公司的业务特性及其成功的原因，然后让比尔知道温彻斯特公司是唯一为企业高级主管提供定做服饰服务的公司。麦克还向比尔说明近年来公司的营业成绩，其主要目的是希望比尔对温彻斯特公司有信心。

麦克说话时，目光注视着对方，说话的语调和缓，吐字清楚。

比尔："你给我的简介，我大概看了一下。很感谢你的拜访，但是我现在实在没有时间招呼你。"

比尔突然从椅子上站了起来，他示意麦克离开。

麦克："比尔，我来的是否不是时候？如果真是这样，我们可以另外约定时间。在你不

忙的时候，我再来拜访你？"

对于比尔没有兴致的态度，麦克假装浑然不知，他只当作比尔现在太忙，没有时间会客，所以他建议另外约定时间再来。麦克说话时仍坐着。如果他不坐着而跟比尔一起站起来，那将很容易促使比尔走到门口，然后向麦克摆出告别的态势，此时麦克想留下来不走也不行了。

比尔："麦克，我不是很忙，只是对你的推销不感兴趣。我对于我现在的服饰感到相当满意。"

麦克："比尔，我只耽搁你几分钟的时间。我有一些构想想向你说明，相信对你一定有所帮助。"

麦克意识到可能失去进一步推销的机会，为了有所挽回，麦克特意说不会占用太多的时间，接着表明有一些构想要说，希望这些"构想"能引起比尔的兴趣。但是，事与愿违，比尔还是不感兴趣。

比尔："麦克，我说过我没兴趣。"

麦克："我了解，我了解。不过在离开之前我能问一个问题吗？"麦克诚恳地问道。

随后，麦克站了起来，拎起了公文包，准备问完问题以后，立即离开。这个动作，看在比尔眼里，使比尔觉得麦克开始听话并准备离开了。另一方面，比尔对麦克的戒心也逐渐降低。

比尔："什么问题？"

麦克："向你请教一个问题。你认为美国专利局对社会的贡献大不大？"

比尔："当然大。那又如何？"

麦克："在亚当斯总统执政时，国会曾建议撤销专利局。因为当时的国会议员认为，以后不可能再有新产品出现，专利局所授予的专利保护在未来没有多大的意义，所以最好把它裁掉，节省纳税人的钱。偏偏就从那个时候起，许多新产品不断地出现，如收音机、汽车、电视机等。比尔，我请问你，你的专利局已经被裁减了吗？你对新事物已不感兴趣了吗？"

比尔："我对新事物一直很有兴趣。"

麦克："那很好。让我们先坐下来。我有几样东西给你看，你一定很有兴趣"。

不等比尔回答，他的推销机会又来了。

比尔："需要时间长吗？"

比尔踌躇地坐下来。

麦克："先给你做个观念上的说明。如果你认同这些观念，我们再继续谈下去，要不然，我马上离开。"

麦克以低姿态的话语向比尔暗示"请听我说的话。如果你不买，我也不会在意"。这种低姿态，降低了比尔的抗拒心理。

比尔："好吧！让我听听你说些什么。不过，我先声明，今天我不买你的东西。"

麦克并不在意比尔所说的"今天我不买你的东西"，此时此刻，麦克最需要的是有一位听众听他说话，而听众是否"在今天买东西"并不重要。现在，麦克的信心十足，因为比尔答应听他说话了，此时他可以尽情地说。

根据过去经验，麦克知道，一开始就拒绝"推销"的客户，当他态度转变，准备接纳推销员的推销说明时，很少会在"说明"当中发生"再拒绝"的情形。因为这种客户往往是不好意思说"不"的人，因为怕被推销员说服，他常常在推销员展开推销说明以前立即表现出

"拒绝"的态度。也正因为如此，当这种客户一旦接纳了推销员的推销说明后，往往有很高的购买意愿。比尔就是这种客户。想到这里，麦克更是信心十足。

麦克："比尔，首先要向你说明的是，我公司的主要客户是企业的高级主管，你就是我公司的客户之一。企业的高级主管有一个共同的特点，就是他们都很重视时间。在我公司的顾客中，或许有一些是你认识的。像国家保险公司的总裁鲍伯·威尔森，第一银行董事长赫伯特·伯奈特……都是我公司的顾客。"

麦克首先强调，他所服务的顾客是企业的高级主管，这些主管很重视时间，而他正能满足客户这方面的需要。麦克接着又列举出一些有生意往来的顾客，这些顾客都是商场上的名流，其中有些可能是比尔熟识的朋友。借着这层熟识的关系，比尔对麦克的直销服务或许更感兴趣。

比尔："我跟赫伯特·伯奈特很熟，其他几位也都认识。你说的这些人都是企业界的名人。"

麦克："是啊，我公司跟一些企业界的重要人物都有生意往来。根据经验，我的许多顾客都讨厌上街采购东西，你可能也有这样的体会。其中的原因，第一是他们没有时间，第二是纵然有时间，也宁愿去做上街采购以外的事情。比尔，你同意我的看法吗？"

麦克以疑问句做结尾，让比尔好接口回答。

比尔："是啊，我不喜欢上街买衣服。不过，话说回来，上街买衣服是一件不可避免的事情。"

很显然，比尔讨厌上街购物。这样，麦克可以针对这一点强调直销服务的好处了。

项目五

推销洽谈

【项目目标】

知识目标：

1. 熟悉推销洽谈活动的主要任务；
2. 掌握推销人员在推销洽谈中应把握的基本原则；
3. 了解推销洽谈的工作程序、掌握推销洽谈的基本策略、方法与技巧；
4. 理解顾客异议的概念、类型及成因、处理顾客异议的原则和策略；
5. 掌握处理常见顾客异议的方法与技巧。

能力目标：

1. 具备制定推销洽谈方案的能力；
2. 具备灵活运用推销洽谈基本策略、方法、技巧的能力；
3. 具有在推销过程中正确看待客户异议的能力；
4. 具有能够准确判断客户异议类型的能力；
5. 具有能准确把握处理客户异议的时机。

思政目标：

1. 在洽谈方案制定过程中，具备较强计划能力以及较好的团队合作能力；
2. 在推销洽谈过程中，具备较强自信心，较好的沟通能力，以及较强的执行力；
3. 具备较好的灵活变通能力，以及学习能力；
4. 具备较强责任感和使命感以及较好的团队合作精神。

任务一　洽谈方案制定

【导入案例】

史密斯先生在美国亚特兰大经营一家汽车修理厂，同时还是一位十分有名的二手车推销员。在亚特兰大奥运会期间，他总是亲自驾车去拜访想临时买部廉价二手车开一开的顾客。

他总是这样说："这部车我已经全面维修好了，您试试性能如何？如果还有不满意的地方，我会为您修好。"然后请顾客开几公里，再问道，"怎么样？有什么地方不对劲吗？"

"我想方向盘可能有些松动。"

"您真高明。我也注意到这个问题，还有没有其他意见？"

"引擎很不错，离合器没有问题。"

"真了不起，看来你的确是行家。"

这时，顾客便会问他："史密斯先生，这部车子要卖多少？"

他总是微笑着回答："您已经试过了，一定清楚它值多少钱。"

若这时生意还没有谈妥，他会怂恿顾客继续一边开车一边商量。如此的做法，使他的笔笔生意几乎都顺利成交。

其实，这种提高成功率的经营术并不仅限于推销汽车，其他方面也同样适用：假如你是经营美容材料行，你可以提供一部分试用品请顾客免费试用；推销食品则可以先让顾客品尝；经营药品不妨把试验统计结果对顾客公开。这种经营术最有力之处就是把顾客变成主人，使顾客产生一种参与感，引起他购买的欲望。本案例说明，在洽谈过程中适当运用一些策略和技巧，将使洽谈过程富于变化而能被推销人员掌控。本案例中，推销员史密斯利用人们都有探求秘密的习惯，正确地把握了顾客的这种心理，并加以巧妙运用，其实也就是为顾客寻找购买的理由。

一、推销洽谈的任务

要想有效地激发顾客的购买欲望，促成顾客采取购买行动，推销人员在洽谈前就必须明确推销洽谈任务。洽谈者只有明确了洽谈任务，才能把握洽谈节奏与方向，才能在洽谈中把握分寸，保证洽谈的顺利进行。具体来说，推销洽谈的任务主要包括以下几方面。

1. 积极寻找顾客的需要

现代推销是市场营销的方法与手段。推销人员在洽谈之前，也必须尽量设法找出顾客的真正需要，投其所好地开展推销活动。有的推销人员赢得了洽谈的机会后，只是从自身企业的角度去介绍自己产品的特点、自己的价格政策或对顾客的优惠措施，唯独不去思考、判断此刻顾客在考虑什么，顾客最关心的是什么。往往说了半天后，顾客会不耐烦地说："如果我需要你的产品，我会跟你联系的，再见。"其实，推销洽谈的最根本目的就是满足消费者（顾客）的需求，推销人员要善于让顾客发表见解，从他们的话语中了解他们真正所需，这样才能增加成功的机会。

案例 5.1

一位老太太每天去菜市场买菜买水果。一天早晨，她提着篮子来到菜市场。

遇到第一个小贩，卖水果的，问："你要不要买一些水果？"老太太说："你有什么水果？"小贩说："我这里有李子、桃子、苹果、香蕉，你要买哪种呢？"老太太说："我要买李子。"小贩赶忙介绍自己的李子，又红又甜又大，特好吃。老太太仔细一看，果然如此。但老太太却摇摇头，没有买，走了。

老太太继续在菜市场转。遇到第二个小贩。这个小贩也像第一个一样，问老太太买什么水果。老太太说买李子。小贩接着问："我这里有很多李子，有大的，有小的，有酸的，有甜的，你要什么样的呢？"老太太说要买酸李子，小贩说："我这堆李子特别酸，你尝尝？"老太太一咬，果然很酸，满口的酸水。老太太受不了了，但越酸越高兴，马上买了一斤李子。

但老太太没有回家，继续在市场转。遇到第三个小贩，同样，问老太太买什么。老太太说买李子。小贩接着问："你买什么李子？"老太太说要买酸李子。

但他很好奇，又接着问："别人都买又甜又大的李子，你为什么要买酸李子？"老太太说："我儿媳妇怀孕了，想吃酸的。"小贩马上说："老太太，你对儿媳妇真好！儿媳妇想吃酸的，就说明她想给你生个孙子，所以你要天天给她买酸李子吃，说不定真给你生个大胖孙子！"老太太听了很高兴。

小贩又问："那你知道不知道这个孕妇最需要什么样的营养？"老太太不懂科学，说不知道。小贩说："其实孕妇最需要的是维生素，因为她需要供给这个胎儿维生素。所以光吃酸的还不够，还要多补充维生素。"

他接着问："那你知道不知道什么水果含维生素最丰富？"老太太还是不知道。小贩说："水果之中，猕猴桃含维生素最丰富，所以你要是经常给儿媳妇买猕猴桃才行！这样的话，确保你儿媳妇生出一个漂亮健康的宝宝。"老太太一听很高兴啊，马上买了一斤猕猴桃。当老太太要离开的时候，小贩说："我天天在这里摆摊，每天进的水果都是最新鲜的，下次来就到我这里来买，还能给你优惠。"从此以后，这个老太太每天在他这里买水果。

问题：该案例中三个小贩的差别体现在哪里？说明了什么道理？

启示与思考：在这个故事中，我们可以看到：第一个小贩急于推销自己的产品，根本没有探寻顾客的需求，自认为自己的产品多而全，结果什么也没有卖出去。第二个小贩有两个地方比第一个小贩聪明：一是他第一个问题问得比第一个小贩高明，是促成式提问；二是当他探寻出客户的基本需求后，并没有马上推荐商品，而是进一步纵深挖掘客户需求。当明确了客户的需求后，他推荐了对口的商品，很自然地取得了成功。第三个小贩是一个销售专家。他的销售过程非常专业，他首先探寻出客户深层次需求，然后再激发客户解决需求的欲望，最后推荐合适的商品满足客户需求。他的销售过程主要分了六步：第一步：探寻客户基本需求；第二步：通过纵深提问挖掘需求背后的原因；第三步：激发客户需求；第四步：引导客户解决问题；第五步：抛出解决方案；第六步：成交之后与客户建立客情关系。

2. 介绍产品信息

现代推销的重要目的之一是让顾客了解自己的产品，最终实现购买行为。所以推销人员就要根据不同顾客的需求，适宜地将产品的信息传递给对方，如企业生产情况、产品功能、商标、质量、价格、服务、销售量等。一般来讲，顾客面对不止一个推销人员，市场上肯定存在竞争关系，要重点传递顾客最关心、最重视的产品或服务信息，传递本企业产品的特征与优于其他同类产品的信息，才能提高成功的概率。当然推销人员在传递信息时必须客观真实、实事求是，才能赢得顾客的最终信任。

3. 处理顾客异议

在推销过程中，顾客难免会提出一些问题。如何恰当处理这些问题是推销成功的关键，切忌欺骗顾客。只有客观真实地说明问题，巧妙把产品的核心优点与存在问题科学比较，突出差异优势，才能说服顾客，打消顾客疑虑。如顾客认为产品的样式不好，此时推销人员明知道这问题确实存在却搪塞或辩解，只能增加顾客对推销人员的反感，对公司产品的不信任。相反，如果推销人员换一个角度去回答可能效果会不同。例如，他可以这样回答："哦，的确我们公司产品样式单一，我也发现了这个问题，但由于这种产品的核心技术跟其他同类公司不一样，所用的材料不同，这样做的优点在于……因此样式只能这样了。"这样的回答才能消除顾客心中的疑虑。因此，推销人员在诚实守信的基础上，掌握适当的语言技巧，才能消除顾客的异议。

4. 有效促使顾客采取购买行动

推销洽谈的最终目的是要说服顾客采取购买行动。有时由于顾客选择机会很多，难免会犹豫不决，出现反复行为，甚至会产生复杂的心理冲突。但最终会作出购买或不购买的决策。在洽谈过程中，推销人员必须准确把握顾客购买决策的心理冲突，站在顾客的角度，有理有据地为他们分析利弊关系，通过优质的产品、良好的信誉、知名的品牌、完善的售后服务，最终促使其尽快作出购买决策。

案例 5.2

小黄是某品牌服装门店的实习生，一天店里来了一位女顾客，在小黄的认真介绍下，最终选了一条今年新款的裙子，当这位女顾客正准备去付款的时候，小黄想趁机多推销几件，就拉这位女顾客看旁边的特价区。这位顾客看到一件和她要买的那款产品毛料差不多，但款式稍老式的衣服，就问几折，小黄连忙说现在这件衣服打三折，很划算的。听罢这位顾客皱了下眉，竟然说："我买的这款太不划算了，才七折，我还是等你们季末打折时再来买吧！"最终，这位顾客什么都没买，走了。在一边看的店长立马把小黄叫到一边，与小黄进行沟通。

问题：你猜店长会对小黄说点什么呢？

启示与思考：使顾客作出购买决策行为的动因可能仅仅是非常微小的一件事情，或是一时的想法，推销人员必须周密考虑，否则一个很小的失误就很可能使顾客改变主意。

二、推销洽谈的内容

推销洽谈涉及面很广，内容丰富。不同商品的推销有其不同的洽谈内容，但基本内容是大致相同的，主要有以下几个方面。

1. 商品品质

商品品质是商品内在质量和外观形态的综合，是顾客购买商品的主要依据之一，也是影响价格的主要因素。所以，商品品质是推销洽谈的主要内容之一，推销人员必须力争全面地向顾客介绍推销品的质量、功能和外观特点，让顾客对推销品有一个全面的了解，也可以把商品获得的品质标准（如国际标准、国家标准、部颁标准，通过了 ISO 9001、ISO 9002、ISO 1400 国际认证等）介绍给顾客。

2. 商品数量

商品数量是指按照一定的度量衡来表示商品的质量、个数、长度、面积、容积等的量。成交商品数量的多少直接关系到交易规模以及交易价格。在推销洽谈中，买卖双方应协商采用一致的计量单位、计量方法，通常情况下是将数量与价格挂钩的。成交数量大时，通常商品的价格都会有一定的优惠。

3. 商品价格

成交价格的高低，直接影响交易双方的经济利益，所以价格是推销洽谈中最重要的内容，也是洽谈中极为敏感的问题。推销人员应认识到，价格低的商品不一定畅销，价格高的商品也不一定没有销路。因为任何顾客对商品价格都有他自己的理解，顾客对价格有时斤斤计较，有时又不十分敏感，主要取决于顾客需求的迫切程度、需求层次、支付能力和消费心理等。在价格洽谈中，推销人员要处理好三个问题：①推销人员要掌握好价格水平；②先谈商品的实用性，后谈价格；③推销人员要向顾客证明自己的报价合理。

4. 销售服务

推销人员应从自己企业的实际出发，本着方便顾客的原则，为其提供优良的服务。所涉及的服务项目通常有按时交货、维修、运送、安装、养护、技术指导、提供零配件等。在洽谈过程中，推销人员和企业应尽量满足顾客的正当要求，以解除顾客的后顾之忧。

5. 保证条款

保证性条款的主要内容是担保。在商品交易活动中，卖主对售出的商品要承担某种义务，以保证买方的利益，这种卖方的义务和责任称为担保。对于一项日期较长，数量、金额较大，风险较大的商品交易，权利方都要求义务方提供担保。为限制卖方售货后不执行担保行为，有必要洽谈保证条款。

为了预防意外情况和随机因素对合同执行的影响，应就合同的取消条件以及履约和违约等有关权利、义务进行洽谈，并对合同纠纷中引起的诉讼及处理办法进行协商，以免引起不必要的麻烦。

三、推销洽谈的原则

推销洽谈的原则是指推销人员具体从事推销洽谈的准则。为了达到推销目的，实现洽谈的目标，推销人员可采用灵活多样的方法和技巧说服顾客。但无论推销人员采取何种方法，在推销洽谈中都必须遵循以下原则。

1. 针对性原则

针对性原则是指推销洽谈应该服从推销目标和任务，做到有的放矢。

（1）针对顾客的动机特点开展洽谈。推销洽谈应该从顾客的动机出发，并加以引导。顾客需要什么，推销人员就推销什么。按照顾客的渠道分类：中间商的购买动机是市场上畅销对路、物美价廉；最终消费者的购买动机是多种多样的，如有求实、求廉、求新、求美、求异、嗜好等。因此推销人员应该以顾客需求动机为基础，进行有效的洽谈。

（2）针对不同顾客的心理特征开展洽谈。不同的顾客具有不同的个性心理特征。如有的内向，有的外向；有的随和，有的顽固；有的自卑，有的自傲；有的慎重，有的草率；有的冷淡，有的热情。推销人员只有针对不同个性心理的顾客采取不同的洽谈策略，才能取得实效。

（3）针对顾客的敏感程度开展洽谈。不同的顾客对产品的敏感程度不一样，例如，有的顾客对价格特别敏感，有的顾客对产品的质量非常敏感。推销人员在开展洽谈的过程中，就必须根据顾客的特点，设计合理的洽谈方案，增强产品的竞争能力，从而力争洽谈成功。

案例 5.3

专门推销建筑材料的小李，一次听说一位建筑商需要一大批建筑材料，便前去谈生意，可很快被告知有人已捷足先登了。他还不死心，便三番五次请求与建筑商见面。那位建筑商经不住纠缠，终于答应与他见一次面，但时间只有 5 分钟。这位推销员在会见前就决定使用"趣味相投"的谋略，尽管此时尚不知建筑商有哪些兴趣和爱好。当他一走进办公室，立即被挂在墙上的一幅巨大的油画所吸引。他想建筑商一定喜欢绘画艺术，便试探着与建筑商谈起了当地的一次画展。果然一拍即合，建筑商兴致勃勃地与他谈论起来，竟谈了 1 个小时之久。临分手时，允诺他承办的下一个工程的所有建筑材料都由小李的公司供应，并将小李亲自送出门外。

问题：你认为推销员小李的成功之处在哪里？

启示与思考：推销员小李的成功在于对顾客个性心理（这里主要是指个人兴趣和爱好）的洞察。然后投其所好，为洽谈赢得了一个良好的开局。

2. 鼓动性原则

鼓动性原则是指推销人员在推销洽谈中用自己的信心、热心和诚心，以自己的丰富知识有效地感染顾客，说服和鼓动顾客采取购买行动。

作为一名推销人员，始终要抱定成功的信念，相信自己的产品和服务，热爱自己的事业、自己推销的产品和自己的顾客。同时在推销洽谈中要表现出专家的风范，用广博的知识去说服和鼓动顾客，更要善于用具有感染力和鼓动性的语言去生动形象地传递信息，打动顾客的心。

3. 倾听性原则

倾听性原则是指推销人员在推销洽谈过程中，不要只向顾客传递推销品信息，而是更要注意倾听顾客的意见与要求。为了达到推销的目标，推销人员切忌滔滔不绝从企业自身的角度去介绍产品，要善于倾听，善于观察顾客的需求。其实，这也是一种推销的原则。许多成功的推销经验告诉我们，有时推销人员说得越多反而越会使顾客产生反感情绪，相反，尽量让顾客去表达自己的意愿，少说多听有时会取得意想不到的效果。

4. 参与性原则

参与性原则是指推销人员在推销洽谈过程中，积极地设法引导顾客参与推销洽谈，促进信息双向沟通。推销人员要与顾客打成一片，使顾客产生认同感和归属感，以提高推销效率。有时推销人员还要设法引导顾客积极参与洽谈过程。例如，引导顾客发言，请顾客提出和回答问题，认真听取顾客的意见，让顾客试用推销品等。这些活动都能使顾客参与推销活动，使顾客产生满意感，从而充分调动顾客的积极性和主动性，创造有利的洽谈气氛，提高推销洽谈的成功率。

5. 诚实性原则

诚实性原则是指推销人员在推销洽谈过程中切实对顾客负责，真心诚意与顾客进行推销洽谈。如实向顾客传递推销信息，这是现代推销人员的起码准则。应当做到以下几点。

（1）推销人员在出示有关证明文件时，不能伪造证明，欺骗顾客。

（2）推销人员推销的推销品必须与企业产品完全一致。

（3）推销人员在介绍产品时，要诚实守信，不能用假话欺骗顾客。

6. 平等互利原则

平等互利原则是指推销人员与顾客要在平等自愿的基础上互惠互利达成交易。贯彻平等互利原则，要求推销人员在推销活动中尊重顾客，不以势压人，不以强凌弱，不把自己的意志强加给顾客。同时，推销人员应向顾客推销对顾客有用的商品，通过满足顾客的需要来谋求实现双方的共同利益。

7. 守法原则

守法原则是指在推销洽谈及合同签订过程中，要遵守有关的政策、法律、法规和惯例。遵循守法原则表现在守法和用法两方面。在推销洽谈过程中，推销人员不能有意或无意违反法律法规。在自己的权益受到侵犯时，要利用法律武器保护自己，依法追究对方责任。

案例 5.4

1993 年，一场经济危机对美国造成了巨大冲击，全国上下一片萧条。

此时，位于美国加利福尼亚州的哈理逊纺织公司同样蒙受了重大冲击，更为不幸的是，就在这时公司又遇到了火灾。公司的绝大部分财产被这场大火化为灰烬。为此，公司所雇用的数千名员工被迫回家，悲观地等待公司破产的消息和失业风暴的来临。

谁知，员工们在经历了无望而又漫长的等待之后，却意外地接到了公司董事长亚伦·博斯发给每个员工的一封信，宣布向公司员工继续支付一个月的薪金。在这种情况下，能有这样的消息传来，令员工们深感意外。在万分惊喜之余，员工们纷纷打电话给董事长亚伦·博斯，向他表示感谢。

一个月后，正当员工们陷入下个月的生活困难时，他们又接到了公司董事长发来的第二封信，再向全体员工支付一个月的薪金。员工们接到信后，已不光是感到意外和惊喜，而是热泪盈眶。可许多人却不理解，亚伦·博斯的一位朋友还打电话给他，建议他别感情用事，批评他缺乏商业头脑。

此时，失业大潮正席卷全国，人们普遍为生计发愁。作为霉运当头的哈理逊纺织公司的员工，能得到如此照顾，无不满心感激。第二天，这些员工怀着"给我滴水之恩，定当涌泉相报"的心情，自发地组织起来，涌向公司义务清理废墟，擦拭机器，有些员工还主动去联络一度中断的资源。员工们纷纷使出浑身解数，昼夜不停地卖力工作，自己当公司的主人，恨不得一天干两天的活儿。三个月后，奇迹出现了，公司重新运转起来。就这样，这家纺织公司很快就起死回生了。如今，哈理逊纺织公司已名列全美纺织企业榜首，成了美国最大的纺织品公司，分支机构已遍布了世界各地的六十多个国家和地区。

问题： 推销人员在推销洽谈中如何做到诚信？

启示与思考： 任何形式的灾难都是人的灾难，而人的最大灾难就是失去了诚实和信用。一旦化解了人的灾难，建立了诚信立业、诚信立世的思想，希望也就来临了——就具有让企业起死回生的智慧和力量。

四、推销洽谈的程序

推销洽谈是一个循序渐进的过程。正式的推销洽谈必选择一定的程序进行，要加强洽谈的计划性，使推销洽谈的各个阶段或环节能有机地结合起来，增强和提高谈判的整体效果。

（一）推销洽谈的准备阶段

推销洽谈是一项复杂的推销业务工作，它受众多可控与不可控因素的影响，特别是一些规模较大、涉及问题比较多或技术性较强的推销洽谈，局面会更加复杂多变。因此，推销洽谈双方要有效地应对这种局面，就必须进行充分的准备，才有可能有效地实现推销洽谈的预期目的。

1.洽谈方案准备

推销洽谈方案是推销人员在充分了解产品、市场、顾客的基础上，制订的科学、可行的推销谈判计划，是事先对洽谈过程的规划和安排。它对于谈判活动的顺利展开、进行具有重要的指导意义。推销洽谈方案一般应包括以下内容。

（1）推销洽谈的目标

推销洽谈的目标是谈判方对洽谈所要达到的结果的设定，是指导推销洽谈的核心，是制订推销洽谈方案时首先要明确的事项。在整个推销洽谈活动中，洽谈策略的设计、实施和运用及其他工作，都应以谈判目标为依据。衡量一个目标的优劣，主要是看目标本身的含义是否具体明确、是否便于衡量以及在可行前提下利益实现的程度如何等。最好用数字或简短的语言体现出来，如"在报价有效期内，如无意外风险因素，拟以12%的预期利润率成交。"推销洽谈目标不仅是结果性目标，也可以是过程目标。例如得到潜在顾客允许下次展示方案。另外，谈判的目标并不是一成不变的，它可以根据交易过程中各种价值和风险因素做适当的调整和修改，为增加目标的指导作用，推销洽谈的目标一般有三个层次。

① 最优目标。这是通过洽谈达到的最理想的目标，能最大限度地满足谈判方的利益和需求，如最优价格目标、最优销售量目标、长期合作目标等。这一类目标在实际推销洽谈中很少有实现的可能，一般作为谈判的起点，俗称发盘，随着谈判的进展极有可能逐渐后退。最优目标作为己方利益和对谈判要求的集中概括，为谈判者的行动指明了方向。

② 可接受目标。这是比较实际的、有实现可能的谈判目标，在特定力量对比下最大限度地满足了自己的利益。因此，要正确地选择、制定洽谈目标；最好是使其保持一定的弹性，在实际推销洽谈中，只要环境允许，谈判方要力争实现这一目标，不要轻易放弃。

③ 最低目标。这是推销洽谈中必须保证达到的最基本的目标，是洽谈成功的最低界限。如最低或最高价格、分期付款的次数和期限、交货期限等。只有实现这一目标，谈判方才能获得一定的利益。最低目标是一个下限目标，是宁愿谈判破裂也不能放弃的要求，因此，也称其为底盘或底线。

谈判目标的确定过程，是一个不断优化的过程。对于多重目标，必须进行综合平衡，通过对比、筛选、剔除、合并等手段减少目标数量，确定各目标的主次和连带关系，使目标之间在内容上保持协调性、一致性，避免互相矛盾。谈判之前一定要把目标写下来，并根据优先等级做相应的排序。目标要分清轻重缓急，哪个是最重要的目标，哪个是次要目标，把最重要目标、实际需要目标、可接收目标和最低目标一一排列。列出目标的优先顺序后，还要分清哪些可以让步，哪些不能让步，同时要简要地描述理由。实验表明，一个人的最高目标定得越高，最终结果就会越好。

在确定己方的需求后接下来要明确对手的需求，包括价格、数量、质量、交货期、付款方式等。了解对方最关注的是什么，对手列出的目标与己方列出的目标必然有一定的差距，想要达成共识就需要双方进行沟通和交流，在沟通和交流之前，一定要确定、设定洽谈目标。

（2）推销洽谈的主要策略

推销洽谈的主要策略是遵循洽谈原则，根据己方具体的谈判目标，在充分了解和分析对方的情况下，为了实现己方各级谈判目标而制定的措施和对策。谈判策略的正确选择和运用，可以使谈判方在洽谈中由被动变主动，出奇制胜，实现谈判的目标。同时，通过制定洽谈策略，也能了解对方的一些情况，识别对方的谈判策略，成功地保护自己的利益。针对不同类型的谈判对手可以采用不同的谈判策略，如表 5-1 所示。

表 5-1　对不同类型的谈判对手采用的谈判策略

对手类型	谈判策略	目的
强硬型	以柔克刚，软硬兼施，制造竞争局面	避其锋芒，改变为量对比，尽量保护自己，满足自己的利益
不合作型	感化，制造僵局，搅和	求同存异，利益共享
阴谋型	揭穿诡计，拖延时间，利用权威施压	使其招招落空，无计可施
合作型	润滑，缓冲，私下接触，适度开放	互利互惠

（3）推销洽谈的内容

推销洽谈的内容是谈判的主要议题，内容十分广泛。不同的推销洽谈，其具体内容也有所差异。推销洽谈的内容一般包括商品、价格、质量、服务、结算以及其他方面等。

（4）推销洽谈的地点和期限

由于洽谈的地点不同，洽谈双方在洽谈中所处的地位也不一样，各自承担的责任与费用开支也有差异，故谈判地点也是谈判方案中需要确定的一项重要内容。一对一的洽谈，洽谈场所不需要太大，家具也不需要太多，以创造亲密对等的气氛为主。多对多洽谈场所需要大一些的房间，要准备供双方洽谈小组进行洽谈的长桌，在安排座位时应该特别注意双方主谈人的位置应处于正中。此外，如有可能，可以安排一些沙发供洽谈间歇时休息。谈判期限是指谈判方从着手进行洽谈准备到谈判结束的时间。由于谈判所涉及的议题一般具有时效性，因此，在推销洽谈方案中确定谈判期限，对于掌握谈判进程、提高谈判效率、适时评估谈判的得失非常必要。

案例 5.5

美国人科肯受雇于一家国际性公司，并担任很重要的管理职位，不久后他向上司请求，想见识下大场面，要求出国进行业务谈判，使自己成为一名真正的谈判者。机会终于来了，上司派他去日本。他高兴得不得了，认为这是命运之神给他的好机会。他决心要使日本人全军覆没，然后再进攻其他国际团体。

一踏上日本，两位日本朋友立即迎了上来，护送他上了一辆大型轿车。他舒服地靠在轿车后座的丝绒椅背上，日本人则僵硬地坐在前座的两张折叠椅上。

——"为什么你们不和我坐一起？后面很宽敞。"

——"不，你是一位重要人物。你显然需要休息。"

——"对了，你会说日语吗？在日本我们都说日语。"

——"我不会，但我希望能学几句。我带了一本日语字典。"

——"你是不是定好了回国的时间？我们到时可以安排轿车送你回机场。"

——"决定了，你们想得真周到。"

说着他把回程机票交给了日本人，好让轿车知道何时去接他。当时他并没有在意，可日本人就知道了他的谈判期限了。

日本人没有立即安排谈判，而是让这位美国朋友花了一星期游览了整个国家，从日本天皇的皇宫到东京的神社都看遍了。不仅介绍日本的文化，甚至让他了解日本的宗教。每天晚上还花四个半小时，让他跪在硬板上，接受日本传统的晚餐款待。当他问及何时开始谈判时，日本人总是说，时间还很多，第一次来日本，先好好了解下日本。

到了第十二天，他们开始了谈判，并且提早完成去打高尔夫球，第十三天，又为了欢迎晚会而提前结束。第十四天早上，重新开始正式谈判，就在谈判紧要关头时，时间已不多了，要送他去机场的轿车到了。他们只好上车继续商谈。就在轿车抵达终点的一刹那，他们完成了这笔交易。结果这次谈判科肯被迫向日本人作出了很大的让步，而自己惨败而归。

问题：请用商务谈判的原理分析美国人科肯这次谈判失败的原因。

启示与思考：本次谈判失败的原因是他掉入了日本人设置的时间陷阱，即利用时间的紧迫性。时间是永远不会停止的，无论我们做什么事，时间会永远向前走。所以我们必须清楚了解事件的转变以影响谈判的进行。一般来说，谈判也应该是有时间限制的。作为谈判者要记住，只要你在结束前达到目的，你就永远不要觉得太迟。因为大多数的同意和决定都是在接近截止时限才发生的。假如你知道我的期限，而我不知道你的期限，那你肯定能在谈判中赢得胜利。当你看到别人坐立不安时，便可以拒绝做任何让步。

（5）谈判人员

推销洽谈方案应对谈判负责人及其小组成员作出明确的规定，同时应明确各成员在洽谈中的角色、职责权限，便于在谈判中明确分工、取长补短、团结协作。

2. 人员准备

推销洽谈的人员是洽谈方案的具体执行者，是企业利益的维护者。选择优秀的谈判人员并加以恰当配备，组成优化的谈判班子，是推销洽谈成功的重要组织保证。

（1）谈判人员的选择

推销洽谈从一定的角度来讲是人才的对抗，是谈判人员知识、能力、品质等综合素质的较量。优秀的谈判人员应具备的主要条件包括：具有良好的思想素质和优秀的品质；具有高度的原则性、责任感和纪律性，遵守法律和社会公德；具有廉洁奉公、不谋私利的高尚品格；具有宽广的社会知识面与较深的专业知识，知识面越宽，谈判中的应变能力越强，专业知识越深，越能适应谈判的需要；具有优良的心理素质。推销是一种短兵相接、为各自利益需求而战的激烈角逐，它不仅是谈判人员知识、技巧的较量，也是其意志、毅力和胆识的较量，能在错综复杂的谈判局面中做到从容不迫、思维缜密、灵活应对，这与谈判人员优良的心理素质密切相关。另外，谈判人员还应具有较好的能力素质，如善于观察、勤于记忆、富有推理判断及思辨能力，以及较好的语言、文字表达能力等。

（2）谈判人员的配备

要组成一支高效而强有力的谈判团队，关键是对经过精心挑选和培养的谈判人员进行优化组合，使谈判班子形成一个群体优化的整体。在组建谈判小组时，要做到谈判人员之间权责清晰、分工明确、知识结构和性格结构配合良好，还要考虑费用与成本的经济性以及整体配合的精干与高效等问题。此外，推销方如果已经知道对方洽谈人员的职务、年龄等情况，最好是派出与对方同等职务、年龄相近的洽谈人员。

3. 信息资料准备

在推销洽谈中，要在广泛收集有关谈判信息资料的基础上，通过对信息的加工处理，掌握大量的信息资料，为制定科学可行的谈判方案和谈判策略提供依据，为谈判成功打下基础。收集信息的途径与渠道多种多样，有关谈判的信息资料也十分广泛，关键是从实际出发，及时收集那些适用而又有针对性的信息资料，如洽谈对方的经济实力、利益需求、谈判实力等方面的信息，相关的市场信息、环境信息及其他竞争者的信息等。掌握的信息越充分，谈判成功的把握也就越大。

（二）推销洽谈的开局阶段

推销洽谈的开局阶段是指谈判各方走到一起直到提出各自的基本要求、立场的过程。在这一阶段，谈判各方要处理好几个环节：建立恰当的谈判气氛、明确谈判的议题、初步表达自己的意向和态度。

西方学者把推销洽谈开局阶段的谈判事项描述为"4P"：目标（Purpose），指谈判要解决的问题，要达到的目的；计划（Plan），谈判的规则，讨论问题的顺序，是双方共同遵守的规则；进度（Pace），谈判的时间安排，即谈判的时间表；个人（Personalities），介绍参加谈判的每一个成员，包括他们的姓名、职务以及在谈判中的角色、地位。

推销洽谈开局的气氛在很大程度上受到见面最初几分钟内所发生事情的影响，谈判各方相见的一瞬间是决定谈判气氛的关键阶段。它能决定谈判气氛是温和、友好还是紧张、强硬，是沉闷、冗长还是活跃、顺利以及整个谈判的进程如何。因此，推销人员应对开局阶段高度重视。推销人员作为谈判的主体，在形成良好的洽谈气氛中需要充分发挥自己的主观能动性。为了实现交易，洽谈应建立在谋求一致、互惠互利的基础上，洽谈气氛应是和谐、坦诚、友好和富有创造性的。创造良好的洽谈气氛，推销人员一定要讲好开场白，应注重自己的形象给对方留下良好的第一印象，要运用合适的有声语言、丰富的目光和形体语言与对方进行充分的沟通和交流，达到相互了解、理解。

在建立了良好的谈判气氛后，双方的话题就要转移到谈判的有关事项上来，如谈判的主要议题、具体安排等。在正式谈判开始后的开场白中，双方要就有关的谈判事宜进行重申，以便达成共识，使谈判沿着预定的、明确的方向进行。

当谈判双方就有关的洽谈事项达成共识后，双方正式进入了谈判的议题。在这一阶段，谈判双方要进行开场陈述，各方将自己的立场、要求做全面的、粗略的叙述，同时听取对方的陈述。陈述的主要内容有己方对有关问题的理解、己方的利益、己方为了合作可以采取何种努力、己方的立场等。开场陈述一般采用书面、口头或书面与口头相结合的形式，进行全面的陈述，点到为止，不深谈；陈述也只是原则性、非具体的。陈述时要简明扼要，使对方能很快理解并提出问题，从而开展交流与沟通。

案例 5.6

推销人员来到某经理办公室洽谈某业务。一进门，推销人员就看到了经理办公室的左后方有个枪架，枪架上挂着枪，还摆着一尊刻着他名字的射击纪念杯，于是在见面寒暄后，推销人员与经理以飞碟射击为话题，热火朝天地谈论着，不一会儿，推销人员与经理之间的陌生感就消除了。

问题：这个案例对推销人员接近顾客有什么启示？

启示与思考：推销人员应在洽谈开始时，针对不同类型的不同需求，巧妙地运用开场的技巧，创造好的推销洽谈气氛，轻松、顺利地将话题导入正式洽谈。

（三）推销洽谈的报价阶段

报价阶段是推销洽谈双方分别提出达成协议的具体交易条件，又称发盘，是开局阶段开场陈述的具体化，它涉及谈判各方的基本利益。

谈判一方在向另一方报价时，首先应弄清楚报价时机与报价原则。就惯例而言，一般由卖方先报价。但最好是在对方对推销品的使用价值有所了解后才报价；对方询问价格时是报价的最佳时机；报价应遵循最高可行价原则，即出价既要尽可能高，以最大限度地实现己方的利益，又要有被对方接受的可能性，对方无法接受的漫天要价是毫无意义的。在报价时应做到：表达清楚、明确；态度坚定、果断；对报价不加解释和说明。

（四）推销洽谈的磋商阶段

推销洽谈的磋商阶段又称讨价还价阶段，是指谈判双方为了各自的利益、立场，寻求双方利益的共同点，并对各种具体交易条件进行切磋和商讨，以逐步减少彼此分歧的过程。在此阶段各方都极力阐述自己的立场、利益的合理性，施展各自的手段和策略，企图说服对方接受自己的主张、意见或作出一定程度的让步，是各方利益矛盾的交锋阶段，也是推销洽谈过程中相当关键的阶段。

在这一阶段，谈判双方的分歧在所难免，它是影响双方顺利达成交易的障碍。因此，双方要积极采取各种有效的策略和方法，谋求分歧的解决办法。积极的、充分的、恰到好处的妥协与让步是解决彼此分歧、达成协议的一种基本技巧和手段。妥协与让步从根本上来讲就是以退让的方式来实现进取的目的。因此，在任何情况下的妥协、退让都应是积极的，应与己方特定的洽谈目标相联系，都应是调动对方趋向己方以实现己方利益的手段。在没有真正把握对方意图和想法的时候，不可轻易作出妥协让步。让步应坚持的基本原则是：不做无利益的让步，不做同等幅度的让步，不过早地让步，每次让步的幅度不宜太大、太快。

由于每个让步都要牺牲自己的部分利益，而给对方带来某种好处，怎样才能以最小的让步换取谈判的成功是谈判者研究的重要内容。美国谈判专家嘉洛斯总结自己的经验，把让步的选择分为四个方面：让步时间的选择、让步对象的选择、让步方法的选择、让步来源的选择。

让步的时间与谈判的顺利进行程度有关。只要能满足对方的要求，促使谈判顺利进行，什么时间都可以。在这里，选择的关键是让对方马上就能接受，而没有犹豫不决的余地。因此，尽快让步和拖延让步时间都是可行的。但从总体来说，只要谈判的时间允许，适当拖延让步时间是有利的。

让步的对象即让步的受益人。对方参与谈判的人员虽然是代表一个单位参加的，但内部利益上却存在差别。一般来说，让步的受益人有四种类型：①对方公司。那些关于价格的让步多数是给对方公司的让步。②对方公司的某个部门。如公司中的某个工厂、某个事业部等。当谈判的履约与不同的部门有关时，让步的对象就可能是不同的部门。③某个第三者。当谈判的成交与某个第三者有关时，该第三者就成为自己的让步对象。④谈判者本人。如让谈判者在今后工作中更容易开展工作，这是以谈判者本人作为让步的受益人。至于自己在让步中选择谁作为让步对象，主要取决于所选让步对象对谈判结果的作用，即要选择那些自己用较少的让步可以换取对方较多让步或自己的较少让步就能促使谈判成功的受益人作为让步对象。

让步的方法是指对方从哪里可以得到自己的让步。由于让步的内容可以使对方满足或者增加对方的满足程度，因而可以采用不同的方法让给对方。可以在谈判桌上作出让步，也可以在谈判桌下作出让步；让步的内容可以与本次谈判的议题有关，也可以与本次谈判的议题无关；让步可以由谈判者作出，也可以由与谈判无关的其他人作出。可见，让步可以是直接的，也可以是间接的。究竟是采用直接的让步还是间接的让步，要在总体上有利才行。

让步的来源是指自己在谈判中作出让步的费用由谁来承担。同让步的受益人一样，承担让步成本的也有四种类型，即谈判者所代表的公司、本公司中的某个部门、某个第三者和谈判者本人。让步费用的承担是与谈判利益的所得密切相关的，谁获得谈判的利益，谁就应该承担让步的费用。

（五）推销洽谈的成交阶段

推销洽谈的成交阶段是谈判的最后阶段。当谈判双方进行实质性的磋商后，经过彼此的妥协、退让，意见逐步统一，趋势逐步明朗，重大分歧基本消除，最终双方就有关的交易条件达成了共识，推销洽谈就进入了成交阶段。

在这一阶段，当洽谈双方都产生了成交的愿望，而又都不愿意直接说出来时，可用声明或行为向对方发出成交的信号。当买方明确表示愿意成交时，推销方应对最后成交的有关问题进行归纳和总结，以扫清办理签约手续时的障碍。最后归纳总结的内容通常应包括：涉及交易的所有条款是否谈妥；是否有遗留问题以及有关遗留问题的处理；最后的让步项目以及让步幅度；最后的成交价格；双方的履约责任等。

　　在归纳总结双方的共识后，紧接着就要签订协议。协议的条款要具体、明确、规范、严密，价格、数量、质量要准确，支付方式、交货期限、售后服务及履约责任要明确，标的名称要标准化、规范化。协议起草之后，谈判双方都要对协议的每一个项目进行认真审核，以免因一时的疏忽而影响协议的正常履行，甚至造成无法挽回的损失。当谈判协议审核通过之后，洽谈各方都要履行正式的签约手续。各方在洽谈中所获得的利益只有用明确的书面形式确定下来，才能受到法律法规的保护。签约成交是推销洽谈的最终成果。与顾客达成交易是值得庆贺的事情，但推销人员切忌得意忘形，以免引起对方的误解和怀疑。实际上，任何成功的推销洽谈，谈判各方都获得了某些利益或某种程度的满足。因此，签约后，推销人员要真诚地肯定、称赞对方的合作，恰当地祝贺对方交易成功。这样可以给对方留下良好的印象，为今后与对方进一步合作打下良好的基础。

【任务实践】

　　1. 分组，每个小组 8 ~ 10 人，由组长负责。

　　2. 小组内选择同一品牌产品。

　　3. 个人制定推销方案。

　　（1）推销方案的资料准备

　　通过网络、实地调查等方式掌握洽谈产品的特点、定位、该产品的市场地位及其主要竞争者的相关信息。

　　（2）撰写洽谈方案

　　确定推销洽谈的目标；洽谈时的准备工具；洽谈的具体内容；最重要的是要根据产品的特点与顾客的情况选择推销洽谈的方法，且洽谈方案中至少要准备三种方法。

　　4. 组内评出最优方案，小组按最有方案实施洽谈。

　　（1）小组长负责组织评选过程。

　　（2）小组成员轮流陈述洽谈方案。

　　（3）个人陈述完毕后，其他人负责打分。取平均分为个人方案成绩。

　　（4）评选分值最高的方案，作为小组推销洽谈的方案。

任务二　推销洽谈的方法与技巧

【导入案例】

　　陈明利是新加坡乃至东南亚的保险行销皇后，在一次保险业行销论坛上，我与陈女士在没有任何准备的情况下，现场进行销售演练（假如我是比尔·盖茨，陈女士是保险销售员），场面精彩非凡，以下是当时的对话。

　　陈："比尔·盖茨先生，我知道您是全世界上最有钱的人，您的钱几代人都花不完，您知道为什么您这么成功吗？"

　　孟："会赚钱。"

　　陈："没错，您不但会赚钱，我听说您还是全世界最有爱心的人。可是您是不是也承认，生意有起有落，您也经历过一些风浪，经历过一些低潮，对吗？"

　　孟："对。"

陈："那么当您经历低潮的时候，您有没有想过，您还是希望对这个世界的爱心能够继续下去？"

孟："对。"

陈："不管您这个人在不在，是不是？"

孟："对。"

陈："那么如果比尔·盖茨先生，我能够提供给您一个计划，就是说您不用自己掏口袋里的钱，而且即使您不在世了，也会有很多穷人因为您而得到帮助。您愿意听听吗？"

孟："当然。"

陈："那么，比尔·盖茨先生，您觉得慈善应该用多少金钱才够？"

孟："是我资产的一半。"

陈："资产的一半，非常好。那么比尔·盖茨先生，现在我这个情况就是，您只要投保一份您资产一半的保额的保险，而这个保险是以您的名义，不管您人在不在世，这份保单将会提供给全世界不幸的儿童。并且，因为您的不在，全世界因为失去您这位巨人，会有许多儿童永远永远、世世代代地怀念您的爱心基金，您觉得这个计划好不好？"

孟："OK，谢谢！"

推销洽谈是一种合作性和冲突性相结合的复杂过程，是洽谈各方综合能力和素质的大比拼，是各方利益的直接交锋，是竞争中的合作和合作中的竞争。为了达到推销产品的目标，既要坚持原则，又要保持一定的灵活性。这样，为实现洽谈目标，必须掌握一定的洽谈策略、方法和技巧。

一、推销洽谈的策略

俗话说，商场如战场。面对形形色色的对手，要在谈判桌上占据优势，除了掌握一些常规的洽谈方法外，推销洽谈人员还应当讲究一些谈判策略。策略是谋事的计策和方略。推销洽谈策略是指推销人员在推销洽谈中为了达到推销目标所采取的计策和方略。推销洽谈的策略很多，在商务谈判中有详细的阐释，概括起来主要有以下几种可供参考。

（一）先发制人策略

先发制人策略是指在洽谈中由己方先提出有关交易条件和合同文本草案的策略。使对方很难另起炉灶，而只能在己方已提出的这一方案基础上提出自己的意见。先发制人要求知己知彼，熟悉行情，了解双方的力量对比。同时，提出的条件要适度，过高容易吓跑对方，过低则失去一定的利润。这种策略在卖方来说，多用在大企业对小买主；在买方来说，多用在供过于求，许多卖主对一个或少数几个买主的情况。先发制人并不意味着就是一口说死，不可改变，提出方案的一方还要准备应变方案，即哪些条件是可以让步的，哪些条件是不能让步的，让步可以让到什么程度等。如果对方采取这种策略，己方不应为其所动，不能被对方牵着鼻子走，应该坚信，任何条件都是可以通过洽谈改变的，所以要按照己方原定的洽谈方针进行洽谈，不能被对方方案束缚住自己的手脚，而不敢提出自己的方案或条件。

（二）不开先例策略

不开先例策略，是指在洽谈中，如果推销方占有一定优势，推销人员为了坚持和实现自己所提出的交易条件，以没有先例为由来拒绝让步促使对方就范，接受自己条件的一种强硬策略。在谈判中，当双方产生争执时，拒绝是一般推销人员不愿采用的。因此，人们都十分重视研究怎样回绝对方而又不伤面子、不伤感情，不开先例就是一个两全其美的好办法。

例如，"贵公司的这个报价，我方实在无法接受，因为我们这种型号产品售价一直是××元，如果此例一开，我们无法向上级和以往的交易伙伴交代"。或者说"××公司是我们十几年的老客户，我们一向给他们的折扣是15%，因此，对你们来讲也是一样。如果此例一开，对别的用户就没有信用可言了，也不公平，以后打交道就难了。希望贵公司谅解"等，以回绝对方的要求。

（三）避免争论策略

在推销洽谈的过程中，谈判双方为了谋求各自的利益，在一些问题上不可避免地产生分歧。分歧出现以后，应保持冷静，积极寻求解决的方法，尽可能地避免争论。因为争论不仅于事无补，而且只能使事情变得更糟。最好的方法是采取下列态度进行协商。

1. 婉转地提出不同意

见在谈判中，当你不同意对方意见时，切忌立即直接提出自己的否定意见，这样不但会使对方在心理上产生抵触情绪，而且会促使他千方百计地来维护自己的观点。如果要表明己方的不同意见，最好的方法是在对方陈述完毕之后，先表示同意对方意见，承认自己在某些方面的疏忽，然后提出对双方有分歧的意见进行重新讨论。如果你对对方提出的意见不太理解时，建议用"提问——倾听——欣赏——建议"的顺序提不同意见，通过提问，了解对方想法的背景和出发点，之后仔细倾听并对对方的意见表示赞赏，再提出自己的建议；这样，双方就会心平气和地重新讨论，谈判也会收到双方都比较满意的结果。

案例 5.7

在一次推销谈判中，谈判双方在价格方面产生了分歧。

甲方提出："你方的产品价格太高，如果不降价，将无法购买。"

乙方："请问你的心理价位是多少？"

甲方："一部手机我最多出3000元。"

乙方："能不能告诉我为什么一定是3000元吗？"

甲方："公司给优秀员工可以报销3000元的购机费，已经打过预算的，如果超了谁付呀！"

乙方："不好意思！是我疏忽了，我应该提前了解的。不过你真有眼光，这部手机今年确实很受欢迎，性价比很高，价位也从来没有低过3000元，我看这样吧，要不我们这里还有一款手机也不错，性能也不错，你要不看看？"

甲方："我还是觉着这款更合适，能不能更优惠些。"

乙方："看来先生真是喜欢这款，我觉着既然买就买最新款，买个自己喜欢的，用那么久呢，不如你自己稍稍加500元，另外3000元公司也可以报销，你说呢？"

甲方："这倒也是个办法！"

问题：推销人员是如何解决顾客异议的？

启示与思考：乙方通过"提问——倾听——欣赏——建议"有效解决了顾客的价格异议。

2. 分歧的产生致使谈判无法再进行下去，应马上休会

如果在洽谈中，某个问题成了绊脚石，使洽谈无法再顺利地进行，这时，应马上提出休

会。如果继续下去，双方为了捍卫自己的原则和利益，就会各持己见，使谈判陷入僵局。休会的策略是给那种固执型谈判者提供请示上级的机会，以期待对方态度的改变，同时，也为己方创造养精蓄锐的机会。

（四）黑白脸策略

黑白脸策略又称软硬兼施策略，是指在推销洽谈过程中，利用对方既想与你合作，但又不愿与有恶感的对方人员打交道的心理，由两个人分别扮演"黑脸"和"白脸"的角色，诱导对手妥协的一种策略。这里的"黑脸"是强硬派，在洽谈中态度坚决，寸步不让，咄咄逼人，几乎没有商量的余地。这里的"白脸"是温和派，在谈判中态度温和，拿"黑脸"当武器来压对方，与"黑脸"积极配合，尽力撮合推销成功，以致达成于己方有利的协议。

使用这种策略，在洽谈初始阶段，先由唱黑脸的人出场，他通常苛刻无比，态度强硬，让对手产生极大的反感。当洽谈进入僵持状态时，"白脸"人又出场，他表现出体谅对方的难处，以合情合理的态度照顾对方的某些要求，并放弃自己一方的某些苛刻条件和要求，作出一定的让步。实际上，他作出这些让步之后，所剩下的那些条件和要求，恰恰是原来设计好的必须全力争取达到的目标。

需要注意的是，黑白脸策略往往在对手缺乏经验，对手很需要与你达成协议的情境下使用。实施时，扮演"黑脸"的，既要表现得态度强硬，又要保持良好的形象、处处讲理；扮演"白脸"的，应是主谈人，他一方面要善于把握谈判的条件，另一方面也要把握好出场的火候。如果一个人实施黑白脸策略，一般在第一现场的人扮演"白脸"，而让背后的人扮"黑脸"，但背后的人最好是对方找不到的人，即虚拟的"黑脸"，如告诉潜在客户："我理解你的难处，我也想帮你，但公司制度不允许通过你的条件。"或者"公司办公会讨论通过不了，我也实在没办法！"最好不要说具体哪个人不同意。

（五）留有余地策略

留有余地策略要求谈判人员对所要陈述的内容需留有余地，以备讨价还价之用。

在实际谈判中，不管谈判一方是否留有余地，另一方总是认为对方会"留一手"；即便报价分文不取，对方也会不相信，总要与之讨价还价一番。因此，为了使谈判顺利开展，报价时须留有余地，以备讨价还价之需。同样，对方提出的一些要求，即便能百分之百地满足对方，也不要立即一口承诺，要让对方觉得是经过讨价还价、是在谈判对手作了让步后才实现的。这样既可以满足对方的心理，又是作为己方要求对方在其他方面作出让步的筹码。这一策略从表面上看好像与开诚布公相抵触，但也并非是绝对的。两者的目标是一致的，都是为了达成协议，使谈判双方都满意，只是实现目的的途径不同而已。

案例 5.8

张经理想将现有的一辆日本丰田小汽车卖掉，然后再购买一辆宝马汽车。张经理的一位朋友得知后，想购买这辆丰田小汽车，问张经理这辆车的价钱，张经理回答说："你出个价吧。"这位朋友说："十二万元行吗？"张经理回答说："老朋友了，就按你说的价定了吧。"事后，张经理的朋友怀疑这辆车不值这个价，心理总不是滋味。

问题：为什么张经理的朋友不但不领情，而且还不是滋味呢？给我们什么启示？

启示与思考：谈判中，如果对方向你提出某项要求，即使你能全部满足，也不必马上做出答复，而应该先答应其大部分要求，留有余地，以备讨价还价之用。

小知识

与你不能失去的客户如何谈判

为了赢得顾客的信任和友好，你已经付出了大量时间，你已经作好了需要满足型的销售、关系型的销售、咨询型的销售以及顾客至上型的销售，你的话语娓娓动听，不乏诙谐。但是，就在你距离自己的目标越来越近时，你的好朋友，你的顾客突然变得贪得无厌了，他要求价格再降低些，他想榨尽你的利润，然后带着他得到的好处扬长而去。给你留下的选择糟糕了：要么赔钱做生意，要么就彻底放弃。

对待咄咄逼人，但又十分重要的顾客，你的反应应该是具有肯定意义的消极对待。即不与之争斗，也不要让顾客占了你的便宜。不能屈服，更不能反击。可以回避、躲让、搪塞，但是还要坚持原则。千万别把门都关死了，一直保持总有新的大门在敞开。试着把你的顾客引入有创意的伙伴关系中来，这样，你们就可以为了找出新意的解决办法而共同工作，这种解决办法绝不会在你的竞争对手处获得。

有8条关键性的战略可以把顾客从态度强硬的思想状态中拉出来，带他进入创造性地思维空间。

（1）做好谈判前的准备工作，时刻分清自己能够接受的最低价码，并且多创造些谈判期间可以利用的变量因素。所有人都会有最低价码，即价格、条款、付款周期因素的综合，它代表了你最低可以接受的条件范围。少了其中任意一项，你就无法与人谈判。增添变量因素的数目同样至关重要。可以利用的变量因素越多，你能提供的选择也就越多；你的选择越多，获得交易的机会就越大。价格不是唯一变量因素，应该把目光集中到顾客与你的共同利益上来。销售人员的工作就是从商品和服务中找出特殊部分，该部分可以在不损害卖家利益的情况下增添顾客所能得到的价值。对于无差别的产品，你可以关注它的服务，从而增添变量因素。无论什么行业，掌握的变量因素越多，成功的概率就越大。

（2）当你受到了攻击，别着急，先听一听。尽可能多地从顾客身上收集信息。顾客一旦陷入一种思维，争辩根本无法令他动摇，不过，智慧可以做到。在这种情形下，劝说的最好办法就是聆听。当受到攻击时，大部分人的本能反应便是保护自己，或者反戈一击。对于正在谈判过程中的销售人员来说，两种做法都会激起火药味儿很浓的对峙。与最初的直觉相反，最好的反应应该是让顾客谈下去，原因如下：首先，新的信息可以扩大活动的空间，增添变量因素数目；其次，不加防范地聆听有助于化解怒气；第三，如果你是在聆听，你就没有做出任何让步。

（3）时刻关注需要讨论的问题。谈判会令人变得不知所措。顾客经常会因为没能取得进展而沮丧。他们会不时地返回已达成的协议上来。有时，他们还会在最后的时刻挑起事端。一个避免此类问题的有效办法便是总结一下业已取得的成果，并对仍需讨论的问题做一个概要的说明。时常进行扼要的总结的确有助于保持发展的势头，而且可以让顾客确信你在聆听他的谈论。最好的谈判专家甚至能够通过将反对意见转换成为需要解决的问题来缓和最直言不讳的驳斥。技巧就在于保持头脑冷静，注意顾客的语言及语调，并且耐心等到你已取得的进展。

（4）确定公司的需求。高效的销售人员总是关注他们客户的利益，而不是自己的利益。他们学会了完全从客户的角度看待问题，从而他们能够从客户的需求中获得不同寻常的理解。但是，对客户予以太多的同情会对销售人员不利，因为销售人员在讨价还价时必须时刻关注两个焦点——客户的利益和本公司的最佳利益。最佳的谈判立场并不是一味地强调满足客户，而是关注问题的解决，寻求令双方都满意的答案。不能确定自己公司利益的销售人员极有可能作出无畏的让步。确定风格同样非常重要。切勿采取具有挑衅性质的风格。销售人员应该通过强调双方的共同利益而建立起共同的基础，避免使用火药味儿很浓的语言，鼓励对有争议的问题进行讨论。

（5）致力于追求对买卖双方均有益处的解决方案。如果好斗的顾客感觉到销售人员已经在自己的观点上站稳了脚跟，获得交易的成功概率就会大为降低。建议一些假设的解决方案会是个比较好的办法。一些销售人员在认定某些问题时斩钉截铁，却忽视了整笔交易是否还有合理性，从而犯下错误。这正好落入了那些咄咄逼人，意欲一口吞下所有的顾客的掌握之中。要想再做让步，势必很难。我们应该试探性地对问题做个小结。"假如我们能在 Y 问题和 Z 问题上达成适当的协议，我们就同意做某交易。"

（6）把最棘手的问题留在最后。当你手头有一堆的问题要谈判时，千万不要从最难的问题入手，即便以这个问题为开端与对手展开谈判十分合理，也不要这样做。首先，解决相对简单的问题可以为事情继续发展下去创造势头。假设你在与一位客户打交道，这位客户一心准备在关键问题上将你击败。你如果能以竞争性不强的问题做开端，并找出一些有创造性的解决方案，你就能令客户发现挖掘新的解决方案的意义所在。其次，通过讨论简单的问题可以发现更多的变量因素。在你的谈判进入核心阶段时，这些因素会起一定的帮助作用。

（7）起点要高，让步要慢。好斗的顾客总想从谈判的投入中得到回报。如果知道顾客想要讨价还价，你就可以从一些你能做出让步的方面开始下手。销售人员不能被每一个问题上都要讨价还价的顾客吓到。关键一点是时刻都要让你的让步有所回报，并且了解它的经济价值有多大。请记住，任何让步对买卖双方都会产生不同的价值，所以开始做出的让步一定要让顾客认为价值很大，而实际上对公司来说并不造成任何成本上升。

（8）不要陷入感情敲诈的圈套中。买家时常利用感情因素（通常是愤怒）使销售人员乱了阵脚，从而做出他们并不情愿的让步。有些人把愤怒当作预谋好的策略；还有些人是真的生气。这种感情是否真实并不重要，关键是销售人员应该如何应对。三种技巧在对付利用发火作为惯用伎俩的顾客非常有用，那就是回避、聆听或公开表达对顾客怒气的意见，告诉他你认为这样不会产生任何结果，并且建议他关注明确的、不夹杂感情色彩的问题。

（六）避实就虚策略

该策略是指在谈判过程中，为达到某种目的或实现某种需要，有意识地将洽谈议题引导到一些无关紧要的问题上，以此转移对方的注意力，最终实现自己的目标。如在谈判中，对方最关心的是价格，而己方最关心的是交货时间。这时，谈判的焦点不宜直接放到价格和交货时间上，而是放到运输方式上。在讨价还价时，你方可以在运输方式上作出让步，而作为双方让步的交换条件，要求对方在交货时间上作出较大的让步。这样，对方感到满意，你方的目的也达到了。

（七）沉默策略

这种策略主要是给对方造成心理压力，使之失去冷静，不知所措，甚至乱了方寸，发言时就有可能言不由衷，泄露出己方想急于获得的信息。同时还会干扰对方的谈判计划，从而达到削弱对方力量的目的。

有效地发挥沉默策略的作用，应注意以下两个方面的问题。

1. 事先准备

首先，要明确在什么时机运用该策略。比较恰当的时机是在报价阶段。此时，对手的态度咄咄逼人，双方的要求差距很大，适时运用沉默可缩小差距。其次，如何约束己方的行为反应。在沉默过程中，行为语言是唯一的反应信号，是对手十分关注的内容。所以，事先要准备好在沉默时应使用哪些行为语言。如果是多人参加小组谈判，还要统一谈判人员的行为语言。

2. 耐心等待

只有耐心等待，才可能使对方失去冷静，形成心理压力。在等待的过程中可以做些记录。记录在这里可以起到双重作用：首先，它纯是做戏；其次，记录可以帮助你掌握对手所讲的内容，有助于己方分析对手所讲问题的目的，致使沉默超出本身的作用。

（八）最后期限策略

通过制定最后的谈判期限，借以向对方施加压力，以达到预定的目的，这种谈判技巧和手段，称之为最后期限策略。

大多数的谈判，基本上都是到了谈判的最后期限或者临近最后日期时才达成协议的。在整个谈判过程中，谈判各方总是在不断地向对手讨价还价，只要谈判的最后期限还没有到来，谁都不肯先放弃，以期争得更多的利益。从谈判者的心理角度分析，之所以这样做的原因：一方面是为了尽到谈判者的责任，要善始善终；另一方面也是为了在有限的时间里尽可能地争取到一个更好的谈判结果。针对谈判者的这一心理，在谈判过程对于某些一时难以达成一致的问题，不必操之过急地强行解决，而要善于运用最后期限策略。在最后谈判期限不可避免地来临之时，谈判者迫于这种期限的无形压力，就会放弃自己的最后努力，甚至会迫不得已地改变自己原先的主张，以尽快求得问题的解决。

（九）剥笋策略

一个毛笋的外壳不可能一下子剥个精光，只能一片一片地剥去。在推销洽谈的过程中，谈判各方为了实现己方的最大利益，经常会发现对方不愿意也不可能全部答应己方的所有要求，只能一点一点磋商和争取，步步为营，最终达到预期的目的。这一谈判策略在谈判中被广泛地应用，在西方被人们称之为"意大利香肠"策略。

案例 5.9

传说意大利有一个乞丐，为了得到一根香肠，先乞求施主给他薄薄的一片，第二天又来讨一片，第三天也如此……最后他得到整个香肠。这就是"意大利香肠"之说。

问题：这个故事告诉了我们什么？

启示与思考：这个故事告诉人们，为了得到全部而对方又不肯时，只能得寸进尺，方能成功。

总之，推销谈判的策略是多种多样的，推销人员要审时度势，有针对性地加以运用，以取得良好的谈判效果。

（十）先苦后甜策略

先苦后甜策略，是指在洽谈中先用苛刻的条件使对方产生疑虑、压抑等心态，以大幅度降低对手的期望值，然后在实际谈判中逐步给予优惠或让步，使对方的心理得到了满足而达成一致的策略。

该策略使用的基本原因在于：人们对外界的刺激总是先入为主，如果先入刺激为甜，再加一点苦，则觉得更苦；相反，若先入刺激为苦，再加一点甜，则觉得更甜。该策略就是用"苦"降低对方的期望值，用"甜"满足对方的心理需要，因而很容易实现谈判目标，使对方满意地签订合同，使己方从中获取较大利益。

注意：在实际应用中，先苦后甜的应用是有限度的，在决定采用时要注意"过犹不及"的格言，也就是说所提出的条件不能过于苛刻，要掌握分寸。

二、推销洽谈的方法

推销洽谈是一项专业性和艺术性都很高的工作。在做好洽谈的各项专业准备工作的前提下，推销洽谈人员还必须针对不同的谈判对象和情境，恰当地掌握和运用洽谈的各种方法。推销洽谈的方法可以分为诱导法、提示法和演示法三种。

（一）诱导法

所谓诱导法，是指推销人员在推销洽谈时，为了引起顾客的兴趣，激发顾客的购买欲望，从谈论顾客的需要与欲望出发，并巧妙地把顾客的需要与欲望同推销品紧密地结合起来，诱导顾客明确自己对推销商品的需求，最终说服其购买的方法。这种方法在推销谈判中最能引起顾客的兴趣，有利于营造一种融洽的气氛，有利于最终说服顾客。

运用这种方法，推销人员必须注意以下三个方面。

（1）推销人员必须在推销洽谈的准备阶段了解顾客的需要与愿望。如果在推销洽谈前不清楚顾客的需要与愿望，推销人员则要在与顾客的接触中，如通过聊天、提问等方法，发现顾客的需要与愿望。

（2）明确指出顾客的需要与愿望。

（3）把顾客的需要与愿望同推销品紧密地联系起来。

（二）提示法

提示法是指推销人员通过言语和行动，提示顾客产生购买动机，促使其作出购买决策，作出购买行为的推销洽谈方法。提示法可分为直接提示法、间接提示法、动意提示法、明星提示法、逻辑提示法、积极提示法、消极提示法和联想提示法等。

1. 直接提示法

所谓直接提示法是推销人员开门见山，直接劝说顾客购买其所推销的产品。这是一种被广泛运用的推销洽谈提示方法。这种方法的特征是推销人员接近顾客后立即向顾客介绍产品，陈述产品的优点与特征，然后建议顾客购买。因而这种方法能节省时间，加快洽谈速度，符合现代人的生活节奏，所以很具有优越性。

在运用直接提示法时应注意以下几点：①提示要抓住重点；②提示的内容要易于被顾客理解；③提示的内容应符合顾客的个性心理。

案例 5.10

请看一位推销员在推销一款衣柜时对顾客的提示："张先生，听说您正在为您的新房购买衣柜，这款衣柜款式很靓丽，也很时尚，实用性也非常强，很符合您的要求，假如您现在订货，国庆节前我们就可以帮您安装好。如果您对这款衣柜满意的话，请尽快订货。不然的话，因为订货太多，就难以保证交货期。"

问题：试分析这位推销人员在运用直接提示法时的成功之处。

启示与思考：案例中推销人员的成功就在于找准了顾客的真正需求点，然后直接提示推销产品可以很好地解决顾客面临的问题，接下来又提示这种产品非常畅销，如不尽早作出购买决定，可能就要等很长时间才能采购到了。

2. 间接提示法

间接提示法是指推销人员运用间接的方法劝说顾客购买产品，而不是直接向顾客进行提示。例如，可以虚构一个顾客，可以一般化的泛指。使用间接提示法的好处在于可以避免一些不太好直接提出的动机与原因，因而可以使顾客感到轻松、合理，从而容易接受推销人员的购买建议。

运用间接提示法的一般步骤如下。

（1）虚构或泛指一个购买者，不要直接针对面前的顾客进行提示，从而减轻顾客的心理压力，开展间接推销。

（2）使用委婉温和的语气与语言间接地讲述购买动机与购买需求，尤其是对于一些比较成熟、自认为聪明、自视清高的顾客。

（3）主要是在洽谈后期采取直接提示法，以更好地把握机会。

案例 5.11

一位推销成套设备的推销员指着某商报上的一篇关于一些企业进行设备更新的新闻报道对顾客说："你听说了吗？一个企业购买了这种产品之后，取得了很好的效益，其他一些企业都在考虑购买呢！连报纸都刊登了，看来不买是有点赶不上形势了。"推销员既陈述了推销主题，又以关怀的口吻间接提示顾客购买推销品，使顾客没有了来自推销本身的压力，却有了来自满足自己需求的迫切感。

问题：在应用间接提示法时，应该注意什么？

启示与思考：在运用间接提示法时，推销人员应根据不同类型的顾客，不同的购买动机，有针对性、区别地使用。

3. 动意提示法

动意提示法是指推销人员建议顾客立即采取购买行动的洽谈方法。当一种观念、一种想法与动机在顾客头脑中产生并存在的时候，顾客往往会产生一种行为的冲动。这时，推销人员如果能够及时地提示顾客实施购买行动，效果往往不错。例如，当一个顾客觉得某个产品不错时，推销人员觉察到并及时提示顾客："这种款式很好卖，这是剩下的最后一件了。"只要提示得及时合理，效果一般不错。

在运用动意提示法时应注意以下几点。

（1）动意提示的内容应直接诉述顾客的主要购买动机。

（2）为了使顾客产生紧迫感也即增强顾客的购买动机，语言必须简练明确。

（3）应区别不同的顾客，对于那些内向、自尊心强、个性强等特征的顾客最好不用动意提示法。

4. 明星提示法

明星提示法是推销人员借助一些有名望的人来说服、动员顾客购买产品的方法。明星提示法迎合了人们求名的情感购买动机，另外由于明星提示法充分利用了一些名人、名家、名厂等的声望，可以消除顾客的疑虑，使推销人员和推销产品在顾客的心目中产生明星效应，有力地影响了顾客的态度，因此，推销效果比较理想。

在应用明星提示法时应当注意以下几点。

（1）提示所指的明星（名人、名家等）都必须有较高的知名度，为顾客所了解；对于生产资料市场的推销，所提示的名厂亦应该是该行业真正的市场领导者。

（2）所提示的明星必须是顾客公认的，而且是顾客所崇拜尊敬的。因为不同的名人有不同的崇拜者，不同的目标市场消费者群亦有不同的崇拜明星，推销人员在使用明星提示法时，应注意向不同的顾客提示不同的明星，不被顾客接受的明星反而使推销效果大打折扣，甚至事与愿违。

（3）所提示的明星与其所使用及消费的产品都应该是真实的。为此，应事先做好向明星的推销工作。

（4）所提示的明星与所推销的产品应有必然的内在联系，从而给推销洽谈气氛增加感染力与说服力。

5. 逻辑提示法

逻辑提示法是指推销人员利用逻辑推理劝说顾客购买的方法。它通过逻辑的力量，促使顾客进行理智思考，从而明确购买的利益与好处，并最终作出理智的购买抉择。逻辑提示法符合购买者的理智购买动机。

在运用逻辑提示法时应注意以下几点。

（1）逻辑提示法的适用顾客必须具有较强的理智购买动机。市场营销学研究证明，顾客的购买动机因各种原因而大致分为三大类：理智型、情感型、惠顾型。只有那些文化层次较高、收入一般或财力较薄弱、倾向于条理化思维、意志力强的顾客才可能具有理智型动机，因而可以对他们运用逻辑推理提示法。而倾向情感型购买动机与惠顾型购买动机的顾客，则不适用这种方法。

（2）要针对顾客的生活与购买原则进行推理演示。在同属于理智型购买动机的顾客群内，不同身份、不同职业的人有不同的动机内容、不同的逻辑思维方式、不同的购买推理逻辑与准则。因此，推销人员应尽最大可能分析了解顾客的个性倾向、人生哲学；了解顾客思考问题的方法、模式与标准；了解顾客具体的购买动机与购买逻辑，从而说服顾客购买。

（3）做到以理服人。不符合科学伦理的强词夺理是不能服人的。逻辑推理之所以有力量，也就是因为它是科学的，符合与强调科学伦理的。

（4）掌握适当的推销说理方式，发挥逻辑的巨大作用。

（5）洽谈过程中应做到情理并重。人总是有情有义有欲望的，因此，推销人员应该把科学的却显得有点干巴巴的逻辑推理与说服艺术结合起来，对顾客既晓之以理，又动之以情，促使顾客的购买行为合理化，从而使顾客较快地采取购买行为。

小知识

下面两段逻辑提示就很有说服力。

"现在市场竞争激烈，各企业都希望降低生产成本，我们这种材料能降低生产成本，提高贵厂产品的市场竞争力，贵厂应该采用这种新型材料。"

"目前市场不景气，各企业都在努力开拓市场，找一家有实力、有水平的广告公司协助策划宣传是应该的、有利的。"

6. 积极提示法

积极提示法是指推销人员用积极的语言或其他积极方式劝说顾客购买所推销产品的方法。所谓积极的语言与积极的方式，可以理解为肯定的正面的提示、热情的语言、赞美的语言等会产生正向效应的语言。例如，"欢迎参加我们社的旅游团，既安全又实惠，所看景点又多又好""你看，这是摩托车手参加比赛的照片，小伙子们多神气！他们戴的是我们公司生产的头盔。"

在运用积极提示法时应注意以下几点。

（1）可以用提示的方式引起顾客注意，先与顾客一起讨论，再给予正面的、肯定的答复，从而克服正面语言过于平淡的缺陷。

（2）坚持正面提示，绝对不用反面的、消极的语言，只用肯定的判断语句。

（3）所用的语言与词句都应是实事求是的，是可以证实的。

7. 消极提示法

消极提示法是指推销人员不是用正面的、积极的提示说服顾客，而是用消极的、不愉快的，甚至是反面的语言及方法劝说顾客购买产品的方法。例如，"听说了没有，过了 60 岁，保险公司就不受理健康长寿医疗保险，到那时要看病可怎么办？"用的就是消极提示法。

消极提示法包括遗憾提示法、反面提示法等，它运用了心理学的"褒将不如贬将、请将不如激将"的道理，因为顾客往往对"不是""不对""没必要""太傻了"等词句的反应更为敏感。因此，运用从消极到不愉快，乃至反面语言的提示方法，可以有效地刺激顾客，从而更好地促使顾客立即采取购买行为。但消极提示法比较难以驾驭和把握，实施时应注意以下几点。

（1）明确适用对象。反面提示法只适用于自尊心强、自高自大、有缺陷但不愿让人揭短、反应敏感、爱唱反调的顾客，而对于反应迟钝的顾客不起作用。但是对于特别敏感的顾客又会引起争执与反感。因此，分析顾客类型选准提示对象成为成功运用这个方法的关键。

（2）刺激要适度。语言的运用要特别小心，做到揭短而不冒犯顾客，刺激而不得罪顾客，打破顾客心理平衡但又不令顾客恼怒。

（3）提示要针对顾客的主要购买动机。推销人员应在反面提示后，立即提供一个令顾客满意的解决方案，使推销人员的坦率、善意与服务精神打动顾客，形成良好的洽谈氛围，将洽谈引向交易。

8. 联想提示法

联想提示法是指推销人员通过向顾客提示或描述与推销有关的情境，使顾客产生某种联想，进而刺激顾客购买欲望的洽谈方法。

案例 5.12

一位推销灯光设备的推销员对顾客说："这些光彩夺目的灯光设备，在白天您可能感觉不到它的好处，但是夜幕降临时，可以使所有的行人都看到贵店的橱窗。如果不安装这些灯光设备，即使人们从你的橱窗外面经过；也注意不到橱窗里的展品。反之，安装了这些灯光设备之后，会使贵店的外观比对面的商店显得更舒适、温馨。耀眼的灯光照射在橱窗内的展品上，行人都会清楚地看到。您想一想，要是这些灯光设备能为您吸引成千上万的顾客，那您能多做多少生意啊！"

问题：案例是如何达到强化顾客购买欲望的？

启示与思考：这一方法中，推销人员向顾客勾画出梦幻般的情境，让顾客去想象，使产品更具有吸引人的魅力，从而达到强化顾客购买欲望的良好效果。

联想提示法要求推销人员善于运用语言的艺术去表达、描绘，避免刻板、教条的语言，也不能采用过分夸张、华丽的辞藻。这样，提示的语言方能打动顾客，感染顾客，让顾客觉得贴切可信。

（三）演示法

日本丰田汽车公司一个不可动摇的原则是："一个优秀的推销人员不只靠产品说话，而且要善于利用各种推销工具。"通常，顾客是听凭推销人员对产品的介绍来购买产品的，如果推销人员备有促进推销的小工具，则更能吸引顾客，激发他们的兴趣和好奇心，引发他们的购买欲。并且人们有"耳听为虚、眼见为实"的心理，演示法正是很好地抓住了人们的这种心理。

演示法又称直观示范法，是推销人员通过实际操作推销产品或者辅助物品或服务，如让顾客通过视觉、味觉、嗅觉和触觉直接感受推销品信息，最终促使顾客购买推销品的洽谈方法。演示法主要有以下几种。

1. 产品演示法

产品演示法是指推销人员通过直接向顾客展示产品本身说服顾客购买的洽谈方法。推销人员通过对产品的现场展示、操作表演等方式，把产品的性能、特色、优点表现出来，使顾客对产品有直观的了解。从现代推销学原理上讲，推销品本身就是一个沉默的推销人员，是一个最准确、最可靠的产品信息来源，再生动的描述与说明，都不能比产品自身留给消费者的印象更深刻，可谓百闻不如一见。

产品演示法的作用有两个方面：一是形象地介绍产品，有助于弥补言语对某些产品，特别是技术复杂的产品不能完全讲解清楚的缺陷，产品演示法通过产品本身生动形象地刺激顾客的感觉器官，使顾客从视觉、嗅觉、味觉、听觉、触觉等感觉途径形象地接受产品，起口头语言介绍所起不到的作用；二是起证实作用，产品演示法可以制造一个真实可信的推销情境，直观了解胜于雄辩。

运用产品演示法时应注意以下几点。

（1）做好演示前的准备。包括场地选择和布置，道具准备；演示过程进行专门的设计，达到演示最佳水平；推销人员最好提前反复演练，让自己专业化。

（2）重视演示中的互动沟通。演示过程为顾客提供最佳的沟通时机，一方面引导顾客认识需求，如卖豆浆机的推销员，在演示开始可以问顾客："你是否觉着自己做豆浆是件很麻烦的事情？""又担心外面的豆浆不安全？"另一方面，在演示的过程中及时把握潜在顾客的反馈信息。问顾客"你是不是觉得我刚才的操作很简便？"或"你是不是觉得我刚才榨的豆浆味道不错？"最后还要积极鼓励顾客参与演示，使顾客亲身体验产品的优点，从而产生认同感与占有欲望。

（3）尽量针对顾客具体需要逐步演示产品的各个方面。

（4）产品演示应该与商品介绍相结合，也就是最好是边演示边讲解，并注意演示的气氛与情境效应。

（5）给示范动作增添喜剧性，从而增加顾客的印象，演示时要重点突出推销品的特殊功能与主要的差别优势，以取得良好的演示效果。

（6）注意演示时肢体语言。例如，自信的眼神、真诚的微笑、引导顾客的不同的手势、吸引注意力的语气。

但是，产品演示法的运用也有一定的局限性，对于过重、过大、过长、过厚的产品以及服务性产品等，不适合采用实际产品现场演示法，但可以采用产品模型或样本演示的方式。随着信息技术的发展，有些企业将自己的产品做成动画形式进行展示也是不错的选择。

案例 5.13

人们在车站、码头、街口等处常可以见到这样的情景：一些推销人员站在显眼处，从口袋里掏出一瓶脏油水倒在手帕上，顿时把一块干净的手帕弄得很脏，但还不罢休，又把手帕扔在地上，用鞋底来回搓、踩。然后卖货人拾起脏手帕，又掏出另一瓶清洁剂倒一点在手帕上搓了几下，放在一碗清水（先喝了一口，证明无其他物质）里洗了洗，取出来又是一块洁白的手帕。

问题： 推销人员用到什么方法达到说服的效果？

启示与思考： 在上述案例中，推销人员用事实证明了推销品的功能和真实可信，这是语言提示所无法表述的信息。

2. 文字与图片演示法

文字与图片演示法是推销人员展示赞美与介绍产品的图片或文字等劝说顾客进行购买的方式。在不能或不便直接展示产品的情况下，推销人员通过向顾客展示推销品的文字、图片、图表、音像等资料，能更加生动、形象、真实可靠地向顾客介绍产品。在借助音像影视设备来展示产品时，会做到动静结合、图文并茂，收到良好的推销效果。

案例 5.14

小李是一家家庭装饰公司的销售员，在接待顾客时，小李总是首先询问顾客对房间装饰的总体想法，了解各房间尺寸，然后通过电脑软件将装饰后的效果显示在电脑屏幕上让顾客看。由于顾客能够在房屋未完成装饰前就看到装饰后的效果，因此顾客很容易接受小李的建议，往往在与小李的洽谈中就签订了装饰协议。

问题： 该案例对推销人员推销不能或不便直接展示或用语言难以说明的产品有何启发？

启示与思考： 在不能或不便直接展示或用语言难以说明产品的情况下，推销人员要根据洽谈的实际需要，广泛收集相关的文字、图片资料，展示给顾客，如案例中通过电脑软件将装饰后的效果显示在电脑屏幕上让顾客看，这样能收到良好的推销效果。

三、推销洽谈的技巧

推销洽谈的技巧巧妙运用可以起到事半功倍的作用，能够顺利化解僵局，最终使双方达成一致。

（一）倾听技巧

倾听技巧就是在推销洽谈的过程中，推销人员不要一味地口若悬河，不给顾客表达自己思想的机会，而要善于倾听的一种策略。在推销谈判中，倾听能发掘事实真相，探索顾客的真实想法，并且通过倾听能够赢得顾客的好感，容易判断顾客的意图，减少推销中的失误。所以，听往往比说还重要。

推销人员在倾听顾客谈话时要做到以下几点。

（1）听时要专注，保持良好的精神状态。避免因急于表现、急于反驳或者先入为主等原因随意打断对方的谈话。

（2）听时要鉴别。要善于听出顾客言语中所蕴含的观念和用意，若顾客故意含糊其词，则可以要求对方解释清楚。在听的时候也要注意观察，确定说话人的眼睛、身体和脸传递出的信号是否与他的声音、语言一致。如果不一致，要仔细弄清楚。

（3）使用开放性动作给予反馈。如果想博得说话者的好感，最好让对方知道自己在听，在认真地听，将倾听信息反馈给说话者，从而将尊重、鼓励说话者的信息传递出来。具体表现在：目光交流、真诚的微笑、不时地点下头给说话者以鼓励，给予对方理解其观点的信息。但要注意这样的动作不要过频，注意适可而止。

（4）适度追问、复述和沉默。追问的目的是鼓励说话者以寻求更多的信息。追问时注意在理解对方信息的基础上提问，注意追问时机，过早追问会打断对方的思路，而且不礼貌；过晚追问会被认为精神不集中或未被理解，也会产生误会。复述是指准确间接地重新表达对方的意见，这样做不仅可以检验自己是否正确理解了说话者的意图，还可以鼓励对方对他的表达做更为详细的解释，且表现出自己在仔细倾听。复述首先不要打断别人，等耐心听人说完再复述，否则容易引起别人反感。其次，要弄清对方的中心思想。复述是对倾听的内容加以组织而不是评价对错，当倾听者忍不住把别人的话归入"不正确"之类时，可以先要求对方澄清细节之后再下结论。如果对方提不出所有的实证，不要质问与反驳，那样会堵住所有的交流渠道，尤其公众场合更要注意这一点。再次，可以重复几个关键词，总结中心思想。这看似简单却很难做到。总结不当，就可能误解别人的意思。因此，可以用委婉的复述来达到目的，弄清对方到底在谈论什么，并让对方明白倾听者的友善，也给对方留有余地来缓和气氛。当倾听者沉默寡言但保持良好的目光接触且不时点头或以微笑相回应时，说话者的感觉是倾听者对我支持或者信任。当倾听者长时间沉默不语，但目光较长时间固定且表情与说话者所要表达的情感相符合时，十有八九倾听者被打动了。沉默有诸多有益的作用，尤其对方说话刻薄，自己情绪不好时，沉默可以给双方思考时间，促进思考和反省，但也有消极的作用，需灵活把握。

案例 5.15

江南某县的一家食品杂货店已开了三十多年，至今兴盛不衰。曾有人问那老掌柜，现在到处都是大小超市、购物中心。你的店为何在激烈的竞争中还能如此兴隆呢？

老人说，在我有生之年，这店一定能开下去，因为我有一种如今已经近乎绝迹的服务——陪顾客聊天，听顾客发牢骚。客人来买肉，常说如今的猪肉不但价格贵，而且味道不如先前的香，于是我就与他们聊现在化肥使用太多，啥都不好吃；有人来店说起外边农贸市场的商贩短斤少两，坑害消费者，我就叹世风日下，人心不古。

通过与顾客聊天，不但让他们发泄了不满情绪，认为你是最理解他们的人，而且可以从中了解他们的消费需求，及时调整我店里的货物品种与价格。如此一来，回头客就多了，特别是一些中老年人。

问题：为什么听别人闲聊也能有助于销售呢？

启示与思考：现代社会上的人，面对的各种压力都是空前的，因此发发牢骚，表达一下不满，也是一种缓解、一种精神需求，这就需要有人倾听。明智的推销人员，应多听听，虽然听到的有时是难听的牢骚话，而收获的却是顾客的心。聆听和任何一种技能一样，都需要不断练习，并在日常生活和工作中不断运用，才能提高这一技能。不用怀疑，优秀的聆听技能是推销人员不可缺少的技能。

（二）提问技巧

销售中最好的沟通方式就是把你想说的话设计成问题，抛给顾客，然后顾客通过回答你的问题，自己说出他想要的东西，也就是让顾客自己说服自己，自己成交自己。像主持人一样"抛砖引玉"，我们拜访顾客前设计好的问题就是"砖"，拜访顾客时就可以结合当下的情景抛出问题，引导顾客说出他的需求的那块"玉"。即通过向潜在顾客提问，实现下列目标：

（1）加深对潜在顾客可能的需求、问题、麻烦和愿望的了解。

（2）继续推动潜在顾客进入一种能更深入了解、看见和感受自己需求、问题、麻烦和愿望的状态。

（3）让潜在顾客用自己的语言描述需求和问题，以便推销人员在随后发表的建议中转引。

具体如何操作呢？推销人员可以在拜访顾客之前，或在即将展开一场洽谈之前，先试试"设计问题"。问题可以包括几类。

1. 根据自己的优势和潜在顾客的需求设计的开放性问题

推销人员首先总结出个人、公司、产品的独特优势，但这些优势带来的好处不一定是全部顾客需要的，"放之四海而皆准"的东西是没有价值的。例如，你认为大公司能给顾客带来影响力，而这个顾客在当地已经是老大了，他喜欢和小公司合作，享受那种受尊重、受重视的 VIP 感觉，所以你的大公司有实力这个好处在他的面前没有价值了。关键是要从客户的痛点中，找出那些与我们的独特优势相匹配的痛点。把我们的优势跟顾客的痛点搭一座桥梁，用开放式问题把它们连起来。之所以要使用开放性的问题，是因为这样的提问方式不会让客户产生厌烦的情绪，让顾客透露自己更多的想法，同时确认顾客是否存在这个需求，你才可以有的放矢。

2. 加强潜在顾客需求的假设性杠杆问题

如果客户有与我们相关的需求，就要用"杠杆式"假设性问题，进一步放大加强需求的重要性和紧迫性。这样你所拥有的独特优势才有价值，否则没有价值。创建这类问题的方法很简单：列一个因未使用你的产品可能导致的损失或问题的清单，然后为每个损失或问题想一个问题，各个问题必须具体、形象，能让潜在客户即刻感受到遭遇该损失或问题的痛苦。可以使用下列提问句式。

"……那时，您会怎么做？"

"……那时，您会如何处理？"

"……跟我讲讲是否您有这样的时刻……"

"……时，会受到什么影响？"

"您会因为……而感到尴尬吗？"

3. 蕴含价值的问题

类似地，可以通过讲述你曾帮助人解决的某个问题，向潜在客户渗透产品或服务的一个好处，然后询问潜在顾客是否也有类似经历。

"我的大部分顾客都曾遇到过无法按时收到货物的情况，您是否也有类似经历呢？"

"很多人觉得既然信息已经存储在计算机内，还要每天都填写同样的表格很麻烦，您的员工对重新录入数据的看法是怎样的？"

这样的问题会让听者在脑海中描述出一幅故障画面，能让他们生动地看到和感觉到问题导致的不便。如果他们认可问题存在，那么就正好可以毛遂自荐帮他们解决问题。引入第三方例子可以起到关键作用，效果要远远好于直接告诉潜在顾客你可以解决他们的问题。

4. 信息深挖性问题

当提问时，你听到的第一个答案仅仅是"冰山理论"中冰山的尖角，隐匿于水平面以下的东西才是精华，是你真正能利用的资源，也是隐藏在第一个答案背后的真实理由。人们不买东西是因为他们告诉你的第一个答案，而他们购买东西是因为第一个答案背后的理由。推销人员只有获得背后的信息才能帮其揭开潜在顾客或顾客的真正需求，才是我们需要用来帮助他们购买产品或服务的信息。例如，推销人员问潜在顾客："您在评价服务方案时参照的标准是什么？"潜在顾客："我们非常看重服务方案中准时送达设计这一项。"推销人员可以先不说："哦，让我告诉你我们公司在准时送达这一项的表现。"而改为说："请告诉我为什么您认为这是最重要的因素好吗？""您期望的东西是什么样的？""除了这一项还有您认为很重要的吗？"也就是如果能这样继续深挖问题，连续多问几个问题，更深层次、更具体清晰、更全面挖掘和放大潜在顾客的烦恼感觉，就能收集到更好的信息，帮助自己精准定位潜在顾客的需求，成功激发对方更多情感，从而提高卖出产品的成功概率。

小知识

尼尔·雷克汉姆先生的 SPIN 销售法是在 IBM 和 Xerox 等公司的赞助下通过对众多高新技术营销高手的跟踪调查提炼完成的。SPIN 销售法其实就是情景性（Situation）、探究性（Problem）、暗示性（Implication）、解决性（Need-payoff）问题四个英语单词的首字母合成词，该方法指在营销过程中职业地运用实情探询、问题诊断、启发引导和需求认同四大类提问技巧来发掘、明确和引导客户需求与期望，从而不断地推进营销过程，为营销成功创造基础的方法。

根据研究显示，成功的销售人员所采用的 SPIN 推销模型程序大致如下：

（1）利用情况性问题（Situation Questions）（例如先生从事什么职业？……）来了解客户的现有状况以建立背景资料库（收入、职业、年龄、家庭状况……），从业人员透过资料的搜集，方能进一步导入正确的需求分析。此外，为避免客户产生厌烦与反感，情况性问题必须适可而止的发问。

（2）销售人员会以难题性问题（Problems Questions）（如你的保障够吗？对产品内容满意吗？……）来探索客户隐藏的需求，使客户透露出所面临的问题、困难与不满足，由技巧性的接触来引起准客户的兴趣，进而营造主导权使客户发现明确的需求。

（3）销售人员会转问隐喻性问题（Implication Questions）使客户感受到隐藏性需求的重要与急迫性，由从业人员列出各种线索以维持准客户的兴趣，并刺激其购买欲望。

（4）一旦客户认同需求的严重性与急迫性，且必须立即采取行动时，成功的从业人员便会提出需求—代价的问题（Need-payoff Questions）让客户产生明确的需求，以鼓励客户将重点放在解决方案上，并明了解决问题的好处与购买利益。然而，并不是所有销售情况都会遵照 SPIN 推销模型的发问顺序，例如，当客户立即表达明确的需求时，销售人员可以立即问需求—代价的问题；有时候销售人员在询问隐喻性问题以探索隐藏性需求的同时，需辅以情况性问题来获取客户更多的背景资料。但是大致而言，多数的销售拜访会遵循 SPIN 模型的发展。

（三）回答技巧

在推销洽谈中，对于顾客的提问，推销人员首先要坚持诚实的原则，给予客观真实的回答，赢得顾客的好感和信任。但是，有时顾客为了自己的利益，提出一些难题或者是涉及企业秘密的问题，推销人员就应该使用一些技巧来回答。回答顾客提问时有以下技巧：①谈之前应做好准备，预先估计对方可能提出的问题，回答要言简意赅，通俗易懂，有条有理。②对不便回答的问题，应使用模糊语言或回避问话中的关键问题或转移话题等；也可采取反攻法，要求对方先回答自己的问题，或者找借口，找些客观理由表示无法或暂时无法回答对方问题。③倘若对方言辞激动、情绪激昂，为避免直接的冲突，推销人员要用幽默的语言，委婉含蓄地表达，避免出现僵局，使洽谈破裂。

有些擅长应答的谈判高手，其技巧往往在于给对方提供的是一些等于没有回复的答复。以下便是一些实例：

"在答复您的问题之前，我想先听听贵方的观点。"

"很抱歉，对您所提及的问题，我并无第一手资料可作答复，但我所了解的粗略印象是……"

"我不太清楚您所说的含义是什么，请您把这个问题再说一下。"

"我的价格是高了点儿，但是我们的产品在关键部位使用了优质进口零件，延长了产品的使用寿命。"

"贵公司的要求是可以理解的，但是我们公司对价格一向铁腕政策。因此，实在无可奈何。"

第一句的应答技巧，在于用对方再次叙述的时间来争取自己的思考时间；第二句一般属于模糊应答法，主要是为了避开实质问题；第三句是针对一些不值得回答的问题，让对方澄清他所提出的问题，或许当对方再说一次的时候，也就寻到了答案；第四句和第五句，是用"是……但是……"的逆转式语句，让对方觉得是尊重他的意见，最后话锋一转，提出自己的看法，这叫"退一步而进两步。"

（四）僵局处理技巧

在推销洽谈中，经常会出现推销人员与顾客互不相让的僵持局面，使洽谈无法进行下去，甚至导致洽谈不欢而散，无法取得交易的成功。形成僵局的原因很多，只要我们掌握一些处理僵局的技巧，问题就会迎刃而解。

（1）要尽量避免出现僵局。推销人员是卖家，在买方市场的环境中，卖家更应积极主动设法避免僵局的出现，有时需要暂时放下既定目标，在原则允许的前提下，小范围地妥协退让，这也是一种高姿态的表现，这样做可以避免僵局的出现。此外，一旦推销人员发现现场气氛不对或者对方略有不满时，应该尽量寻找轻松和谐的话语，对于实在不能让步的条件可以先肯定顾客的部分意见，在大量引用事实证据的基础上谦虚、客气地列出问题的客观性来反驳对方，使其知难而退。

（2）要设法绕过僵局。在洽谈中，若僵局已形成，一时无法解决，可采用下列方法绕过僵局：暂时放下此问题，避而不谈，待时机成熟之后再商定；在发生分歧，出现僵局时，推心置腹交换意见，化解冲突；邀请有影响力的第三者作为公立方调解。

（3）打破僵局。在僵局形成之后，绕过僵局只是权宜之策，最终要想办法打破僵局。打破僵局的方法有：①扩展洽谈领域。单一的交易条件不能达成协议，把洽谈的领域扩展，如价格上出现僵局时，可将交货期、付款方式方面适当让步。②更换洽谈人员。在洽谈陷入僵局时，人们为了顾全自己的面子和尊严，谁也不愿先让步，这时，聪明的推销团队会暂时停止洽谈，更换另外的推销人员再次进行洽谈。③让步。在不过分损害己方利益时，可以考虑以高姿态首先做一些小的让步。

【任务实践】

目标：

1. 培养学生掌握推销洽谈的方法，并能灵活运用。

2. 培养学生掌握推销洽谈的策略，并能灵活运用。

内容：

模拟演练推销洽谈。任选一单位，假如这个单位准备建一大型机房，你是一家电脑公司的推销人员，你将如何做？

要求：

1. 要求学生充分了解推销洽谈要做什么样的准备工作。

2. 要求学生在推销洽谈中灵活运用推销洽谈的方法及技巧。

3. 要求老师对学生的情景模拟进行点评。

组织与实施：

1. 学生分组，每组 4 ~ 6 人。

2. 设计简单的推销洽谈方案，运用的推销洽谈方法与技巧不能少于 3 种。

3. 小组两两结合进行模拟操作。

任务评价：

1. 对象和询问的问题、灵活应变能力、语言表达能力等。

2. 从推销洽谈方案策划书的格式、方案创意、可行性、完整性等方面进行考核。

3. 对个人在实训过程中的表现进行考核。

任务三　顾客异议的处理

【导入案例】

顾客异议的表现

"嗯，听起来不错，但我店里现在有 7 个品牌的 21 种型号的牙膏了，没地方放你的牙膏了。"

"这种鞋设计太古板，颜色也不好看。"

"万达公司是我们的老关系户，我们没有理由中断和他们的购销关系，转而向你们公司购买这种产品。"

"给我 10% 的折扣，我今天就给你下订单。"

"算了，连你（推销人员）自己都不明白，我不买了。"

"我这把年纪买这么高档的化妆品干什么，一般的护肤品就可以了。"

上述案例是推销过程中常见的顾客异议，每一位推销人员都应该充分认识到：不同的顾客有不同的推销异议，只有充分地了解顾客的异议，才能运用相应的方法和技巧，成功地处理顾客的异议。

一、顾客异议的概念

在实际推销过程中，推销人员经常遇到"对不起，我很忙""很抱歉，我没有时间""这些商品真的像你说的那样好吗？""价格太贵了""质量能保证吗？"等被顾客用来作为拒绝购买推销品的回答，这就是顾客异议。顾客异议是指顾客针对推销人员及其在推销中的各种活动所做出的一种反应，是顾客对推销品、推销人员、推销方式和交易条件发出的怀疑、抱怨，提出的否定或反对意见。

推销人员应如何对待顾客异议呢？顾客异议通常表现在口头上，它客观地存在于推销过程之中。推销人员必须明白，顾客提出异议是推销过程中的必然现象。俗话说："嫌货人才是买货人""褒贬是买者，喝彩是闲人"。任何一个顾客在购买产品的时候，不提任何意见，只说"好、很好"，然后就买，这种情况是不多见的。不提反对意见的顾客往往是没有购买欲望的顾客。从实质上看，尽管顾客异议一定程度上是推销的障碍，但顾客异议本身也是一种购买的前奏和信号。全美"最伟大的推销员"乔·吉拉德曾说："客户的拒绝并不可怕，可怕的是客户不对你和你的产品发表任何意见，只是把你一个人晾在一边。所以我一向欢迎潜在客户对我的频频刁难。只要他们开口说话，我就会想办法找到成交的机会。"正确对待并妥善处理顾客所提出的有关异议，是现代推销人员必须具备的能力。推销人员只有正确分析顾客异议的类型和产生的原因，并针对不同类型的异议，采取不同的策略，妥善加以处理，才能消除异议，促成交易。积极对待异议的言论有："我十分理解您的意思，我也有同样的感觉""我很高兴您能提到那一点，×× 先生""这的确是一个很明智的意见，×× 先生，我明白您的疑问。"

案例 5.16

推销人员张明去一家商场推销一种包装比较简陋、售价为 35 元的清洁器。他向经理说明了来意，对方明显表现出不感兴趣的态度。当推销人员把样品呈现给经理看时，他不屑地说："这个小东西就要 35 元啊，包装还这么差，一看包装就知道不上档次，像劣质产品。"可是推销人员并不在意。他一声不响地从提包里拿出事前准备好的一包碎头发、一团白棉花和一小块地毯。经理及其办公室里的人们都好奇地看着他。推销人员看了大家一眼，然后将碎头发洒在地毯上，又把白棉花团在地毯上搓了搓。接着推销人员对大家说："我们的衣服上，家里的布艺沙发上、地毯上常常会沾上灰尘、头发和宠物的毛发等，这很难清除。即使用清水清洗，有时都很难办。别发愁，大家看……"说着，推销人员拿起清洁器在地毯上来回推了几下，刚才还沾着碎头发和白毛毛的地毯一下子就干净了。再看清洁器的表面，沾满了地毯上的杂物。

办公室里的人都感叹清洁器的良好效果。他们有的人还拿过清洁器在地毯上试试，有的把清洁器拿在手上端详。有的人说："包装这么差，还要 35 元啊，贵了。"

推销人员没有正面回答，而是说："这个清洁器是我们公司的专利产品。"说着，他把专利证书的复印件递了过去，说："这是我们的专利证书。乍一看我们的这种清洁器产品，35

元好像贵了点，但是他能反复清洗使用 5000 多次，平均每次花费不到 6 分钱。每次花 6 分钱，就能给我们的生活带来这么大的方便，您说贵吗？我们还替顾客着想，不让顾客花费太多，所以使用最简易的包装，降低了价格。要不它就不会卖 30 多元了，而是 40 多元或 50 多元了。这种生活用品是以实用为主，商品的包装能起到保护商品的作用就够了。顾客花 35 元购买我们的清洁器，是不用付包装费的。"

办公室里的人终于被推销人员说服了，现场订购了 500 个清洁器。

问题： 请问推销人员用哪些方法化解了顾客的异议？

启示与思考： 在该案例中，推销人员灵活地运用了多种处理顾客异议的方法，化解了顾客的异议，从而达成了交易。

二、顾客异议的类型

顾客异议往往出于保护自己，其本质不具有攻击性，但它的后果可能会影响推销的成功，有时还可能形成舆论，造成对推销活动不利的影响。要消除异议的负面影响，首先要识别和区分顾客异议的类型，然后针对不同类型的异议，采取相应的办法予以处理。

（一）按照顾客异议指向的客体进行划分

按照顾客异议指向客体的不同，可将顾客异议分为以下几种类型，这是最主要的划分方法。

1. 需求异议

需求异议是指顾客提出自己不需要推销人员所推销的产品。它往往是在推销人员向顾客介绍产品之后顾客首先提出的一种异议。顾客提出这种类型的异议，或许是顾客确实已有或不需要推销产品，或许是借口，或许是对推销品给自己带来的利益缺乏认识。推销人员应该对顾客的需求异议进行具体分析，弄清顾客提出异议的真实原因。

对需求异议处理的关键是要使顾客相信"推销员推销的产品正是我所需要的，我能从购买产品中受益"。先让他动心，再向他推销你的产品。

2. 价格异议

价格异议是指顾客认为推销品的价格过高或价格与价值不符而提出的反对意见，是顾客受自身购买习惯、购买经验、认识水平以及外界因素影响，而产生的一种自认为推销品价格过高的异议。价格异议最主要的原因是想少出钱，当然也可能存在其他原因。

3. 产品异议

产品异议是指顾客对产品的使用价值、品牌、性能、作用、质量和用途等提出不同的看法，是属于推销品方面的一种常见异议。这类异议带有一定的主观色彩，主要是受顾客的认识水平、购买习惯以及其他各种社会成见影响所造成的。推销人员应在充分了解产品的基础上，采用适当的方法进行比较说明来消除顾客的这类异议。

4. 财力异议

财力异议是指顾客声明他支付不起购买产品所需款项的言辞，也称为支付能力异议。这类异议有真实的和虚假的两种。一般来说，顾客不愿意让他人知道其财力有限。而出现虚假财力异议的真正原因则可能是顾客早已决定购买其他产品，或者是顾客不愿意动用存款，也可能是因为推销人员说明不够而使顾客没有意识到产品的价值。推销人员对此应采取相应措施化解异议。如果顾客确实无力购买推销品，推销人员最好的解决办法是暂时停止向他推销。

5. 权力异议

权力异议是指推销人员在拜访顾客或推销洽谈过程中，顾客或主谈者表示无权对购买行为作出决策。这种情况在实际推销洽谈过程中经常遇到。就权力异议的性质来看，真实的权力异议是直接成交的主要障碍，说明推销人员在顾客资格审查时出现了差错，应予以及时纠正，重新接近有关销售对象。而对于虚假的权力异议，应看作是顾客拒绝推销品的一种借口，要采取合适的转化技术予以化解。

6. 购买时间异议

购买时间异议是指顾客自认为购买推销产品的最好时机还未成熟而提出的异议。

小知识

不同阶段提出的购买时间异议，反映了顾客不同的异议原因。

推销活动开始时提出：应视为是一种搪塞的表现，是拒绝接近的一种手段。

在推销活动进行过程中提出：大多表明顾客的其他异议已经很少或不存在了，只是在购买的时间上仍在犹豫，属于有效异议。

在推销活动即将结束时提出：说明顾客只有一点点顾虑，稍加鼓励即可成交。

7. 货源异议

货源异议是指顾客针对推销品来源于哪家企业或哪个推销人员而产生的不同看法。

（二）按照顾客异议的性质进行划分

按照顾客异议的性质不同，顾客异议可分为以下两种类型。

1. 真实异议

真实异议是指推销活动的真实意见和不同的看法，因此又称为有效异议。对于顾客的真实异议，推销人员要认真对待，正确理解，详细分析，并区分不同异议的原因，从根本上消除异议，有效地促进顾客的购买行为。

2. 虚假异议

虚假异议是指顾客用来拒绝购买而故意编造出来的各种反对意见和看法，是顾客对推销活动的一种虚假反应。虚假异议的产生多是顾客拒绝推销意识的表示，并不是顾客的真实想法，如可能是顾客为了争取更多的交易利益而假借的理由。一般情况下，对虚假异议，推销人员可以采取不理睬或一带而过的方法进行处理，因为即使推销人员处理了所有的虚假异议，也不会对顾客的购买行为产生促进作用，故虚假异议又称无效异议。

在实际推销活动中，虚假异议占顾客异议的比例比较大。日本有关推销专家曾对378名推销对象做了如下调查："当你受到推销人员访问时，你是如何拒绝的？"结果发现：有明确拒绝理由的只有71名，占18.8%；没有明确理由，随便找个理由拒绝的有64名，占16.9%；因为忙碌而拒绝的有26名，占6.9%；不记得是什么理由，好像是凭直觉而拒绝的有178名，占47.1%；其他类型的有39名，占10.3%。这一结果说明，有近七成的推销对象并没有什么明确的理由，只是随便找个理由来反对推销人员的打扰，把推销人员打发走。另外，异议还有一些其他分类方法：根据顾客异议是否能被转化，可将顾客异议分为可转化异议和不可转化异议；根据顾客异议表达方式的不同，可将顾客异议分为口头异议、行为异议和表情异议等。

有时候，顾客使用小异议只是要使进展速度放慢下来，他们并不是不想买，只是想在成交前考虑一下。有些反对意见不需要回答，只要意识到就行。有时"不"的潜台词是"可以"。总之，顾客的异议是多方面的。然而，表面上提出的各种异议是否真实，是否反映顾客的真实看法，是否会对推销产生真正的阻碍，还需要推销人员认真加以研究。因此，从众多的异议中分辨出真假就成了当务之急。推销人员经常面临以下10种异议。

（1）婉言谢绝。"我不需要这样的新产品。""没有理由现在就买新产品的。"

（2）别无选择。"我尽了力，但是我不得不听家人的意见。""你的价格太高了，我不得不购买他人的产品了。"

（3）贬低弱化。"我不认为这种产品对我们有多大的价值。""花这些钱可能不值得。"

（4）寻找托词。"我暂时不打算购买。""我无权决策。"

（5）百般辩解。"我很想买，但是我没钱。""公司不景气，我们没有预算。"

（6）竭力诋毁。"听人说这种产品经常出现故障。""你们公司的售后服务不及时。"

（7）是的，但是。"你的建议很好，但这超越了我的权限。""我们已经做了预算，但是现在面临重组。"

（8）无能为力。"等我能说服我老板，我马上就会购买。""我无权处理这件事情。"

（9）发泄抱怨。"我无权作出决策的。""我老板不喜欢这种样式，我也没办法。"

（10）捏造事实。"我们的物流系统很好，我们是在缩减供应商数量。""我们公司转产了，不再需要你的产品了。"

一般而言，真实的异议通常较容易应付，而虚假的异议则往往令推销人员头痛。销售人员要培养评估异议的能力。没有一个现成的精确的模式来区分真假异议，有时候最好问问下面这个问题。顾客说"我希望有红色的。"销售人员问"如果我有红色的，你会买吗？"如果顾客回答"是"，就证明顾客真的顾虑颜色；如果顾客回答"不"，那么顾客只是以这种关于颜色的异议作为借口。

当时的情景也会提供一些线索来证实潜在顾客是否真的是出于某种顾虑。在对陌生顾客的销售拜访中，如果潜在顾客说"对不起，我没有钱。"那么销售人员可以认为这个潜在顾客根本不想听完销售介绍。而如果在进行完了整个销售介绍和已经通过观察与探寻收集完顾客的相关信息之后，顾客仍然提出相同的理由，那么，顾客的反对也许就是真的由于这种原因造成的。销售人员必须通过观察、提问和所掌握的顾客为什么要买的知识和经验来确定提出的异议是否确实就是原因所在。

三、顾客异议的成因

在推销过程中，顾客异议是必然存在的。但是现代推销学对此主张的是一种积极的思维方式，即不指望冲突更少，而是努力化解冲突。

在推销过程中，顾客异议产生的原因是多种多样的。归纳起来，主要有以下四个方面。

（一）顾客方面的原因

1. 顾客对推销品缺乏了解

随着现代科技的发展，产品更新速度越来越快，新产品层出不穷，产品的科技含量大大提高，而顾客可能对该种商品从未接触和使用过，导致顾客提出异议。推销人员不要指望顾客对商品根本不了解就会购买该种商品。因此，推销人员要熟练、巧妙地运用各种有效的推销方法，让顾客了解商品，为吸引其购买创造条件。

2. 顾客的自我保护

人有本能的自我保护意识，在没弄清楚事情之前，会对陌生人心存恐惧，自然会心存警戒，摆出排斥的态度，以自我保护。

当推销人员向顾客推销时，对于顾客来说推销人员就是一位不速之客，推销品也是陌生之物。即使顾客明白推销品的功能、作用，且是自己所需要的物品，也会表示出一种本能的拒绝，或者提出这样那样的问题乃至反对意见。绝大多数的顾客所提出的异议都是在进行自我保护，也就是自我利益的保护。因此，推销人员要注意唤起顾客的兴趣，提醒顾客购买推销品所能带来的利益，才能消除顾客的不安，排除障碍，进而达成交易。

3. 顾客的情绪欠佳

人的情绪有时会对行为有影响。当推销人员向顾客推销时，若顾客此时由于各种原因而不开心，就很可能提出各种异议，甚至恶意反对，借题大发牢骚，肆意埋怨。这时，推销人员需要理智和冷静，正视这类异议，做到以柔克刚，缓和气氛；否则，就可能陷入尴尬境地。

案例 5.17

某日化用品的推销人员如约来到某太太家里，向其推销公司生产的新产品。进门后，发现女主人满脸怒容，但是推销人员没有在意，连忙进行推销："太太，您看这是我们公司最新研制、开发、生产的新产品，这是它的试用装，您先试一下看看……"还没等推销人员说完，女主人不耐烦地打断他说："先放桌子上吧，改天我试试看。"推销人员感觉有眉目了，继续说："太太，我保证我们的产品质量一定很好，你现在就试试看。"女主人回答道："你这人怎么这么烦，多少钱一套啊。""不贵，45元，很实惠的。""这么贵啊，不要不要，你走吧。""太太，这可是套装的，你算算看……""你这人怎么搞的，我不要了，你走吧，走走走。"推销人员一下惊呆了，不知道错在什么地方，只好灰溜溜地走了。后来才知道，推销人员去之前，这位太太因为孩子的事情和丈夫刚刚大吵了一架。

问题：推销人员陷入尴尬的真正原因是什么？

启示与思考：推销人员在推销的过程中，与顾客交谈的时候，应注意观察顾客的表情和情绪的变化，在顾客情绪欠佳时，及时调整策略以免陷入尴尬境地，影响推销的进行。

4. 顾客的购买力不足

顾客的购买力是指在一定的时期内，顾客具有购买商品的货币支付能力。它是顾客满足需求、实现购买的物质基础。如果顾客缺乏购买力，就会拒绝购买，或者希望得到一定的优惠。如顾客说："对不起，这太贵了，我买不起。"有时顾客确实是购买力不足，但有时顾客也会以此作为借口来拒绝推销人员。因此，推销人员要认真分析顾客拒绝的真实意图，以便作出适宜的处理。

5. 顾客的决策权有限

在实际的推销洽谈过程中，推销人员会遇到顾客说"对不起，这个我说了不算""等我丈夫回来再说吧""我们还需要再商量一下"等托词，这可能说明顾客确实决策权力不足，或顾客有权但不想承担责任，或者是找借口。推销人员要仔细分析，针对不同的情况区别对待。

6. 顾客已有较稳定的采购渠道

在推销过程中，推销人员常常会听到"我们一直使用某某品牌的商品，质量不错""我们已经有固定的进货渠道""我们与某某厂是老关系了"等顾客异议，这是因为大多数顾客在长期的生产经营活动中，逐渐地形成了比较固定的购销关系，并且这种合作关系通常较融洽。一般而言，顾客不会轻易断绝这种合作关系。因此，这种异议是很难消除的，除非推销人员及其产品能够给顾客带来更多、更好的利益。

在推销活动中，推销人员应当认真分析、辨别，一方面要善于发现和了解客户的真正需要；另一方面要善于启发、引导、影响与培育顾客的需要。当发现顾客确实不需要时，不要强行推销，而应该立即停止推销。

7. 顾客的偏见或成见

它是指顾客根据个人的生活经历、以往的经验和习惯，或根据道听途说，在推销人员上门推销前形成的对推销人员、推销品、生产经营企业固有的片面看法。通常，这是一些不符合逻辑、带有强烈感情色彩的反对意见，很不容易对付，对推销人员十分不利。例如，"保险都是骗人的。""说得好听，一旦商品出了问题，你们公司根本不会解决。""你们的信誉不好。"对于这类顾客，推销人员单凭讲道理是解决不了问题的。在不影响推销的前提下，推销人员应尽可能避免讨论偏见与成见问题，并针对顾客的认识观，做好转化与耐心的解释工作，从认识的角度进行科学分析，改变顾客错误的观念，使顾客树立对推销活动的进步的、正确的认识与态度，以达到有效处理顾客异议的目的。

在推销洽谈过程中，来自顾客方面的异议是多方面的，也是复杂的。推销人员要想处理好这一环节，就应始终站在顾客的立场上，处处为顾客着想，方能达成交易。

（二）推销品方面的原因

推销品是推销活动的客体，只有当产生了某种需要，并确知推销品能够满足自己的这种需要，同时推销品的其他方面（式样、包装、颜色等）也符合自己的心意时，顾客才乐于接受、购买推销品。例如，顾客需要一双冬季的棉皮鞋，顾客购买"星期六"牌皮鞋，不仅仅是它能满足顾客对棉皮鞋的保暖的物质需求，而且因为它是鞋类著名品牌，在式样、颜色、质量等多方面满足了顾客心理上、精神上的需求。因此，顾客购买商品，一定是其内涵和外延都能满足顾客需求的整体商品。

推销品自身的问题致使顾客对推销品产生异议的原因也有很多，大致可归纳为以下几方面。

1. 推销品的质量

推销品的质量包括推销品的性能（适用性、有效性、可靠性、方便性等）、规格、颜色、型号、外观包装等。如果顾客对推销品的上述某一方面存在疑虑、不满，便会产生异议。当然，有些异议确实是推销品本身有质量问题，有的却是顾客对推销品的质量存在认识上的误区或成见，有的是顾客想获得价格或其他方面优惠的借口。所以，推销人员要耐心听取顾客的异议，去伪存真，发掘其真实的原因，对症下药，设法消除异议。

2. 推销品的价格

美国的一项调查显示：有75.1%的推销人员在推销过程中遇到有价格异议的顾客。顾客产生价格异议的原因主要有：顾客主观上认为推销品价格太高，物非所值；顾客希望通过价格异议达到其他目的；顾客无购买能力等。要解决价格异议，推销人员必须加强学习，掌握丰富的商品知识、市场知识和一定的推销技巧，提高自身的业务素质。

案例 5.18

一位面容稍显憔悴的女青年在化妆品柜前踌躇良久，很想买一瓶叫做玛奇奥的新牌子的美容霜，然而面对48元的高价她又有点舍不得，于是她提出价格异议。售货员听罢说道："小姐，您不知道，这种玛奇奥美容霜含有从灵芝、银耳中提取的活性生物素，具有调节和改善皮肤组织代谢作用的特殊功效。因此，它可消除皱纹，使粗糙的皮肤变得细腻，并能保持皮肤洁白，富有弹性与光泽，从而达到美容的目的。小姐，相对于它的价值和特殊功效而言，48元的价格一点也不贵。"听了这一番细致的解释，女青年心头的价格疑云顿时消散。

问题：案例中推销人员解决顾客价格异议的策略是什么？

启示与思考：案例中，推销人员巧妙地应用了推销策略，避开顾客敏感的价格话题，向顾客谈产品的优势与功效，使顾客感觉到物有所值，从而完成了交易。

3. 推销品的品牌及包装

商品的品牌一定程度上可以代表商品的质量和特色。在市场中，同类同质的商品就因为品牌不同，售价、销售量、美誉度都不同。一般来说，顾客为了保险起见，也就是顾客为了获得的心理安全度高些，通常在购买商品时都会挑选名牌产品。商品的包装是商品的重要组成部分，具有保护和美化商品、利于消费者识别、促进产品销售的功能，是商品竞争的重要手段之一。一般顾客都喜欢购买包装精巧、大方、美观、环保的商品。

可见，无论是品牌还是包装，它们都是商品的有机组成部分。如果顾客对它们有什么不满，也可能引起顾客异议，推销人员要能灵活处理，企业也应该重视商品的品牌创建和商品包装。

4. 推销品的销售服务

商品的销售服务包括商品的售前、售中和售后服务。在日益激烈的市场竞争中，顾客对销售服务的要求越来越高。销售服务的好坏直接影响到顾客的购买行为。

在实际推销过程中，顾客对推销品的服务异议主要有：推销人员未能向顾客提供足够的产品信息和企业信息；没能提供顾客满意的服务；对产品的售后服务不能提供一个明确的信息或不能得到顾客的认同等。

对企业来讲，商品的销售服务是现在乃至将来市场竞争中的最有效的手段，推销人员为减少顾客的异议，应尽其所能，为顾客提供一流的、全方位的服务，以赢得顾客，扩大销售。

（三）推销人员方面的原因

顾客的异议可能是由于推销人员素质低、能力差造成的。例如，推销人员的推销礼仪不当；不注重自己的仪表；对推销品的知识一知半解，缺乏信心；推销技巧不熟练等。因此，推销人员能力、素质的高低，直接关系到推销洽谈的成功与否，推销人员一定要重视自身修养，提高业务能力及水平。

（四）生产企业方面的原因

在推销洽谈中，顾客的异议有时还会来源于产品的生产企业。例如，生产企业经营管理水平低、产品质量不好、不守信用、企业知名度不高等，这些都会影响到顾客的购买行为。顾客对企业没有好的印象，自然对企业所生产的商品就不会有好的评价，也就不会去购买。

不同客户拒绝推销人员的理由不同。应从拒绝理由出发，认真分析其真实心态。只有掌握了客户的真实心态，推销人员才能对症下药。

四、异议处理的原则

推销人员在处理顾客异议时，为使顾客异议能够最大限度地消除或者转化，应树立以顾客为中心的营销观念，并遵循以下原则。

（一）尊重顾客异议原则

尊重顾客是推销人员具有良好修养的体现。只有尊重顾客才能做好异议转化工作。顾客之所以购买推销品，并非完全出于理智，在许多情况下还出于感情。无论顾客异议有无道理、有无事实依据，推销人员都要以温和的语言和欢迎的态度作出合乎理性的解释。这不仅会使顾客感到推销人员具有谦虚的品德，对推销品有信心，而且会使顾客感到推销人员对他们的需求与问题具有浓厚的兴趣。所以对持有异议的顾客，推销人员一定要尊重、理解、体谅，找出异议的真正原因；要学会洞察顾客心理，分析并把握公开的真实异议，只有准确了解顾客异议，才能有针对性地处理各种异议，从而提高推销的成功率。推销洽谈的过程是人际交流的过程，保持与顾客融洽的关系是现代推销永恒的原则。

（二）耐心倾听原则

"上帝给了你两只耳朵，却只给了你一张嘴，所以上帝的意思是让你一只耳朵听自己说，另一只耳朵听别人说，也意味着上帝要求你一定要多听少说。"要理解顾客，首先应学会聆听顾客的诉说。即使一些话题你不感兴趣，只要对方谈兴很浓，出于对顾客的尊重，推销人员应该保持耐心，不能表现出厌烦的神色。

有关统计指出，我们的说话速度是每分钟 120～180 个字，而大脑思维的速度却是它的 4～5 倍。所以对方还没说完，我们就已经知道了他要说的意思。这时即使推销人员已经不耐烦，但必须记住自己仍处于工作状态，应保持足够的耐心和热情。推销人员必须牢记：越是善于耐心倾听他人意见的人，推销成功的可能性就越大。因为聆听是褒奖对方谈话的一种方式。

案例 5.19

乔·吉拉德从他的顾客那里学到了耐心倾听这一道理。乔花了近半个小时才让顾客下定决心买车，而后，乔所需要做的只不过是让顾客走进乔的办公室，签下一纸合约。

当他们向乔的办公室走去时，顾客开始向乔提起他的儿子，因为他儿子就要考进一所著名的医科大学。他十分自豪地说："乔，我儿子要当医生。"

"那太棒了。"乔说。当他们继续往前走时，乔却看着其他推销员。

"乔，我的孩子很聪明吧，"顾客继续说，"在他还是婴儿时我就发现他相当聪明。"

"成绩非常不错吧？"乔说，仍然望着别处。

"在他们班是最棒的。"顾客又说。

"那他高中毕业后打算做什么？"乔问道。

"我告诉过你的，乔，他要到大学学医。"

"那太好了。"乔说。

突然地，顾客看着他，意识到乔未注意听他所讲的话。"嗯，乔，"他突然说了一句，"我该走了"，就这样他走了。

下班后，乔回到家回想一整天的工作，分析他所做成的交易和他失去的交易，开始考虑白天顾客离去的原因。

第二天上午，乔给那位顾客的办公室打电话说："我是乔·吉拉德，我希望您能来一趟，我想我有一辆好车可以卖给您。"

"哦，世界上最伟大的推销员先生，"他说，"我想让你知道的是我已经从别人那里买了车。""是吗？"乔说。"是的。我从那个欣赏我儿子、赞赏我的人那里买的。当我提起我对儿子吉米有多骄傲时，他是那么认真地听。"

随后他沉默了一会儿，又说："乔，你并没有听我说话，对你来说我儿子吉米成不成为医生并不重要。好，现在让我告诉你这个笨蛋，当别人跟你讲他的好恶时，你得听着，而且必须全神贯注。"

顿时，乔明白了他当时所做的事情。乔此时才意识到自己犯了多么大的错误。"先生，如果这就是您没从我这儿买车的原因，那确实是个不错的理由。"乔说，"如果换我，我也不会从那些不认真听我说话的人那儿买东西。那么，十分对不起。然而，现在我希望您能知道我是怎样想的。"

"你怎么想？"他说道。"我认为您很伟大。我觉得您送儿子上大学是十分明智的。我敢打赌您儿子一定会成为世上最出色的医生。我很抱歉让您觉得我无用，但是您能给我一个赎罪的机会吗？"

"什么机会，乔？""有一天，如果您能再来，我一定会向您证明我是一个忠实的听众，我会很乐意那么做。当然，经过昨天的事，您不再来也是无可厚非的。"

3年后，那位顾客又来了，他不仅自己买了一辆车，而且还介绍他的许多同事来买车。后来，乔还卖了一辆车给他的儿子，吉米医生。是他给了乔一个极好的教训，从此，乔从未在顾客讲话时分心。

毕竟，上帝赐给我们两个耳朵、一个嘴巴，就是为了让我们多听少说。从那以后，每个进入店内的顾客，乔都要问他们是做什么的、家里人怎么样等。然后乔再认真地聆听他们讲的每一句话。大家都喜欢这样，因为那给他们带来一种受重视的感觉，而且让他们感觉到你是十分关心他们的。

问题：从这个故事中你受到什么启发？

启示与思考：上帝赐给我们两个耳朵、一个嘴巴就是为了让我们多听少说，一名成功的推销人员必须重视顾客的感受，维护顾客说话的权利，学会耐心倾听。

（三）永不争辩原则

推销过程是人与人之间相互交流、沟通的过程。作为推销人员，保持与顾客良好和谐的关系，是推销工作能否顺利展开的重要条件。在实际工作中常用的方法是倾听顾客异议，一旦顾客有异议，最好不要与之争辩，寻找机会再作下一步的行动。

（四）及时反应原则

对于顾客异议，如果推销人员能及时答复的，而且能够给消费者一个圆满的答复的，应及时化解顾客疑虑；如果推销人员不知如何回答或者顾客情绪激动，可策略性地转移顾客的注意力，如对顾客表示同情，进一步了解异议的细节，并告诉顾客会尽快向公司反映情况。对于不能直接回答的问题，推销人员应及时向公司反映并将有关结果尽快回复顾客。推销人员应做好顾客异议的相关准备，先发制人，在顾客提出异议之前及时解答消除顾客的疑虑。

（五）提供价值和利益原则

推销人员应坚持消费者利益至上原则，首先要保证消费者能买到放心的产品，向消费者提供质量好、符合其利益和需要的产品。要做到消费者利益至上，就要了解消费者的需求和意愿，了解消费者想得到什么，然后我们才能有针对性地维护消费者的利益。可以通过开展消费者满意度测评活动，客观地了解消费者的需求，找准自己的不足，进而改进推销工作，更好地维护消费者的利益。

五、处理顾客异议的策略

（一）把握适当时机

推销人员在处理顾客异议时，掌握处理顾客异议的恰当时机，是考察推销人员能力和素质的重要条件之一，也是推销人员必备的基本功。处理顾客异议的时机主要有以下几种情况。

在顾客异议提出前解答顾客异议是消除顾客异议的最好方法。推销人员在服务过程中会发现，不管是何种情况，顾客都会对服务提出某些具有普遍性的异议。因此，推销人员可以事先预测顾客会提出的一些异议及其内容，事先准备好应答的内容，并抢在顾客开口前进行处理与解释。这样可以先发制人，起到预防顾客异议的作用。

顾客异议的发生有一定的规律性。有时顾客虽没有提出异议，但他们的表情、动作及谈话的语气和语调却可能有所流露，如果推销人员觉察到这些变化，就可以抢先解答。如果推销人员能事先做好应对的准备，就可以在顾客面前表现得很有信心。顾客的反对理由一旦提出来，都希望推销人员能尊重和听取自己的意见，并能得到满意的答复，所以，推销人员此时应马上就顾客的异议作出回答，否则顾客会产生更大的不满，更加坚定他自己的反对理由。

异议提出后应立即予以解决，既可以促进顾客消费，也是对顾客的尊重。这是对顾客提出的大多数反对意见进行答复的最合适的时间，也是通常情况下必须作出的答复。

（二）弱化与缓解

弄清顾客异议的性质，推销人员的态度要温和谦恭，要用宽容的心态来弱化或减少与顾客所持有的差异，适当利用时间和场所的变换来弱化和缓解顾客的异议，因为不管顾客心里怎么想，他们的许多异议直接或间接地对推销人员的推销都有帮助，要善于把顾客拒绝购买的理由转化为说服顾客购买的理由。

顾客提出价格异议的动机主要有：顾客只想买到便宜产品；顾客想在讨价还价中击败推销人员以显示自身的谈判能力；顾客不了解商品的价值；顾客想了解商品的真正价格；顾客还有更重要的异议而只是把价格作为一种掩饰。所以价格问题是影响推销的重要因素，它直接关系到买卖双方的经济利益。为此推销人员应当首先分析和确认顾客提出价格异议的动机是什么，然后有针对性地采取顾客异议处理策略。

（三）调整与让步

如果推销人员面对顾客询问价格，开始就不能很好地引导顾客做出价格的让步，那么推销成交的概率就极低。如有礼貌地、坦诚地答复一个略高的、公正的价格，这其实就是一种调整与让步。因此，调整与让步是一个非常重要而且关键的成功推销步骤。

案例 5.20

在一次冰箱展销会上，一位打算购买冰箱的顾客指着不远处一台冰箱对身旁的推销员说："那种 AE 牌冰箱和你们的冰箱产品同一类型、同一规格、同一星级，可是 AE 牌冰箱制冷速度要比你们的快，噪声也要小一些，并且冷冻室比你们的大 12 升。看来你们的冰箱不如 AE 牌的呀！"推销员回答："是的，您说得不错。我们的冰箱噪声是大点，但仍然在国家标准允许的范围以内，不会影响您家人的生活与健康。我们的冰箱制冷速度慢，可耗电量却比 AE 牌冰箱少得多。我们冰箱的冷冻室小但冷藏室很大，能储藏更多的食物。您一家三口人，每天能有多少东西需要冰冻呢？再说吧，我们的冰箱在价格上要比 AE 牌冰箱便宜 300 元，保修期也要长 6 年，我们还可以上门维修。"顾客听后，脸上露出欣然的表情。

问题：该案例中，这位推销员是怎样化解与顾客之间的异议？

启示与思考：该案例中，这位推销人员用"省电、冷藏室大、价格便宜、保修期长、维修方便"五种长处，弥补了自己冰箱"制冷慢、噪声大、冷冻室小"的短处，因而提高了自己冰箱的整体优势，推销策略的调整化解了顾客的疑问，从而使顾客觉得还是买该推销人员推销的冰箱好。这就是调整与让步的具体运用。

六、处理顾客异议的方法

处理顾客异议是一项高度智慧性的工作，它依赖于推销人员老到的工作经验和推销人员丰富的知识底蕴，还依赖于推销人员雄辩的口才和机智的应变能力。这就是为什么推销职业最能锻炼人。基于此，一些资深营销专家感慨地说，所有优秀的推销人员都有一个共同的优点，那就是成为杰出人士的成就欲望。如何在推销工作中采取适当的方法，妥善地处理顾客异议，需要推销人员认真总结经验，不断学习和思考人际关系的处理技巧。

（一）忽视法

所谓忽视法，又叫作沉默法、一带而过法或不理睬法，是指在推销过程中对于一些顾客提出的反对意见，如果目的并不在于想要得到结论，也不在于想要进行讨论，甚至与目前进行的销售没有直接的联系，就完全没有必要与之较真，一笑了之，同意他的观点就是了。

天下之大，无奇不有。现实生活中人与人不一样。有些顾客好出风头，总想在有机会的时候表现出自己的想法高人一等，提出一些别出心裁却又毫无意义的顾客异议，或是为了抬杠而抬杠，为了反对而反对。如果推销人员较真，不仅浪费时间，而且很有可能横生枝节，惹出是非。最好的办法就是满足他的表现欲，恭维他的想法有见地。对于抬杠的话题，不妨说一声"您真幽默"，然后采用忽视法，迅速地岔开话题。

忽视法还有一种处理技巧，那就是装聋作哑，不予理睬。不管顾客异议出于什么目的，只要是与销售工作无关的、无效的、虚假的异议，"晾"它一下，既可以避免与顾客争论纠缠，又让这类"不怀好意"的顾客感到没面子，不好意思再提无聊的异议。要说明的是，忽视法或不理睬法要注意运用的范围。例如，只能用于确实与销售无关的、无效的甚至是无聊的虚假异议，而且是在认真听取顾客异议之后，确认属于运用忽视法的异议范畴，并观察顾客提问之后的表情、情绪反应，从外在表现中推测其内心的异议根源，以便作出必要的回应。此外，推销人员要善于控制自己的情绪，胸怀要宽广，头脑要冷静，态度要从容，不要与顾客斤斤计较，也不要与顾客争辩是非曲直，体现出推销人员良好的职业素养，保持融洽的推销氛围。

案例 5.21

一位办公用品制造公司的女推销员到一家公司进行推销。顾客异议："你们公司怎么会用女推销员？"推销员："这种复印机是引进国外先进设备生产的，各项质量指标在国内都是一流的。"（不理睬法）或者，推销员："男女都一样。这种复印机是引进国外先进设备生产的，各项质量指标在国内都是一流的。"（一带而过法）

问题： 什么时候推销人员可以采用不理睬法或一带而过法？

启示与思考： 当顾客提出的一些异议并非真的想要获得解决或讨论，或者说顾客随意说说而已，推销人员可以采用不理睬法或一带而过法，甚至不予答复。

（二）补偿法

补偿法又可以叫作抵消法、平衡法或者利弊分析法，指利用顾客异议以外的、能够对顾客异议予以其他利益补偿的方法来处理顾客异议。

实际推销工作中，没有十全十美的产品，也没有完全无知的顾客。当顾客提出有事实依据的有效异议时，推销人员应当予以承认并欣然接受，但要通过客观的说理和诚实的解释，让顾客感觉到产品虽然有些不足，却有不少优点，而且优点远多于不足，还是值得购买的。例如，顾客抱怨车身短了点儿，那么售车先生就要告诉顾客：车身短可以让您方便停车，在一般的车位上可以停两部车，节约不少停车费用；在拥挤的城市里可以方便调头等。

从某种意义上讲，给顾客的这种补偿，应让顾客产生两种感觉：一是性价比是合理的，即产品的质量与销售价格是完全相符的；二是产品的优点对顾客而言是重要的，产品没有的优点（不足）对他是不重要的。这是推销中的辩证法，既体现了推销人员诚实的态度，又反映了推销人员站在顾客的立场上，替顾客着想的服务精神。更重要的是，顾客更清楚地看到了购买利益，在理智与情感上都获得了比较大的满足。

运用补偿法的条件是，最好用于单一有效异议，且属于理智型购买者。同时，推销人员能够而且必须及时提出产品与推销的有关优点和利益，能够有效地补偿顾客异议，使顾客感觉到接受推销所获得的利益远远大于可能受到的损失。

（三）借力法

顾名思义，借力法就是借助于顾客异议，将推销障碍转化为推销动力的异议处理方法，因而又可称为转化法、利用法或太极拳法（意即武术中的借力打力）。有许多顾客异议本身就有两面性，只不过顾客更多强调消极的一面而已，推销人员就是要机智地利用顾客异议中积极的一面，去克服其消极的一面，运用得好，就可以促成交易的实现。

在现实生活中我们经常能碰到类似转化处理法的说辞。例如，在保险业里，客户说："我收入少，没钱买保险。"保险业务员却说："就是因为您收入少才需要购买保险，以便从中获得更多的保障。"服装业有顾客说:"我这种身材穿什么都不好看。"推销人员说:"正是因为自己感觉身材不是很好的人才更需要加以设计,来修饰不满意的地方。"卖儿童图书时,顾客说:"我的小孩连学校的课本都没兴趣,怎么可能会看这种课外读物呢?"推销人员说:"我们这套图书就是为激发小朋友的学习兴趣而特别编写的。"假若一个经销店的老板说:"你们这个企业把太多的钱花在广告上,为什么不把钱省下来,作为我们进货的折扣,让我们多一点利润,那该多好呀。"销售人员可以说:"就是因为我们投了大量的广告费用,客户才被吸引来购买我们的产品。这不但能节省您的销售时间,同时也能够顺便销售其他商品,您的总利润还是最大的吧?"

恰当运用借力法处理顾客异议,有时会意想不到的效果。推销人员既没有回避顾客异议,又充分调动了顾客异议中的积极性,将异议中的消极因素转为为积极因素。在这里,借力法转换了顾客的观念,也转化了顾客对推销介绍的态度,并且抑制了顾客再次提出新的异议,将推销工作顺利地推向成交阶段。

(四)"认同—赞美—转移—反问"法

处理顾客异议的原则之一为尊重顾客异议。那么如何让顾客感觉到推销人员尊重他的异议呢?"认同—赞美—转移—反问"法(也叫太极法)则很好地体现了这点。它遵从"先处理人的心情,再处理事情"的基本原则。即在处理顾客异议时,先赢得顾客的好感、信任,再引导顾客解决心中的异议。该方法分四个步骤,前两个步骤"认同和赞美"是对心情的处理,后两个步骤"转移和反问"是针对问题或事情的处理。当顾客提出异议时,先从某个角度认同顾客,让顾客感觉他被理解,感觉他的意思你明白,推销人员顺便再从某一个角度借机给予恰当的赞美,就会使顾客变得舒心和愉悦,顾客自然愿意和你打交道,不会出现对立的情绪,后面的事情自然就会好办些。心情处理使异议处理有了好的开端,但如果顾客异议是真实异议,而销售人员又没有办法提出有力证据直接打消顾客的担心,销售人员要做的不是让顾客纠结下去,而是转移顾客关注的焦点或者看问题的角度。将目光转移到更有价值的地方去,让顾客重新调整评价的标准。就如赵传歌中所唱的"我很丑但我很温柔"。当完成转移利益陈述后,推销人员最后可以通过反问的方式获取客户的反馈,反问相对于陈述,最大的好处一是掌握谈话的主动权,二是吸引顾客的参与,挖掘顾客更多的想法。如果顾客亲口说你所说的是有道理的、是对的,异议自然就顺利处理了。例如,顾客说:"你们卖得太贵了。"你可以回答:"先生,这款确实价格比其他同类高,不过你真有眼光,这是今年最新款,采用了最新加工技术,比其他同类产品都耐用,如果能买到一件好产品,价格稍贵点也值,你说呢?"

(五)询问法

许多顾客异议是推销人员很难判断原因的。原因不明朗,冒失回答可能会引来更多的问题。推销人员要把"为什么"作为自己工作中的利器,对工作中遇到的一切问题都要多问几个为什么,对待顾客异议也同样如此,这就是询问法的理论依据。

询问法是指推销人员通过对顾客异议提出问题的办法,来处理顾客异议的一种技巧和策略,也可以叫作追问法、问题法或者提问法。这种方法可以帮助推销人员把握顾客异议中的真正问题,从而能够展开有针对性的推销活动。"询问"一词内涵丰富,有谦虚请教之意,运用得当,能够融洽与顾客之间的人际关系,营造良好的推销氛围。更重要的是,询问顾客异议，可以为推销人员赢得更多的思考时间，争取重新整合营销方案的机会，变被动听取顾客异议申诉为主动提出问题，还能进一步探询顾客内心的真实想法，更完整地掌握顾客信息。因此，在推销活动中，这种方法被普遍运用。

对顾客而言，推销人员提出问题后，他必须自己提出问题的理由，把问题的真实原因展现给推销人员，这正是推销人员所期望的。同时，他还会对自己提出的问题进行反省，检视问题是否妥当。例如，顾客提出产品（如服装）系列不完全，推销人员就可以询问："这是目前最畅销的几个品种，难道您希望增加库存（积压）吗？"或者问："您还希望增加哪几个品种？……还有其他要求吗？"

有时候，只要推销人员对顾客异议提出反问，就可以直接化解顾客异议。例如，顾客嫌产品价格高，不妨反问一句："您喜欢便宜货吗？"注意，反问顾客时，一定要态度和蔼，语气真诚，像对待老朋友一样，千万不能语气轻蔑，神态鄙夷。还要注意，询问要有针对性，要询问真实有效的异议，询问那些如果不询问就不能解决顾客异议，并且对成交有影响的问题；询问要适度，只问影响成交的问题，与成交无关的问题一概不问；顾客不愿意回答的问题也不要追问，不必横生枝节，穷追不舍。询问要体现对顾客的尊重，以保持和谐的推销环境。

案例 5.22

作为公司的一名推销员，请你判断在处理模糊信息方面，下列哪一种方式是正确的，并说明理由。

方式一：推销员：我们的标书怎么样？客户：还可以。推销员：太好了，何时我们能得到答复？客户：我们会尽快决定的。

方式二：推销员：我们的标书怎么样？客户：还可以。推销员：我是否可以这样理解，您已经认真考虑过我们的标书，并有可能采用它？客户：还不能这么说，还有一些事情我们正在考虑。推销员：有哪些方面还没有最后确定？客户：我们担心供应商的信誉和按时完工的能力。推销员：对于我们公司，在这两方面您也有这样的担心吗？客户：我们担心你们不能按时完工。

问题：方式一和方式二哪个沟通好？为什么？

启示与思考：在对客户进行询问时，推销人员往往得到客户模糊的信息。模糊的信息掩盖了客户真实的需求和想法，给推销人员及其评估业绩造成负面影响。推销人员应学会善于对付客户的模糊信息，通过技巧的发问有效地得到明确的信息。在听到客户的模糊信息后就急切地结束面谈则是失败的做法，客户的模糊信息往往意味着存在交易的机会。

（六）反驳法

我们强调在推销过程中不要直接反驳顾客异议，是因为不适当的反驳不仅不能解决异议，反而会引起更多的新的问题，一旦推销人员陷入争辩的泥淖，就有可能干扰正常的推销介绍，破坏与客户间良好的推销气氛，丢掉可能获得的订单，后悔都来不及。但是，有些情况下直接反驳顾客的错误观点，反而能够增强推销的说服力。例如，顾客对企业的声誉、诚信、服务、资质及合法性等有所怀疑，顾客引用道听途说、未经证实的错误资料，望文生义地理解产品概念和服务观念等，就需要推销人员采取直接反驳的方法。

反驳法就是推销人员根据明显的事实依据，对顾客提出的异议进行直接否定的处理技巧。推销中恰当运用反驳方法，以无可辩驳的事实、翔实权威的资料来佐证自己的观点，可以给顾客一个简洁明了、毋庸置疑的答案，不但能让顾客心服口服，更加信任推销人员，接受推销方案，而且能够拉近双方的距离，融洽推销气氛，有效地节约推销时间，提高推销效果。例如，美国一位顾客向一位房地产经纪人提出购买异议："我听说这房子的财产税超过了1000美元，太高了！"推销人员非常熟悉有关税收法令，知道这位顾客的购买异议并没有可靠的根据，于是有根有据地加以反驳："这房子的财产税是618.5美元。如果您不放心，我们可以打电话问一问本地税务官。"在这个案例里，推销人员有效地使用直接否定法否定了顾客所提出的有关异议。

但是，推销人员如果不能运用正确的方法，就极其容易伤害顾客的自尊，使新的顾客异议不断出现，即使这样，要以和蔼的语气，控制住自己的情绪，注意只讨论问题，不要涉及人身攻击，即我们常说的"对事不对人"。要让顾客感觉到推销人员的专业、严谨、权威、敬业和崇高的人格魅力。

案例 5.23

顾客："你们家的衣服太花了。"

导购错误的回答：

（1）"不会呀！"

（2）"这是我们今年最新流行的设计。"

（3）"这就是我们家的风格。"

导购正确的回答：

（1）"嗯。有些顾客刚接触到我们的产品会觉得比较独特，我们的产品是源自欧洲古典巴洛克风格，设计时融入了现代时尚元素，很能够体现女性柔美气质，我建议您可以挑选一件试穿感受一下。"

（2）"是的。和您以前接触到其他品牌服装确实有比较独特的方面。和您目前的着装风格相比也比较特别，但我们的衣服很能够体现女性柔美气质，我建议您可以尝试一下新的着装风格，可以在不同场合展现不同的气质。如这款……"

启示与思考： 在处理顾客异议时注意灵活地采用反驳法，争取以不可辩驳的事实、翔实权威的资料来佐证自己的观点，给顾客一个简单明了、毋庸置疑的答案，不但能让顾客心服口服，而且能让顾客更加信任推销人员。

（七）分拆法

分拆法只适合于涉及产品价格、交货时间、付款方式、订货数量和信贷条件等具体量化的顾客异议。所谓分拆，即采用把顾客认为整体偏高的相关数量异议分拆为零散的个量或者将零散的个量予以整合的办法来处理顾客异议。例如，顾客认为价值5000元的平板电视太贵了，推销人员可以告诉顾客：这种电视使用寿命是10年，等于一年只花费了500元，相当于一年看20场电影的价格。或者顾客抱怨一年交纳1000元的保险费用多了，你可以说，一天不到3块钱，只不过一袋瓜子的价钱。整合则相反，是将顾客认为麻烦的零散个量合并为一个整体。例如，顾客不满意30天交货期限，你可以说，只不过短短的一个月而已。

分拆法主要用于对顾客心理感觉上的影响，将顾客在某一个问题上的纠缠通过数量上的分解，分散其主要的注意力，达到化整为零、积少成多的目的，消除相应的顾客异议。一般来说，分拆适合那些斤斤计较，死要面子又表现"精明"的顾客；整合法则适用于比较好说话、性格随和、比较好沟通的"马虎"的顾客。在推销现场究竟采取什么方法比较好，完全取决于推销人员对顾客类型的准确分析和判断，不好一概而论。

这里介绍了七种处理顾客异议的技巧和方法，推销人员只要都能掌握，一般是可以自如地处理各种顾客异议的。在实践中，如何处理顾客异议，并不是哪一种方法可以单独奏效的，多数情况下，需要推销人员根据推销现场的实际情况，随机应变，见机处理，有时需要多种方法合并使用，才能产生好的效果。

【任务实践】 处理顾客异议情景模拟

目标：

1. 体会处理顾客异议时应持有的正确态度。

2. 掌握处理顾客异议的基本方法。

要求：

1. 学生充分了解顾客异议的类型。

2. 学生了解推销异议产生的根源。

3. 老师对学生的情景模拟进行点评。

【任务评价】

1. 教师可给出有关顾客异议的基本案例资料，并对其采取的处理技巧进行分析，便于学生实践训练时参考。

2. 分小组轮流扮演角色。讨论、分析顾客异议的态度及处理方法，写出文案，各小组评出优秀文案在班内表演。评选出班内文案范例。

【项目知识总结】

按照推销的一般步骤，成功接近顾客之后即进入推销洽谈阶段。整个推销程序和过程中，推销洽谈是一个关键性的阶段，是极其重要的环节。

推销洽谈是一个复杂的、具有丰富内容和循序渐进的活动过程。整个推销洽谈的过程包括四个阶段：准备阶段、开局阶段、讨价还价阶段或磋商阶段、结束洽谈或成交阶段。

要使推销洽谈顺利进行，必须进行充分的准备。推销洽谈前的准备工作主要包括掌握有关信息、确定洽谈目标、拟订洽谈方案等。

洽谈开局将在很大程度上决定洽谈最终目标的达成。首先，应该对洽谈的原则有一个很好的把握，步步为营，不能让对方牵着鼻子走；其次，应根据对对方的了解和洽谈的需要，制定切实可行的洽谈步骤；再次，应该主动控制洽谈的进程，不能一开始就乱了方寸。

推销洽谈是一项很复杂的工作，既需要推销洽谈人员有较深的专业知识，又要求其掌握一定的洽谈方法、策略和技巧。

顾客异议存在于整个推销洽谈的过程中，它既是推销的障碍，也是成交的前奏与信号。通过分析和处理顾客异议得出如下结论：

（1）顾客异议是推销人员在推销商品过程中，顾客用语言或行动打断推销人员的介绍或改变话题，以表示怀疑或否定甚至反对意见的一种反应。

（2）顾客异议产生的原因包括顾客方面的、推销品方面的、推销人员方面的和生产企业方面的。

（3）处理顾客异议的原则有尊重顾客异议原则、耐心倾听原则、永不争辩原则、及时反应原则和提供价值和利益原则等。

（4）处理顾客异议的策略有把握适当时机、弱化与缓解和调整与让步等。

（5）处理顾客异议的方法有忽视法、补偿法、借力法、"认同—赞美—转移—反问"法、询问法、反驳法和分拆法等。

【项目练习】

一、判断题

1. 推销洽谈的最优目标是通过洽谈要达到最理想的目标，一般达不到，所以设置时越高越好。　　　　　　　　　　　　　　　　　　　　　　　　　　　　　（　）

2. 老太太买李子的故事说明顾客第一时间说出想要的东西并不一定是顾客的真正深层次需求。　　　　　　　　　　　　　　　　　　　　　　　　　　　　　　　　　（　）

3. 什么时候顾客想谈价格，我们就要开始价格磋商。　　　　　　　　　　　　（　）

4. 黑白脸策略只能一个人扮演"黑脸"，一个人扮演"白脸"。　　　　　　　　（　）

5. 开场陈述只是原则性、非具体的。　　　　　　　　　　　　　　　　　　　（　）

6. 顾客异议会阻碍成交，所以应该与顾客争辩。　　　　　　　　　　　　　　（　）

7. 一般情况下，对虚假异议，推销人员可以采用不理睬或一带而过的方法进行处理。

　　　　　　　　　　　　　　　　　　　　　　　　　　　　　　　　　　　（　）

8. 推销人员可以通过 FSQS 方法，即通过友好、沉默、询问、注视，促使顾客详细说出或解释他们所关心的事，从而辨别顾客的真假异议。　　　　　　　　　　　　　　（　）

9. 当处理顾客异议时应优先处理异议，而不是顾客心情。　　　　　　　　　　（　）

10. 当推销人员和顾客的审美观完全不同时，可以用直接反驳法。　　　　　　（　）

二、选择题

1. 挑选和组建谈判团队时应注意（　　　）方面。

A. 谈判人员之间权责清晰、分工明确、知识结构和性格结构配合良好

B. 最好是派出与对方同等职务、年龄相近的洽谈人员

C. 费用与成本的经济性

D. 整体配合的精干与高效

2. 关于推销洽谈目标说法正确的是（　　　）。

A. 每次拜见潜在顾客时都应该有自己的洽谈目标

B. 洽谈目标只能是结果性目标，不可以是过程性目标

C. 目标应尽量具体，可衡量、可实现程度等

D. 多重目标时要对目标重要性排序，分清轻重，相互不冲突

3. 开局阶段的任务包括（　　　）。

A. 建立恰当的谈判气氛　　　　　　　　B. 明确谈判的议题

C. 初步表达自己的意向和态度　　　　　D. 报价

4. 报价时应该做到（　　　）。

A. 报价应遵循最高可行价原则　　　　　B. 表达清楚、明确

C. 态度坚定、果断　　　　　　　　　　D. 对报价不加解释和说明

5. 为了更深挖掘潜在顾客的想法，准确把握潜在顾客的需求，在提问时尽量做到所获得的信息（   ）。

A. 具体、清晰   B. 深入   C. 粗略、局部   D. 全面

6. 积极倾听表现在（   ）。

A. 听时要专注，保持良好的精神状态   B. 听时要鉴别

C. 使用开放性动作给予反馈   D. 适度追问、复述和沉默

7. 在和潜在顾客沟通时，为激发顾客的需求，我们经常可以设计的问题有（   ）。

A. 根据自己的优势和潜在顾客的需求设计的开放性问题

B. 加强潜在顾客需求的假设性杠杆问题

C. 蕴含价值的问题

D. 信息深挖性问题

8. "正因为你工资不高，万一发生意外，你就缺乏应变能力，所以才要花钱给自己买份保险"，这属于顾客异议处理法中的（   ）。

A. 借力法   B. 补偿法   C. 询问法   D. 反驳法

9. 下列哪个说法更好？（   ）

A. 您说得对，但是……   B. 是的，不过……

C. 是的，除非……   D. 是呀，如果……

10. 不管是何种情况，顾客都会对服务提出某些普遍性的异议，应该何时处理？（   ）

A. 顾客提出后   B. 顾客提出前

C. 顾客提出前后都一样   D. 不予处理

11. "李小姐，看来您是一位非常细心的人，对于您提出的意见我一定会予以充分重视。不过，您是否注意到，在另一方面……，你说呢？"使用（   ）处理顾客异议。

A. 借力法   B. 补偿法

C. 反驳法   D. "认同—赞美—转移—反问"法

12. "小姐，这套产品卖720元，可以用一年，一天才花四元钱，很实惠了！"使用（   ）处理顾客异议。

A. 借力法   B. 补偿法   C. 反驳法   D. 分拆法

三、问答题

1. 什么是顾客异议？其产生的原因有哪些？

2. 推销人员如何在推销洽谈中使用处理顾客异议的策略和方法？请举例说明。

3. 如何制定推销洽谈方案？

4. 推销洽谈的方法有哪些？各有哪些特点及应该注意哪些问题？

5. 推销洽谈的技巧有哪些？请任选其中一种加以说明。

四、自我测验

以下是对于购买产品的一些普遍异议，列出你对每种异议的回答。

（1）对汽车：我需要和我的妻子商量商量。

（2）对打字机：我们不需要一个文字处理打字机。

（3）对人寿保险：我感觉自己很健康。

（4）对清洁器：这个产品的价格比你们竞争对手的要高。

（5）对除草机：这个东西看起来没有必要买。

（6）对微波炉：我看不出你们的微波炉有加热快的优势。

（7）对广播广告：我看不出你们对于报纸广告有任何优势。

（8）对药品：我们已经有这种药品的过多存货。

（9）对化妆品：你们商品的价格太高了。

（10）对房产推销人员：这儿离市区太远，干什么都不是很方便啊。

项目六

促成交易

【项目目标】

知识目标：

1. 理解成交的概念，熟悉影响成交的主要因素；

2. 掌握推销成交的各种方法；

3. 掌握成交的策略以及推销成交后续工作的主要内容。

能力目标：

1. 能有效运用成交的策略达成交易；

2. 能够准确判断影响顾客成交的主要因素；

3. 能够根据不同顾客灵活选择成交方法。

思政目标：

1. 在促成交易的过程中要展现营销人员的精神风貌与职业素养；

2. 培养学生推销过程中的耐心、恒心、严谨等工作精神；

3. 培养学生推销促成交易过程中坚持不懈、爱岗敬业精神。

任务一 促成交易的策略

【导入案例】

某汽车配件厂的甲、乙两个推销员，分别到某一汽车修理厂进行推销。推销员甲认为他推销的产品无论在质量上还是在价格上均属上乘。推销员甲从五个方面分别介绍了自己的产品，在整个面谈过程中，顾客没有提出任何异议。尽管顾客没有马上订货，但推销员甲对这次面谈的结果感到非常满意。他相信顾客一定会向他订货。因此，很有把握地给顾客留出了考虑的时间。几天后，当他再次拜访时，得知推销员乙已经获得了顾客的订单。

思考：推销人员应该掌握哪些成交策略？

成交是整个推销工作的根本目标。因此，一位优秀的推销人员应该具有明确的推销目的，千方百计地促成交易。成交过程是一种表明顾客接受推销人员的意见和建议并实施购买的行为。成交具有约束性、互惠性、双方一致性等特点，这就要求推销人员掌握一定的成交技术，并具备必要的商务知识及其他有关业务知识，只有掌握各种成交理论和成交技术，才能有效地促成交易。因此，推销人员必须熟练掌握成交的基本策略。

一、成交的含义

所谓成交，是指顾客接受推销人员的建议及推销演示，并且立即购买推销品的行动过程。成交也可以理解为顾客对推销人员及其推销建议和推销品的一种积极的或肯定的反应。

（1）成交是顾客对于推销人员及其推销建议的一种反应。在推销过程中，推销人员及其推销提示或演示必须能引起顾客一定的反应，这是推销洽谈的基本目的。如果顾客对于推销人员及其推销建议和推销的商品毫无反应，就根本谈不上成交了。

（2）成交是顾客对于推销人员及其推销建议的一种肯定的反应。推销是一种双向信息交流，顾客必然会对推销行为产生反应。顾客有了反应并不意味着一定成交。顾客的反应可能是积极的，也可能是消极的。一般情况下，在顾客做出积极反应时更有利于成交。因此，推销人员应该积极诱导顾客，使顾客产生购买动机，实施购买行为。

（3）成交是顾客接受推销建议并立即购买推销品的行动过程。成交是顾客正式接受推销人员及推销建议和推销品，只有正式接受才算正式成交。因此，在推销过程中，推销人员不仅要赢得顾客的信任和好感，而且要说服顾客接受推销建议并立即购买推销品。

成交是一个行动过程，只有顾客购买了推销品，才算最后达成交易。成交的特点是采取购买行动，没有行动的积极反应不是成交，没有行动的接受也不是成交。

总之，成交是顾客接受推销人员及其推销建议并立即购买推销品的行动过程。成交是洽谈的继续，不是每次推销洽谈都能成交。成交是推销过程的终点，但并非每一次推销工作都以成交来终止整个推销过程。为了能达成交易，推销人员不仅应接近顾客和说服顾客，而且应鼓动顾客，促使顾客立即采取购买行动，达成交易。

案例 6.1
成交不是瞬间行为而是一个过程

盖茨五年前开设了一家风景服务公司，公司的主要业务是修理草坪、修剪花草树木、除草和收拾花园，以及草坪以旧换新等。该公司以优质、快捷的服务著称。而客户的反映是，尽管质量不错，但收费太高了。

罗斯一家刚刚购入一幢价值 22.5 万美元的房子，占地约 160 平方米，但地面潮湿，还有沙土，仅有的几棵树也太高、太老，快要枯死了。罗斯先生已经给盖茨打电话询问这一服务，他们星期五下午见了面。

盖茨："下午好，罗斯先生，我是吉尔伯特·盖茨。"

罗斯："我们久闻您在此行业的大名。"

盖茨："我以我们的优质服务为荣。在城里，我们的杰作随处可见。"

罗斯："我们已见过几处，很满意。"

盖茨："现在让我们谈谈您的住宅吧。您希望我做些什么？"（盖茨和罗斯在住宅周围转了几圈，罗斯就这所宅子谈了自己的几个想法。）

盖茨（参观结束后）："我有一个好主意，我现在想好了一个大体框架，最好另找时间咱们谈谈。您看下周三的晚上怎么样？"

罗斯："下周三很好。"

第二个星期的星期三，盖茨与罗斯会面后寒暄几句，便步入正题。盖茨："我现在有几张草图。"

罗斯："您能多解释一下吗？"

盖茨："您的房子太漂亮了，您和夫人一定为之骄傲。"

罗斯："是的。"

盖茨："为了更完善一些，您必须有一个漂亮的环境：草坪、灌木丛、花卉和树荫。我建议您不用 4 英寸（1 英寸 =2.54 厘米）的填土，而是直接从麦伦庄园引入一层 2 英寸厚的沃土，并种植那里的兰草。这样虽然贵了一些，但您今年夏天就有漂亮、迷人的草坪了。如果让我们撒种，那要花很长时间（盖茨又做了其他解释）。就这些，您的意见如何？"

罗斯："听起来不错，要多少钱？"

盖茨："我们的服务将一直延续两年。全部费用为 10000 美元。"

罗斯："10000 美元！太贵了。我们两年前为这块空地只花了 3500 美元。"

盖茨："听起来贵了点，但是，我们还要向您提供两年内的各项配套服务，如种植灌木、养护等。"

罗斯："我们也与其他几家风景公司谈过，价格比您的便宜。"

盖茨："如果那样的话，我们也可以做到，帮您植草、翻土、种树，直到草坪变绿。那要用约 1 个月时间，只需 3000 美元，但是以后的事情我们就不负责了。据经验，有一些草坪挺好，但有的会出问题。"

罗斯："我也明白，3000 美元和 10000 美元的服务会大不一样。我只是在想，为了那些服务差异而多花 7000 美元是否值得？"

盖茨："让我们回顾一下那些差异。首先，地皮是全套的优质地皮，来自麦伦庄园；每一棵灌木都精心挑选，放在合适的位置，有一些是常青的，有一些是四季变化的。这样，您的花园便四季如春，景色各异。另外，每一棵树都是不同类型的，有两棵 20 英尺（1 英尺 = 0.3048 米）高，一年后便可有树荫。而且，我们在两年内为任何死去的草木免费替换。如果按照便宜的价格，您得到的只不过是一个绿草坪、一点灌木、几棵小树。但多花一点钱，便可迅速拥有一所豪华宅院。"

罗斯："听起来真是不错，但我还是不知那多花的 7000 美元是否合理，我要等我夫人下周回来，同她商量。"

二、成交的信号

案例 6.2

推销员马丽敲开了王先生的门，向他推销榨果汁机："王先生，你的同事李先生要我前来拜访，跟你谈一个你可能感兴趣的问题。"王先生打消了怀疑态度，让马丽进入室内。马丽全方位地讲解了榨果汁机的优良性能，并进行了精彩的示范。王先生表示出极大的兴趣，但是他认为操作步骤有些麻烦。马丽从容不迫地告诉他，操作起来是有些麻烦，但是考虑到其一流的质量和低廉的价格，这不算什么大问题，不会影响使用效果。王先生点了点头。马丽趁机说："你喜欢黄色还是绿色？"王先生挑了一个绿色的，交易很快完成了。

引例说明，在推销成交阶段，推销人员要充分注意顾客的言行，及时捕捉成交信号，灵活运用成交策略与技巧，最终促成交易，达到推销的目标。

在推销过程中，促成交易是一个特殊的阶段，它是整个推销工作的最终目标，其他阶段只是达到推销目标的手段。如果推销没有成交，那么推销人员所做的一切努力都将白费。虽然成交的环境条件各不相同，成交的原因也各有特点，但是达成交易还是有一些具有共性的特征，推销人员掌握和熟悉这些特征后，对提高促销成效将有很大的帮助。

成交信号是指顾客在语言、表情、行为等方面所泄露出来的打算购买推销品的一切暗示或提示。在实际推销工作中，顾客为了保证实现自己所提出的交易条件，取得交易谈判的主动权，一般不会首先提出成交，更不愿主动、明确地提出成交。但是顾客的购买意向总会通过各种方式表现出来，对于推销人员而言，必须善于观察顾客的言行，捕捉各种成交信号，及时促成交易。

顾客表现出来的成交信号主要有表情信号、语言信号、行为信号等。

1. 表情信号

这是从顾客的面部表情和体态中所表现出来的一种成交信号，如在洽谈中面带微笑、下意识地点头表示同意你的意见、对产品不足表现出包容和理解的神情、对推销的商品表示兴趣和关注等。顾客的语言、行为、表情等表明了顾客的想法。推销人员可以据此识别顾客的购买意向，及时地发现、理解、利用顾客所表现出来的成交信号，促成交易。

把握成交时机，要求推销人员具备一定的直觉判断与职业敏感。一般而言，下列几种情况可视为促成交易的较好时机：

① 当顾客表示对产品非常有兴趣时；

② 顾客神态轻松，态度友好；

③ 当推销员对顾客的问题做了解释说明之后；

④ 在推销人员向顾客介绍了推销品的主要优点之后；

⑤ 在推销人员恰当地处理顾客异议之后；

⑥ 顾客对某一推销要点表示赞许之后；

⑦ 在顾客仔细研究产品、产品说明书、报价单、合同等情况下。

2. 语言信号

顾客通过询问使用方法、价格、保养方法、使用注意事项、售后服务、交货期、交货手续、支付方式、新旧产品比较、竞争对手的产品及交货条件、市场评价、说出"喜欢"和"的确能解决我这个困扰"等表露出来的成交信号。以下几种情况都属于成交的语言信号：

① 顾客对商品给予一定的肯定或称赞；

② 征求别人的意见或者看法；

③ 询问交易方式、交货时间和付款条件；

④ 详细了解商品的具体情况，包括商品的特点、使用方法、价格等；

⑤ 对产品质量及加工过程提出质疑；

⑥ 了解售后服务事项，如安装、维修、退换等。

语言信号种类很多，推销人员必须具体情况具体分析，准确捕捉语言信号，顺利促成交易。

3. 行为信号

由于人的行为习惯，经常会有意无意地从动作行为上透漏一些对成交比较有价值的信息，当有以下信号发生的时候，推销人员要立即抓住良机，勇敢、果断地去试探、引导客户签单。

① 反复阅读文件和说明书；

② 认真观看有关的视听资料，并点头称是；

③ 查看、询问合同条款；

④ 要求推销人员展示样品，并亲手触摸、试用产品；

⑤ 突然沉默或沉思，眼神和表情变得严肃，或表示好感，或笑容满面；

⑥ 主动请出有决定权的负责人，或主动给你介绍其他部门的负责人；

⑦ 突然给销售人员倒水、变得热情起来等。

正因为通过顾客的行为我们可以发现许多顾客发出的成交信号，因此作为一位推销人员应尽力使顾客成为一位参与者，而不是一位旁观者。在这种情况下，通过细心观察，推销人员很容易发现成交信号。比如，当顾客在商品前流连忘返，或者来回看过几次的时候，就说明顾客对该产品有很大的兴趣，只要及时解决顾客的疑问，成交也就顺理成章了。

【小测验 6-1】

如果你是中高级住宅的推销员，根据你自己的经验和看法，下面哪些不是推销洽谈中的购买信号？

A. 顾客索取并阅读有关部门推销文件

B. 顾客提出有关价格异议

C. 顾客问推销员有完没完

D. 顾客抱怨住宅的外观设计缺乏品位

E. 顾客要求推销员留下联系电话

F. 顾客详细询问价格和付款条件

【答案】CD

三、成交的基本策略

成交是推销工作的根本目标。在推销工作的这个阶段，推销人员不仅要继续接近和说服顾客，而且要帮助顾客做出最后购买决定，促成交易并完成一定的成交手续。如何实现成交目标，取决于推销人员是否真正掌握并灵活运用成交的基本策略和技术。

1. 正确识别顾客的成交信号，当机促成交易

成交信号是指顾客在接受推销过程中有意无意地通过表情、体态、语言及行为等流露出来的各种成交意向。我们可以把它理解为一种成交暗示。在实际推销工作中，顾客为了保证自己所提出的交易条件，取得心理上的优势，一般不会首先提出成交，更不愿主动、明确地提出成交。但是顾客的成交意向总会通过各种方式表现出来。对于推销人员而言，必须善于观察顾客的言行，捕捉各种成交信号，及时促成交易。

成交信号有以下类型。

信号 1：当推销员将商品的有关细节以及各种交易条件说明之后，客户显示出认真的神情，并把推销员所提出的交易条件与竞争对手的条件相比较时，推销员就可以询问客户的购买意向了。

信号 2：以种种理由要求降低价格。这是非常有利的信号，此时客户已将产品的支付进行比较，价格上的优惠是每一位有购买欲的客户都会要求的，你不能轻易让步。要判明客户是否确实想买而又存在支付上的困难，如果不是这样，你的让步或许会让客户兴味索然。此时你不妨先回避要与不要的焦点，而反问对方要多少，根据数量来考虑折扣与价格。这样会给客户一个你比较认真地对待这一问题的看法，同时又很灵活，觉得自己有希望得到价格上的优惠。

信号3：主动热情地将推销员介绍给负责人或其他主管人员。虽然这时你会觉得有一点挫折感，因为你的一系列努力没有马上变成实际的销售，但这也是很有成绩的。一旦客户将你和你的产品介绍给其他主管，你的成功率可能大大增加。因为这位客户一定想让别人赞同他的看法，那么他就会努力帮助你推销。这时推销员不妨沉默一下。

信号4：要求详细说明使用时的要求，注意事项以及产品的维修等售后服务。此时推销员除了耐心详细地说明外，还要诱导对方提问，以打消客户的顾虑，使其迅速做出决定。有时客户会就你已经解释过的某些问题反复询问，千万不能急躁，而要耐心地回答。

信号5：主动出示自己有关这种产品的情报和资料。这说明客户潜意识中已经接受了这种产品。此时可以让对方试用，他一定不会拒绝。

信号6：对目前正在使用的其他厂家的产品不满。这是你成交的好机会，但你不能过分附和客户，批评其他厂家及其产品，其实只要适时地强调自己产品的优点即可。

信号7：对推销员的接待态度明显好转，接待档次明显提高。这说明客户已经信任推销员并愿意听取建议，这时就可以提出交易条件，询问客户的购买意向了。

实际上，即使是最优秀的推销人员，也不可能使每一次推销洽谈都导致最后的成交。在推销活动中，真正达成交易的只是少数。应该充分地认识到这一事实，推销人员才会鼓起勇气，不怕失败，坦然接受推销活动可能产生的不同结果。坦然、平静的心态有利于推销人员取得心理上的优势，让顾客感到推销这种产品对你来说是一件十分平常的事情。你的产品和服务很受欢迎，交易成功对双方都有利可得。

案例 6.3

只要你不放弃就没有失败

史泰龙是享誉全球的电影巨星，但鲜为人知的是他年轻时所遭过的挫折。史泰龙在年轻时非常穷困潦倒。1976年在他30岁生日时，饱受贫穷之苦的他面对妻子用1.5美元买来的生日蛋糕发誓说："我一定要脱离贫穷。"他当时梦想当演员，于是到纽约去找电影公司应聘。

由于史泰龙的英语发音不标准，长相又不怎么样，虽然他跑了500家电影公司，但是所有的公司都拒绝了他。他当时只有一个想法："过去不等于未来，过去失败不等于未来失败。"

他又开始跑回去应聘当演员，又被拒绝500次，但他还是只有一个想法："过去不等于未来。"

他再一次跑回去向每家电影公司介绍自己，结果还是被拒绝。他失败1500次以后还是只有一个想法："过去不等于未来。"

同时，他认为应该改变策略，采取一些不同的行动。于是他利用三天半的时间写了一个剧本。他拿着剧本向电影公司推荐。到1800次的时候，终于有一家电影公司同意用他的剧本，但是不让史泰龙当演员。于是他拒绝了这家电影公司的要求，一直到1855次，史泰龙终于当上了演员。他演的第一部电影叫《洛基》，也就是他自己编写的剧本，从此一炮走红，成为全世界片酬最高的男演员之一，基本片酬2000万美元。

2. 掌握成交时机，随时促成交易

一个完整的推销过程，要经历寻找顾客、推销接近、推销洽谈、处理顾客异议和成交等阶段。但并不是说每一次成交都必须逐一地经过这些阶段。这些不同的阶段相互联系，相互

影响，相互转化，在任何一个阶段里，随时都可能达成交易。推销人员必须机动灵活，随时发现成交信号，把握成交时机，随时促成交易。

通常，下列三种情况可能是出现促成交易的最好时机：

（1）重大的推销障碍被处理后；

（2）重要的产品利益被顾客所接受时；

（3）顾客发出各种购买信号时。

总之，顾客的情绪、态度和成交的机会复杂多变，推销人员不应坐等顾客提出成交要求，而是要及时把握成交时机，讲究一定的策略，坚持一定的成交原则，并配合相应的成交技术和成交方法，促成交易，完成推销任务。

3.保持积极的心态，正确对待成败

成交是推销过程中的一个重要的"门槛"，成交的障碍主要来自两个方面：一是顾客异议，二是推销人员的心理障碍。推销人员由于自身知识、经验、性格、爱好以及所面对的顾客特点的不同，在推销过程中难免会产生或多或少的退缩、等候、观望、紧张等不利于成交的消极心理。这就是所谓的推销心理障碍。推销人员心理上的一些障碍，会直接影响到最终的成交。很多推销人员或多或少对成交有恐惧感，总是担心提出成交请求后遭到顾客的拒绝，或者认为顾客会主动提出成交。事实上，人生本来就面临着种种拒绝，顾客对推销员说"不"是很正常的，只要你所推销的商品真能为顾客解决所面临的问题，就不怕顾客不识货，更何况遭到顾客的拒绝你并没有丝毫的损失。因此，推销人员必须克服恐惧心理，加强心理训练与培养，敢于不断提出成交请求。即使在提出试探性成交后遭到否决，还可以重新推荐商品，争取再次成交，相信付出的推销努力一定会得到回报。

推销人员应以积极、坦然的态度对待成交的失败，真正做到胜不骄、败不馁。而实际上有些推销人员经历了几次失败之后，担心失败的心理障碍愈发严重，以至于产生心态上的恶性循环。实际上，即使是最优秀的推销人员，也不可能使每一次推销洽谈都导致最后的成交。在推销活动中，真正达成交易的只是少数。应该充分地认识到这一事实，推销人员才会鼓起勇气，不怕失败，坦然接受推销活动可能产生的不同结果。

案例 6.4

美国百货大王梅西于1882年出生于波士顿。年轻时出过海，以后开了一家小杂货铺，卖些针线。然而，铺子很快就倒闭了。一年后他另外开了一家小杂货铺，没想到仍以失败而告终。

当淘金热席卷美国时，梅西在加利福尼亚开了个小饭馆，本以为供应淘金客膳食是稳赚不赔的买卖，没想到到多数淘金者一无所获，什么也买不起。这样一来，小铺又倒闭了。

回到马萨诸塞州之后，梅西满怀信心地干起了布匹服装生意。可是这一回他不只是倒闭，简直是彻底破产，赔了个精光。

不死心的梅西又跑到新英格兰做布匹服装生意。这一回他终于找对了时机，买卖做得很好，甚至把生意做到了街上的商店。

梅西在头一年开张时账面上的收入才11.08美元，而现在位于曼哈顿中心地区的梅西公司已经成为世界上最大的百货商店之一了。百货大王成功的秘诀何在？

案例分析： 所谓"失败乃成功之母"。成功正是在失败中发酵孕育的，它隐藏在你对挫败的否定并坚持不懈之中。做推销一定会遇到许多的拒绝，奢望一夕成功绝无可能。失败了

多少次并不重要，重要的是你即将要采取哪些行动去帮助自己成功。一次的失败并不重要，重要的是永远不放弃成功的念头，只要坚持永不放弃，就一定可以成功。从某种意义上来说，没有失败的推销，只有推销员的失败。

4. 因势利导，诱导顾客主动成交

诱导顾客主动成交就是要设法使顾客主动采取购买行动。这是成交的一项基本策略。一般而言，如果顾客主动提出购买，说明推销人员的说服工作十分有效，也意味着顾客对产品及交易条件十分满意，以致顾客认为没有必要再讨价还价，因而成交非常顺利。所以，在推销过程中，推销人员应尽可能地引导顾客主动购买产品，这样可以减少成交的阻力。

通常，人们都喜欢按照自己的意愿行事。由于自我意识，人们对于别人的意见总会下意识地产生一种排斥心理，尽管别人的意见很对，也不乐意接受，即使接受了，心里也会感到不畅快。因此，推销员要采取适当的方法与技巧来诱导顾客主动成交，并使顾客觉得购买行为完全是个人的主意，而非别人强迫。这样，在成交的时候，顾客的心情就会十分轻松和愉快。

5. 关键时刻亮出"王牌"

当你有一定把握看到准顾客准备与你签订合同，但由于对推销品仍有疑虑，犹豫不决时，你应该亮出"王牌"，"重拳"出击，掌握主动权，彻底摧毁顾客的心理防线，使之签订"城下之盟"。但王牌的使用是要讲究策略的，应该在推销的关键时刻亮出来，这要求推销员要有保留地介绍成交条件，不要一口气把全部有价值的宣传要点都用完，"弹尽粮绝"之时也就是"坐以待毙"之日。譬如推销员可以说："我忘记告诉你了，为了表明我们与贵公司合作的诚意，第一笔生意的运费由我们承担。"

6. 充分利用最后的成交机会

在推销洽谈似乎要以失败告终时，推销员仍不要放弃推销努力，最后的成交机会始终是向你敞开着的，很多时候都能"峰回路转""柳暗花明"。因为此时顾客紧张的压力已经得到充分的释放，心理上如释重负，心情变得愉悦，甚至对"可怜的"的推销员产生一点同情心。甚至会产生购买产品的念头。这时，推销人员要善于察言观色，捕捉顾客心理活动的瞬间，抓住时机，充分利用这一最后的机会促成双方最终达成交易。美国有位推销员就特别擅长利用这一最后的时机达成交易。每当他要告别顾客时，便慢慢地收拾东西，有意无意地露出一些顾客未曾见过的产品样品，企图引起顾客的注意和兴趣，从而达成交易，在实际推销工作中，许多推销人员往往忽视这一最后的成交机会，而使一些本该达成的交易失之交臂。

案例 6.5

只要你不放弃，就没有失败

在困难面前，要相信自己，只要你不放弃，就有成功的机会。无论是团队还是个人，要想干成一件事，只有坚持下去才能取得成功。温斯顿·丘吉尔被认为是20世纪最重要的政治领袖之一，他带领英国取得了第二次世界大战的胜利。丘吉尔用他一生的成功经验告诉人们：成功根本没有秘诀，如果有的话，就只有两个：第一个是坚持到底，永不放弃，第二个就是当你想放弃的时候，回过头来照着第一个秘诀去做，坚持到底，永不放弃。

现在的职场是一个变幻莫测的战场，也许这一秒你还是春风得意，下一秒就被炒了鱿鱼，或是打入冷宫。也许你的工作一直没有起色，一直都得不到老板的青睐和重视，那么，

失意的你是选择破罐子破摔呢，还是选择坚持，不言放弃呢？刚从学校毕业的刘晓明在一家培训机构找到了一份课程推广员的工作。在走上工作岗位后，他工作十分努力并希望能够做出一番成绩。

可是，不管他如何努力，却始终没有什么结果，没能让人前来参加他们公司所举办的课程培训。"我劝你最好还是换一份工作，你都干了这么长时间一点成绩都没有。"他的一位同学劝他。对于同学好心的劝解，刘晓明只是报之一笑，并没有因此而放弃。因为他觉得自己没能做出成绩，问题出在自己的身上：没能很好地传递出相关的课程信息，或者是所采用的方法不当。

于是，他将更多的时间和精力投入到工作上，不仅仅如此，他还仔细地研究所要推广的课程，在每一次遭到拒绝时进行总结，寻找原因，向一些业绩优异的同事取经学习。时间一天天过去了，刘晓明在实际的工作中一天天成熟起来，业绩也在慢慢地提升——因他前来听公司所举办的培训课程的客户越来越多。

没过多久，他就成了公司内业绩最好的员工，当然他在工作上的优异表现也引起了领导的注意，已经决定再考察一段时间后就将刘晓明提拔为课程推广部的主管。不难想象，如果刘晓明在开始的时候因没有取得业绩而主动放弃，不能坚持下来，没有主动去想办法，就不可能有以后工作中的优异表现。

拥有永不放弃的精神，应该是每一个有志的职场人士所必需的。无论是团队还是个人，要想干成一件事，都要有一种坚持精神。如果你坚持着不放弃，即使前面的山再高，你也可以一步一步地迈过去，看到山后美丽的风景。在工作中，每个人都没有当逃兵的理由，更没有选择放弃的权利。在逆境面前，只有坚持到底、永不放弃，才能体会到苦尽甘来的喜悦，成就番业绩。

【任务实践】

针对某一产品进行一次推销实践活动，运用所学的各种成交的方法促成交易，并写出推销过程。

任务二　促成交易的方法

【导入案例】

王强是一名大型体育用品商店的销售员，这家商店最近在报纸上做了大量的广告，并在公司内举办了一个产品展览会。星期三下午，一个客户进了展厅，开始仔细查看展出的帐篷，王强认为他是一名该产品的潜在客户。

王强："正如您所见，我们有许多种帐篷，能满足任何购买者的需求。"

客户："是的，可选的不少，我都看见了。"

王强："这几乎是一个万国展了，请问您喜欢哪种产品？"

客户："我家有5口人，3个孩子，都10岁以下，我们想去南方度假，因此打算买个帐篷，但不能太贵，度假花销已经够多了。"

王强："这儿的许多产品都能满足您的需求。例如这种，里面很大，可容纳下像您家那么大规模的家庭；质地很轻，而且不用担心，它是防水的；右边的窗子可以很容易地打开，接受阳光；地面是用强力帆布特制的，耐拉、防水；能很容易地安装和拆卸，您在使用中不会有任何问题。"

客户："看上去不错，多少钱？"

王强："价格合理，985元。"

客户："旁边那个多少钱？"

王强："这个圆顶帐篷是名牌，比前一个小一点，但够用，特性与前面一个相差无几，价钱是915元。"

客户："好的，现在我已经了解了许多，星期六我带妻子来，那时再决定。"

王强："这是我的名片，如果有问题可以随时找我，我从早上开业到下午6点都在这儿，星期六我很高兴能与您和您妻子谈谈。"

案例说明，在促成交易阶段，推销人员不仅要充分注意客户的言行，捕捉成交信号，而且应灵活运用成交策略与技巧，促成交易的最终达成，实现推销目标。

所谓成交方法是指推销人员用来促成顾客做出购买决定，最终促使顾客采取购买行动的方法和技巧。它是成交活动的规律与经验的总结，常用的成交方法主要有以下几种：

一、请求成交法

请求成交法（Asking for the order）也叫直接成交法（Direct Approach），即推销人员用明确的语言向准顾客直接提出购买的建议。当买卖已经"瓜熟蒂落"时，推销员自然就应说："既然没什么问题，我看我们现在就把合同订了吧"。

针对某些理智型的顾客，直接请求成交法也许是最有效的方法。请求成交法主要适合于以下情形：

（1）老客户。对于老顾客，因为买卖双方已建立了较好的人际关系，运用此法，顾客一般不会拒绝。例如："老张，最近我们生产出几种新口味的冰激凌，您再进些货，很好销的！"

（2）顾客已发出购买信号。顾客对推销品产生购买欲望，但还未拿定主意或不愿主动提出成交时，推销人员宜采用请求成交法。例如：一位顾客对推销人员推荐的空调很感兴趣，反复地询问空调的安全性能、质量和价格等问题，但又迟迟不做出购买决定。这时推销人员可以用请求成交法。"这种空调是新产品，非常实用。现在厂家正在搞促销活动，享受八折的优惠价格，如果这时买下，您还会享受终身的免费维修，这些一定会让您感到满意的。"

（3）在解除顾客存在的重大障碍后。当推销人员尽力解决了顾客的问题和要求后，是顾客感到较为满意的时刻，推销人员可趁机采用请求成交法，促成交易。例如："您已经知道这种电热水器并没有您提到的问题，而且它的安全性能更好，您不妨就买这一型号的，我替您挑一台，好吗？"

但请求成交法也存在着缺陷。若销售人员不能把握恰当的成交机会，盲目要求成交很容易给顾客造成一种压力，从而产生一种抵制情绪，破坏本来很友好的成交气氛。此外，若销售人员急于成交，就会使顾客以为销售人员有求于自己，从而使销售人员丧失成交的主动权，使顾客获得心理上的优势。还有可能使顾客对先前达成的条件产生怀疑，从而增加成交的困难，降低成交的效率。

二、假定成交法

假定成交法是指在尚未确定成交，对方仍持有疑问时，销售人员就假定顾客已接受销售建议而直接要求其购买的成交法。譬如推销员可做如下陈述："我稍后就打电话为您落实一下是否有存货？"如果准顾客对此不表示任何异议，则可认为顾客已经默许成交。

假定成交法是一种推动力。比如，你已将一部汽车开出去给顾客看过了，而感到完成这笔交易的时机已经成熟，这时你就可以进一步地解决这个问题，推动顾客能真正地签下订单。你可以这样对他说："杨先生，现在你只要花几分钟工夫就可以将换取牌照与过户的手续办妥，再有半个钟头，你就可以把这部新车开走了。如果你现在要去办公事，那么就把这一切交给我们吧，我们一定可以在最短时期内把它办好。"经你这样一说，如果顾客根本没有决定要买，他自然会向你说明；但如果他觉得换取牌照与过户手续相当麻烦而仍有所犹豫的话，那么你的这番话该使他放心了，说明手续不成什么问题。

假定成交法，特别适用于对老顾客的推销。例如，一个化妆品推销员对一个正在比较各种口红颜色的顾客说："你手上的这支很适合你的年龄和肤色。来，我替你装好。"

假定成交法的优点是节省推销时间，效率高。它可以将推销提示转化为购买提示，适当减轻顾客的成交压力，促成交易。

假定成交法要求销售人员要正确把握时机，盲目假定顾客已有了成交意向而直接明示成交，很容易给顾客造成过高的心理压力，导致可能成功的交易走向失败。这种方法若使用不当，还会使顾客产生种种疑虑，使销售人员陷于被动，增加成交的困难。

三、选择成交法

选择成交法是指推销人员向顾客提供两种或两种以上可供选择的购买方案来促成交易的成交方法。它是假定成交法的应用和发展，仍然以假定成交理论作为理论依据，即推销人员在假定成交的基础上向顾客提出成交决策的比较方案，先假定成交，后选择成交。顾客不能在买与不买之间选择，而只是在推销品不同的数量、规格、颜色、包装、样式、交货日期等方面做出选择，使顾客无论做出何种选择，导致的结局都是成交。

案例 6.6

推销员："以车身的颜色来说，您喜欢灰色的还是黑色的？"

客户："嗯，如果从颜色上来看，我倒是喜欢黑色的。"

推销员："选得不错！现在最流行的就是黑色的！那么，汽车是在明天还是在后天送来呢？"

客户："既然要买，就越快越好吧！"

经过这样一番话，客户等于说要买了，所以这时推销员就说："那么明天就送货吧。"这样很快就达成了交易。

采用选择成交法，可以避免令顾客感到难以下决心是否购买的问题，而使顾客掌握一定的主动权，即选择权，从而比较容易做决定。但真正的成交的主动权仍在推销人员手中，因为顾客选来选去，无论选择哪一个都是成交。而且，当销售人员直接将具体购买方案摆到顾客面前时，顾客会感到难以拒绝，从而有利于促成交易。但是有时采用选择成交法会让顾客感到无所适从，从而丧失购买信心，增加新的成交心理障碍。有时也会让顾客感到压力较大，从而产生抵触情绪，并拒绝购买。

四、总结利益成交法

总结利益成交法是指推销人员将顾客关注的产品的主要特色、优点和利益，在成交中以一种积极的方式来成功地加以概括总结，以得到顾客的认同并最终获取订单的成交方法。例如：

吸尘器推销员运用总结利益成交法，他可能说："我们前面已经讨论过，这种配备高速电机的吸尘器（特征）比一般吸尘器转速快两倍（优点），可以使清扫时间减少 15～30 分钟（利益），是这样吧？（试探成交，如果得到积极回应）你是想要卫士牌还是天使牌？"

总结利益法也许是争取订单最流行的方法。施乐公司培训中心的销售教员说，他们传授的大多数成交方法都是由总结利益法的三个基本步骤组成：

（1）推销洽谈中其确定顾客关注的核心利益；

（2）总结这些利益；

（3）作出购买提议。

总结利益成交法能够使顾客全面了解商品的优点，便于激发顾客的购买兴趣，最大限度地吸引顾客的注意力，使顾客在明确自己既得利益的基础上迅速作出决策。总结利益成交法适用面很广，特别是适合于相对复杂的购买决策，如复杂产品的购买或向中间商推销。

但是采用此法，推销人员必须把握住顾客确实的内在需求，有针对性地汇总阐述产品的优点，不要"眉毛胡子一把抓"，更不能将顾客提出异议的方面作为优点加以阐述，以免遭到顾客的再次反对，使总结利益的劝说达不到效果。

案例 6.7

在一次推销洽谈中，顾客（一位商店女经理张女士）向推销员暗示了她对产品的毛利率、交货时间及付款条件感兴趣。以下是他们之间的对话。

推销员：张女士，您说过对我们较高的毛利率、快捷的交货时间及付款方式特别偏爱，对吧？（总结利益并试探成交）

张女士：我想是的。

推销员：随着我们公司营销计划的实施，光顾你们商店的顾客就会增加，该商品的销售必将推动全商店的销售额超过平常的营业额，我建议您购买（陈述产品和数量）。下两个月内足够大的市场需求量，必将给您提供预期的利润，下周初我们就可交货（等待顾客的回应）。

五、从众成交法

从众成交法是推销人员利用人们的从众心理来促成准顾客购买推销品的成交方法。譬如一位服装店的销售人员在销售服装时说："您看这件衣服式样新颖美观，是今年最流行的款式，颜色也合适，您穿上一定很漂亮，我们昨天刚进了四套，今天就剩下两套了。"

采用从众成交法，可以用一部分顾客去吸引另一部分顾客，从而有利于推销人员提高销售的效率。在日常生活中，人们或多或少都有一定的从众心理，顾客在购买商品时，不仅要依据自身的需求、爱好、价值观选购商品，而且也要考虑全社会的行为规范和审美观念，甚至在某些时候不得不屈从于社会的压力而放弃自身的爱好，以符合大多数人的消费行为。由于产品已取得了一些顾客的认同，使销售人员的说辞更加有说服力，有利于顾客消除怀疑，增强购买信心。

但是，有些顾客喜欢标新立异，与众不同。若销售人员对这些顾客错误地使用了从众成交法，反而会引起顾客的逆反心理，从而拒绝购买。如果推销人员所列举的"众"不恰当，非但无法说服顾客，反而会制造新的成交障碍，失去成交的机会。

六、小点成交法

小点成交法又称为局部成交法，是推销人员利用局部成交来促成整体成交的方法。小点是指次要的、较小的成交问题。

小点成交法主要利用的是"减压"原理，以若干细小问题的决定来避开是否购买的决定，培养良好的洽谈氛围，导向最后的成交。购买者对重大的购买决策往往心理压力较大，较为慎重，担心有风险而造成重大损失，导致难以决断，特别是成交金额较大的交易。为了减轻顾客对待成交的心理压力，帮助顾客尽快下定决心，推销人员可以采取化整为零的方法，将整体性的全部决定变为分散性的逐个决定，先征得对方部分同意。让顾客逐个拿定主意，最后再综合整体，以促成购买决策的达成。

小点成交法具有许多优点，它可以创造良好的成交气氛，减轻顾客的心理压力；为推销人员提供了与顾客周旋的余地，即使一个小点不能成交，可以换其他的小点，直至达成交易；它还有利于推销人员合理利用各种成交信号，有效地促成交易。

案例6.8

一个办公用品推销人员到某局办公室推销一种纸张粉碎机。办公室主任在听完产品介绍后摆弄起这台机器，并自言自语道："东西倒很适用，只是办公室这些小青年，毛手毛脚，只怕没用两天就坏了。"

推销人员一听，马上接着说："这样好了，明天我把货送来时，顺便把纸张粉碎机的使用方法和注意事项给大家讲一下。这是我的名片，如果使用中出现故障，请随时与我联系，我们负责修理。主任，如果没有其他问题，我们就这么定了？"

案例分析：案例中该推销员采用的就是小点成交法。推销人员在假定顾客已经做出购买决定的前提下，就纸张粉碎机的使用和维修与主任达成协议，而避开了重大的成交问题，使办公室主任轻松地接受了成交。办公室主任很容易地接受了这个条件，实际上他也就接受了推销人员的推销建议。

小点成交法若使用不当，将提示的小点集中在顾客比较敏感或比较不满的地方，使顾客将注意力集中到销售人员不希望其注意的地方，很容易使顾客只看到其缺点或扩大了缺点，不利于成交。而且，若推销人员急于减轻顾客压力，盲目转移顾客注意力，还容易引起顾客的误会，不利于双方的交流。此外，这种方法一般需多个回合才能解决问题，销售时间较长，并会降低成交效率。

七、最后机会成交法

所谓最后机会成交法是指推销人员直接向顾客提示最后成交机会而促使顾客立即购买的一种成交方法。这一成交方法要求推销人员运用购买机会原理，向顾客提示"机不可失，时不再来"的机会，给顾客施加一定的成交压力，使顾客感到应该珍惜时机，尽快采取购买行为。譬如，汽车推销员说："这种车型的汽车非常好卖，这一辆卖出去以后，我们也很难进到同样的车子。""由于原材料需要进口，这批货卖完后，可能要很长时间才有货。"

最后机会成交法的关键在于把握住有利的时机，若使用得当，往往具有很强的说服力，产生立竿见影的效果，并能节省销售时间，提高销售效率。采用最后机会成交法最忌讳的是欺骗顾客。比如有些卖水果的小贩往往采取这种伎俩，对顾客说："就剩下这点儿了，五块钱卖给你。"等顾客买完离开后，又拿出一些来欺骗下一个顾客。这种做法一旦被发现，会令其丧失信誉，失去顾客的信誉。

八、优惠成交法

优惠成交法是推销人员通过提供优惠的交易条件来促成交易的方法。它利用了顾客在购买商品时，希望获得更大利益的心理，实行让利销售，促成交易。譬如商业推广中经常使用的"买二送一""买大家电送小家电"等。

正确地使用优惠成交法，利用顾客的求利心理，可以吸引并招揽顾客，有利于创造良好的成交气氛。而且利用批量成交优惠条件，可以促成大批量交易，提高成交的效率。该方法尤其适用于销售某些滞销品，减轻库存压力，加快存货周转速度。但是，采取优惠成交法，通过给顾客让利来促成交易，必将导致销售成本上升。若没有把握好让利的尺度，还会减少销售收益。此外，采用优惠成交法，有时会让顾客误以为优惠产品是次货而不予信任，从而丧失购买的信心，不利于促成交易。

九、体验成交法

体验成交法是推销人员为了让顾客加深对产品的了解，增强顾客对产品的信心而采取的试用或者模拟体验的一种成交方法。当推销人员和顾客商讨完有关产品、服务保障和交易条件后，为了促成交易，就需要在可能的条件下用形象化的手段直观地展示推销品。譬如用计算机给顾客演示产品的多媒体效果图和有关公司的发展理念、服务网络、文化等方面的情况，以进一步增强用户信心。体验成交法能给顾客留下非常深刻的直观印象。目前，在很多高价值、高技术含量的产品领域，体验成交非常流行，譬如汽车销售中的顾客试驾、软件销售中的顾客试用体验等。

体验成交法的运用必须要做好充分准备，对产品中存在的不足要有清晰的认识并安排好应对策略。否则，顾客在试用的时候很容易发现产品存在的不足而导致促销失败。

十、保证成交法

保证成交法是推销人员通过向顾客提供某种保证来促成交易的成交方法。保证成交法即是推销人员针对顾客的主要购买动机，向顾客提供一定的成交保证，消除顾客的成交心理障碍，降低顾客的购物风险，从而增强顾客的成交信心，促使尽快成交。保证成交法是一种大点成交，直接提供成交保证，直至促成交易。例如："我们汽车保证您能够无故障行驶20万公里，并且还可以为您提供长达8年的售后服务保证，如果一旦遇到什么问题，我们公司的服务人员会随时上门为您提供服务。"

又如："您放心，我这儿绝对是全市最低价，如果你发现别家的货比我的货便宜，我可以立即给您退货。"

保证成交法通过提供保证使顾客没有了后顾之忧，增强了购买信心，从而可以放心购买产品。另外，该方法在说服顾客、处理顾客异议方面也有不同寻常的效果。保证成交法的保证内容一般包括商品质量、价格、交货时间、售后服务等。这种保证直击顾客的成交心理障碍，极大地改善成交气氛，有利于促成交易。使用保证成交法时，一定要做到言而有信。不能为一时的利益而信口承诺，结果无法实现，必将丧失销售信用，不利于与顾客发展长久的关系。

资料库

推销业务洽谈自我检查20问

1. 我推销的产品是否合适？如不合适，为什么？
2. 顾客订购我的产品会得到什么好处？不订购会蒙受哪些损失？
3. 我是否及时而清楚地让顾客认识到他向我订货的利害关系？
4. 顾客拒绝购买的原因有哪些？顾客购买的主要动机是什么？
5. 我的推销要点是否符合顾客的购买动机？
6. 我的推销要点是否符合推销产品的实用价值的原则？这些推销要点是否有说服力？
7. 我的准备充分吗？我的销售要点计划是否切实可行？
8. 我的开场白是否妥当？
9. 我是否利用视听材料？
10. 洽谈气氛是否融洽？顾客是否发表了他的意见和看法？
11. 我使用的一些结论性观点是否经过慎重考虑？
12. 我的言谈举止是否合适？洽谈气氛是否友好？
13. 我是否在与有购买决定权的关键人物打交道？
14. 我是否轻易地放弃了推销努力？
15. 我现在的工作还存在哪些问题？还忽略了些什么？
16. 如果我不得不再次进行同样的业务洽谈，我将会采取哪些不同的方法？
17. 我找到顾客拒绝的真正原因了吗？
18. 还有改变顾客决定的可能性吗？
19. 经过对这次推销活动的剖析，我能从中吸取哪些教训，以进一步改进将来的推销工作？
20. 我对将来的工作有哪些设想？

【任务实践】

实训要求：能够遵循推销洽谈的原则；在资料准备充足的基础上，针对不同类型的顾客，熟练掌握推销洽谈的方法，并能灵活运用，激发顾客的购买欲望，最终达成交易。

实训准备：

（1）将班级的学生分为若干小组，每组4～6人；

（2）以案例《寓销于教》为基础，请学生为售货小姐设计出用明星提示法、联想提示法、直接提示法等的推销洽谈方案。

实训操作步骤：

（1）制定5种导入推销洽谈方法的方案，在小组内交流，选出优秀者，再在班级内交流，教师讲评，选出范例。

（2）以小组为单位，用角色扮演法，模拟自己设计的与顾客进行推销洽谈、说服顾客购买的方案，轮换进行，选出最佳者，再在班级内模拟表演，最后教师讲评，选出全班优秀者。

实训项目的指导与评价：

（1）教师评价学生各组洽谈方案。

（2）教师组成评价小组，对学生的模拟洽谈进行评价。

寓销于教

广东东莞某大型玩具公司的代表来到某市，在该市的大型商场、娱乐中心、公司等场所举办大型玩具展示会。

在某公司的展示区，一位西装笔挺的中年男士走到玩具摊位前停了下来，售货小姐马上走上前去。

"先生，您好！您需要些什么玩具？"售货小姐笑容可掬地问道。"想要这样的遥控玩具。"男士伸手拿起一只遥控玩具战车。

售货小姐："您的孩子多大了？"顾客："5岁了！"

售货小姐提高嗓门说："这样的年龄玩这种玩具正是时候。"说着便把玩具的开关打开。男士的视线又被吸引到遥控玩具上来。"您看，我们的这种玩具操作非常简单，遥控器上就两个遥控杆，左、右手各控制一个，就可以前进、后退、转弯；不像有些遥控玩具，是按键控制，操作很复杂，小孩子操作起来难度较大，可以说有时两只手忙得不可开交还控制不好，容易打击孩子的积极性。我们的这款玩具是肯定不会出现这种情况的。"边说着边把玩具放到地上，拿着遥控器，开始熟练地操纵着，前进、后退、转弯。"小孩子从小玩这种遥控玩具，可以培养出强烈的领导意识。"说着把遥控器递到男士手里。于是，那位男士也开始玩起来了。两三分钟后，售货小姐问道："先生，您看这个遥控玩具怎么样？"

男士开始问："多少钱一套""450（元）。"

"太贵了！便宜点。算400（元）好了。"

"先生，跟令郎将来的领导才能比起来，这实在是微不足道的。"售货小姐停了一下，拿出两节崭新的干电池说："这样好了，这两节电池免费送给你！"说着便把原封的遥控玩具战车，连同两节电池，一起塞进包装用的塑胶袋递给男士。

男士一只手摸进口袋掏钱，另一只手接下玩具问："不用试一下吗？不会有质量问题吧！"

"您放心，品质绝对保证！如有质量问题，明天我们还在这里，我们将无条件退款。"售货小姐送上名片说："我们公司在贵单位办展示，已经交了一笔保证金。"

男士高兴地交了钱，拿着玩具满意而去。

任务三　买卖合同拟定

【导入案例】

销售真正始于售后

卡特匹勒公司是一个专门生产建筑机械的公司，该公司在经营中不仅坚持严格的产品质量控制，而且坚持"销售真正始于售后"的营销策略。他们在世界许多地区都设立了维修站和零件中心，因此，无论在世界的哪个角落，凡接到用户电话后24小时内，他们都能将零配件送到工地，该公司的技术人员也可同时赶到。公司规定，如果不能在24小时内抵达工地，免收所有维修费用。为了保证做到这一点，该公司为本国的93家经销商和海外的137

家经销商专门设立了一个配件中心，并在 10 个国家设有 23 处配件仓库，每个仓库负责一个特定区域的零配件供应，所有仓库的零配件供应范围正好覆盖全世界。在这些仓库里，经常保持有 20 万种可供 2 个月的零配件存货。公司领导层在工作中力求做到：第一，坚持三个"首先"，即每季度首先检查维修情况，然后才检查生产情况；首先检查配件的生产情况，而后检查整体生产情况；在生产中首先安排配件生产，保证维修需要。第二，尽量让用户一次买足施工过程中所需的全部产品，做到配套供应，方便顾客使用。第三，重视售前服务。如主动向客户提供样本、商品目录、实物样品、参考价格表、说明书等，并举办现场展览会和操作表演。虽然该公司的产品普遍比竞争者的同类产品价格高出 10% ～ 15%，但用户仍然愿意购买卡特匹勒公司的产品。公司征战全球的奥秘正是优质的产品加上完善的售后服务。

思考： 为什么说销售始于售后？

一、买卖合同的订立

1. 买卖合同及其特征

买卖合同是出卖人转移标的物的所有权于买受人，买受人支付价款的合同。推销员与顾客订立买卖合同后，才算真正意义上的成交，具有法律的效力。一般要求推销员与顾客之间签订书面形式的合同。书面形式的合同是指合同书、信件和数据电文（包括电报、电传、传真、电子数据交换和电子邮件）等，它们可以有形地表现所载内容的形式。

买卖合同具有以下三个特征：

（1）买卖合同是有偿合同。买卖合同一方（出卖方）向另一方（买受方）转移标的物的所有权，买受方则向出卖方给付价款。两项给付，互为等价，这是买卖合同最基本的特征。

（2）买卖合同是双务合同。买卖合同双方当事人的权利与义务是彼此对立的，一方的权利，正是他方的义务，反之亦然。在买卖合同中，出卖人依法承担以下主要义务：转移标的物的所有权和交付标的物；交付标的物的单证及相关资料；对标的物的品质瑕疵担保；对标的物的权利担保，保证第三人不对标的物主张权利。买受人依法承担以下主要义务：支付价款；主张标的物的瑕疵时妥善保管标的物；受领标的物；保守出卖人商业秘密。

（3）买卖合同是诺成性、不要式合同。买卖合同除法律另有规定或双方当事人另有约定的外，买卖合同的成立，不以标的物的交付为要件，也不以书面形式为必要。

2. 买卖合同订立的基本原则

在社会主义市场经济中，为保证买卖合同的顺利订立和履行，使买卖合同当事人的目的得以实现，企业获得较好的经济效益，就需要明确合同订立的原则。合同订立除了必须遵守合同法的基本原则外，还应遵循如下基本原则。

（1）买卖合同主体必须有法定资格。《合同法》第九条规定："当事人订立合同，应当具有相应的民事权利能力和民事行为能力。"也就是说，当事人应当具有相应的主体资格。

（2）当事人的委托代理必须合法。在现实生活中，有些当事人由于各种原因，往往需要委托代理人来订立合同。委托代理是指代理人根据被代理人的授权，在代理人与被代理人之间产生的代理关系。当事人委托代理必须依法进行。委托代理人订立买卖合同，包括委托授权和委托合同两种形式。如果授权委托书授权不明，被代理人应与代理人一起向第三人负连带法律责任。合同的代理，是指代理人在代理权限内，以被代理人的名义订立、变更、解除合同的活动，直接对被代理人产生权利和义务的一种法律行为。代订合同是当事人双方建立合同关系时经常采用的形式。代理行为必须符合法律的要求。

（3）买卖合同形式必须符合法定形式。合同形式，是指体现合同内容的明确当事人权利义务的方式，它是双方当事人意思表示一致的外在表现。订立合同的形式有书面形式、口头形式和其他形式。其中，书面形式合同有利于督促当事人全面认真履行合同，发生争议也便于分清责任和举证；口头形式的合同无文字为据，一旦发生争议难于举证，不易分清责任，以致当事人的合法权益得不到保护；其他形式，即法律没有禁止的形式。

3. 买卖合同的内容

（1）当事人的名称（或者姓名）和住所。签订合同时，自然人要写上自己的姓名，法人和其他组织要写上单位的名称，还要写上各自的住所。

（2）标的。标的是指合同当事人的权利和义务共同指向的对象。标的是订立合同的目的和前提，也是一切合同都不可缺少的重要内容。

（3）数量。数量是确定合同当事人权利义务大小的尺度。订立合同必须有明确的数量规定，没有数量，合同是无法履行生效的。合同数量规定要准确、具体。

（4）质量。质量是标的物的具体特征，也就是标的内在素质和外观形态的综合，是满足人的需要或生产的属性，如产品的品种、型号、规格和工程项目的标准等。质量条款由双方当事人约定，必须符合国家有关规定和标准化的要求。

（5）价款或报酬。价款或报酬，简称价金，是指作为买受人的一方向交付标的的一方支付的货币，它是有偿合同的主要条款，如买卖商品的货款、财产租赁的租金、借款的利息等。

（6）履行期限、地点和方式。履行期限是合同履行义务的时间界限，是确定合同是否按时履行或迟延履行的标准，是一方当事人要求对方履行义务的时间依据。履行地点是当事人按合同规定履行义务的地方，即在什么地方交付或提取标的。履行方式是指当事人交付标的的方式，即以什么方式或方法来完成合同规定的义务。

（7）违约责任。违约责任是指当事人一方或双方，出现拒绝履行、不适当履行或者不完全履行等违约行为，对过错方追究的责任。违约责任的具体条款，当事人可以依据合同法在合同中进一步约定。

（8）解决争议的方法。我国目前有四种解决合同争议的方法：一是当事人自行协商解决；二是请求有关部门主持调解；三是请求仲裁机关仲裁；四是向人民法院提起诉讼。合同当事人可以在合同上写明采取何种解决争议的方法。

除此之外，合同中还包括包装方式、检验标准和方法等条款。

资料库

工矿产品买卖合同范本

买方：_____（下称甲方）　　　卖方：_____（下称乙方）

地址：_____邮编：_____　　　地址：_____邮编：_____

电话：_____传真：_____　　　电话：_____传真：_____

电子邮箱：_____　　　　　　　　　电子邮箱：_____

甲乙双方经充分协商，本着自愿及平等互利的原则，订立本合同。

第一条　名称、品种、规格和质量

1. 名称、品种、规格：_____（应注明产品的牌号或商标）。

2. 质量，按下列第（　　）项执行：

（1）按照_____标准执行（须注明按国家标准或部颁或企业具体标准，如标准代号、编号和标准名称等）。

（2）按样本，样本作为合同的附件（应注明样本封存及保管方式）。

（3）按双方商定要求执行，具体为：＿＿＿＿＿＿＿＿＿＿＿＿（应具体约定产品质量要求）。

第二条　数量和计量单位、计量方法

1. 数量：＿＿＿＿＿＿＿＿＿＿＿。

2. 计量单位和方法：＿＿＿＿＿＿＿＿＿＿＿。

3. 交货数量的正负尾差、合理磅差和在途自然增（减）量规定及计算方法：＿＿＿＿＿＿。

第三条　包装方式和包装品的处理

＿＿＿＿＿＿＿＿＿＿＿＿（应尽可能注明所采用的包装标准是否符合国家或主管部门标准。自行约定包装标准应具体可行，包装材料由谁供应，包装费用的负担）。

第四条　交货方式

1. 交货时间：＿＿＿＿＿＿＿＿＿＿＿。

2. 交货地点：＿＿＿＿＿＿＿＿＿＿＿。

3. 运输方式：＿＿＿＿＿＿＿＿＿＿＿（注明由谁负责代办运输）。

4. 保险：＿＿＿＿＿＿＿＿＿＿＿（按情况约定由谁负责投保并具体规定投保金额和投保险种）。

5. 与买卖相关的单证的转移：＿＿＿＿＿＿＿＿＿＿＿。

第五条　验收

1. 验收时间：＿＿＿＿＿＿＿＿＿＿＿。

2. 验收方式：＿＿＿＿＿＿＿＿＿＿＿（如采用抽样检查，应注明抽样标准或方法和比例）。

3. 验收如发生争议，由＿＿＿＿＿＿检验机构按＿＿＿＿＿＿检验标准和方法，对产品进行检验。

第六条　价格与货款支付

1. 单价：＿＿＿＿＿＿；总价：＿＿＿＿＿＿（明确币种及大写）。

2. 货款支付：

货款的支付时间：＿＿＿＿＿＿＿＿＿＿＿；

货款的支付方式：＿＿＿＿＿＿＿＿＿＿＿；

运杂费和其他费用的支付时间及方式：＿＿＿＿＿＿＿＿＿＿＿。

3. 预付货款：＿＿＿＿＿＿＿＿＿（根据需要决定是否需要预付货款及金额、预付时间）。

第七条　提出异议的时间和方法

1. 甲方在验收中如发现货物的品种、型号、规格、花色和质量不符合规定或约定，应在妥善保管货物的同时，自收到货物后＿＿＿＿＿＿日内向乙方提出书面异议；在托收承付期间，甲方有权拒付不符合合同规定部分的货款。甲方未及时提出异议或者自收到货物之日起＿＿＿＿＿＿日内未通知乙方的，视为货物合乎规定。

2. 甲方因使用、保管、保养不善等造成产品质量下降的，不得提出异议。

3. 乙方在接到甲方书面异议后，应在＿＿＿＿＿＿日内负责处理并通知甲方处理情况，否则，即视为默认甲方提出的异议和处理意见。

第八条　甲方违约责任

1. 甲方中途退货的，应向乙方赔偿退货部分货款＿＿＿＿＿＿％的违约金。

2. 甲方未按合同约定的时间和要求提供有关技术资料、包装物的，除交货日期得以顺延外，应按顺延交货部分货款金额每日万分之_____计算，向乙方支付违约金；如_____日内仍不能提供的，按中途退货处理。

3. 甲方自提产品未按乙方通知的日期或合同约定日期提货的，应按逾期提货部分货款金额每日百分之_____计算，向乙方支付逾期提货的违约金，并承担乙方实际支付的代为保管、保养的费用。

4. 甲方逾期付款的，应按逾期货款金额每日万分之_____计算，向乙方支付逾期付款的违约金。

5. 甲方违反合同规定拒绝接收货物的，应承担因此给乙方造成的损失。

6. 甲方如错填到货的地点、接货人，或对乙方提出错误异议，应承担乙方因此所受到的实际损失。

7. 其他约定：_____。

第九条　乙方的违约责任

1. 乙方不能交货的，向甲方偿付不能交货部分货款_____%的违约金。

2. 乙方所交货物品种、型号、规格、花色、质量不符合合同规定的，如甲方同意利用，应按质论价；甲方不能利用的，应根据具体情况，由乙方负责包换或包修，并承担修理、调换或退货而支付的实际费用。

3. 乙方因货物包装不符合合同规定，须返修或重新包装的，乙方负责返修或重新包装，并承担因此支出的费用。甲方不要求返修或重新包装而要求赔偿损失的，乙方应赔偿甲方该不合格包装物低于合格物的差价部分。因包装不当造成货物损坏或灭失的，由乙方负责赔偿。

4. 乙方逾期交货的，应按照逾期交货金额每日万分之_____计算，向甲方支付逾期交货的违约金，并赔偿甲方因此所遭受的损失。如逾期超过_____日，甲方有权中止合同并可就遭受的损失向乙方索赔。

5. 乙方提前交的货物、多交的货物，如其品种、型号、规格、花色、质量不符合约定，甲方在代保管期间实际支付的保管、保养等费用以及非因甲方保管不善而发生的损失，均应由乙方承担。

6. 货物错发到货地点或接货人的，乙方除应负责运到合同规定的到货地点或接货人外，还应承担甲方因此多支付的实际合理费用和逾期交货的违约金。

7. 乙方提前交货的，甲方接到货物后，仍可按合同约定的付款时间付款；合同约定自提的，甲方可拒绝提货。乙方逾期交货的，乙方应在发货前与甲方协商，甲方仍需要货物的，乙方应按数补交，并承担逾期交货责任；甲方不再需要货物的，应在接到乙方通知后_____日内通知乙方，办理解除合同手续，逾期不答复的，视为同意乙方发货。

8. 其他：_____。

第十条　不可抗力

任何一方由于不可抗力原因不能履行合同时，应在不可抗力事件结束后_____日内向对方通报，以减轻可能给对方造成的损失，在取得有关机构的不可抗力证明后，允许延期履行、部分履行或者不履行合同，并根据情况可部分或全部免予承担违约责任。

第十一条　争议解决

凡因本合同引起的或与本合同有关的任何争议，如双方不能通过友好协商解决，均应提交_____仲裁委员会，按照申请仲裁时该会实行的仲裁规则进行仲裁。仲裁裁决是终局的，对双方均有约束力。

第十二条　附加条款

1.＿＿＿＿＿＿＿＿＿＿＿＿＿＿＿＿＿。

2.＿＿＿＿＿＿＿＿＿＿＿＿＿＿＿＿＿。

第十三条　其他事项

1. 按本合同规定应付的违约金、赔偿金、保管保养费和各种经济损失，应当在明确责任后＿＿＿＿＿＿日内，按银行规定的结算办法付清，否则按逾期付款处理。

2. 约定的违约金，视为违约的损失赔偿。双方没有约定违约金或预先赔偿额的计算方法的，损失赔偿额应当相当于违约所造成的损失，包括合同履行后可获得的利益，但不得超过违反合同一方订立合同时应当预见到的因违反合同可能造成的损失。

3. 本合同自＿＿＿＿年＿＿月＿＿日起生效，合同有效期内，除非经过对方同意，或者另有法定理由，任何一方不得变更或解除合同。

4. 合同如有未尽事宜，须经双方共同协商，做出补充规定，补充规定与本合同具有同等效力。

5. 双方来往函件，按照合同规定的地址或传真号码以＿＿＿＿＿方式送达对方。如一方地址、电话、传真号码有变更，应在变更后的＿＿＿＿＿日内书面通知对方，否则，应承担相应责任。

6. 本合同正本一式＿＿＿份，双方各执＿＿＿份；合同副本一式＿＿＿份，分送＿＿＿＿等单位。

甲方：＿＿＿＿＿＿＿＿＿＿＿＿　　　　乙方：＿＿＿＿＿＿＿＿＿＿＿＿

法人代表：（签字）＿＿＿＿＿＿＿　　　法人代表：（签字）＿＿＿＿＿＿＿

委托代理人：（签字）＿＿＿＿＿＿　　　委托代理人：（签字）＿＿＿＿＿＿

本合同于＿＿＿＿年＿＿月＿＿日订立于＿＿＿＿＿＿＿＿＿＿＿＿（地点）。

二、买卖合同的履行和变更

1. 买卖合同履行的原则

买卖合同履行的原则包括全面履行原则和诚实信用原则两项。

全面履行原则也称正确履行原则，是指买卖双方应按照买卖合同规定的标的及其质量、数量，由适当的主体在适当的履行期限、履行地点，以适当的履行方式，全面履行合同义务。

诚实信用原则是指买卖双方履行合同时应根据合同的性质、目的和交易习惯，认真履行通知、协助、保密等义务，其主要体现为协作履行的原则和经济合理的原则。同时，当事人在履行买卖合同时，应顾及对方的经济利益，以最小的履约成本，取得最佳的合同利益。

2. 双方共同履行的义务

买卖合同订立以后，购销双方当事人应当按约定全面履行各自的义务。买卖双方当事人应当遵循以上规定的两条原则，根据合同的性质、目的和交易习惯履行以下基本义务：

（1）通知。买卖合同当事人任何一方在履行合同过程中应当及时通知对方履行情况的变化。遵循诚实信用原则，不欺诈、不隐瞒。

（2）协助。买卖合同是双方共同订立的，应当相互协助，具体体现在：当事人除了自己履行合同义务外，还要为对方当事人履行合同创造必要的条件；一方在履行过程中遇到困难时，另一方面应在法律规定的范围内给予帮助；当事人一方发现问题时，双方应及时协商解决等。

（3）保密。当事人在合同履行过程中获知对方的商务、技术、经营等秘密信息应当主动予以保密，不得擅自泄露或自己非法使用。

3. 出卖人履行的职责

（1）出卖人必须按合同规定的质量标准、期限、地点等交付标的物。

（2）向买受人交付标的物或者提取标的物的单证。买受人交付标的物，可以实际交付，也可以以提单、仓单、所有权证书等提取标的物的单证作为交付。

（3）出卖人应当按约定向买受人交付提取标的物单证以外的有关单证和资料，如专利产品附带的有关专利证明书的资料、原产地说明书等。

4. 买受人履行的职责

（1）买受人收到标的物时应当在约定的检验期间检验。没有约定检验期间的，应当及时检验。买受人应当在约定的检验期间内将标的物的数量或质量不符合约定的情形通知出卖人，买受人没有通知的，视为标的物的数量和质量符合规定。当事人没有约定检验期间的，买受人应当在发现或者应当发现标的物的数量或者质量不符合约定的合理期间内通知出卖人。买受人在合理期间内未通知或自标的物收到之日起一定时限内未通知出卖人的，视为标的物的数量和质量符合约定，但标的物有质量保证期的，适用质量保证期。

（2）买受人应当按照约定的时间、地点足额地支付价款。

5. 买卖合同的变更

所谓合同的变更，是指合同成立后在履行前或履行过程中，因所签合同依据的主客观情况发生变化，而由双方当事人依据法律法规和合同规定对原合同内容进行的修改和补充。因而，合同的变更仅指合同内容的变更，不包括合同主体的变更。

合同依法成立后，对买卖双方当事人均有法律约束力，任何一方不得擅自变更，但双方当事人在协商一致或因合同无效、重大误解、显失公平等情况下可以对合同的内容进行变更。当事人变更合同应当与订立合同一样，内容明确，不能模糊不清。如果当事人对合同变更的内容约定不明确，当事人无法执行，则可以重新协商确定，否则法律规定对于内容不明确的合同变更推定为未变更，当事人仍按原合同内容履行。

合同变更仍需要到原批准或登记机构办理手续，否则变更无效。

三、成交后的跟踪

成交签约，是否已经意味着交易的成功、推销的结束？回答是否定的。从现代推销学的角度看，推销过程的成交阶段，还应包括一个内容，即成交后跟踪。

1. 成交后跟踪的含义

成交后跟踪是指推销人员在成交签约后继续与顾客交往，并完成与成交相关的一系列工作，以更好地实现推销目标的行为过程。

推销的目标是在满足顾客需求的基础上实现自身的利益。顾客利益与推销人员利益是相辅相成的两个方面，在成交签约后并没有得到真正实现。顾客需要有完善的售后服务，推销人员需要回收货款以及发展与顾客的关系。于是成交后跟踪就成为一项重要的工作。

2. 成交后跟踪的意义

成交后跟踪是现代推销理论的一个新概念。其中一些具体的工作内容，在传统的推销工作中已有体现。但把它概括为成交阶段的一个重要环节，则体现了它对于现代推销活动的重要性。成交后跟踪的意义主要有下列几个方面。

（1）体现了现代推销观念。成交后跟踪使顾客在购买商品后还能继续得到推销人员在使用、保养、维修等方面的服务，使顾客需求得到真正意义上的实现，使顾客在交易中获得真实的利益。所以说，成交后跟踪体现了现代推销理念。

（2）提高了企业的竞争力。随着科学技术的进步，同类产品在其品质和性能上的差异越来越小。企业间竞争的重点开始转移到为消费者提供各种形式的售后服务。售后服务是否完善，已成为消费者选择商品时要考虑的一个重要方面。

（3）实现了企业的经营目标。获取利润，是企业经营的最终目标，但它只有在收回货款后才能得以实现。在现代推销活动中，回收货款往往是在成交后跟踪阶段完成的。

（4）获取重要的市场信息。通过成交后的跟踪，推销人员可以获取顾客对产品数量、质量、花色品种、价格等方面要求的信息。因此，成交后的跟踪过程，实际上就是获取顾客信息反馈的过程，便于企业开发新的产品。

成交后跟踪已成为现代推销活动不可分割的一个环节。它既是对上一次推销活动的完善，又是对下一次推销活动的引导、启发和争取。所以，成交后跟踪的意义已经被越来越多的人所认识和重视。

案例6.9

回访的回报

小张是一位推销办公用品的推销员，刚开始推销时，非常吃力地达成了一笔交易。但在后来的日子里，小张总是在工作之余去回访这家公司。该公司办公室的人员已经和小张非常熟悉了，认为她为人热情，办事可靠，和她成为很好的朋友，对她公司的产品也很满意，于是就把和自己有业务关系的其他企业介绍给小张。很快，那些公司也购买小张的产品，小张通过和这些新的客户真诚地交往，又有了更多的朋友。不久，小张在这个城市就有了一大批客户。不仅推销业绩节节上升，而且本人也受到了领导的重视和提拔。

案例分析：成交后的跟踪既可以使顾客与推销员之间保持良好的关系，形成稳定的客户源，又能不断扩大销售额。

3. 成交后跟踪的内容

成交后跟踪所包含的内容是非常丰富的，这里主要介绍回收货款、售后服务、与顾客建立和保持良好的关系三个方面。

（1）回收货款。售出货物与回收货款，是商品交易的两个方面，缺一不可。实际上，销售的本质就是将商品转化为货币，在这种转化中补偿销售成本，实现经营利润。收不回货款的推销是失败的推销，会使经营者蒙受损失。所以，在售出货物后及时收回货款，就成为推销人员的一项重要工作任务。

在现代推销活动中，赊销、预付作为一种商业信用，它的存在是正常现象，关键在于如何才能及时、全额地收回货款。应该从下列几个方面加以注意。

① 在商品销售前进行顾客的资信调查。顾客的资信主要包括顾客的支付能力和信用两个方面。在推销前，从多方面了解顾客的资信状况，是推销人员选择顾客的重要内容，同时也是能够及时全额地回收货款的安全保障。所以，作为推销人员，必须精通资信调查技术，掌握客户的信用情况，以保证能确实收回货款。

② 在收款过程中保持合适的收款态度。如果因为采取不恰当的态度而影响收回货款，

那是得不偿失的。因此，推销人员应针对不同的客户、不同的情况，采取相应的收款态度。一般情况下，收款态度过于软弱，就无法收回货款；收款态度过于强硬，容易引起冲突，不利于企业形象，而且会影响双方今后的合作。所以，推销人员在收款时，要态度认真，并能晓之以理，动之以情。这样，既有利于货款的回收，又有利于维持双方已经建立起来的良好关系。

案例 6.10

合情合理收债款

某电器商场资金周转出现了一点困难，为了维护自己的独家经销权，故意拖欠了一电视机厂的货款 24 万余元。电视机厂销售人员多次与其负责人联系，并上门商讨，对方均避而不见。推销员经过其朋友介绍才了解到负责人住处，遂上门协商。

对方开始态度强硬，要求推销员回去搞清事实后再来收款。推销员当即拿出整理好的对方出货记录及已付款和尚欠的款，并讲清法律后果，而后又合情合理地分析了产生纠纷的原因，并表示愿意承担对方所付出劳务的合理部分。对方在推销员有力的事实和证据面前只能认账。电视机厂考虑到对方资金周转的实际困难，于是与其签订了分期付款的协议。

案例分析：在上述案例中，推销人员在回收货款之前，做了充分的准备工作，了解了企业的实际情况，采取了合理的方式，保证了货款的回收。

③ 正确掌握和运用收款技术。推销人员应掌握一定的收款技术，这样才能有利于货款的回收。例如：

a. 成交签约时要有明确的付款日期，不要给对方留有余地。

b. 按约定的时间上门收款，推销人员自己拖延上门收款的时间，会给对方再次拖欠以借口。

c. 注意收款的时机，了解顾客的资金状况，在顾客账面上有款时上门收款。

d. 争取顾客的理解和同情，让顾客知道马上收回这笔货款对推销人员的重要性。

e. 收款时要携带事先开好的发票，以免错失收款机会，因为客户通常都凭发票付款。

f. 如果确实无法按约收款，则必须将下次收款的日期和金额在客户面前清楚地做出书面记录，让顾客明确认识到这件事情的严肃性和重要性。

上面介绍的只是一些常用的收款技术。在实际工作中，还需要推销人员针对不同的顾客，灵活机动，临场发挥。无论采用何种技术，目的是明确的，即及时、全额地收回货款。

（2）售后服务。售后服务是企业和推销人员在商品到达消费者手里后继续提供的各项服务工作。售后服务的目的是为顾客提供方便，提高企业的信誉，促进企业的推销工作。随着人们收入水平的提高，顾客不仅要求买到中意的商品，而且要求买到商品后能够方便地使用。顾客需要服务，企业服务的好与坏，不仅影响到现实的推销，而且将会影响到今后的市场和顾客。

对于推销人员而言，热诚的售后服务，不仅可以巩固已争取到的顾客，促使他们继续、重复地进行购买，还可以通过这些顾客的宣传，争取到更多的新顾客，开拓新市场。所以说，每个推销员必须认真研究售后服务的技巧。

售后服务包含的内容非常丰富。随着竞争的加剧，新的售后服务形式更是层出不穷，提供给顾客更多的利益和需求的满足。从目前来看，售后服务主要包括下列内容。

① 送货服务。对购买大件商品，或一次性购买数量较多，自行携带不便以及有特殊困

难的顾客，企业均有必要提供送货上门服务。原来这种服务主要是提供给生产者用户和中间商的，如今已被广泛地应用在对零售客户的服务中。例如，在激烈的市场竞争中，一些家具经销商十分重视及时送货上门。这种服务大大地方便了顾客，刺激了顾客的购买。

② 安装服务。有些商品在使用前需要在使用地点进行安装。由企业的专门安装人员上门提供免费安装，既可当场测试，又可保证商品质量。同时，上门安装还是售后服务的一种主要形式。例如：海尔公司销售空调器后，会为顾客提供免费安装，安装人员为了不给顾客带来麻烦，他们自带鞋套，自带饮水，并在空调器安装完毕后帮助顾客将室内收拾整齐，同时给顾客仔细讲解使用、保养方法，耐心解答顾客的疑问，深受顾客欢迎。

③ 包装服务。商品包装是在商品售出后，根据顾客的要求，提供普通包装、礼品包装、组合包装、整件包装等的服务。这种服务既为顾客提供了方便，又是一种重要的广告宣传方法。如在包装物上印上企业名称、地址及产品介绍，能起到很好的信息传播作用。

④ "三包"服务。"三包"服务是指对售出商品的包修、包换、包退的服务。企业应根据不同商品的特点和不同的条件，制定具体的"三包"方法，真正为顾客提供方便。

a. 包修指对顾客购买本企业的商品，在保修期内提供免费维修，有些大件商品还提供上门维修服务，用户只需一个电话，维修人员就马上上门提供维修服务。有无保修，对顾客来讲是非常重要的，顾客在购买有保修制度的商品时，能减少许多顾虑，放心购买。

b. 包换是指顾客购买了不合适的商品可以调换。

c. 包退是指顾客对所购买的商品不满意时，可提供退货的服务。销售与退货是对立的，从表面上看，退货是对已实现的销售的一种否定，对企业而言，是不利的。但从长远来看，这样做可以得到顾客的信任，有利于企业今后的产品推销。

实质上，包换也好，包退也好，目的只有一个，那就是降低消费者的购物风险，使其顺利做出购买决策，实现真正意义上的互惠互利交易。当顾客认识到企业为顾客服务的诚意时，包退、包换反过来会大大刺激销售。不仅提高了企业信誉，还赢得了更多的顾客。

⑤ 帮助顾客解决他所遇到的问题。推销员必须向对待自己的问题那样对待顾客的问题。因为从长远看，只有顾客获得成功，你才能再次与顾客进行交易，来扩大自己的成交额。同时，推销员处理顾客所遇到的问题的速度，也体现了你对顾客的重视程度。

小知识

有效的七种跟踪服务

（1）核查订货：在发货之前针对组织货源、该在何时发货等事项对客户予以核查；

（2）主动询问：推销员要如同共振波一样，在顾客出现时总是能及时发挥作用；

（3）提供必要的辅助：如安装、指导使用等；

（4）反复保证：使顾客深信自己的决定是正确的；

（5）允许顾客提出反对意见：有利于挑明分歧，及时解决；

（6）更新记录：及时更新顾客的档案内容；

（7）制造依赖感：体现你的可依赖性，这是赢得回头生意的必备素质。

（3）与顾客建立和保持良好的关系。推销人员将商品推销出去后，还要继续保持与顾客的联系，以利于做好成交善后工作，提高企业的信誉，结识更多的新顾客。推销成交后，能否保持与顾客的联系，是关系推销活动能否持续发展的关键。与顾客联系的方法主要有以下几种。

① 通过信函、电话、走访、面谈、电子邮件等形式。通过这些方式既可以加深感情，又可以询问顾客对企业产品的使用情况，用后的感受，是否满意，是否符合自己预期的要求，有什么意见和建议，并及时将收集到的信息反馈给企业的设计和生产部门，以便改进产品和服务。

小知识

书信联系的五大时机

（1）在节日前向顾客寄一张贺片，写上祝福词；

（2）在顾客生日或结婚等纪念日时寄上贺片，表达你诚挚的祝福；

（3）在与顾客的合作周年或数年纪念日寄上贺卡，表达你的谢意和希望进一步加强合作的愿望；

（4）在顾客收到货物时，写一封感谢信，感谢客户的良好合作；

（5）在估计顾客已经充分体会到本产品的利益时，写信征求顾客的意见，等等。

② 通过售后服务、上门维修的方式。

③ 在本企业的一些重大喜庆日子或企业举行各种优惠活动时，邀请顾客参加、寄送资料或优惠券等。例如，新产品开发成功、新厂房落成典礼、新的生产流水线投产、产品获奖、企业成立周年庆典时，举办价格优惠或赠送纪念品活动等，都是很好的活动。

小知识

维系顾客关系的技巧

也许你远在数百千米以外，但当你想起某件事或看到某件东西对帮助顾客解决某一问题可能有用时，应该立即打电话告诉他们。

向顾客邮寄可能感兴趣的剪报，即使这些资料与正在推销的商品没有任何关系，剪报内容可来自有关商业的月报、杂志、报纸或业务通信等。

当顾客被吸纳为正式职员或晋升、获奖时，推销员应该亲手写一封信或发一份 E-mail，向他们表示祝贺。

当客户家庭有结婚、生子等喜事时，表示祝贺。

邮寄节日卡，如新年卡、春节卡、中秋节卡或感恩节卡等，这必将给顾客留下深刻印象。

发送生日卡，为此你必须敏捷地捕捉准顾客的出生日。

准备和邮寄销售情况通信给顾客，让他们了解有关信息。

上述这些实用的方法有利于推销员与顾客相互记住对方，更重要的一点是无论做什么事都要富有人情味。发送一张贺卡、一份剪报或一篇文章的复印件并不需要周密思考，也不需要花很多的时间和精力，关键是给顾客留下深刻印象，其秘密就是亲自动笔写的几句话。

【任务实践】

1. 学生随机分 6 组，组内自选组长，组织活动由组长负责。

2. 该项目以小组为单位，每个小组拟定一种商品的购买合同。

3. 小组成员通过上网、图书馆等方式查询合同的样本。

4. 将合同样本复印，进行小组组内讨论，提炼出购买合同的关键条款。

5. 小组成员集思广益，补充买卖合同的关键条款的细节部分。

6. 各小组拟定合同条款。

7.合同展示：

（1）由小组组长抽签决定合同的展示顺序。

（2）第一组合同通过大屏幕向其他组展示，并由一名同学讲解合同的重点部分。

（3）第一组结束，其他小组与教师根据评分表进行评价和打分。第二组展示合同。

（4）依此类推，合同展示全部结束。

【任务评价表】

评价项目	评价要求	分值	得分
资料查询	至少在五个网站查阅相关资料（记录网址）	10	
	整理的资料完备，具有知识性	30	
拟定合同	合同的订立符合基本原则及相关法律	10	
	买卖合同的内容、项目齐全	30	
	合同拟定格式规范	20	
合计		100	

【项目知识总结】

成交是整个推销进程中最重要的步骤之一，直接关系到推销成果的好坏。成交是指顾客接受推销人员的建议及推销演示，并且立即购买推销品的行动过程。它是推销洽谈后顺其自然的结果，这就要求推销员必须善于识别准顾客有意和无意所发出的购买信号，并据此提出试探性成交的请求。

要获得推销的成功，除了掌握成交的基本策略和技巧外，还应熟悉一些常用的成交方法，如：请求成交法、假定成交法、选择成交法、小点成交法、从众成交法、最后机会成交法、优惠成交法、异议成交法、保证成交法等。

成交不是准顾客的口头承诺，而是推销努力成果的书面化——订立买卖合同。买卖合同一般包括以下条款：当事人的名称（或者姓名）和住所，标的，数量，质量，价款或报酬，履行期限、地点和方式，违约责任，解决争议的方法，包装方式，检验标准和方法等。推销员在商品推销活动中，与顾客订立买卖合同后，才算真正意义上的成交，具有法律效力，对买卖双方都有具有约束性，双方都有义务认真履行合同的条款。在合同履行过程中，因签订合同所依据的主客观情况发生变化，双方当事人可依据法律法规对原合同内容进行修改和补充，这就是合同的变更。

达成交易并不意味着推销过程的终结，推销员还应进行成交后的跟踪，为顾客提供完善的售后服务，与顾客保持良好的关系。

【项目练习】

一、填空题

1.顾客表现出来的成交信号主要有_____、_____、_____、_____等。

2.成交后跟踪的主要内容包括_____、_____、_____等。

二、判断题（正确的打"√"，错误的打"×"并改正）

1.成交信号是指顾客在接受推销过程中有意无意地通过表情、体态、语言及行为等流露出来的各种成交意向。　　　　　　　　　　　　　　　　　　　　（　　）

2. 成交的障碍一般来自两个方面：一是顾客异议，二是推销人员的心理障碍。（　　）

3. 推销人员在推销过程中应能及时地发现、理解、利用顾客所表现出来的成交信号，提出成交要求，促成交易。（　　）

4. 成交签约，意味着推销的结束。（　　）

三、单项选择题

1. 顾客对商品给予一定的肯定或称赞，属于（　　）。

A. 表情信号　　　　B. 语言信号　　　　C. 行为信号　　　　D. 事态信号

2. "这种商品有两种包装，你是要精装的还是要简装的？"推销员使用的这种成交方法是（　　）。

A. 请求成交法　　　B. 选择成交法　　　C. 假定成交法　　　D. 小点成交法

3. 推销员对比较各种口红颜色的客户说："你手上的这支很适合您的肤色和年龄。来我帮您包起来。"推销员使用的成交方法是（　　）。

A. 小点成交法　　　B. 请求成交法　　　C. 假定成交法　　　D. 保证成交法

4. 在推销过程中，推销人员说："老王，最近我们新开发的产品，很好销的，您再进些货。"推销人员运用的这种成交方法是（　　）。

A. 请求成交法　　　B. 假定成交法　　　C. 选择成交法　　　D. 小点成交法

四、多项选择题

1. 顾客表现出来的成交信号一般有（　　）。

A. 语言信号　　　　B. 行为信号　　　　C. 表情信号　　　　D. 事态信号

2. 运用假定成交法的优点有（　　）。

A. 节省推销时间　　　　　　　　　　B. 效率高

C. 利于顾客自由选择　　　　　　　　D. 不易使顾客产生反感情绪

五、简答题

1. 成交的含义是什么？

2. 推销活动中要注意哪些成交策略？

3. 成交的主要方法有哪些？

4. 买卖合同的内容包括哪些？

5. 买卖合同订立后，买卖双方应分别履行哪些职责？

6. 指出下面的例子使用的是什么成交方法。

（1）推销员推销某种化妆品，在成交时发现顾客露出犹豫不决、难以决断的神情，就对顾客说："小姐，这种牌子的化妆品是某某明星常用的，她的评价不错，使用效果很好，价钱也合理，我建议您试试看。"

（2）一位推销员对顾客说："对于买我们的产品您可以放心，我们的产品，在售后三年内免费保养和维修，您只要拨打这个电话，我们就会上门维修的。如果没有其他问题，就请您在这里签字吧。"

（3）"这种裤子每条卖60元，如果您买3条的话，我再送您1条。"

（4）"王处长，这种东西质量很好，也很适合您，您想买哪种样式的？"

（5）"刘厂长，既然你对这批货很满意，那我们马上准备送货。"

（6）一个推销员，到顾客的单位推销化工产品，他认为所推销的产品，价格合理，质量很好，断定顾客非买不可。所以，在见到顾客寒暄了几句之后，就把话题转到化工产品上来，立即就问："老王，我是先给你送 50 吨来，还是 100 吨全部都送来？"

7. 请分析下列对话中哪些地方是成交信号？是哪一种类型的成交信号？

推销员："这个怎么样，如果你改用自动门，我想一定会比较方便……"

顾客："嗯！是这样的，我想再听你说一遍，以前你跟我说的……"

推销员："好吧！第一，顾客买东西进出方便。第二，减轻顾客心理障碍……"

顾客："哦！我知道了。不过像我这样的小店，也需要装个自动门吗？"

推销员："您真会开玩笑，这店地点这么好，产品质优价廉，这么一会儿不是有许多顾客买东西吗？"

顾客："可是卖自动门的，也不是你们一家，别处也有卖的啊！"

推销员："是的，不过我们公司可是全国六大生产厂家之一！"

顾客："嗯！竞争很激烈，你们的信誉如何？"

推销员："一般顾客对我们的评价很高！"

顾客："谁都夸自己的东西好，可是有长处，也总有缺点吧！你们的产品到底比别家公司的产品好在哪里？"

推销员："第一……，第二……"

顾客："好啦，我已经明白了，我这个门上的玻璃，能装在自动门上吗？如果不行就给你们算了，你们的价钱还能便宜点吗？"

【案例阅读1】

抓住顾客心理的推销

推销员老黄带着小张前去拜访省委的一位处长，推销中英文记事本电脑。小张开始向处长详细地介绍商品，并拿出样品向处长做了一番演示，处长接过记事本电脑摆弄一番，说："这东西很不错。这样，我现在还有一点事情，过几天我给你打电话。"

十分明显，这是顾客在委婉地拒绝。小张只好抱着万分之一的希望对处长说："那我等您的电话吧。"

老黄在旁边仔细地观察着这一幕，这时他站起来，走到处长的办公桌前，向处长问道："郑处长，使用记事本电脑很方便，带在身上也很气派，您说对吗？"

郑处长点点头说："是很方便，也很气派。但是我今天有一点事情，改天再谈吧。"老黄接着说："省计委的几位处长都买了这种记事本电脑，他们都感到使用起来很方便。"郑处长马上问道："是吗？"

老黄接着说："是的。而且这种产品目前是在试销期，价格是优惠的。试销期以后，价格就会上涨 10%，这么好的产品，您为什么不马上就买呢？"

郑处长默默地看着老黄，终于点点头说："好吧，我买一台。"

告别顾客回到公司，在当天的公司推销研讨会上，老黄对小张说："推销工作是一个以业绩定输赢、以成败论英雄的工作，交易不成万事空。不论你推销中的其他工作做得多好，如果不能与顾客达成交易，也毫无意义。也就是说，没有成交就是失败。推销员应该熟练地运用推销技巧，促使顾客下定购买的决心。"

案例讨论：

1. 小张的行为说明了什么？

2. 老黄在推销活动中使用了什么推销技巧？

【案例阅读2】

Furmanite服务公司

克里斯·亨利是一个工业用阀门、密封圈及密封剂的推销员，他正在访问壳牌石油公司的格雷·马斯洛，希望他能使用Furmanite牌子的密封制品来防渗漏。克里斯与格雷讨论了产品的特色、优点、利益，也说明了公司的营销计划和业务员开展计划，他感觉到快大功告成了。以下是他们二人的推销对话。

克里斯："让我来总结我们曾经谈到的。您说过您喜欢由于快速修理所节省下来的钱，您也喜欢我们快速的反应能节省时间，最后一点我们的服务实行3年保修。是这样的吧？"

格雷："是的，大概是这样吧。"

克里斯："格雷，我提议带几个人来这里修理这些渗漏的阀门，您看是让我的人星期一来呢，还是别的什么时候？"

格雷："不用这么快吧！你们的密封产品到底可不可靠？"

克里斯："格雷，非常可靠。去年，我们为美孚做了同样的服务，迄今为止我们都未做任何返回修理，您听起来觉得可靠吗？"

格雷："我想还行吧。"

克里斯："我知道您做决策时经验丰富、富有专业性，而且您也认同这是一个对你们厂正确的、有益的服务，让我安排一些人来，您看是下星期还是两周内？"

格雷："克里斯，我还是拿不定主意。"

克里斯："一定有什么原因让您至今犹豫不决，您不介意我问吧？"

格雷："我不能肯定这是一个正确的决策。"

克里斯："就是这件事让您烦恼吗？"

格雷："是的。"

克里斯："只有您自己对自身的决策充满自信，您才可能接受我们的服务，对吧？"

格雷："可能是吧。"

克里斯："格雷，让我告诉您我们已经达成共识的地方。由于能够节省成本，您喜欢我们的在线修理服务；由于能得到及时的渗漏维修，您喜欢我们快捷的服务回应；而且您也喜欢我们训练有素的服务人员及对服务所做的担保。是这些吧？"

格雷："没错。"

克里斯："那什么时候着手这项工作呢？"

格雷："克里斯，计划看起来很不错，但我这个月没有钱，或许下个月我们能做这项工作。"

克里斯："一点也没问题，格雷。我尊重您在时间上的选择，下个月5号我再来您这里，确定维修工人动身的时间。"

案例讨论：

1. 请问上述案例中该推销员使用了哪些成交方法？

2. 分析每一种成交方法的优缺点。

推销管理

【项目目标】

知识目标：

1. 了解招聘的原则；

2. 掌握拟定招聘计划的步骤及编写步骤。

能力目标：

能独立编写招聘人员计划和方案。

思政目标：

招聘销售员是推荐管理最重要的工作之一，在招聘过程应秉承公平公正公开原则，坚持职业操守做好招聘工作。

任务一　招聘计划拟定

【导入案例】

Pinacor公司的销售队伍重组

Pinacor 公司是一家技术分销商，年销售收入 50 亿美元，在全球拥有 650 多个销售代表。该公司共为 25000 多个转卖者、经销商和系统合成者提供定制化的技术解决方案。技术分销产业竞争非常激烈，但是大多数竞争者都提供相似的产品、价格和分销能力。负责销售和营销的副总裁大卫·坎汉认识到：一个公司要想在该行业脱颖而出，其销售人员必须突破传统的只关注产品、价格和分销的局限。

与仅仅把某一个箱子运到某一个地方相比，我们的许多客户正在寻找能为他们的顾客提供解决方案的合作者。所以，我们帮助转卖者分布在各地的组织把产品拓展到全美国，在一定时间内进行物料搬运；在产品已经符合最终使用者的个性化时，要协调安装队伍、用户软件和其他任何限制。这是 Pinacor 公司颇有竞争力的业务之一。尽管 Pinacor 公司在这个领域很有竞争力，它仍然要重组其销售队伍。Pinacor 以前的销售组织由按地理区域划分的销售队伍组织而成，每个销售人员负责同一区域内许多不同种类的顾客。虽然这种组织结构成本低，但销售人员难以理解不同行业顾客的独特需求。例如，一个销售人员可能为 5 个系统合成者、3 个转卖公司和 6 个中小规模的企业顾客服务。这种情形使得销售人员不可能成为任何行业或任何类型顾客的专家。因此，销售人员就用同一种方式接待顾客，虽然不同顾客群体有不同的需求和问题。

新的销售组织结构由相互独立的销售队伍组成，每个销售队伍负责 10 个顾客细分市场。组织结构设计便于每位销售人员集中为特定类型的顾客群体服务，还可保证销售人员对客户及其行业的独特需求有较好的理解，并且运用这些理解为这些顾客提供较好的定制化解决方案。这种销售组织重组的结果，延长了 Pinacor 公司与 EDS、苹果等公司之间已经建立的合作伙伴关系。当 Pinacor 公司的销售人员对其客户及其行业的理解更加透彻时，客户也就为 Pinacor 公司带来了更多的业务。许多的销售人员与客户的日常活动紧密融合在一起，这不但有助于开展业务活动，而且使得竞争者非常难以从 Pinacor 公司抢走业务。

推销人员在外要直接面对激烈的市场竞争，对内肩负着销售企业产品、实现企业产品价值的重任，在其负责的推销区域内，他是公司的首席代表，也是与顾客联系的友好使者。这些因素使得推销人员在公司内外受到普遍的关注，也使他的工作更具有重要性和特殊性。而推销工作的性质决定了推销人员通常要独当一面，独自一个人在公司外工作，部门经理乃至公司高层领导不便对其进行具体指导。公司在放手让推销人员外出开拓市场，为他们的工作提供种种便利条件的同时，也必须加强和规范对推销人员的选拔与管理。

一、招聘的原则

第一个法则：大数原则。如果你要招聘 10 个业务员，那至少要通知 7 倍于这个数的人，也就是 70 人参加面试。为什么是 7 倍呢？因为你通知的人可能只有 60% 的人会来，其他的不知道什么原因就不来了；参加面试的这些人，总有一些认为自己不适合在你这个公司生存，也会在面试完毕之后不来上班，这样，无效人数又增加了 30%；还有不少人不能顺利通过测试。这样算下来，只有 10% ~ 17% 的人能通过后面的测试，如果没有 7 倍的储备，很可能你就无法进行后面的测试了。

第二个法则：汰劣原则。汰劣的反义词叫做择优，汰劣法则就是不要择优，切莫看某人顺眼，就对他心生好感。干销售能干出模样的，通常都不会是在一开始就被你认为感觉好的。那些你感觉好的人，他在其他公司也同样给人不错的感觉，而且，他能够比较容易地找到工作，战斗力反而不强。所以，在对来应聘的人测试之前，先要告诉自己不要相信自己的判断。

既然不能相信自己的判断，你可能会疑问：不能择优怎么选拔人才啊？

销售人员好不好你我不能判断的，你我只能判断他哪些方面不行，只有市场才能告诉我们他是否优秀。所以，我们只有汰劣的责任而没有择优的资格，只有市场才有资格择优。

所以，我们的测试程序，会把那些表现差的淘汰掉，面试就是一个淘汰最差的人的过程，这就是汰劣法则。

还有一点，有些企业对那些迟到的应聘者十分反感，这点建议你不必在意，你要通知所有应聘者在同一时间到达，例如上午 9 点 5 分，迟到半小时内可以原谅，好业务员常常是最遵守规矩，也是最不遵守规矩的。

二、拟定招聘计划的内容

招聘计划一般包括以下内容：

（1）人员需求清单，包括招聘的职务名称、人数、任职资格要求等内容；

（2）招聘信息发布的时间和渠道；

（3）招聘小组人选，包括小组人员姓名、职务、各自的职责；

（4）应聘者的考核方案，包括考核的场所、大体时间、题目设计者姓名等；

（5）招聘的截止日期；

（6）新员工的上岗时间；

（7）费用招聘预算，包括资料费、广告费、人才交流会费用等；

（8）招聘工作时间表，尽可能详细，以便于他人配合；

（9）招聘广告样稿。

三、制定招聘的标准

一般地，人们都想招聘那些能够联络客户，能提供客户所需服务，有能力学习并具备某些品质、技能和知识，能够把握成功机会，忠于职守，愿与公司共同发展的销售人员。招聘方对推销人员有以下素质要求。

（1）品质。"品质第一，能力第二"，这是目前很多公司选聘推销人员的准则。成功的推销人员，其个人品质尤为重要，尽管品质有所差异，但在大多数方面还是有共性的，下面这些品质是成功地从事推销职业的基础。

① 忠诚。推销人员是企业的财富，是企业其他人员的"衣食父母"，只有他们把产品推销出去，其他人员才有事可做，有饭可吃。他们手中经过的是大量的产品和货款。如果推销人员不能忠于职守，或在企业历练成熟就跳槽，甚或内外勾结，侵吞钱物，后果不堪设想。

② 移情，即从他人角度来理解和判断局势的能力。这种能力使得推销人员在与客户打交道时，有能力去预测客户的想法，并对客户可能的行为做好准备。能帮助推销人员与客户建立密切的关系，因理解客户而更容易被客户接受，更易处理好双方存在的分歧。

③ 自我调节能力或韧性，即走出失败阴影，重新焕发出斗志的能力。推销员就是与"拒绝"打交道的，一天中遇到的"拒绝"比正常人一周、一月遇到的都要多。优秀的推销人员必须要能调整好心态，不受这些"拒绝"的影响，能将这些挫折转化为动力。

另外，品质还包括以下内容：诚实和正直的做人原则、智力学识、创造性、变通性、适应能力、个人动机、持续性、个人气质、可依赖性等多个方面。

（2）技能。成功的推销人员比那些不成功的人员更能有效地使用专门技能，最普遍的技能包括：

① 沟通技能。说和听是沟通的基本技能。一个推销人员应有一副好口才，能够根据顾客需要说出他能接受的话语，能够与顾客建立友好的关系，能够说服顾客购买自己的产品；推销人员更应有一双"好耳朵"，善于积极、认真地倾听顾客的声音，体会顾客的感受，理解顾客所讲的信息。

例如，很多超市经常搞一些促销活动。但他们的促销人员大多是从学校放假学生中临时招聘的，而且没经过什么正规培训。在接待顾客时根本不知道怎么做，或一味地对每一个经过的顾客进行喋喋不休的、无效的、程序化的产品介绍，给人以死缠烂打的感觉；或表情冷漠、无精打采地眼望顾客离去，既不会说，也不会听。他们除了会说"欢迎光临""谢谢""再见"这几句程式化的语言，再也不知道如何与客户打交道了，无怪乎促销活动表面红火，实则无效。

② 组织分析能力。推销员每天接触大量的信息，他必须能够进行归类、分析、去粗取精、去伪存真，透过繁杂无序的事物表面深入问题核心，这样可以事半功倍。

③ 时间安排技能，即正确安排必要的时间和一天活动优先顺序的能力。推销人员的时间、精力是有限的，而有待处理的事务又是大量的，必须进行合理安排，将主要精力放在工作上，放在重点客户身上。这是因为，一个推销人员往往只有1/3的时间在进行面对面的推

销，其他时间都用在路途、等候等活动上，只要你能挤出更多的时间与客户面谈，就一定能提高你的销售额。同时，我们知道商界有一个"80/20"原则，即你的销售量的80%往往来自你20%的客户。因而，你在尽力拓展客户的同时，要优先考虑、照顾、联系你的主要客户和老客户。

（3）知识。知识面的宽窄、知识量的多少也是推销人员成功的必备条件。一个合格的推销人员主要应掌握的以下几类知识：产品知识、客户知识、行业知识、竞争知识、本公司知识等。

成功销售人员的条件因行业、公司和产品类型而有所不同。在公司的招聘材料中，通常可以发现对成功销售人员的描述。例如：

宝洁公司希望聘用显示较强的解决问题能力，具备领导艺术，能按其所做工作进行有效沟通的学生。

国民保险公司（Nationwide Insurance）寻求诚实，渴望成功，具备企业家精神、领导才能、服务导向和决策能力的人。

大型分销商（向五金店和杂货店做销售）寻求具备较强领导才能、出色的人际交流技能、解决问题能力、沟通能力和良好品质的人。

四、确定招聘人员的规模

推销人员是进行有效推销的关键性因素。推销人员规模是否适当，直接影响着企业的经济效益。推销人员过少，不利于企业开拓市场和争取最大销售额；推销人员过多，导致成本增高。因此，合理的确定推销人员的规模，是设置推销组织的重要问题之一。

销售能力分析法是指通过测量每个推销人员在范围大小不同、销售潜力不同的区域内的销售能力，计算在各种可能的推销人员规模下，公司的总销售额及投资回报率，以确定推销组织人员规模的方法。其步骤如下：

（1）测定推销人员在销售潜力不同的区域内的销售能力。销售潜力不同，推销人员的销售绩效也不相同。销售潜力高的区域，推销人员的销售绩效也高。但是，销售绩效的增加与销售潜力的增加并非同步，前者往往跟不上后者。美国经济学家沃尔特·J. 山姆洛通过调查发现，某公司推销人员在具有全国1%销售潜力的区域内，其销售绩效为16万元，而在具有全国5%的销售潜力的区域内，其销售绩效为20万元，即全国销售潜力的每1%平均绩效仅为4万元。因此，必须通过调查测定各种可能的销售潜力，以确定销售人员的销售能力。

计算在各种可能的推销人员规模下公司的总销售额。计算公式如下：

$$公司总销售额 = 每人平均销售额 \times 推销人员数 \qquad (7\text{-}1)$$

案例 7.1

公司配备200位推销人员在全国范围内进行推销，为使每位推销人员的推销条件相同，可将全国分成200块销售区域，其中每块都具有全国0.5%的销售能力，每位推销人员的销售绩效为9万元。按照公式（7-1）进行计算，该公司的总销售额为：

$$9万元 \times 200 = 1800（万元）$$

公司若配备50位推销人员在全国范围内进行推销，即可将全国分成50块具有相等销售潜力的区域，每块具有全国的2%的销售潜力，每位推销人员的销售绩效为25万元。依公式计算可得，该公司的总销售额为：

$$25万元 \times 50 = 1250（万元）$$

依次类推，可以根据各种可能的推销人员规模，测算出每个推销人员在不同销售潜力的销售区域的销售绩效，从而计算出各种可能的推销人员规模的总销售额。

（2）根据投资报酬率确定最佳推销人员规模。根据以上方法计算所得的各种可能的推销人员规模的总销售额（销售收入），以及通过调查得出各种情况的销售成本和投资情况，就可计算出各种推销人员规模的投资报酬率，计算公式如下：

$$投资报酬率 =（销售收入 - 销售成本）/ 投资额 \tag{7-2}$$

其中投资报酬率最高者即为最佳推销人员规模。

运用这种方法来确定推销人员规模，首先必须有足够的地区来作相同销售潜力的估计，运用时比较困难。另外，在研究中仅将该地区的销售潜力作为影响销售绩效的唯一因素，忽略了地区内顾客的组成、地理分散程度及其他因素的影响。

五、招聘计划的编写步骤

招聘计划的编写一般包括以下步骤：

1. 获取人员需求信息

人员需求一般发生在以下几种情况：

（1）人力资源计划中明确规定的人员需求信息；

（2）企业在职人员离职产生的空缺；

（3）部门经理递交的招聘申请，并经相关领导批准。

2. 选择招聘信息的发布时间和发布渠道

3. 初步确定招聘小组

4. 初步确定选择考核方案

5. 明确招聘预算

6. 编写招聘工作计划

六、制定招聘流程

对招聘人数较多或常年招聘的企业，制定明确的招聘流程是非常有必要的。

1. 规范招聘行为

招聘工作并不是人力资源部门独立可以完成的工作，它涉及企业各个用人部门，和相关的基层、高层管理者。所以招聘工作中各部门、各管理者的协调问题就显得十分重要。制定招聘流程，使招聘工作固定化、规范化，便于协调，防止出现差错。

2. 提高招聘质量

在众多的应聘人员当中要准确地把优秀的人选识别出来，并不是一件简单的事情。因为在招聘活动中既要考核应聘者的专业知识、岗位技能等专业因素，又要考核应聘者的职业道德、进取心、工作态度、性格等非智力因素。通过制定招聘流程，会让招聘工作更加科学、合理，从而有效提高招聘效率、质量，同时降低招聘成本。

3. 展示公司形象

招聘和应聘是双相选择，招聘活动本身就是应聘者对企业更进一步了解的过程。对应聘者而言，企业的招聘活动本身就代表着公司的形象。企业招聘活动严密、科学而富有效率，会让应聘者对企业产生好感。

七、招聘时应注意的问题

为了获取优秀的人力资源，不少公司已经有专职的招聘人员，负责公司的常年招聘。常年招聘只是一种形式，能否招到优秀的员工取决于很多方面的因素，招聘工作本身的质量也是一个重要因素。下面就是招聘工作中应注意的七个问题。

1. 简历并不能代表本人

最通俗的一个说法是：简历的精美程度与应聘者个人能力无关。招聘专员可以通过简历大致地了解应聘者的情况，初步地判断出是否需要安排面试。但招聘专员应该尽量避免通过简历对应聘者做深入的评价，也不应该因为简历对面试产生影响。虽然我们不能说应聘者的简历一定有虚假的成分，但每个人都有装扮自己的愿望，谁都希望将自己的全部优点（甚至夸大）写到简历中，同时将自己的缺点深深隐藏。

2. 工作经历比学历重要

对于有工作经验的人而言，工作经历远远比他的学历重要。他以前所处的工作环境和他以前所从事的工作最能反映他的需求特征和能力特征。特别是一些从事高新技术的研发人员，如果在两三年里没有在这个领域做过工作，很难说他能掌握这方面的先进技术。另外，从应聘者的工作经历中还可以反映出他的价值观和价值取向，这些东西远远比他的学历所显示的信息更加重要。

3. 不要忽视求职者的个性特征

对岗位技能合格的应聘者，我们要注意考察他的个性特征。首先要考察他的性格特征在这个岗位上是否有发展潜力，有些应聘者可能在知识层面上适合该岗位的要求，但个性特征却会限制他在该岗位上的发展。比如一个应聘技术攻关的应聘者，他可能掌握了相关的知识，但缺乏自学习能力，并且没有钻研精神，显然他不适合这个岗位。另外，由于许多工作并非一个人能够完成，需要团队合作。所以，团队合作精神已经越来越为公司所看重。如果应聘者是一个非常固执或者偏激的人，在招聘时应该慎重。

4. 让应聘者更多地了解公司

招聘和求职是双相选择，招聘专员除了要更多地了解应聘者的情况外，还要让应聘者能够更充分地对公司进行了解。应注意的是，当应聘者与公司进行初步接触时，因为公司的宣传材料或者是专员的宣传，应聘者一般都会对公司有过高的估计，这种估计会形成一个应聘者与公司的"精神契约"。招聘专员让应聘者更多地了解公司的目的之一就是打破这种"精神契约"（而不是加强）。应聘者对公司不切实际的期望越高，在他进入公司后，他的失望也就会越大。这种状况可能会导致员工对公司的不满，甚至离职。所以，让应聘者在应聘时更多地了解公司是非常重要的。

5. 给应聘者更多的表现机会

招聘人员不能仅根据面试中标准的问答来确定对应聘者的认识。招聘人员应该尽可能为应聘者提供更多的表现机会。比如，在应聘者递交应聘材料时，可让应聘者提供更详尽的能证明自己工作能力的材料。另外，在面试时，招聘人员可以提一些能够让应聘者充分发挥自己才能的问题。如"如果让你做这件事，你将怎么办？""在以前工作中，你最满意的是哪一项工作？"，等等。

6. 面试安排要周到

为了保证面试工作的顺利进行，面试安排非常重要。首先是时间安排，面试时间既要保证应聘者有时间前来，又要保证公司相关领导能够到场；其次是面试内容的设计，比如面试时需要提哪些问题、需要考察应聘者哪些方面的素质等，都需要提前做好准备。最后是要做好接待工作，要有应聘者等待面试的场所，最好备一些公司的宣传资料，以备应聘者等待时翻阅。面试的过程是一个双向交流的过程，面试安排的是否周到体现了一个公司的管理素质和企业形象。

7. 注意自身面试时的形象

关于应聘者在面试时应该如何注意自己的形象这个话题已经谈了很多。实际上，面试时招聘人员也应该注意自身的形象。前面已经讲过，面试的过程是一个双向交流的过程，它不仅是公司在选择应聘者，也是应聘者在选择公司。特别是那些高级人才更是如此。招聘人员首先应注意的是自己的仪表和举止，另外要注意自己的谈吐。在向应聘者提问时，应该显示出自己的能力和素养。因为招聘人员代表着公司的形象，所以面试不应该过于随便，更不能谈论一些有损公司形象的内容

资料库

某企业销售人员选拔流程

第一轮：反应速度测试

地点：公司的大会议室。

参加者：所有应聘者同时进行。

道具：笔记本电脑一台，多媒体投影机一台，A4 纸若干，5 套幻灯片。

幻灯片制作过程如下。

第一步：新建一个幻灯片文件，添加 60 个幻灯片。

第二步：分别制作 30 张字母 C 和 30 张字母 G 的幻灯片。

第三步：用浏览方式排列这些 C 与 G 的幻灯片，随机调整每个字母的位置，直到 C 与 G 幻灯片的排列变得毫无规律可言。

第四步：选择"幻灯片切换"，在换片方式选项中选择每隔 00:01（相当于每隔 1 秒钟），点击"应用于所有幻灯片"，这样，一个 1 秒钟速度测试的幻灯片就完成了。

依此类推，分别改变 C 与 G 的位置，然后制作播放速度分别为 0.7 秒、0.5 秒、0.4 秒、0.3 秒、0.2 秒的幻灯片。

时间：30 分钟。

测试方式与程序：

让应聘者坐好，面向投影屏幕，每人发一张纸、一支笔，然后打开幻灯片。

（1）大家观看幻灯，然后在表格的上半部分记录。

（2）记录方式可以自己决定。

（3）记录完毕，有 3 分钟时间整理记录字母顺序，抄写在记录纸对应的方格上。

面试官讲完之后，要自己演示一遍，让每个应聘者都清楚怎么做。

除了填写姓名、所测试速度以外，上半部分是记录者的原始记录，记录方式不受限制，例如有些应聘者会用点号与逗号记录，有些记录者可能会用横与折记录，更多的会仍然用 C 与 G 记录。

准备好后，开始测试。

测试一共分 5 段，先用最慢速的 1.0 秒测试，这段测试一般所有人都能过，主要是让他们熟练这个测试的过程。

接着，进行0.7秒的测试，这个测试会淘汰部分反应十分迟钝的人。

0.7秒测试结束之后，面试官可以打趣给大家讲点小故事，放松大家的精神。然后，告诉大家下来的测试速度会很快，做好准备，继续测试0.5秒、0.4秒、0.2秒。

每一轮测试完毕，要及时让每个人整理好他们的记录纸，让助理收回记录，以免有人修改记录。

这一轮测试的临界标准是0.5秒～0.4秒，凡是不能正确记录0.5秒的，全部淘汰。如果通过0.5秒的人太多，那就提高标准，淘汰0.4秒以上的那些应聘者。

接着，进入第二轮的测试。

第二轮：朗诵测试

地点：大会议室。

参加者：没有被淘汰的全体应聘者。

道具：若干段每段300字左右的公司简介与产品简介，具有秒表功能的手机或者一个秒表。

时间：2分钟/人

测试方式与程序：

事前准备好公司与产品的简介，分解成每一段300字左右。人说话的速度一般在130～180字/分钟，所以，正常来说300字需要2分钟的时间说完。

让应聘者走到会议室的最前面站好，面向大家，然后分段朗诵公司与产品的简介。

注意：其他没有上台朗诵的应聘者都要看着上台的演讲者，这样会给台上的人增加压力。准备的演讲稿充分一些，通过他们在台上的演讲，不但可以观察他们的表现，而且能让他们迅速了解公司与产品，并且为下面的面试做了准备。

这一轮测试的淘汰标准为：

（1）不能够在2分钟内朗诵完毕者。

（2）断断续续太严重，念错的字太多，超过30字以上者。

（3）声音太小，萎靡不振者。

没有被淘汰的，继续参加第三轮淘汰赛。

第三轮：游戏测试

地点：大会议室。

参加者：每4人一组，两组同时进行，每次8人参加。

道具：8张A4纸，8个信封。

时间：大约10分钟/组。

测试方式与程序：

把4张A4纸每一张都裁剪成4块不同的形状，然后编上号码，号码最好随机编排，要不然有些应聘者会下意识地按照序号来排，就失去了测试的意义了。每张A4纸裁出来的形状各自拿一个放入1、2、3、4号信封；另外4张A4纸也是这样做，分别放入5、6、7、8号信封。

让两组人员分开在会议桌的两头坐下，宣布测试规则：

（1）每一个人一个信封，信封里面有4张被裁剪出来的A4纸片，任务是尽快把这些碎片重新拼成一张完整的A4纸。

（2）在拼纸的过程中不允许发言，谁开口说话就立即被淘汰。

（3）在拼纸的时候，不允许把手伸到别人眼前，更加不允许拿别人的纸片。

（4）哪一个小组全部人都完成拼纸就是获胜组，游戏就结束了。

宣布完规则发信封之前，给他们 5 分钟时间，每个小组商量具体怎么做，然后让他们找一个人出来，告诉你他们小组的具体规则。然后，测试就可以开始了。

给每一个人发一个信封，当然，第一组是 1、2、3、4 号，第二组是 5、6、7、8 号，宣布游戏开始。当一个小组的所有人都完成拼图，整个游戏结束，这时可能另一个组还有个别人没有完成拼图，也不要管了，测试已经结束了。

通过的标准：

（1）没有违反规则。

（2）游戏结束的时候已经完成拼图，那些在游戏结束时还没有完成的就被淘汰了。

如果面试人员数量不够多，那么可以让输掉的小组之间再次进行竞赛。

经过上面的三轮淘汰赛，没有被淘汰的人就可以进入正式的试用阶段了。

这套测试方法，是经过长期的积累总结出来，经过反复应用验证过的，是较为准确的一套方法。而且，这套方法几乎跟学历、经历、专业，甚至年龄无关，只跟这个人的潜质有关。一个具备良好潜质的人，就像璞玉，只要雕琢得好，就会成才。

【项目实践】

请为某公司的新聘员工制定岗前培训内容，选择合适的培训方法。

要求：

1. 以小组为单位。

2. 提交纸质文件。

3. 小组互评，教师总评。

任务二　培训内容设计

【导入案例】

施乐公司的培训

施乐公司何以在竞争激烈的市场环境中，创造了竞争上的优势？答案很简单，只有两个字：训练。在施乐，任何人（上到公司总裁，下到推销员）都深信训练是必不可少的。因此，他们从不吝惜投入资金与时间去训练业务代表，并投入庞大的资金设立自己的训练机构及开发各阶段的业务训练教材。每位业务代表从踏入公司开始，就要不断地接受训练。施乐的一位训练主管曾说："我们最喜欢训练那些刚步入社会的新人，他们像一张白纸，可塑性最强。在推销训练课程中，每位参加训练的业务代表，虽然各自的领悟速度快慢有别，但经过多次反复的训练后，每位业务代表都能达到我们期望的标准。你能感受到他们进步神速，有如刚学走路的幼儿，看着他们跌跌撞撞，但不久他们每一个人都快步如飞。"

从这个例子中，我们可以看出训练对每个人都是必需的。不要认为成功人士都是天才，也不要丧气地认为自己成不了才。一切由训练开始，接受正确的训练才会使你获得了更大的成功。

社会中确实有一些人具有很好的个人才能并善于从事多种工作，但是更多的人通过训练，也是可以做到的，甚至做得更好。因此，不应该只重视招聘新人而忽略对现有员工的培训，倘若不经过训练，就是最好的人才也不可能一下就干得很好。推销人员必须了解公司，熟悉所推销的产品，善于接近客户、接待来访、争取订单，还需要随时更新产品知识，挖掘个人推销潜力。即使是原有的推销人员，也应定期组织培训，以掌握企业新的营销计划、营销策略和有关新产品的知识。因此，基本培训矛盾随时培训都是至关重要的。

一、推销人员培训的目标

推销人员培训的目标主要包括以下几个方面：

（1）提高推销人员的政治素质和业务素质，这是培训的最重要的目标。

（2）以较低的推销成本获得最大的推销量。

（3）稳定推销力量，降低推销人员的流动率。

（4）同顾客建立良好的关系。

在这种总目标下，还要根据推销人员的任务或推销工作中出现的问题确定培训项目，作为每一阶段培训的特殊目标。

二、推销人员培训的内容

对推销人员的培训，要根据培训目标、参加培训人员的原有水平和企业的营销策略等拟定培训计划，确定培训的具体内容。培训一般包括以下内容。

（1）思想品质教育。思想品质教育主要是指对推销人员进行职业道德教育和职业荣誉感教育，以增强其事业心和自信心。同时，还要进行全心全意为顾客服务和遵纪守法的教育等。

（2）产品知识。这是推销人员培训的基础。推销人员必须对本企业的产品有彻底的认识。只有这样，在其推荐、介绍产品时，才能取得顾客的信任。推销人员应了解产品的特定功能、使用方法、制造程序、生产成本及利润情况。

（3）企业知识。熟悉企业的发展历史、组织结构、经营方法、财务制度、营销目标，主要产品的销售情况、价格，运输、安装和服务的政策与程序。通过这些知识的掌能尽快地消除新招聘人员的陌生感，提高推销人员的销售信心。

（4）市场知识。介绍消费者地区分布及经济状况，消费者购买动机与购买习惯，影响消费者购买的有关因素，用户所喜欢的产品形态，企业在市场竞争中所处的地位等。

（5）竞争者资料。竞争对手的推销战略及新产品开发情况，竞争产品的特点、性能、本、利润、使用方法及与本企业产品的比较、分析。

（6）推销技巧。介绍销售程序和责任，讲授推销实务，进行推销实践训练，分析和把握顾客心理等。

（7）交易知识。介绍记账、使用支票、提款、汇款、计算利息等业务知识，有关分期付款、寄售等方面的知识等。

（8）政策、法律培训。在一定意义上讲，市场经济就是法制经济。在社会主义市场经济条件下，推销人员要顺利完成推销任务，必须了解有关的政策、法律。例如，经济合同反不正当竞争法、商标法、专利法、产品质量法、税法等。

案例 7.2

某摩托车公司推销员培训内容摘要

（1）企业哲学及经营理念、经营指导思想

（2）营销职能（做什么）

附件一：内勤人员工作职能及工作规范

附件二：客户经理工作职能及工作规范

附件三：信息中心工作职能及工作规范

（3）营销方法（怎么做）

（4）开发客户与管理客户

（5）强制保养资料

（6）专卖店营销管理

（7）营销常用表格

三、培训的方法

对推销人员的培训，根据企业的经营规模、市场发展状况以及推销人员情况，可以采取不同的培训方法。

1. 没有推销基础的新推销人员

（1）集中培训法。这是指企业通过办培训班、研讨会等形式对推销人员进行集训的方法。企业可请有关专业教师授课，也可由企业的厂长、经理或有经验的推销人员讲授有关推销知识、技巧、策略和法律等。集中培训方法的优点在于时间短、费用低。

（2）实践培训法。这是指企业派新推销人员到现场跟随有经验的推销人员一起工作的一种传统培训方法。这种方法已被我国企业普遍采用。由有专业推销知识、实践工作经验的老推销人员当师傅，新推销人员做徒弟，进行传帮带。此法的优点在于：新推销人员能深入到现场，可以增加感性认识；边学边干，具有针对性；容易收到好的效果，特别是在有丰富推销经验和很强推销能力的推销人员指导下更是如此。此法不足之处在于培训的时间较长、费用较高。

（3）角色扮演法。它的通常做法是：由受训的推销人员扮演推销人员进行推销活动，由有经验的推销人员扮演顾客，像演话剧一样进行推销活动的彩排，最后进行讲评。这种方法应尽可能地吸取上述两种方法的优点，而避免其不足。

2. 原有在职推销人员

对于原有在职的推销人员，企业也应该根据实际情况对他们进行单项的专题强化培训，特别是在企业采取了新的推销策略，开发了新的产品，需要学习新的推销经验，或需要纠正某些大的错误的情况下更是如此。培训的目的是促使他们更新知识，更好地适应新的形势，减少推销失误，提高推销的成功率。

另外，对于那些自己培训推销人员有困难的企业，为了适应社会主义市场经济发展的新形势，可以委托有关院校代为培训。这种培训方式，往往能使推销人员在知识水平、专业技能上迅速得到相当程度的提高。

推销人员经过培训合格后，才能走上推销工作岗位。否则，应予以淘汰，或改做其他与其适应的工作。

案例 7.3

布兰克小姐是某家大百货公司的境外采购员，把薪水和佣金加在一块儿，她一年的收入高达 30 万美元。当谈及她在这个职位上获得的报酬时，她更多地把它归功于她为此接受的全面训练，而不是其他任何事情。谈到她在这个公司的职位，该公司的一位高级官员曾说："我们更多地把布兰克小姐看成朋友，而不是雇员。对其进行全面训练，使她成为这个公司最有能力的商业女性之一。"

资料库

自我测验

测试目的：推销潜能测验

这里共有15题，前14题以"经常如此""有时如此"或"几乎从未如此"作为答案，第15题则用"经常如此""很少如此"或"几乎从未如此"作为答案。答题时不需要考虑太久，只需以最自然的方式作答，即可测验出你有无推销方面的潜能。

1. 你真心喜欢你周围的人吗？

2. 必要时你会主动与人握手吗？

3. 与人谈话时你会投以亲切的眼神吗？

4. 你能适时地表现出幽默感吗？

5. 表达意见时，你会采用简单清晰的方式吗？

6. 你能向顾客举出五种以上的购买理由，说明你为什么要推销这些有价值的东西给顾客吗？

7. 你的穿着是否整洁得体并适合你所推销的东西呢？

8. 你能给人一种生活充实成功的印象吗？

9. 遇到不如意的事情，你很容易沮丧吗？

10. 你能正确回答你所推销商品的各种问题吗？

11. 与人有约，你都能准时赴约吗？

12. 若有人请你服务，你相信这也是推销的一部分吗？

13. 你是否擅长制作各类报告、数据图表及统计资料？

14. 你希望从人际关系的接触中，即刻获得回报吗？

15. 你认为推销工作是否应该有固定的工作时间？评分标准：

从1到14题，答"经常如此"的得6分，答"有时如此"的得4分，答"几乎从未如此"的得2分。第15题，答"经常知此"的得2分；答"很少如此"的得4分；答"几乎从未如此"的得6分。

【任务实践】

实战准备：

1. 把学生分成若干组，每组4～7人，让他们分别到各种类型的商品流通企业参观考察。

2. 学校组织货源，学生进行产品销售。

3. 如果你是一位汽车营销员，请你设计一个客户投诉处理单。

实战目的：

1. 学生亲自到各种类型的商品流通企业观察、学习推销员满足客户需求、提高服务质量及客户关系管理的实际操作。

2. 学生通过产品销售及催款模拟，提高处理客户催款与客户服务的能力。

3. 学生通过设计一个客户投诉处理单，提高客户投诉处理的能力。

实战方案：

1. 老师事先和商品流通企业联系，约好时间，带领学生去，或者让学生利用课余时间自己去。

2. 学生认真观察，并做好记录，观察记录时主要围绕以下问题。

（1）企业提高服务质量的措施；

（2）企业客户服务的类型；

（3）企业讨债的情况；

（4）企业运用信用政策的情况；

（5）企业管理客户的方法。

3. 每个小组的学生认真完成书面报告，在课堂上汇报交流，并为以后的讨论打下基础。

4. 学生在产品销售过程中，要记录发生的推销员处理客户意见、提高服务质量的训练过程和方法，销售结束后要进行总结、介绍，并进行销售工作业绩考核，也可就此进一步开展课堂讨论或课堂模拟。

任务三　工作业绩考核

【导入案例】

A 公司是一家生产、销售乳制品的大型食品饮料企业，该公司产品主要销往市内各大商场、超市等零售网点。销售员每天都要深入销区，除了新品谈判、贷款结算业务外，更重要的是网络维护、卖场销售情况反馈、终端促销员管理等工作。由于公司近几个月已经没有新产品推出，并且贷款结算大都为月结，规律性较强，公司陈老板便认为员工无所事事，甚至没有作为。于是找到了主管营销的副总经理，让其拿出一套绩效考核体系，以加强对销售人员管理，防止他们在市场上"浪费"时间，多做工作。营销副总接受任务后，绞尽脑汁最后设计出了一套表格，要求销售人员逐日填写每天访问客户、时间、接洽人、工作内容、接洽人电话等内容。刚开始，销售人员还如实填写，但后来销售人员便产生了抵触情绪，认为这是公司对员工的严重不信任，于是就开始在表格上信手"涂鸦"。虽然营销副总也曾通过打电话给客户以监督、检查表格内填写内容是否真实，可是执行起来并不容易，经常找不到人，并且客户也没有义务配合你，而营销副总又不能到实地去核查，实际上这种考核"流产"了，根本反映不了销售人员的实际工作量。

诊断：在这个案例中，无论是 A 公司陈老板还是营销副总对绩效考核都存在认知误区：一是错把日常监督作为绩效考核，监督只是管理的一项基本职能之一。对于绩效考核，企业要有一个严密的绩效考核系统，包括绩效标准评分表、绩效目标管理卡、绩效考核方法、薪酬和发展系统表，而绝非营销副总设计的一张表格那么简单。二是对于绩效考核的出发点不对，对于绩效考核有三个作用：激励员工向预期目标努力、对员工进行监督控制、对员工任职能力和发展能力考评。在上述几个目的下，对销售员绩效考核频率不是越高越好，当然也不是主张一年只考核一次，可以落实到月度、季度或年度，并把绩效考核与培训、职位、薪金、福利等要素挂钩。三是绩效考核方案要具有良好的"可执行性"，对于"可执行性"应该这样理解：被考核人认可并支持、部门经理认可并主持、高层管理人员认可并批准，并且考核体系操作起来简单、实用，能够体现被考核人的工作范畴、工作能力和工作业绩。而营销副总所设计的表格就未得到销售人员的支持与认可，并且也不具有科学性，有伤销售人员积极性，这种考核办法失败是注定的。

思考：请问你对推销人员业绩考试有什么好的想法？

一、推销工作业绩考核的意义

推销工作业绩考核就是指推销绩效的评估，是指企业或推销人员对一定时期内推销工作的状况进行衡量、检查、评价，目的在于总结经验与教训，进一步制订新的推销计划，改进推销工作，取得更好的推销业绩。

推销绩效的评估是现代推销技术的一个重要组织部分。现代推销技术和传统推销技术的一个重要区别就是强调推销的科学性。运用科学的方法和手段对推销计划的执行情况和推销工作进行分析和评估，不仅是从事决策的重要参考指标，也是对企业政策与计划的考核。通过工作业绩的考核可以找出推销工作成功和失败的原因，较快地提高推销人员的工作能力和推销绩效。那么企业是如何对推销工作业绩进行考核的呢？我们从以下几个方面开展工作。

二、工作业绩考核的内容

推销人员的推销业绩可以通过销售量、销售额、推销费用、销售利润和推销效率等几个方面来进行评估。

1. 销售量

销售量是指企业或推销人员在一定时期内实际推销出去的产品数量。它是推销绩效考核的主要内容之一，推销人员推销出去的产品越多，其推销成绩就越大。要正确评估销售量，首先要对销售量的范围进行准确的界定，确定销售量所包含的内容，运用统一的统计口径，包括合同供货方式和现货供货方式，已售出的产品数量以及尚未到合同交货期提前在报告内交货的预交产品数量，但要扣除销售退回的产品数量。其次，要运用一定的方法考察销售量的变化，准确地评价推销人员的工作业绩，如通过对产品推销计划完成任务情况、不同品种的销售量、对新老用户的销售量等情况进行考察，进一步分析其原因以及销售量和市场占有率的变化发展趋势等。

2. 销售额

销售额是以价值形式反映产品销售情况，既考虑产品数量也考虑产品价格。在评估销售额时，应先根据各推销产品的不同价格与销售量计算出区域内推销人员、各种产品、不同消费者群或推销对象的销售额，累加求出总的销售收入，再依据一定的方法进行比较分析。具体的销售额评估分析方法有：总销售额评估法、区域销售额评估法、产品销售额评估法、消费者类型销售额评估法。

3. 推销费用

推销费用是指在推销产品过程中所发生的费用。通过对推销人员完成推销任务所支出的费用进行考核，可以及时发现费用开支中的问题，有利于把费用控制在预算范围内，提高费用使用效率，进行推销费用评估常用的两个是：

（1）产品推销费用率。它是指一定时期内推销费用与销售额的比例，推销费用包括与产品推销活动紧密相关的成本和费用，如推销项目可行性调研费、资料印刷费、广告费、交通费、通信费、业务招待费以及展销场地租赁费等。

（2）推销费用降低率。它是指一定时期内推销人员实际支出的推销费用与计划核定的推销费用限额之比，它反映了推销费用节约或超支的程度。对于费用评估，可以按总费用或各分类费用与各类别的费用配额进行比较分析。

4. 销售利润

销售利润是推销成果的集中体现，将销售收入与销售成本和费用进行比较，就可以看出推销人员为企业创造的利润是多少。在分析销售利润时，不仅要分析销售利润的计划完成情况，而且要进一步分析其变化的原因，分析不同因素（如销售量、产品价格、销售成本和销售结构等）对销售利润的影响，以便于及时发现问题，提出改进的措施。利润的评估也可以按总利润及各分类利润进行分析。利润考核可以加强高利润区域、高利润产品、高利润消费者群的工作，保证公司利润的实现。

5. 推销效率

考核推销效率可以更全面地评价推销人员的工作程度和效果，把握推销人员之间存在的差距，并通过奖勤罚懒，提高推销人员的工作努力程度，促进推销工作。

考核推销效率的指标主要有：配额完成率、推销人员平均销售额、用户访问完成率、订单平均订货量、孵化合同完成率等。

资料库

某公司推销人员的业绩考核

为了调动公司员工的工作积极性，激发员工工作热情，提升工作业绩，增强公司竞争力，保证公司目标的顺利达成，特制定本绩效考核办法。

一、考核对象

公司所有部门及员工。

二、考核内容和方式

（一）考核时间：每月。

（二）考核工资标准：将员工每月应发工资总额的10%作为绩效考核工资，根据当月工作绩效考核结果，确定绩效工资发放比例和具体金额。

其中，年薪制员工考核工资标准为：年薪÷12×80%×10%；业务考核工资标准为：基本工资×10%。

（三）考核内容：员工本人当月工作完成情况及综合表现。

（四）考核方式：

实行分级考核，由直接上级考核直接下级，并由总经理评定。即：

（1）公司总经理考核各部门负责人；

（2）部门负责人考核部门所属员工，并由总经理最终评定。

三、考核流程

由制定工作计划、执行工作计划及进行绩效考核三部分组成，详见图7-1。

图7-1　考核流程

四、考核结果及奖惩

（一）对员工的考核

1. 考核结果

考核结果以分数确定，最终转换为A、B、C、D四个等级，以分管领导最终评定为准。

各个等级对应分数及基本标准如下（表7-1）：

A级：超额完成当月工作任务，综合表现突出，工作成绩优异；

B级：全面完成当月工作任务，综合表现良好，工作成绩良好；

C级：基本完成当月工作任务，综合表现合格，工作成绩一般，偶有工作失误；

D级：未完成当月工作任务，综合表现一般，工作成绩较差或有重大工作失误。

表7-1 考核结果

最终考核分数	等级
98分以上	A
86～97分	B
60～85分	C
59分以下	D

2.奖惩办法

当月考核结果直接与员工当月绩效工资的发放挂钩。

（1）考核结果为A级：绩效工资按100%发放，并按本人当月考核工资标准的10%另行发放奖励工资。

当月绩效考核为A级的员工比例不超过公司员工总数的10%，各部门原则上不超过1人。

（2）考核结果为B级：绩效工资按100%发放。

（3）考核结果为C级：绩效工资按60%发放。

（4）考核结果为D级：不予发放绩效工资。

考核中过程中，当月考核等级为D的，留任原职查看；累计达到两次的，转为试用员工；累计达到三次的，给予解聘或辞退。年度C级考核结果累计达到或超过三次的，根据其实际工作情况，给予适当惩处。

此外，员工月度工作绩效考核结果，将作为年度优秀员工评选、年终考核和奖惩的重要参考依据。

（二）对部门的考核

1.考核标准

对部门的考核标准主要由以下几个方面组成：部门工作完成情况（70%）、执行力（10%）、下属督导力（5%）、工作失误和安全事故（5%）、自律力（5%）、团队精神（5%）。

2.考核办法

对部门的考核采用部门自评和总经理考评的方式，以总经理最终评定为准。

3.考核结果和奖惩

年终，公司将根据各部门全年总体表现情况，评选优秀部门，并根据公司当年效益情况，给予部门适当奖励。

对于年终考评较差的部门，公司将根据实际情况，给予部门负责人降职、降薪或解聘处理。

五、考核执行程序

（一）计划制定和返回

（1）员工月度工作计划：由员工制定《员工月度工作计划表》（详见附件1），交部门负责人审核后返回员工。

（2）部门月度工作计划：每月底，部门负责人制定下月《部门月度工作计划表》（详见附件2），交总经理审定后返回部门。

（3）计划制定各阶段，应进行必要的沟通。

（二）考核、汇总

1. 员工考核

员工考核由员工自评、部门考核、总经理评定三个部分组成。

（1）员工填写《员工月度工作考核表》（详见附件3），交部门负责人考核；

（2）部门负责人考核完毕后，交总经理评定；

（3）考核各阶段，应进行必要的沟通。

2. 部门考评

部门考核由部门互评、部门自评和总经理评定三部分组成。

（1）部门互评：由部门负责人填写《部门月度互评表》（详见附件4），对其他部门月度表现进行评议，并交公司领导，作为对其他部门考评的参考依据；

（2）部门自评：由部门负责人填写《部门月度自评表》（详见附件5），交人力资源部；

（3）考核各阶段，应进行必要的沟通。

3. 高管考核

高管人员填写《高管月度考核表》（详见附件6），公司总经理评定。

（三）结果反馈

（1）每月8日前，部门负责人将部门及所属员工的考核交人力资源部；

（2）人力资源部根据考核结果填报《员工月度考核汇总表》（详见附件7），并于每月10日前交公司领导审批；

（3）人力资源部经公司领导审批后的考核结果反馈至各部门，并函告财务部；

（4）考核人根据实际情况和需要，与被考核人进行沟通，以改进和提高工作绩效；

（5）年终，综合部将填报《员工年度考核汇总表》（详见附件8）和《部门年度考核汇总表》（详见附件9），经公司领导审批后，反馈至各部门。

六、其他事项

（1）考核人员应坚持实事求是，客观公正地进行考核。被考核人认为考核结果严重不符合事实的，可以向综合部或有关领导提出申诉。经调查属实的，报公司领导同意后，可给予纠正，并对相关责任人进行处理。

（2）本办法经公司总经理批准后，于20××年8月起执行。

（3）本《办法》由综合部负责解释。

附件1：员工月度工作计划表

_____年_____月_____部员工工作计划表

姓名：　　　　　　　　　岗位：　　　　　　　　　　　　填报时间：　　年　月　日

序号	工作计划内容	拟完成时间	预计资金／万元	备注
1				
2				
3				
4				
5				
6				

序号	工作计划内容	拟完成时间	预计资金 / 万元	备注
7				
8				
9				
10				
11				
12				
13				
14				
15				
16				
17				
18				
19				
20				
小计				

部门负责人审核签字：

备注：1.本表由员工制定，部门负责人审核，作为员工月度考核参考依据。

2.本表随员工绩效考核表一起上交。

附件2：部门月度工作计划表

_____年_____月_____部工作计划表

填报人：　　　　　　　　　　　　　　　　　　　　　　　　　　　年 月 日

序号	工作计划内容	拟完成时间	预计资金 / 万元	责任人	备注
1					
2					
3					
4					
5					
6					
7					
8					
9					
10					
11					
12					
13					
14					
小计					

总经理审批：

备注：本表由部门负责人填报，并于每月月底交人力资源部。

附件3：员工月度工作考核表

_____年_____月员工工作考核表

部门：　　　　姓名：　　　　岗位：　　　　考核时间：　年　月　日

序号	员工月度工作考核内容			考核分数			备注
				自评分	部门评分	评定分数	
1	月度工作完成情况						
2	月度综合表现	96及以上	月度工作优秀，责任感、协作性、纪律性非常强				
		80～95	月度工作良好，未出现工作拖沓、敷衍、协作不力及违纪事件				
		60～79	月度工作合格，基本未出现工作拖沓、敷衍、协作不力及违纪事件，但偶有不足				
		59以下	月度工作较差，工作拖沓、敷衍、协作不力，产生一定的不良影响				
3	小计						
4	员工自评	本月未完工作及情况说明（原因、进度、资金使用情况、拟完成时间等）：		本月超额完成工作：			
5	部门考评	总体表现（日常表现，优秀工作及需改进工作）：		月末考评得分（加、减分，±3分）：			
6	公司领导评定	公司领导意见：		最终评定分数（结合部门意见及实际考核情况）：		最终评定等级（签名）：	

备注：1.员工填写"自评分"栏，部门负责人填写"部门评分"栏，公司领导填写"评定分数"栏。每月8日前，由部门负责人将部门考核结果交公司领导审批。

2.员工考评得分＝月度工作考评得分×70%＋月度综合表现得分×30%，以公司领导最终评定为准。

部门负责人审核：　　　　公司领导核准：

附件4：部门月度互评表

_____年_____月_____部门互评调查表

部门负责人签字：　　　　填报时间：　年　月　日

序号	考核内容	分值级别及评分区间		评分内容及标准	评议部门及分值	备注
1	团队精神	A	90—100	部门员工工作及时周到，与相关部门配合、协作良好		
		B	60—89	部门员工工作比较及时周到，与相关部门配合、协作较好，偶尔出现拖沓		
		C	0—59	部门员工工作严重拖沓，与相关部门配合、协作较差		
2	自律力	A	90—100	能以身作则，遵守公司制度、劳动纪律及财经纪律并能带领下属共同遵守		
		B	60—89	自身能遵守公司制度、劳动纪律及财经纪律		
		C	0—59	自身不能遵守公司制度、劳动纪律及财经纪律		

续表

序号	考核内容	分值级别及评分区间		评分内容及标准	评议部门及分值	备注
3	工作失误和安全事故	A	90—100	月度无工作失误或安全事故（含工程质量及交通安全）		
		B	60—89	月度出现轻微工作失误或安全事故（含工程质量及交通安全）		
		C	0—59	月度出现重大工作失误或安全事故（含工程质量及交通安全）		

备注：1.本表为填报部门对公司其他部门当月工作的评价，作为公司领导在部门考核时相关项目的评分参考。

2.本表每月8日前随绩效考核表一起上交。

附件5：部门月度自评表

_____年_____月_____部自评表

部门负责人签字：　　　　　　　　填报时间：　年　月　日　　　　　　考核人签字：

序号	考核内容	权重/%	绩效级别及评分区间		评分内容及标准	自评分	考评分	备注
1	部门计划工作目标	70		0～100	部门月度计划工作、周会布置工作完成情况（按实际工作完成比例评定相应分数）			
2	执行力满意度	10	A	90～100	能非常及时有效地执行、推广、落实总经理或分管副总经理的指示或安排			
			B	60～89	总体能按要求执行、推广、落实总经理或分管副总经理的指示或安排			
			C	0～59	执行、推广、落实公司领导或分管领导的指示或安排不力，经常因自身原因拖沓工作			
3	下属督导力满意度	5	A	90～100	能及时有效地对下属进行督导，关注下属工作结果，及时提供相应资源或协调			
			B	60～89	总体能有效地对下属进行督导，了解下属工作状况，对下属工作能及时提供应有帮助			
			C	0～59	对下属工作状况不清楚，放任自流			
4	工作失误和安全事故	5	A	90～100	月度无工作失误或安全事故（含工程质量及交通安全）			
			B	60～89	月度出现轻微工作失误或安全事故（含工程质量及交通安全）			
			C	0～59	月度出现重大工作失误或安全事故（含工程质量及交通安全）			
5	自律力满意度	5	A	90～100	能以身作则，遵守公司制度、劳动纪律及财经纪律并能带领下属共同遵守			
			B	60～89	自身能遵守公司制度、劳动纪律及财经纪律			
			C	0～59	自身不能遵守公司制度、劳动纪律及财经纪律			
6	团队精神	5	A	90～100	部门员工工作及时周到，与相关部门配合、协作良好			
			B	60～89	部门员工工作比较及时周到，与相关部门配合、协作较好，偶尔出现拖沓			
			C	0～59	部门员工工作严重拖沓，与相关部门配合、协作较差			

备注：1.自评分为部门对当月工作的自我评价，仅作为评分参考。

2.考评分为总经理对该部门当月考评的最终评定分。

3.本表每月8日前随绩效考核表一起上交。

附件6：高管月度考核表

_____年_____月高管人员月度考核表

姓名：　　　　　　　岗位：　　　　　　　填报时间：　　年　月　日

序号	评价项目	评分标准定义	评分范围	实际得分	备注
1	执行力（30%）	根据公司目标，能有效规划部门的工作；能有效组织部门资源以确保公司及部门目标的实现；带动遵守公司各项规章管理制度，并积极推动公司各项制度的执行（部门内宣传、对下属提出具体的遵守要求）	A级：90～100 B级：60～89 C级：0～59		
2	下属督导力（20%）	能有效指导分管部门负责人业务工作保证公司目标的实现；能有效调动分管部门员工的工作热情，并制造良好部门工作环境，实现公司人性化管理的目标	A级：90～100 B级：60～89 C级：0～59		
3	计划力（30%）	具有全局意识，计划全面有系统；能根据公司总体目标，恰当适时地分解所辖部门工作目标，提出、调整工作计划，并适当分权，以达成部门目标；	A级：90～100 B级：60～89 C级：0～59		
4	团队协作（10%）	参与和支持团队工作，积极推进团队目标的达成；能为团队利益做出个人的牺牲；愿意与他人分享经验和观点，采用合适的方式表达不同意见；与同事和协作部门保持良好的合作关系	A级：90～100 B级：60～89 C级：0～59		
5	自律力（10%）	能严格遵守公司劳动纪律、财经制度及其他管理制度，为人正直，以公司利益为重	A级：90～100 B级：60～89 C级：0～59		
6	其他	其他加/减分项目	1～10分		

最终评定分数及等级：

备注：本表由高管人员填写，并于每月10日前报公司董事长审批。

附件7：员工月度考核汇总表

_____年_____月员工月度考核汇总表

填报部门：　　　　　　　　　　　　　　　　　填报时间：　　年　月　日

序号	部门	姓名	考核等级				被考核人签字	备注
			A	B	C	D		
1								
2								
3								
4								
5								
6								
7								
8								

续表

序号	部门	姓名	考核等级				被考核人签字	备注
			A	B	C	D		
9								
10								
11								
12								
13								
14								
15								
	小计							
备注	1. 奖惩标准：A 级：100% 发放，并加发工资总额的 10%；B 级：100% 发放；C 级：60% 发放；D 级：不予发放。 2. 本表由人力资源部根据员工月度绩效考核结果填写，在相应栏目位置打"√"即可。 3. 员工本人不签字的，以考核结果为准。 4. 本表在每月 10 日前上交公司领导审批。							

填报人：　　　　　　　　　　　　审批：

附件 8：员工年度考核汇总表

_____年度员工考核汇总表

填报部门：　　　　　　　　　　　　　　　　　　填报时间：　　年　月　日

序号	部门	姓名	月度考核等级												年度评定等级	被考核人签字	备注
			1	2	3	4	5	6	7	8	9	10	11	12			
1																	
2																	
3																	
4																	
5																	
6																	
7																	
8																	
9																	
10																	
	小计																
备注	1. 本表由综合部根据依据员工月度考核汇总表填报，在相应栏目位置填写月度考核等级（即 A、B、C、D）即可。 2. 员工本人不签字的，以考核结果为准。 3. 本表在年终总结前 1 周上交公司领导审批。																

填报人：　　　　　　　　　　　　审批：

附件9：部门年度考核汇总表

_____年度部门考核汇总表

填报部门：　　　　　　　　　　　　　　　　　　　　　　　　填报时间：　年　月　日

序号	部门名称	月度考核等级												年度评定等级	被考核部门负责人签字	备注
		1	2	3	4	5	6	7	8	9	10	11	12			
1																
2																
3																
4																
5																
6																
7																
8																
9																
10																
	小计															
说明	1. 填报依据员工月度考核汇总表。 2. 在相应栏目位置填写月度考核等级（即A、B、C、D）。 3. 部门负责人未签字的，以考核结果为准。															

填报人：　　　　　　　　　　　　　　　　审批：

三、工作业绩考核的方法

推销绩效评估的方法很多，常用的方法有以下几种。

1. 纵向分析法

纵向分析法是指通过推销指标绝对数值的对比确定数量差异的一种方法，其作用在于揭示客观存在的差距，发现值得研究的问题，为进一步分析原因指明方向。依据分析的不同要求，主要可进行三种比较分析，即：将实际资料与计划资料对比，说明计划完成情况；将实际资料与前期资料对比，考察推销活动发展变化；将实际资料与先进资料对比，找出差距和原因，挖掘潜力。

2. 横向对比分析法

推销人员绩效的横向对比分析，就是企业对所有推销人员的工作业绩加以相互比较的一种方法。正确运用横向比较分析法，必须在充分考虑各地市场潜力、工作量、竞争激烈程度、企业促销配合等因素的基础上制订出合理的目标。但在实际评估中，推销管理部门很难面面俱到地考虑所有的影响因素，在目标的制订上有一定的主观偏差，如果仅用这种分析方法，则容易引起误解。因此，配合纵向对比分析能够更全面、准确地评估推销绩效。

3. 尺度考评法

尺度考评法是将考评的各个项目都配以考评尺度，制作出一份考核比例表加以评核的方法。在考核表中，可以将每项考评因素划分出不同的等级考核标准，然后根据每个推销人员的表现按依据评分，并可对不同的考评因素按其重要程度给予不同的权数，最后核算出总的得分。

资料库

某集团绩效考核办法

第一条　目的

为了调动员工的积极性，使员工能为集团的战略目标持续地努力并不断地作出应有的贡献，特制定本办法。

第二条　原则

本办法就是牵引员工贡献使之符合企业的战略需要。它体现简单、实用、可操作、可扩充。

第三条　假设

员工工作业绩反映和代表员工的工作能力和工作态度，不能反映在业绩上的能力和态度是无效的能力和态度。主管具备考核评价下级的能力，否则主管就要离开岗位。

第四条　组织管理体系

绩效考核的最高权力机构为公司绩效管理委员会。部门主管对部门团队的整体绩效负责。

第五条　对象

本办法考核对象是企业中、基层员工。

第六条　方法

考核以目标管理方法为主，辅以关键事件法和强制比例法。

第七条　业绩类指标

业绩类指标是一些可以量化的工作任务。

第八条　业绩指标内容

业绩指标主要有部门主管的业绩指标和基层员工的业绩指标。

部门主管的业绩指标主要是公司层的 KPI（Key Performance Index，关键绩效指标）分解指标和部门符合企业战略的重要职责指标。

基层员工的业绩指标是部门主管业绩指标的分解指标。

部门基层员工的业绩指标之和构成该部门主管的业绩指标。

第九条　指标设计要少而精，一般在 3 项以内，按重要程度设置不同权重。

第十条　少而精的关键业绩指标可以使部门主管和基层员工的工作重点明确突出，使其主要精力紧紧围绕企业战略目标，克服工作中分不清工作重点的毛病。

第十一条　满意类指标

满意类指标分上级满意度指标和协作者满意度指标。

（一）上级满意度指标

它是上级（绩效管理委员会和直接主管）对下级工作情况的主观评价。它包括中期述职报告、能力运用、工作态度和辅助职责（业绩指标之外工作职责）完成情况四类二级指标，可以由主管赋予不同权重。

上级满意类指标设计的意义如下。

通过中期述职报告强化对工作过程的管理，实现管理的"精耕细作"。

增加考核的全面性，使被考核者在集中主要精力于业绩指标的同时保持各自基本工作职责的完成。

增加适度的主观评价，简化考核操作，避免指标过于讲究细化的考核迷信。

使各级主管明确自己的管理职责，强化职位权力，提升主管的管理能力。

（二）协作者满意度指标

它分为针对主管的内部客户满意度指标和针对基层员工的团队同事满意度指标。

内部客户满意度指标是针对部门主管的满意类考核指标。它是该主管所在部门服务的主要内部客户（本部门的主要服务对象）对该部门的综合评价。它包括服务的质量和服务态度两类二级指标，由考核者赋予不同权重。

团队同事满意度指标是同一团队中工作相关的其他员工对被考核者的满意度评价。它主要包括合作意识和工作能力两类二级指标，由部门主管设定统一的权重。

协作者满意度指标设计的意义如下。

内部客户满意度指标设计的意义：明确部门之间的权力界限，规范管理行为；提高对内部客户的服务意识和团队之间的协同意识，创建提倡团队合作的企业文化；通过调整内部客户评价的权重可以提高某些关键部门在一定时期内的重要程度，从而实施战略目标牵引。

团队同事满意度指标设计的意义：强调团队精神；加强员工之间的正式沟通，形成一种良好的工作氛围；激发适度的内部竞争，作为互为既得利益的竞争者，了解对手可以提高竞争的质量。

第十二条　绩效考核指标小结

略

（一）集团业绩类指标内容

主要包括：决策支持与管理类指标、行政事务与管理类指标、财务类指标、人力资源类指标、财务类指标、审计类指标、法务类指标、市场类指标。考核指标格式如表7-2所示。

表7-2　考核指标格式

指标名称	
指标定义	
设立目的	
计算公式	
相关说明	
数据收集	
数据来源	
数据核对	
统计周期	
统计方式	

（二）集团满意类指标内容

主要包括：上级满意度、协作指标。

1. 上级满意度

上级满意度主要通过述职报告的综合评价来完成。

（1）中期述职报告

部门和同级公司、工厂主管对考核其工作的总体回顾，强调对工作过程的描述，由绩效管理委员会集体评定。分为通过和不通过两档，对通过述职者给予一定的考核分值。

（2）中期述职方式

包括撰写述职报告，登台进行述职（一般20～30分钟），评委及听众提问（10～15

分钟），对述职报告及演讲行为进行评价。

（3）中期述职内容

① 目标承诺陈述（量化指标、完成情况）；

② 主要业绩行为分析（成功事项分析、提炼经验）；

③ 主要问题分析（失败事例分析）；

④ 面临的挑战与机会（SWOT分析、竞争对手分析、市场状况）；

⑤ 绩效改进要点与措施；

⑥ 能力提升要点及方法；

⑦ 要求得到的支持与帮助；

⑧ 目标调整及新目标的确定。

2. 协作指标

包括内部客户满意度和团队同事满意度两个二级指标，主要是对被考核者的团队意识、责任心、反应速度等指标的考核。

（三）考核指标制定原则

所有考核指标的设定必须在绩效管理委员会统一领导下进行，接受委员会的指导和审查，所有需要公开和签订书面文件的考核内容都要经过委员会同意后进行。

（四）考核指标制定程序

考核指标的制定程序同样是一个资源配置的过程，不存在没有配套资源的考核指标。

1. 部门业绩指标制定程序

在部门业绩指标中，KPI分解指标由上至下分配，上下级（绩效管理委员会和部门主管）正式沟通后确定。

部门业绩指标中的重要职责指标（部门KPI指标）由下至上报送，各部门提供3个以上的职责目标，通过上下协商，原则上确定3个以下的职责作为业绩类考核指标。绩效管理委员会根据战略要求确定各项业绩指标的权重。（上级有必要对下级解释权重分配的原则）

签订业绩目标责任书，一式三份，上、下级和考核机构各一份，绩效管理委员会授权代理机构人力资源管理部门保留一份。

2. 个人业绩指标制定程序

由部门主管根据已经确定的部门业绩标准进行分解，落实到每一个基层员工，经过上下级（主管和员工）的沟通最后确定考核指标。主管对各项业绩指标分配权重。

签订业绩目标责任书，一式三份，上、下级和人力资源管理部门保留一份。

3. 上级满意度指标制定程序

上级主管对中期述职报告、工作能力、工作态度和辅助职责完成情况四类二级指标分配权重，但中期述职报告分值不得低于总分值的70%。对下级进行必要的通报和解释。

4. 内部客户满意度指标制定程序

内部客户的确定：被考核部门列出所有需要服务的内部客户部门，由绩效管理委员会根据内部客户数目多少及对当前战略的重要程度确定参与考核的内部客户，一般考核部门不要超过三个。考核部门对服务质量和服务态度两类二级指标分配权重。将考核指标的权重及考核要点通报被考核部门。

5. 团队同事满意度指标制定程序

由部门主管根据部门战略确定，类似于内部客户的确定，考核者一般不超过3个，对内公开。由部门主管对合作意识与工作能力两类二级指标制定部门统一的考核权重。考核者对被考核者通报考核重点。

第十三条　考核辅导内涵

考核的辅导要分两个层面：对主管的辅导和对员工的辅导。

对主管的辅导主要是对目标的分解方法、预算方法、目标实施的监控和业绩面谈技巧等方面的培训辅导。

各级主管必须将监控目标的实施进度和执行情况作为自己的主要职责。通过设定里程碑和关键控制点可以有效检查目标的执行情况，并且对出现的新情况要及时进行处理。

要对下级进行经常的指导，促进其能力的提高，使目标的执行更加顺利。

对员工的辅导主要是沟通技巧、目标认同等方面的培训辅导。

第十四条　数据的收集

各类业绩指标按进度比例、完成比例或各类测评的实际得分值统计。各类主观评价的满意度指标按照关键事件法进行考核，即考评者的评价分值必须有关键事件作为支持，关键事件要有记录。考核者在考核结束日之前 3 日内报绩效管理委员会的执行部门。

第十五条　数据的统计

主要包括部门主管的考核得分和基层员工个人得分统计。数据结果按强制比例分布进行统计。

主管考核成绩按强制比例分为 A、B、C、D、E 五级。按照表 7-3 中比例强制分布，确定出部门主管的相应等级。

表 7-3　主管考核成绩分布比例

等级　　　　　项目	A	B	C	D	E
强制比例 /%	10	15	50	15	10

部门员工考核成绩按强制比例分为 A、B、C、D、E 五级。根据主管考核等级，按照表 7-4 中比例强制分布，确定出部门员工的相应等级。

表 7-4　部门员工考核成绩分布比例

员工等级　　主管等级	A	B	C	D	E
A，B	20%	25%	35%	10%	10%
C	15%	20%	30%	20%	15%
D，E	10%	10%	35%	25%	20%

第十六条　业绩面谈

业绩面谈对于落实考核的结果，实现业绩的持续改进和提高，形成良性的业绩管理循环有至关重要的意义。

提前对主管进行业绩面谈的技巧培训，将业绩面谈的效果评价计入上级满意度考核指标之内。

第十七条　投诉与申诉

在业绩面谈之后，对自己的考核成绩有异议的员工可以进行业绩投诉。有异议员工可以向主管的上级或人力资源部门进行投诉，接受投诉的部门和上级主管在一周内给予明确答复。

投诉者可以查阅公开的量化指标统计结果，并允许重新计算复核，如有错误进行修改。

对于主观评价结果，一般不允许查阅。但以下情况例外，被考核者的等级为考核中的D级和E级时，被考核者要求查阅结果，考核者必须出具关键事件记录，并作出认真解释。

第十八条　考核成绩调整

对于如实的考评，结果不予更改。对于不实的考评，要对考评者给予纪律处分。业绩考核分值的全局性调整只有在绩效管理委员会正式决议通过后，才可以慎重进行。

第十九条　考核结果的运用

考核的结果是工资、奖金分配和股份奖励的必要依据；是干部选拔重要依据。

分析员工的考核成绩结构，用作对员工的人力资源开发。作为历史资料归档存放，可以用作人力资源的研究与分析。

第二十条　解释和修订

本考核办法由集团人力资源部解释和修订。

四、推销人员的激励

1. 激励推销人员的必要性

企业销售目标的实现有赖于推销人员积极、努力的工作。如果推销人员的主动性、创造性得到充分的调动，就能创造良好的推销业绩。对于大多数推销人员来说，经常给予表彰和激励是非常必要的。从主观上来说，绝大多数人的本性是追求舒适、轻松的工作和生活，而回避需要付出艰苦努力的劳动。只有给予物质的或精神的激励，人们才能克服与生俱来的惰性，克服种种困难，满腔热情地投入工作。从客观上来说，推销工作的性质使得推销人员常年奔波在外，脱离企业、同事和家人，极易产生孤独感；推销工作的时间没有规律，会对推销人员的身心健康产生不利影响；推销工作竞争性很强，推销人员常常和竞争对手直接接触，时时感受到竞争的压力；推销人员在工作中被顾客拒绝是常有的事，即使付出艰苦的努力也不一定能得到订单，经常受到挫败会使他们的自信心受到伤害。因此，管理部门应当充分认识推销工作的特殊性，经常不断地给予推销人员激励，才能使推销人员保持旺盛的工作热情。

2. 激励推销人员的原则

激励推销人员的措施必须科学、合理，否则不仅起不到调动、鼓舞推销人员工作积极性的作用，相反还会挫伤其原有的工作热情。推销管理部门在对推销人员进行激励时，应当根据企业、产品、销售地区、推销环境和推销人员的不同情况制定合理的激励方案。应遵循的原则如下：

（1）公平合理。所制定的奖励标准和所给予的奖赏必须公平合理。奖励的标准必须恰当，过高或过低都会缺乏驱动力。所给予的奖赏，应考虑到推销人员工作条件的不同和付出努力的差别。

（2）明确公开。推销管理部门的奖励措施必须明确，并公开宣布，让推销人员充分了解和掌握奖励目标和奖励方法，促使他们自觉地为实现目标而努力。否则，就不可能产生积极的效果。

（3）及时兑现。对推销人员的奖励，应当按预先的规定，一旦达到奖励目标就兑现许诺，使达标者及时得到奖赏。如果拖延奖励时间，给推销人员造成开空头支票的感觉，将会严重打击他们的积极性。

3. 推销人员的报酬管理

建立合理的报酬制度，对于调动推销人员的积极性和主动性，保证推销目标的实现，有着重要意义。推销人员的工作能力、工作经验和完成任务的情况是确定报酬的基本依据。企业付给推销人员的报酬主要有三种形式：

（1）薪金制，即给推销人员固定的报酬。这种制度简便易行，可简化管理部门的工作。推销人员也因收入稳定而有安全感，不必担心没有推销业务时影响个人收入。但这种制度缺少对推销人员激励的动力，容易形成吃"大锅饭"的局面。

（2）佣金制，即企业按推销人员实现销售量或利润的大小支付相应的报酬。这种制度比薪金制有较强的刺激性，可以使推销人员充分地发挥自己的才能，管理部门也可根据不同的产品和推销任务更灵活、更有针对性地运用激励的手段。但这种制度不能保障企业对推销人员的有效控制，推销人员往往不愿接受非销售性工作，而且常常出现为追逐自身经济利益而忽视企业长远利益的现象。

（3）薪金加奖励制，即企业在给推销人员固定薪金的同时又给不定额的奖金。这种形式实际是上述两种形式的结合，一般来讲，它兼有薪金制和佣金制的优点，既能保障管理部门对推销人员的有效控制，又能起到激励的作用。但这种形式实行起来较为复杂，增加了管理部门的工作难度。由于这种制度比较有效，目前越来越多的企业趋向于采用这种方式。

4. 激励推销人员的方法

管理部门可以根据企业自身情况和内部人员状况，灵活地运用多种激励推销人员的方法，以便激发推销人员的潜能，保证推销目标的实现，促进企业的发展。具体地说，激励推销人员的方法主要有以下几种：

（1）目标激励法。企业首先建立一些重要的推销目标，如销售数量指标，规定推销员一定时期内访问顾客的次数。这样使推销人员感觉工作有奔头、有乐趣，体会到自己的价值与责任，从而增加了努力上进的动力，使企业的目标变成了推销人员的自觉行动。采用这种方法，必须将目标与报酬紧密联系起来，达到目标就及时给予兑现。

（2）强化激励法。强化激励法有两种方式：一是正强化，对推销人员的业绩与发展给予肯定和奖赏；二是负强化，对推销人员的消极怠工和不正确行为给予否定和惩罚。通过奖惩分明、奖勤罚懒，激励推销人员不断地努力。

（3）反馈激励法。推销管理部门定期把上一阶段各项推销指标的完成情况、考核成绩及时地反馈给推销人员，以此增强他们的工作信心和成就感。

（4）推销竞赛。管理部门根据企业经营、市场和推销人员的具体状况组织各种推销竞赛，激励推销人员付出比平常更大的努力，促进销售任务的完成。

资料库

客户管理的流程

1. 建立客户档案

在实施客户关系管理之前，首先要做好客户信息的收集，即建立客户档案。为了控制资金回收，必须考核客户的信誉，对每个客户建立信用记录，规定销售限额。对新老客户、长期或临时客户的优惠条件也应有所不同。客户档案一般应包括以下三方面的内容。

（1）客户原始记录：即有关客户的基础性资料。它往往也是企业获得的第一手资料，具体包括以下内容：客户代码、名称、地址、邮政编码、联系人、电话号码、银行账号、使用货币、报价记录、优惠条件、付款条款、税则、付款信用记录、销售限额、交货地。

（2）统计分析资料：主要是通过顾客调查分析或向信息咨询业购买的第二手资料，包括顾客对企业的态度和评价，履行合同情况与存在问题、摩擦，信用情况，与其他竞争者交易情况，需求特征和潜力等。

（3）企业投入记录：企业与顾客进行联系的时间、地点、方式（如访问、打电话）和费用开支，给予哪些优惠（价格、购物券等），提供产品和服务的记录，合作与支持行动（如共同开发研制为顾客产品配套的零配件、联合广告等），为争取和保持每个客户所做的其他努力和费用。

以上是客户档案的一般性内容。要注意，无论企业自己收集资料，还是向咨询业购买资料，都需要一定的费用，各企业收集信息的能力也是不同的。所以，客户档案应设置哪些内容，不仅取决于客户管理的对象和目的，而且也受到企业的费用开支和收集信息能力的限制。各企业应根据自身管理决策的需要、顾客的特征和收集信息的能力，选择确定不同的客户档案内容，以保证档案的经济性、实用性。

2. 监测客户信息

企业必须了解客户的需求。企业通过建立一种实时的客户信息监测系统，将客户信息和服务融入企业的运行中去，从而有效地在企业内部传递客户信息，尤其是在销售部门和生产部门之间。

企业经常会发现不同的客户存在不同的服务要求：大公司允许较长的供货期，而小企业则要求在一两天内供货。根据客户需求，企业可以建立大型分销中心和产品快速供应中心，将销售、订单处理和管理集成在一起，将客户服务和销售结合在一起，建立起一种既提高服务又降低成本的方法。

3. 采取适当行动

获知客户的喜好和需要并采取适当行动，建立并保持顾客的忠诚度。这是做起来事半功倍但也是最容易被忽视的一项工作。如果企业与顾客保持广泛、密切的联系，价格将不再是最主要的竞争手段，竞争者也很难破坏企业与客户间的关系。例如，在您为母亲的生日订购蛋糕后，店员会于次年您母亲生日来临之前提醒您；当您打电话给一家饭店的客房服务部时，他们可能以您的名字来向您问候。通过提供超过客户期望的服务，可将企业极力争取的客户发展为忠实客户，因为争取新客户的成本要远远超过保留老客户。而且，随着客户和企业间的来往，客户的个别需求和偏好也会变得更详细、明了。

客户关系管理如此重要，以至于许多企业已经把它作为当前工作的重点。但是我们也应该看到，要维护完整、即时且跨部门的客户信息是一项较难完成的工作。

【任务实践】

推销角色扮演实训

1. 对全班学生进行随机分组，并选出组长。

2. 教师提供背景资料，如服装、百货、家电、文具、化妆品、食品等。学生从中任选一类或一种商品作为推销品。

3.每位学生根据所选择的推销品撰写模拟推销方案，包括背景分析、寻找顾客、接近顾客、推销洽谈、处理顾客异议、达成交易以及整个推销过程模拟角色的对话。

4.教师对学生的模拟推销方案进行评价、审核，每组甄选一个最好的作为脚本，由教师指导学生分角色模拟推销训练。

5.学生分组模拟演示。

6.由专业教师组成评委，对每个小组的综合情况进行评价。

任务四　推销行业应用技巧

【导入案例】

一个成功推销员应具备的特质

如果你很认真地想达到行销成功的目的，这里有40个常见于成功行销人员身上的个性与特征，有多少个适用于你？有多少个准则你能忠实遵循？我建议你把这张清单贴在一个你可以天天看到的地方。每天读一遍这些原则，并付实施，直到它成为你生活的一部分。

（1）永远保持积极的态度：行销的第一条规则，致力于积极的态度会让你走向成功之路，并且持久永恒。如果心存疑惑，你就没有积极的态度。积极的态度不仅是思想的过程，更是持续不断的实践。

（2）自信：如果连自己都不相信能够做到，谁会相信你呢？你掌握的行销最重要的工具，就是你的自信度。

（3）设定目标并完成：确定完成特定的长期（想要些什么）以及短期（如何取得你想要的）目标。目标是成功的地图，它将引导你走向成功。

（4）学习行销学：持续不断地学习如何行销，不论是阅读、听录音带，还是参加研讨会（不仅要学习，还要不断地学习，更要复习，最后才有出息）。

（5）了解并满足客户需求：倾听客户所说的话，并提出引导性问题，发掘他们真正的需要，对客户要一视同仁友好对待。

（6）乐在帮助：不要太不知足，那会写在你脸上。为帮助客户而销售，不要为了佣金而销售。

（7）保留顾客：要真诚，你想别人怎么待你，便怎么待人。如果你真有机会能了解一名客户，把精力放在他最关切的事项上，你所获得的将远远超过佣金所能给你的。

（8）相信你的公司与产品：相信你的产品并做到一流，这份信心会在无形中显现出来。如果你对自己的产品都没有信心，客户对你还有信心吗？

（9）自我操练：积极主动与充分的准备，是你发掘成功的最佳动力，你必须时刻准备好并随时行销，否则你便会销售失败，准备齐全你的职业套装、行销工具、自我介绍、该问的问题、该说的话及可能的回答。一个具备创意的准备工作，能决定你的工作绩效。

（10）坦诚：你是否想坦诚地帮助人，你的坦诚不坦诚，别人看得出来；你如果不坦诚会流失你的顾客资源。

（11）当机立断：迅速准确地衡量顾客的购买意愿与能力，不要与犹豫不决的人浪费时间，要做最有生产力的事情。

（12）赴约守时：迟到意味着我不尊重你的时间。迟到是没有任何借口的，除非是有特殊情况，否则你必须在约定的时间之前打电话过去道歉，再继续你未完成的行销工作。

（13）注重形象：衣着得体、保持巅峰精神状态，这对于你个人、公司与产品都会产生正面的影响。

（14）信任当前：深入了解客户本身及其公司，尽早建立信任感。不要等到上场了才开始练习投球。还没建立彼此的信任之前，对客户一定要实事求是，切勿吹捧。

（15）善用幽默：幽默是最成功的交情行销工具。你不妨在工作中保持幽默，幽默带来的微笑会深刻感染你的客户。

（16）熟悉产品：全面了解你的产品及其对顾客有哪些好处。完全掌握产品知识，可以给你的自信心充电，让你能做到专业化行销。在商品的介绍过程中，这些知识不一定全部派上用场，但是它真的能给你十足的信心去促成行销。

（17）强调好处，而非特点：顾客除了想知道如何使用产品之外，就是产品能够给他带来什么好处。

（18）要真实：诚实为本，绝对不要因为忘记了自己曾经说过的话而不知所措，搞得自己手忙脚乱。

（19）对承诺负责：要把业务往来交流转变成交情，最好的办法就是按照承诺交货。做不到自己许诺的事，无论是对公司或顾客，都是一场无法弥补的过失。如果你常常言而无信，你甚至会失去你所有的顾客。

（20）不要恶贬竞争对手：如果你的对手不太友好，保持沉默是上策。这是君子行事的规则。以创造力及充分的准备来展示你的优势，不必刻意去打击对手（请谨记）。

（21）善用感谢信：在你的团队里，能收到客户感谢及推荐信函的人，就是最优秀的销售员。感谢信就是最好的销售见证。

（22）学会倾听：当客户已决定要购买时，通常会给你暗示，倾听的水平高低能决定你成交的比例。

（23）预期客户的拒绝：想好应对客户拒绝的理由的言辞，以应付一般的拒绝。

（24）敏锐度：顾客不一定都说实话，他们往往不会在开始就告诉你拒绝的真正理由，你要时刻训练你的敏锐度。

（25）克服拒绝：在很复杂的情况面前，面对的不仅是如何应对，而且需要仔细分析客户拒绝的理由，深思解决之道，创造出一个充满信心与信赖的气氛，让行销能得到圆满完成，事实上，行销始于客户说"不"。

（26）直接要求客户购买：听起来简单，但是很有效。

（27）提出要求客户立刻下订单之后记得立刻闭嘴（不能多此一举，画蛇添足）。

（28）重视电话行销：如果在你和顾客面对面的时候，都不能约好下一次的时间，想再与顾客见面可就难上加难了，要重视每一次你打出去的电话，至少要促成某种规模的销售。

（29）连续追踪：如果要完成一件行销，需要与客户接触5～10次，那你不惜一切也要坚持到第10次。

（30）乐观面对"拒绝"：他们并不是拒绝你，他们只是在拒绝行销。

（31）适应改变：行销要随变化而变化。商品在改变，技巧在改变，市场在改变，与改变一起变化，加速适应改变。抗拒改变的结果是不可预测的。

（32）遵守规则：行销人员通常都认为规则是为其他人而设的。难道这些规则不是为你而设的吗？换句话说，破坏规则只会让客户炒你鱿鱼。

（33）融洽相处：行销讲求友好成交，与同事之间要同心协力，要视客户为友好伙伴。

（34）选择中努力：上帝不会奖励只知努力工作的人，只会奖励那些找对方法并努力工作的人：一个没水的地方，再怎么去挖，它始终没水。

（35）不要归咎他人：承担责任是做好任何事情的支撑点，努力工作是成事的标准，而完成任务则是你的回报（金钱不是回报，金钱只是圆满完成任务的一个附属品）。

（36）坚持到底：你能不能把顾客说"不"看成是一种挑战，而非拒绝？你愿不愿意在完成行销所需要的 5～10 次接触中坚持到底？如果你做得到，那么你便开始做到坚持的力量了。

（37）用数字找出你的成功公式：统计你完成一件行销需要多少个线索、多少次电话、多少名潜在客户、多少次约谈、多少次商品说明会，以及多少回追踪，然后再依此公式行事。

（38）热情面对工作：让每一次行销的感觉都是"这是最棒的一次"。

（39）留给客户深刻的印象：这印象包括一种创新的形象，一种正面的形象、一种专业的形象。当你走后，他们怎样描述你呢？你随时都在留印象给他人，有时候肤浅，有时候深刻、鲜明：你可以选择你留给别人的印象，归根结底，你对自己留下的印象必须负责。

（40）自得其乐：这是最重要的一条，如果你热爱你所做的事，你的成就就会更卓越。做你喜欢做的事，会把喜悦带给你周围的人，快乐是有传播性的。成功是个人表现的一种水准，是来自胜利经验的自信。失败不是缺乏安全感，而是缺乏完成使命的能力。

一、化妆品行业推销应用技巧

1. 顾客来之前

熟悉产品：要真正熟悉公司产品规格、产地、价格、促销政策、性能、消费者定位、卖点，做到烂熟于胸。

了解公司：熟悉公司的历史、规模、组织、人事、销售政策、规章制度。必须熟悉以便能回答顾客可能提出的有关问题，对答如流可以消除顾客疑虑，使客户对企业产生信任感。

形象要求：淡妆上岗、发型得体、站姿端正、衣装整洁、口齿清晰，勤刷牙，口里无异味。给人一种专业（佩戴胸牌）、亲切（微笑服务）、整洁、舒服的感觉，整体上给人一种信赖。

2. 见到顾客时

（1）话术前奏——让顾客产生对我们的信任。

自信表现：面对顾客时，声音不要发抖，腿脚不要哆嗦，语言要有力度，具有震慑力。眼睛正视顾客，这不仅是对顾客的尊重，更是自信的表现，换句话说就是"销售等于销售你的自信"。自信建立在你的专业知识上，对产品性能、使用方式等细则了如指掌。

微笑服务：尽量保持亲切大方的微笑，态度热情，切记以貌取人，服务周到体贴（如果微笑起来不好看，可以使心情快乐起来）。把一个顾客服务好了，实际上等于打了一期形象广告，她很有可能转告身边的朋友，介绍公司的服务，为公司做免费的口碑宣传。

主动接待：迎门接待语："欢迎光临！"要主动为顾客服务，顾客带小孩时要帮忙照顾；顾客拎大包时要提示她可以把包先放下；"现在搞活动呢，比如×××"，用真诚的诉说、大方得体的站姿赢得顾客好感。

用心沟通："姐需要点什么？"一句问候拉近与顾客的距离，尽量像谈恋爱一样，把自己最好的一面留给顾客。仔细倾听顾客讲话，适时对其进行赞美与点头微笑表示认同。

（2）话术开始——与顾客沟通，达成这笔交易。

问题：你们这里有没有某品牌化妆品？

分析：顾客就是来买化妆品的，要想方设法留住她。

不好意思，我们这个店暂时没有，其他分店有，如果您需要的话，我可以让公司抓紧时间送过来（可以记录下来，有的话打电话通知）。

不好意思，这个牌子的化妆品没有，不过我们这里有和它一样功效的化妆品，现在有很多顾客都在用这款。

姐，不好意思没有，我们公司的产品比较齐全，一定有适合您的。

有，这一款卖得很快，回头客很多（这样说更加认同了顾客的观点，实际上等于赞扬了顾客的选择）。

有，这一款卖得很快而且正在搞促销呢（诱导顾客进行购买）。

姐，很抱歉没有，您可以试试这个产品，这个产品也很适合您的肤质，在北京、石家庄、邯郸卖得都挺好。

问题：我考虑考虑吧或者直接说这产品有点贵了。

分析：顾客说出此类话，可能是嫌产品太贵超出了自己的支付能力。

（嫌价格贵，但是很爱美）这款产品虽然价格有些高，是因为所含的营养成分高，它可以使用3个月，一共180多元，一天只花2元钱，就可以让您变得漂漂亮亮，您说值不值。

（嫌价格贵，但确实有消费能力）现在这款产品正在搞促销，过几天就要恢复原价了（或者说没有买赠活动了）。

（对产品不放心）这是大公司生产的产品，在我们店已经卖了×年了，质量很有保障，某明星做的代言人，某电视台做的广告。

（转移策略）您可以看看那款产品，也挺适合您皮肤的，价格没有这款高，属于性价比较高的产品。

问题：顾客进店后，不说话，随处逛逛。

分析：也可能是寻找特价产品，不好意思说出口，也可能纯粹是逛逛。

姐，要是方便的话，我给你免费画画彩妆吧（顾客有时间逛，当然就有时间画彩妆，顾客试用的时间越长，成交的概率越大）。

姐，这是公司的宣传海报，有很多产品正在搞活动，您可以看看。

您的包真漂亮、您的孩子真可爱或者说您的衣服真好看（想法赞扬顾客，拉近与顾客之间的距离）。

问题：顾客犹豫不决时。

分析：此时顾客处于徘徊期，应假设成交，引导顾客交费。

我给您换支新的。

我给您包扎起来。

这是给您的赠品。

我给您再办一张会员卡，以后有更多的优惠。

问题：这款多少钱或者说打几折啊？

分析：顾客询问价格，有意购买，其次就要看自己的服务了。

这款××元，而且还有赠品相送，赠送力度比较大。

这款现在不打折，不过有赠品相送，相比较打折而言，更实惠。

姐，这款会员××折，全场××折。

问题：再便宜点吧或者说××元行了？

分析：顾客讨价还价，希望占点小便宜。

（想直接去掉几十元）这款××元，已经很便宜了，平常不搞活动时是××元（这时可以加送袋装产品）。

（想去掉几毛钱或几块钱）这是电脑走账，少了几毛钱不要紧，我们店员就得往里垫。

（说别的店便宜，上次在别的地方买很便宜）姐，品牌不同也有差异的，咱们的产品质量绝对有保障。

（说上次买很便宜）姐，现阶段，这价位是全国统一价，您上次买可能是厂家搞活动促销，我们真的无能为力了（笑着说）。

（说别的店便宜，上次在别的地方买很便宜）姐，一分钱一分货，咱不能比价钱得比效果。

问题：这个牌子怎么样啊？没听说过。

分析：顾客不了解产品情况，最主要的是不相信这款产品。

这是××明星代言（用实际顾客例子比喻谁用过此化妆品）。

我们店员××就用这个牌子。

这是采用××为原料，可有效改善皮肤光泽度，给予肌肤充分滋润，有效细致毛孔，均匀肤色（切记不要说××店也上着专柜，也卖得挺好，不要替××店做广告）。

问题：这个产品用起来怎么样啊？

分析：顾客对产品功效缺乏了解，希望更深入了解此品牌。

这是国际品牌，而且使用方便，便于携带，设计也挺精美（或者其他的产品独到好处）。

这是采用××为主要原料，上市已经好几年了，会员就有很多，在××市一直很畅销。

这是大型企业生产的，采用纯进口原料，口碑很好的。

问题：这个产品打折吗？有赠品吗？

分析：顾客希望自己赶上搞活动的时候，自己买的化妆品是最低最实惠的，不希望自己吃亏。

（产品不打折，没有赠品情况）这是国际高端品牌，全国统一售价，在任何地方都没有打折这一情况，购买这种产品，可以办理会员，会员积分，实际上也相当于打折。

（产品不打折，没有赠品情况）姐，这是国际高端品牌，一直都是进价销售。

（不打折有赠品情况）现在不打折，但是有赠品相送，这种产品很畅销，目前赠品已经不多了。

（打折没有赠品的情况）现在正在搞活动，可以享受××折优惠，目前这款是限量版销售。

问题：顾客面对两种化妆品，不知道选择哪一种。

分析：当顾客还没有下决心购买时，销售人员就应临门一脚，替顾客下决心。

姐，其实这款挺适合您的皮肤的，用上效果一定好。

（顾客在犹豫究竟是选择商品 A 还是商品 B，这时销售人员不能问顾客：您要这个吗）商品 A 的保湿效果好，而商品 B 的功效主要是美白，您是要哪个呢（把每个产品卖点说透）？

商品 A 的保湿效果好，而商品 B 的功效主要是美白，您也可以搭配使用，效果会更好。

问题：顾客听完销售人员介绍会，对商品爱不释手，但没有决心购买。

分析：没有决心购买，是价格原因还是质量问题。

姐，难道你不想给身边的人一个惊喜，让他们眼前一亮吗（满足顾客虚荣）？

我用的也是这一款，皮肤改善了很多。

这一款是昨天下午调过来的，卖得很快，经常出现缺货现象。

问题：现在可以做护理吗？

分析：很明了的询问，希望店里可以及时给予服务。

现在她已经下班了，如果您没有什么急事的话，可以坐下来等一会，我马上通知她赶快过来，可以吗？

姐，她已经调到别的店了，我再安排其他人给你做吧，她的手法也不错，做护理服务很长时间了，找她做的顾客也很多。

姐，×× 没在，我给您做吧。

问题：多给点赠品吧，又不值钱。

分析：顾客想多占点便宜，觉得营业员可以给自己更多的实惠。

姐，真的不好意思，试用装也有严格的管理条例，这已经超出了我的能力范围。

姐，给您的已经可以了，再给，公司是不允许的。

（调节气氛，微笑地说）买两样吧，买两款再赠送你一份赠品（跟顾客开玩笑，适合特别熟的老顾客）。

（调节气氛，微笑地说）姐，赠品就是给顾客使用的，但是已经超出我能力范围了，您可以介绍朋友过来，我免费赠给您一套（小样）。

（微笑地说）姐，赠品是给不了啦，不过我们会员持会员卡可以享受超低折扣等。

（微笑地说）姐，赠品真的不能给了，不过会员生日当天，有礼品赠送。

问题：顾客走到前台，开始付款。

分析：顾客付款时，心情可能高兴，也可能心事重重，我们的目的不仅仅销售了产品，更应该提高顾客的满意度，从而提高顾客对我们服务的忠诚度和依赖。

（顾客高兴时）姐，以后常来店里逛来，经常有你意想不到的惊喜。

（顾客心事重重）姐，您就放心用吧，质量肯定没问题，而且这个价位也不贵，用完后您肯定还会再来（笑着说）。

（3）话术后奏——给顾客留下好印象。

问题：你们这是什么产品啊？给我退换。

分析：此时顾客情绪比较激动，应缓和顾客情绪，找到顾客为什么生气的原因。

（买错了）姐，是你买错了，不是产品的质量问题，这种情况公司是不允许退货的（检查她的产品，如没问题可调换）。

（过敏了）姐，这是特价打折商品，公司是不允许退换的，而且在墙上也有说明（指引顾客向墙上贴有"打折商品不退不换"的地方看）。

（过敏了，功效跟导购说的恰恰相反）姐，您是按照说明使用的吗？这款化妆品很讲究使用方法的，对手法涂擦轻柔程度要求很严（让顾客知道过敏不仅仅是产品的原因，自己也有原因，然后根据实际情况，在不影响二次销售的情况下，给顾客调换化妆品）。

（化妆品真的量少了）姐，这个真的不好意思，给您拿的时候也让您看了，不知道是谁把试用装放到里面了，我给你换个新的。

（怎么劝说，顾客都要求退换的情况）给你退换，我真的做不了主，这是公司电话，您可以拨打，如果公司同意退换，我也无话可说。

（虽然公司不允许调换，但也得调换的情况）这一款，我自己要了，我给你换款新的（让顾客觉得不好意思，更加认同公司的服务）。

（确实应该调换）姐，真的不好意思，是我们服务不到位，希望您谅解，我给你拿支新的。

（怎么劝说，顾客都要求退换的情况）我给公司问问说说情况，可以的话，您下午过来。

问题：顾客没有买产品，向门口走去。

分析：此时顾客没有购买产品，可能是产品原因，也可能是服务不到位。

姐，这是公司的海报，您可以拿回家看看。

（主动拉开门）姐，请慢走，欢迎下次光临。

问题：电话回访会员。

分析：此时顾客已经使用产品，对产品功效已经有所了解。

姐，我是××化妆品连锁机构的工作人员，前几天您在我们店购买了一款化妆品，现在您方便接受一下回访吗？

（接受回访）谢谢您接受我的回访，请问您在使用××化妆品中遇到什么问题了吗？有没有不舒服的情况（教顾客如何正确使用）？

（接受回访，并很满意）谢谢您对我们的支持，现在公司这款产品正在搞活动，您可以抓紧时间过来看看（告诉顾客产品正在促销，诱导顾客进行第二次消费）。

（不接受回访）不好意思，打扰您了，再见。

3. 送走顾客后

不管成交与否都应提前一步给顾客开门，并微笑说："慢走"。如果没有销售成功，但是顾客确实很有消费能力，可以赠送她一些试用装或杂志，让她回去试用或阅读（我们应尽量挽留高端顾客，增强公司的美誉度）。

送走顾客后，要先记录好顾客的信息，方便以后查阅。主要包括以下几条：会员姓名、会员编号、联系方式、购买金额等。

然后发现产品缺货，及时做好记录，向公司配送中心要货。

其次打扫室内卫生，擦拭化妆品专柜，时刻保持化妆品表面的整洁卫生。

最后店内无消费者光顾时，和同伴一起站在门口迎接顾客的到来。

二、房地产行业销售应用技巧

1. 逼定的技巧

在实际销售过程中，应坚持进可议、退可守的原则。举例来说，假设销售人员已完全掌握了客户的购买动机、预算、喜好，那么如何根据经验向客户推荐其满意的商铺再加以逼定呢？

（1）锁定唯一可让客户满意的一个商铺，然后促其下决心：

抢购方式（利用现场 SP 让客户紧张）；

直接要求下决心；

引导客户进入议价阶段；

下决心付定金。

（2）强调优点（根据各个项目不同优点强化）：

地理位置好；

产品定位优越；

产品规划合理（铺型、实用率等优势）；

开发商信誉、财务状况、工程质量、交房及时等。

以上可以采取聊天的方式，观察客户的反应，掌握客户的心理，促成其下决心。如未能顺利进入议价阶段，不妨根据客户的喜好反复强调产品的优点，再次促成其下决心。记住，在客户犹豫不决的时候，一定要一紧一松，反而让客户更紧张，如一味很紧张地逼定，有可能适得其反。

（3）直接强定

如遇到以下的客户，则可以采取直接强定的方式：

客户经验丰富，二次购铺，用于投资的同行；

客户熟悉附近铺价及成本，直截了当要求以合理价位购买；

客户对竞争个案非常了解，若不具优势，可能会失去客户；

客户已付少量定金，购其他的房产，而你想要说服他改变。

（4）询问方式

在接待客户的过程中通常采用询问的方式，了解客户的心理，并根据其喜好，重点突出产品的优点，打消其购房时可能存在的疑虑。询问的方式可以有以下几种：

看铺过程中询问其需求的面积、预算、投资目的等；

在洽谈区可以借助销售资料进行询问。

（5）热销商铺

对于受客户欢迎，相对比较好的商铺，可以通过强调很多客户在看，甚至制造现场热销的场面（如当场有人成交等）达到成交的目的。该方式是否有效，取决该客户是否非常信任你，所以此方法只适用于为了制造现场销售气氛或确定客户信任你的情形。

（6）化繁为简

在签约时，若客户提出要修改时，不妨先要求对方看完合同的全部内容后再提出，然后针对客户在意的问题一一解答。事实上，挑剔的客户才是真正有意向购买的客户。以上只是销售过程中，与客户接触时的一些机会点。而真正成功的推销，是需经过不断实践以及长期与客户洽谈的经验积累，才能在最短的时间内，完成判断、重点推销，从而达到最后的成交。

（7）成交落实技巧

谈判的最终结果要定铺，促成定铺态度要亲切，不紧张，要顺理成章。"如果你没有其他问题，可以定铺，定铺号只是表示您的诚意，重要的是你有买到这个商铺的机会，如果不定铺，明天可能就没有了，说实话我是站在你的立场为你着想，不希望你失去自己满意的商铺。对于我们销售人员其实卖给任何一个客户都是一样的。"

2. 说服客户的技巧

（1）断言的方式

销售人员如果掌握了充分的商品知识及确实的客户情报，在客户面前就可以很自信地说话。不自信的话是缺乏说服力量的。有了自信以后，销售人员在讲话的尾语可以作清楚的、强劲的结束，由此给对方确实的信息。如"一定可以使您满意的"。此时，此类语言就会使客户对你介绍的商品产生一定的信心。

（2）反复

销售员讲的话，不会百分之百地都留在对方的记忆里。而且，很多时候就连强调的部分也只是通过对方的耳朵而不会留下任何记忆的痕迹，很难如人所愿。因此，你想强调说明的重要内容最好能反复说出，从不同的角度加以说明。这样，就会使客户相信并加深对所讲内容的印象。

切记：要从不同角度，用不同的表达方式向对方表白你的重点说明的内容。

（3）感染

只依靠销售人员流畅的话语及丰富的知识是不能说服所有客户的。

"太会讲话了。"

"这个销售员能不能信任呢？"

"这种条件虽然很好，可是会不会只有最初是这样呢？"

客户的心中会产生以上种种疑问和不安。要消除不安和疑问，最重要的是将心比心，坦诚相待。因此，对公司、产品、方法及自己本身都必须充满自信心，态度及语言要表现出内涵，这样自然会感染对方。

（4）要学会当一个好听众

在销售过程中，尽量促使客户多讲话，自己转为一名听众，并且必须有这样的心理准备，让客户觉得是自己在选择，按自己的意志在购买，这样的方法才是高明的销售方法。强迫销售和自夸的话只会使客户感到不愉快。必须有认真听取对方意见的态度，中途打断对方的讲话而自己抢着发言，这类事要绝对避免，必要时可以巧妙地附和对方的讲话，有时为了让对方顺利讲下去，也可以提出适当的问题。

（5）提问的技巧

高明的商谈技巧应使谈话以客户为中心而进行。为了达到此目的，你应该发问，销售人员的优劣决定了发问的方法及发问的效果。好的销售人员会采用边听边问的谈话方式。通过巧妙地提出问题，可以做到：

根据客户有没有搭上话，可以猜到其关心的程度；

以客户回答为线索，拟定下次访问的对策；

客户反对时，从"为什么""怎么会"的发问了解其反对的理由，并由此知道接下去应如何做；

可以制造谈话的气氛，使心情轻松；

给对方好印象，获得信赖感。

（6）利用刚好在场的人

将客户的朋友、下属、同事通过技巧引向我方的立场或不反对我方的立场，会促进销售。事实也表明，让他们了解你的意图，成为你的朋友，对销售成功有很大帮助。优秀的销售员会把心思多一些用在怎样笼络刚好在场的客户的友人身上，如果周围的人替你说："这商铺挺有投资价值的"的时候，那就不会有问题了。相反地，如果有人说"这里人流不多，以后的经营有问题"，就会影响投资者的信心。因此，无视在场的人是不会成功的。

（7）利用其他客户

引用其他客户的话来证明商品的效果是极为有效的方法。如"您很熟悉的×××就购买了某间商铺，而且租金还达到××。"只靠推销自己的想法，不容易使对方相信，在客户心目中有影响的机构或有一定地位的人的评论和态度是很有说服力的。

（8）利用资料

熟练准确运用能证明自己立场的资料。一般地讲，客户看了这些相关资料会对你销售的商品更加了解。销售员要收集的资料不限于平常公司所提供的内容，还有通过拜访记录，对周边的市场分析报告、同业人事、相关报道的内容也相应加以收集、整理，在介绍时，拿出来利用，或复印给对方看。

（9）用明朗的语调讲话

明朗的语调是使对方对自己有好感的重要基础。忠厚的人、文静的人在做销售工作时尽量表现得开朗些。许多著名喜剧演员在表演时是有趣的人，而在实际生活中却并非如舞台上的形象。所以，销售员也是一样，在客户面前要保持专业态度，以明朗的语调交谈。

（10）提问题时决不能让对方的回答产生对自己不利的后果

"您对这间商铺有兴趣？"

"您是否现在就可以做出决定了？"

这样的问话会产生对销售人员不利的回答，也会因为谈话不能往下继续进行而出现沉默。

"您对这间商铺有何看法？"

"如果现在购买的话，还可以获得一个优惠的折购呢！"

（11）心理暗示的方法，使用肯定性动作和避免否定性动作

销售人员本身的心态会在态度上表现出来，不好的态度是不良心态的表现。业绩良好的销售人员在商谈的时候，常常表现出肯定性的身体语言，做出点头的动作就表示肯定的信息，而向左右摇动即表示出否定的信息。一般来说，业绩不好的销售人员往往会做出否定性动作。他们常有意或无意地左右摇动着进行商谈，然后在结束商谈阶段，直接要求对方说："请你相信，这里一定有投资价值。"这么一来，原来对方有心购买产品也可能无法成交了。

（12）谈判的关键在于主动、自信、坚持

销售人员应假设谈判成功，成交已有希望（毕竟你是抱着希望向客户推荐的），主动请求客户成交。一些销售人员患有成交恐惧症，害怕提出成交要求遭到客户拒绝。这种担心失败而不敢提出成交要求的心理，会使销售一开始就失败了。

第一，要有自信的精神与积极的态度，充满自信地向顾客提出成交要求。自信具有感染力，销售人员有信心，客户会被售楼员感染，客户有了信心，自然能迅速做出购买行动。如果销售人员没有信心，会使客户产生疑虑。有自信，一方面是对自己有信心，第二是要对产品有信心。

第二，要多次向客户提出成交要求。事实上，一次成交的可能性会很低。但事实证明，一次成交失败并不意味整个成交工作的失败，客户的"不"字并没有结束销售工作，客户的"不"字只是一个挑战书，而不是阻止销售人员前进的红灯。

第三，对客户的需求要了解，对项目的特点和卖点要了解。首先让客户感觉到你是专业的销售人员，让客户对你的信任感增强，再营造一个较轻松的销售氛围，另外对自己的项目要有信心，再让客户感觉你时刻都在为他考虑。一是对公司、项目、自己都要有十足的信心；二是必须在与客户交流的很短时间内确立自己的"投资顾问专业地位"；三是真心地为客户利益着想，让客户体会我们是在服务，不是单纯意义上的生意经。用客观事实说服客户；站在客户的立场说服客户；用良好的销售状况说服客户。

第四，若项目或公司与买家有冲突时，向着谁？万事抬不过一个"理"字，做事的原则

是谁有理向着谁。作为一个销售人员，若项目或公司与买家有冲突时应本着理解客户和向着公司的原则处理事情。要视冲突的原因而定，如果是公司的原因，应尽量协调客户与公司达成一致或基本取得共识，如果是客户方面的原因应尽量说服客户。在不违反公司原则的情况下，让客户感觉你在为他着想，站在他的立场上。不偏不向，有事说事，哪边都不能得罪。分析引起冲突的主要原因，争取双方共同做出让步。首先帮助客户解决问题，但非要向着谁的话，站在公司的立场。在平等的基础上及不影响双方经济利益的前提下多考虑客户的想法与意见。要具体问题具体对待，找到冲突的症结，然后考虑如何解决问题，不是向着谁、不向着谁的问题。

第五，客户最终决定购买和放弃购买的三个最重要原因。

客户决定购买的三个原因是喜欢这个项目、可投资、朋友介绍此处好。放弃购买的三个原因有资金的问题、有了更好的投资选择或不喜欢这个项目。

资料库

如何处理客户异议

每一个销售人员都有自己独特的处理异议的方法，不同的方法适用于不同的客户、项目和场合。作为一名优秀的销售员，只有了解并掌握多种多样的消除异议的方法，才能在处理客户异议的过程中取胜，使销售工作顺利地进入下一个阶段。下面是处理异议的几种技巧：

1. 分担技巧

分担技巧是指销售人员要学会站在客户的角度考虑问题，并给客户以恰当的表扬和鼓励。例如对客户提出的异议，可以这样回答："您的意见很好"或"您的观察力非常敏锐"。

2. 态度真诚，注意倾听

客户提出异议时，要注意认真倾听，辨别异议的真伪，并发现客户真正的疑虑所在。对客户异议中不合理之处，不要马上予以反驳，可以进行正确的引导，使他们逐渐接受正确的观点和建议。

3. 重复问题，称赞客户

重述客户的意见，既是对客户的尊重，又可以明确所要讨论问题。例如，对于客户提出的异议，可以这样进行重复："如果我们没理解错的话，您的意思是……"这种讨论方式有利于与客户进行下一步的交流，也便于客户接受我们的观点。也要注意选可称赞的地方，友善地给客户以鼓励。

4. 谨慎回答，保持沉着

对客户要以诚相待，措辞要恰当、和缓，说话要留余地，不能信口开河，随意给客户无法实现的承诺。某公司就曾有一位销售代表因为随意承诺使客户对公司政策产生了误会。该公司曾制定政策鼓励客户组织销售会议，由公司向客户补偿会务费用。

5. 尊重客户，巧妙应对

无论什么时候，都不可轻视或忽视客户提出的异议，也不可赤裸裸予以反驳，否则客户会成为天然的反对派。特别是对客户知识上的匮乏和欠缺，不可直接指出，要避免伤害客户的自尊心。

6. 准备撤退，保留后路

并非所有异议都可轻易解决，如果遇到实在无法解决的情况，应给自己留下后路，以待在以后能有新的合作。

处理客户异议的方法如下。

1. 直接驳正法

直接驳正法是指客户一提出异议，销售人员就直截了当地予以否定和纠正。这种方法又叫下面进攻法。按照常理，直接驳斥客户的做法是最不明智的，往往会让客户感到遭受了不恭敬地对待，而使面谈恶化为无谓的争辩或使客户拂袖而去。但在有些情况下使用直接驳正法却很奏效。例如，客户："现在有很多项目都不能准时交付使用，你们这里看来也不例外。"销售员："张先生，您也不能完全这样看吧？在我所接触过的客户当中，还没有人这样讲，他们都认为本项目的发展商声誉一向良好，在同行中是有口碑的，您能否举出最近实例，供我参考？"

分析：在本例中，"延迟交铺"是客户异议的重点，若真有其事，客户必能举证，销售员应该向上级反映，设法补正；若有不实，客户必然无词搪塞，自寻台阶下场，其所谓的异议，因而得以转化。

应用直接驳正法时，销售员必须注意以下几点：

态度委婉。由于要直接驳斥客户的意见，为了避免触怒或引起不快，销售员要真诚、语气要诚恳、面容要微笑，切勿怒颜责备客户。

针对问话。在客户的异议以问话表示时，应用此法最为有效，因为它给予对方一种肯定自信的感觉。

对固执己见、气量狭小的客户最好不用这种方法，因为这类客户会认为销售人员不尊重自己，从而产生争执。

勿伤自尊。处理客户异议时，最忌伤害客户自尊。

2. 间接否认法

间接否认法是指销售人员听完客户的异议后，先肯定对方的异议，然后再述说自己的观点。这种方法又叫迂回否定法。如，客户在听完销售人员现场说明后说："你们这个项目，并不如你说的那么完美。"销售人员听后，若直接否认辩驳："张先生，你错了，你根本没听懂我的意思。"则必然会引起不快，所以，销售人员不妨改用"先是后非"技巧改答"您说得对，张先生，一般客户最初都有和您相同的看法，即使是我，也不能例外，但若仔细瞧瞧，深入地研究一下，您就会发现……"以上同一情况，两种迥然不同的回答，读者看后自然可以分出高下。

使用间接否认法，需注意以下几点：

这种方法特别适用于自以为对产品了解许多，并有独到见解的客户。这些人生性主观自负，常常自以为是，所以只能顺其性而智取，不能直接反驳。

这种方法的基本表达句型是"先是后非"，即对于客户异议用"是……但……"答辩。

3. 转化法

即销售人员利用客户异议作为说服客户购买的理由。换句话说，客户异议一经销售人员的巧妙转化，可以变成反击客户的武器，使客户作茧自缚，陷入自设陷阱之中，被销售人员说服。如下例：

客户："抱歉，我财力有限，现在没钱买。"

销售员："张先生，您可别这么说，在这个区域还有哪个项目像此项目那么具有投资升值空间，赶早不赶晚呀！"

分析：在本例中，客户以"没钱"为拒绝的异议，但在物价不断上涨之时，与其延迟购买，不如及早做出购买的决定，"财力不足"原来是不买的原因，一经销售员巧言转化，反而成为必须购买的理由。

销售应用此法时，应注意以下三点：

采用转化法的销售员，本身必须经验丰富，精于销售技巧，因为只有有经验的、精通技巧的人，才能察言观色，当机立断，将客户异议转化为有利于成交的理由。

这种方法应用后，客户情绪反映强烈，若转化不当，反而会弄巧成拙，使客户生气，增加销售阻力。

销售人员在应用这种方法时，必须心平气和，即使客户的异议缺乏事实依据，也不能当面反驳，而应旁敲侧击，去疏导、启发和暗示。

4. 截长补短法

天下没有十全十美的事情，凡销售建议，虽有优点，但也必有缺陷。截长补短法，即利用客户异议之外的其他优点，来补正异议之缺点，以化不能成交为可能成交。例如，客户提出"项目异议"，认为项目现时商业气氛不理想，销售员不妨以优惠的折购、项目升值潜力的空间、良好的经营管理为由，给予补偿。如此以优补拙，以良救劣，必能使客户因异议引起的心理不平趋向平衡。

5. 反问巧答法

反问巧答法是销售人员化解客户真实异议时的制胜要素，适时对客户发问，能引导客户思考，化解其异议。销售员在应用这种技巧时，先将异议转为发问，用来启发客户的自省能力，如果客户有所领悟，便能自己说服自己；若不能领悟，销售员再反问巧答，举证说明，消解其异议。如下例：

客户："这间铺的位置好。"

销售员："位置不好吗，刘先生？"这个例子虽然简短，但销售员的反问技巧已有所表现，客户提出位置异议，其真实程度如何，在此例中一时尚难断定，故销售员将之转变为发问"不好吗？"实际含义有两个：一是销售员认为位置好，所以客户可以放心购买；二是如果客户认为其由于位置不好而不具投资价值，则应指出其不好之处。客户因受此一问而在心里感到必须"摊牌"的压力，于是不得不将位置不好的理由说出，销售员便有机会通过示范或举证说明将异议化解。

三、金融行业销售应用技巧

（一）准客户开拓技巧

1. 谁是我们的客户

从事信托金融机构理财行业，谁是我们真正的客户？他们在哪里？

这是任何一个理财经理都要仔细思考的问题，只有搞清楚你的客户是谁，才能够更有针对性的展开你的一系列行动，反之，如果你连客户是谁都搞不清楚，那么你将会花很大的代价，也得不到什么太好的结果。

通过一段时间的摸索，我们目前对客户有了一个基本的认识，那就是买过信托产品或者理财产品的高净值客户，是我们真正的客户，围绕着这些客户开展的一系列活动和行为都是最直接和有效的。

2. 如何找到高净值客户

去哪里找那些买过理财和信托产品的人呢？

这群人有一个共性——高净值，我们的搜索范围就应该锁定在高净值人群中间，通过寻找、筛选、挖掘、转化，直至成为我们的客户。

高净值人群也是有着七情六欲的普通人，也会有普通人的日常需求，根据马斯洛的需求层次理论，我们一步步开始锁定这些高端人群：

（1）基本生活需求：比如穿衣、吃饭、住宅、出行、医疗。

穿衣：时装发布会、有名的商场、专门定制的裁缝店等；

吃饭：高级餐厅、特色餐厅、红酒品鉴会等；

住宅：高端住宅区、高端公寓、星级酒店、别墅等；

出行：高端车行、名车试驾会、火车的软卧车厢、飞机轮船的头等舱和等候室、游艇会、旅行社、观摩团等；

医疗：私人医院、权威医院、专科医院、体检中心、健身中心、心理诊所、按摩院、疗养院、美容院、整容医院，甚至于这些医院的医生、专家都是我们的目标客户。

（2）安全的需求：论坛、培训、会议、律师行、银行 VIP、理财机构、保险公司、进修班、咨询机构、机构大户室。

（3）社交的需求：高端聚会、会所、同乡会、同学会、同乐会、同行会、同族会、音乐会、拍卖会、慈善会、颁奖会、参观团、考察团等。

锁定这些为有钱人服务的机构或者部门，通过各种手段活的名单，这个名单就是你最大的金矿，甚至于为这些高净值人群服务的人群，比如医生、律师等也是我们的客户。

3. 客户筛选

基本客户名单找到了，就好比藏宝图到手，下面我们就要开始挖宝了。并不是所有人都会买信托产品，有的客户可能有自己的投资渠道，有的客户可能专注于做实业，那么接下来我们要做的就是通过工具去筛选、判断这个客户是不是你的客户，并了解他的需求，建立初步印象。

如果是你的客户，可以进行要约见面、调查需求、建立信任、介绍产品、解决问题、签约打款、后续服务等，其间可能会有曲折，那都不重要，因为在这个过程中，成功了你会交到朋友赚到钱，不成功也会赚得经验让自己成长、成熟，最终走向成功。

如果不是你的客户，告诉自己阳光总在风雨后，奇迹就是下一个；你也可以选择告诉他你是谁，是干什么的，这次没合作，下次也许有机会。

怎样筛选客户，进行需求的初判，建立初步印象呢？通常有电话、短信、邮件、在线工具几种办法，其中用得最多、效率最高的是电话。

（二）与金融客户面谈技巧

1. 找到和客户之间的共同点

我们可以借鉴"五同法则"。

（1）同学：客户在哪里上过学？什么专业？是你的师兄、师弟、师叔、师公吗？话题可围绕老师、同学、大事件、变化变迁。

（2）同乡：中国是农业大国，人们或多或少都有这本土的情节，你们是否一个省、一个县、一个区、一个乡、一个村，甚至是比邻而居，距离越近越容易引起共鸣，话题可围绕风景、人物，所提到的内容离客户越近越能引起共鸣。

（3）同好：人的内心深处都有最脆弱的地方，你的客户有爱好吗？爱下棋、钓鱼、打球？你有和客户共同的爱好吗？

（4）同族：传统的中国人都很注重宗族，客户知道你和他是同姓，都是什么辈分的，都是从哪里迁徙过来，也会对你另眼相看。

（5）同事：在一段时间内一起共过事，狭义上讲可以是工作上的同事，比如大家都曾经在某个公司待过，某个行业干过，某个领域涉猎过。广义上讲，只要一起做过某事，也可以算是"同事"。

"世上无难事，只怕有心人"。只要你用心，总能找到和客户之间的共同点。

2. 解除客户的戒备心理

有这样一首顺口溜可供大家参考："赞美第一招，微笑打先锋，倾听价连城，人品做后盾。"适当的、恰到好处的赞美可以起到融洽关系、瞬间催眠的效果。亲切、自然的微笑可以让人如沐春风，尤其是有着一口雪白牙齿和阳光笑容的男生（或者女生）总能让人不知不觉中解除戒备。一个高净值人士，或多或少都有一些难忘的经历，这就使得他们都有倾诉的欲望，点头（认同）、附和、惊讶、记录，都可以满足一下客户小小的虚荣心，让客户更加认同你。人品做后盾，说的是不论你技巧多高超，都只是辅助你拉近和客户关系的手段而已，还是要有一颗为客户服务，为客户照着想的心，不要试图玩弄客户，不要以为你那些所谓的销售技巧能骗客户。

注：面谈客户男女有别，男的理财经理建议先寒暄、家常、赞美，再切入产品，这就是所谓的先感情后事情，女的理财经理建议先产品（利益、买点）后寒暄、家常、赞美，先事情后感情。

3. 面谈环节技巧

准备——开门——寒暄、破冰——切入主题——需求分析——约见下次（关门）。

（1）准备

心理准备：与客户初次面谈的目的是建立信任，所以，在去见客户之前要给自己一个正确的定位——我是去交朋友的，顺便为客户解决问题，提供咨询，而不是做一个简单的推销。除非客户对产品表现出很大的兴趣，主动提出购买，我们要做的，应该是让客户相信你。

硬件准备：着装、名片、公司介绍、会员表、产品资料等。

形象准备：我们不能改变自己的长相，但是我们可以展现自己的笑容，注重职业形象的销售人员在开始的时候就会给客户留下第一印象。

见客户前检查一下：

男士：刮胡子了吗？是否可以看得见鼻毛？是否有头皮屑？衬衫的领、袖是否清洁？领带打正了吗？鞋子擦干净了吗？

女士：头发与服装是否整齐、清洁？头发是否扎起来？化妆会不会太浓？指甲是否修饰得过于惹眼？饰品是否过于华丽？鞋子是否擦干净了？袜子有没有抽丝？香水是否过浓？

（2）开门

如果是熟人介绍，那么从介绍人处尽量多了解客户的信息，如职业、爱好、性格等。如了解到是企业主，可以到网上多了解一下对方的公司和行业信息等。

（3）寒暄、破冰

赞美客户时要具体而不露骨，尽量赞美别人的软件（如儒雅、知性、亲切、豪爽、沉稳等）而非硬件（如漂亮、好看等）。只要感觉客户已经产生一定的信任、营造出客户愿意常谈的气氛即可。

多问问题，注意倾听。问问题时注意声音柔和、语速放缓，姿势略微前倾，放松姿态，表现出倾听状，注意客户谈话时的感受，尽量做到建立同理心。

谈话时言辞必须清晰、明确，态度诚恳而亲切，语速适中，不宜过快或过慢。

在客户回答问题时一定要做好笔记，这能告诉客户两个信息：一是我很重视她说话的内容，二是我是一个上进好学的人。

（4）切入主题

两个必须要问的问题：

第一，您目前的财务安排是怎样的？在财务上你最大的期望是什么？最大的担忧又是什么？

第二，您知道，我们公司是为客户的财务安排提供合理建议的，您觉得在这方面我有什么能帮到您？

（5）需求分析

其实目前金融市场上的理财方式很多，像您这样的高净值人群在各种理财方式上可能都有涉猎。我们公司对待客户资产的态度是追求安全稳健的发展，因此，我们会优先考虑客户资产的安全性，在此基础上追求资产的增值性。所以，我们会推荐客户把资产首先分配到一些风险可控、收益稳定的理财方式上，比如信托。您之前接触过信托产品吗？

注：如果答案是不了解信托的，则介绍什么是信托，着重解释为什么信托是风险可控、收益稳定。如果回答买过，则进一步了解客户对信托类型的偏好和要求。

（6）约见下次（关门）

您的需求我已经了解，我身边带了一些产品资料，有一两款产品比较符合您的要求，从侧面了解下我们公司是否是一家有资格为您服务的公司（另一方面，我们可以更好地根据您的想法及时找出最符合您要求的产品），您看您是周三方便还是周四方便呢？根据不同情况，选择其中一条阐述。客户如果当场已经有比较满意的产品了，括弧中的内容可以省略。

我们公司希望不仅能为客户提供长期良好的理财服务，同事也能帮助客户拓展人脉，寻求志同道合的朋友和合作伙伴，因此会经常举办一些主题沙龙、讲座、运动竞技友谊赛等，只需成为我们公司的会员，就能免费参加这些活动，而成为我们公司的会员后并没有任何的义务，只有享受此类服务的权力。

×××，非常高兴今天能有机会和您沟通，我也希望我的专业水准能够不断进步，给客户带来更好的服务，您对我今天的服务是否有什么不满意的地方？觉得我还有什么地方需要提高，希望您能给我一些意见或建议。

资料库

与金融客户见面交谈参考话术

开头语：

您好！请问是 ×× 先生 / 小姐吗？

×× 先生 / 小姐您好，我们是，我姓 ×，我司专门为高净值的机构和客户做一些资产配置建议的，不知您对 100 万起年化收益率可以达到 10% 左右的投资理财产品有兴趣吗？

×× 先生 / 小姐您好，我们是 ×× 公司的，是想告诉您 ×× 银行托管了一个年固回报 10% 的信托，不知道您对理财投资最近是否关注？

信息收集：

您以前购买过信托产品吗？

您感觉没有兴趣主要出于哪方面的考虑呢？是收益不好还是对于门槛有要求？

如果您手上有充足的资金是否会考虑投资信托呢？

您最主要是出于风险方面、收益方面考虑还是有其他更好的投资方向呢？

如果您对于产品和收益都认可的话，您什么时候有资金来购买信托产品呢？

约访：

今天跟您沟通下来也蛮开心的，考虑到通过电话只能做比较简单的介绍，您看能否先给我一个 E-mail 地址，我发一些产品资料给您先看一下，以后我们也可以约个时间见个面，更详尽地聊一下信托类的理财产品，您觉得可以吗？我们公司就在 ××××，欢迎您来考察。

结束语：

感谢您的接听，祝您工作愉快，再见。

（三）促成技巧

俗话说得好，"一回生，二回熟"。有了第一次的接触，就会有第二次、第三次，因为之所以能够约见客户，表示这个客户肯定是有意向的，但之所以客户还没跟我们合作，表示客户肯定对我们在某一方面还不相信，还存在着怀疑的态度。持续跟进客户直到签约收款需掌握以下要点。

（1）我们每一次见完客户，如果当天无法签单，就一定要有意识地为下次做好铺垫，给自己，给客户一个下次见面的由头。譬如：主动提出回去查一些资料来给客户，顺势约好下一次见面的时间。

（2）每次跟进客户都要能够带给客户不同的新东西，比如一些产品发布会、可邀请客户参加活动，以加深客户对我们的印象。

（3）利用好特殊的日子：法定节假日、对客户有意义的日子（生日、结婚纪念日、客户家人的重要日子），可致电或通过短信的形式向客户问好、祝客户节日愉快等。

（4）尽可能多地了解客户的爱好、职业等，凡是跟客户有关的，都要尽可能多地去了解并记录。

（5）旅游或回家的时候帮客户带一些当地特产去约见客户，这样子客户不好意思拒绝，体现礼轻情意重。

关系做得好，客户对你很认同，那么签约打款就是水到渠成的过程。但是如果你不说，客户一般不会主动提出来要购买产品。

【任务实践】

向教师推销书籍

学生可以代表一家出版社、一家书店，或一个网上书库，来向老师推介图书，如果能在五至十分钟内说服老师购买，就算成功了。超过十分钟，就算失败了。

可 2 ~ 3 人一组，共同商量策略。

推销成功得 1 ~ 2 分，失败没关系，但若无准备，面对老师不知所措，全组扣 2 分。

利用对老师的了解以及所学推销接近和洽谈技巧完成项目实践。

【项目知识总结】

招聘销售员是推荐管理最重要的工作之一，在招聘过程应秉承公平公正公开原则，坚持职业操守，做好招聘工作。工作业绩考核是衡量推销人员工作成绩与成效的最重要的方式，通过业绩考核，不断提高推销人员的工作能力与职业素养。本项目主要介绍招聘的原则、拟定招聘计划的步骤及编写步骤、推销人员培训的内容与方法、推销人员的工作业绩考核的意义与内容、不同行业推销技术的应用。

【项目练习】

问答题

1. 销售人员业绩考核的内容包括哪些？
2. 销售人员业绩考核的方法有哪些？
3. 对销售人员进行培训的内容有哪些？
4. 培训推销人员可以采用哪些方法？请举例说明。

【案例阅读1】

推销人员规模的确定

某公司有1000名A级顾客，2300名B级顾客。由经验得知，对每一位A级顾客每年需20次业务拜访，而对每位B级顾客每年只需8次业务拜访。假设每位推销人员每年的工作量为1000次拜访。

这种方法是以推销人员的工作负荷均等化为基础的，而不是将各地区的销售潜力均等化，因此这是一种比较科学的方法。当各等级顾客的最佳拜访次数已知时，运用这种方法来确定推销人员规模比较适合。但是，这种方法没有考虑推销员能力的差别。

案例讨论：

1. 计算该公司所需要推销人员数是多少。
2. 这种方法运用的前提条件是什么。

【案例阅读2】

美国亨利食品加工工业公司总经理亨利·霍金士先生有一天突然从化验鉴定报告单上发现，他们生产的食品配方中起保鲜作用的添加剂有毒。虽然其毒性不大，但长期服用就会对身体有害。如果不使用这种添加剂，又会影响食品的鲜度。如果如实把这个结果公布于众，则会引起同行们的强烈反对。

最后，经过慎重考虑，霍金士先生毅然公开向社会宣布：防腐剂有毒，对身体有害。这一消息公布之后，几乎所有从事食品加工的老板都联合起来向他发难，指责他别有用心，并且利用一切手段共同抵制亨利公司的产品，亨利公司不久就到了濒临倒闭的边缘。

这场争论持续了4年之久，诚实和正义之举虽然使霍金士在生意上吃了大亏，但他的名声却因此家喻户晓，并且还得到了政府的支持，其产品也成了人们最放心的热门货。良好的信誉使亨利公司在很短时间内恢复了元气，规模扩大了两倍，霍金士也一举坐上了美国食品加工工业的第一把交椅。

细想一下，亨利公司之所以能够起死回生，最终取得成功，一个很重要的原因就在于公司总经理霍金士先生凭着良知，敢于揭短，从而赢得了人们的信任和良好的口碑。

案例讨论：

1. 模拟发言，以亨利公司管理人员身份赞同，反对食品添加剂事件公开。

2. 从客户关系管理角度，对上述案例发表你的看法。

【案例阅读3】

布鲁斯是专门销售上光用的油漆公司的销售人员，他将要和泰尔公司的采购代表霍顿女士会面。在过去，他们公司曾经会面过，但是没有达成买卖协议。这次是布鲁斯第一次与霍顿女士见面。在预定的时间到了之后足足等了二十分钟，终于，一位秘书将他带进霍顿的办公室。

布鲁斯：你好，霍顿女士。我是葛林油漆公司的布鲁斯，我想和你谈谈我们的产品。（霍顿女士并没有理睬布鲁斯的微笑，而只是指着桌前面的一张椅子）

霍顿：请坐。我想告诉你我手头现在有两个月的存货。而且，泰尔公司已经同那些供货商打了近三年的交道。

布鲁斯：（坐下）谢谢！你知道，葛林油漆公司是全国最大的油漆公司之一。我们的服务和价格都是无可挑剔的。

霍顿：你为什么觉得你们的服务优于其他公司呢？

布鲁斯：因为我们对全国的每个销售点都保证在24小时内发货，如果我们当地的储备不足，我们会空运供货。我们是业界唯一通过空运的公司。另外，我们的油漆很牢固。你们通常的订货量是多少，霍顿女士？

霍顿：这要看情况而定。

布鲁斯：大多数公司都订一到二个月的货。你们一年之中需要多少油漆？

霍顿：只有看了你们的产品之后，我才想谈定货的问题。

布鲁斯：我明白，我只是想弄清你们的订货量，以便决定对你们的价格折扣。

霍顿：我想，你们的价格和折扣不会比现在的好。我想看看你们的价目单。

布鲁斯：我相信各个厂家之间油漆价格的竞争会很激烈，这是我们最新的价目单，你可以比较。如果把价格与产品质量和服务保证联系起来，你会发现我们的产品很具吸引力。

霍顿：也许吧！

布鲁斯：许多和你们公司类似的公司都不止一家供货单位，这可以保证供货的稳定性，我们愿意成为你们的供货商之一。

霍顿：我只想有一家供货商，这样我可以得到更多的折扣。

布鲁斯：你考虑过两家轮流供货吗？这样你可以获得相同的折扣，并且货源更加充足。

霍顿：让我考虑考虑，把你随身带来的文件留下来我看看吧。

案例讨论：

1. 布鲁斯的个人基本素质怎样？

2. 请对布鲁斯的整个推销过程进行评述？

3. 如果你是布鲁斯，你会做得有何不同？

参考文献

[1] 于英慧. 新编推销实务. 北京：电子工业出版社，2012.

[2] 黄金火，陈新武. 现代推销技术. 第4版. 北京：高等教育出版社，2018.

[3] 周朗天. 现代推销技术. 苏州：苏州大学出版社，2014.

[4] 任辉霞，等. 现代推销技术. 济南：山东科学技术出版社，2015.

[5] 赵丽炯. 现代推销技术项目教程. 第2版. 武汉：武汉理工大学出版社，2018.

[6] 李文国，夏冬. 现代推销技术. 第2版. 北京：清华大学出版社，2015.

[7] 张海霞. 现代推销技术. 北京：中国金融出版社，2014.

[8] 钟丽群，李彦琴. 现代推销技术. 第3版. 北京：电子工业出版社，2013.

[9] 张丽丽. 商品推销. 北京：北京理工大学出版社，2012.

[10] 谢和书，陈君. 推销实务与技巧. 第3版. 北京：中国人民大学出版社，2018.

[11] 邓红. 推销业务. 北京：中国财政经济出版社，2010.

[12] 王社民. 推销技术实务. 北京：中国财政经济出版社，2012.

[13] 陈瑛. 推销技术. 第2版. 北京：中国财政经济出版社，2013.

[14] 刘志超. 现代推销学. 广州：广东高等教育出版社，2016.

[15] 郑锐洪，李玉峰. 推销原理与实务. 第2版. 北京：中国人民大学出版社，2020.